业内人士联合力荐

为打造完整的电子商务产业链，继"大淘宝"战略后，"大阿里"战略正式启动，本书将解读"大阿里"战略的奥妙，指导淘宝掌柜们如何在此战略下拥抱变化。

肃观

淘宝网淘宝大学运营小二

网络世界的发展是很快的，淘宝网也天天在变化着，很多人因为不适应各种各样的变化而被淘汰，这是一本教您如何拥抱变化的书，一本让您轻轻松松就可以月入过万的书。

会吹小号的猫

淘宝大学红带讲师、淘宝大学推广帮运营帮主、福建商盟副盟主、皇冠卖家

这本书适合刚毕业的大学生，在家照顾宝宝的年轻妈妈，也适合有企业背景的专业团队以及有工厂支持的经销商，书中面面俱到地讲解了从淘宝新手入门到淘宝高手再到淘宝专家转变中所有要经历的每一步，适合所有对创业有兴趣的人。如果几年前，我开店的时候能有这本书，我想，现在我的团队应该会发展得更强大吧。

liyue122

超级买家秀论坛护法、五皇冠卖家

这本书仔细讲解了在大阿里战略的背景之下，如何经营好淘宝网店的致富秘诀，分析了如何能够尽快熟悉淘宝流程的最关键的成功因素，内容涵盖了创业精神、经营理念、运营策略、品牌推广、渠道建设、质量控制以及营销攻略等各方面，并配以实际案例和图片进行深入介绍，为读者提供了一份标准的"财富"大餐。

utc 行家箱包专营店

淘宝大学首期 MBA 明星学员

作为淘宝畅谈居管理团队的一份子，看过很多与淘宝相关的书籍，但唯独本书让我获益良多。当淘宝逐渐成为主流的市场，如何在这个新兴市场中把握方向、指定策略已经成为很多人每日的话题。本书在这方面提供了绝佳的帮助，无论是淘宝新人还是已经有规模的店铺掌柜都可以从本书中得到新的启示。无论是淘宝规则还是销售经验都可以在书中找到让你满意的答案。

白砂 catherine

经验畅谈居管理团队、三皇冠卖家

大阿里

业内人士联合力荐

这是一本值得每一位预备进军淘宝和已经在淘宝上奋战的创业人收藏的好书。

对新开店的每个步骤，细细指导，耐心全面。

对网络销售的经验之谈，思路清晰，经典回味，让人茅塞顿开，柳暗花明。

对淘宝战略的深刻剖析，让你掌握规则，利用规则，更快通往成功。

恋爱星期八

08年度十大网商之一的五皇冠明星卖家

“开卷有益，获益匪浅”用这八个字来形容这本书再贴切不过了。看到这本书，回忆起当年那个慢慢摸索的自己，大呼为什么没有早遇到这么一本好书，可以让我少走那许多的弯路。本书内容详实、细致、全面，总结了众多经验，能想到的、没想到的全都有了。真正是一卷在握，犹如醍醐灌顶，事半功倍。仿佛是一本淘宝武功秘籍，让您可以在淘宝笑傲江湖。

Bonnyy

杭州母婴行业第一店、四皇冠卖家

看完这本书之后，发现它有3个特点：1. 内容翔实，技术精炼实用。这本书介绍了网络交易中不可缺少的软件工具的使用方法及技巧，为买家和卖家在网络上安全、顺利实现交易提供了技术支持，非常实用。2. 结合实际。本书从基本出发，结合实际的案例，对每一个细节都做到细中求精。3. 语言通俗，图文并茂。作者运用通俗易懂的笔法和大量的实际操作图片，给读者一个直观的印象，便于阅读的同时可以实际操作。

Kaiwenko

淘画报的合作店铺、三皇冠卖家

看了此书连我这个淘宝老卖家也是受益匪浅，虽然已是五皇冠，但是以前只知道闭门造车，没有太多关注外界的变化。看完后才知道还要多充电多学习，学习新鲜事物，才能跟上淘宝发展的脚步，不会被大趋势淘汰。书中推荐的卖家小工具确实不错哦，如果不看这本书，还真不知道呢，看完马上就用上了。

狐狸静68

淘宝化妆品 五皇冠卖家

一个好的创意可以让我们赚到盆满钵满，一本好书讲到的经验可以给到您很多的思路和发展方向，此书从实例中提取到的成功案例以及专业知识分享，为刚刚投身电子商务的创业人士提供了最好的解决方案。成功没有偶然只有吸引到更多的专业知识方能成功！

快乐的哆嗦

一年双皇冠的明星卖家

大阿里

业内人士联合力荐

是所有想在淘宝有所收获的创业者们阅读的圣经，您会找到苦思几天而无解的答案。了解淘宝的未来主要战略方向，把准目标，有的放矢。其中对如何推广深有感触，有的已经在用，但没有书中说的深刻到位；而有的推广只是有想法，不知如何下手。本书能让人少走弯路，把有限的精力放到正确的事情上来。

米米粒 mml

拥有属于自己的品牌 五皇冠卖家

作为一个在 2008 年就在淘宝创业的老淘宝人，我看过不少与淘宝相关的书籍，但此书还是让我眼前一亮，获益颇多。如今的淘宝已经成为网购主流，但是淘宝市场的竞争也白热化！如何在淘宝中生存并快速成长发展壮大成为很多卖家亟需解决的问题。相信本书在这方面提到的经验和方法对于任何一位淘宝人都有一定的启示和指引。

小马灵鼠

河南三大网商之一的三皇冠卖家

电子商务早已不新鲜，然而不可否认依旧有人对此存在盲点。在“大阿里”战略下，淘宝面临重新洗牌的机遇和挑战。这是一部非常好的书，记录了诸多真实的店家经验以及如何在新时代的淘宝环境中顺利突围的方法，相信能给予各位深刻的启示。

史诗

淘宝母婴类 双金冠卖家

淘宝网以会员多、交易量大、诚信体系完善、支付体系安全等诸多优势使得其已经是国内网购平台的龙头大哥。在淘宝网开店赚钱必定是未来数年内门槛最低、投资最少、成效最快的创业选择。做淘宝网必须熟悉淘宝游戏规则、操作方法、盈利捷径、站内推广宣传以及资源的运用等必要的本领，本书将详尽地介绍我们该怎么去运筹操作心中理想的淘宝店铺，从而学到精湛的经营技艺，帮助我们迈出开店坚实的第一步，是我们开店必要的一本操练手册，非常值得推荐。

Ouyanzu

通过淘宝建立自己品牌的明星卖家

一本能让你找到蓝海的书；

一本能让你少走两年弯路的书；

一本能让你轻松赚到 100 万的书。

北美阳光

淘宝第一高级营养师团队、四皇冠卖家

大阿里

业内人士联合力荐

有“中国第一职业经理人”之称的唐骏曾经说过，成功可以复制。而对于新的淘宝卖家来说，本书所分享的经验和秘诀，无疑是“终南捷径”。用一颗坚定努力的心，选择合适的产品，然后“Ctrl+C”本书的内容，“Ctrl+V”进自己的脑海，恭喜你，你已经很接近成功了。

小青

好评率 100% 的双皇冠明星卖家

淘宝就是人间天堂，我从一贫如洗，到生活富足。现在回想起来就像做梦一样！淘宝极大地丰富了我的人生，毫不夸张地说淘宝就是我的再造父母。很多人都想在淘宝创业，而方式方法的确是很重要的，不能盲目。本书会给开始准备在淘宝创业的朋友或者正在淘宝创业的朋友们一个好的指导。

雅芳小店

化妆品类唯一 100% 好评的五皇冠卖家

确实是一本非常有用的书，介绍非常全面，通俗易懂。得到这本书，如同得到一位知心朋友，细心地引导你如何在淘宝发展得更好，走得更远！

特别是本书中所提到的推广方式和方法，以及推荐的一些使用工具都是非常实用的，但是却是很多卖家包括大卖家都不知道的。

我相信大家如果能好好地利用这些方式和方法，自己的淘宝店铺也能得到更大的发展。

这就是我一直寻觅的宝藏，我相信有了它，我们一定能横行天下。

芝曼

网络专业美发护发正品第一店的五皇冠卖家

从对淘宝不知是何物，到在淘宝开小店，再到小店 N 天没有人问津；从信心满满，到心中疑云重重时，快要放弃，恰好在朋友的推荐下看了这书本，让我如醍醐灌顶。也许生意就是这样，一个好点子，能让您受益匪浅，一个好战略，能让您起死回生，本书就是这样一本能让您受益无穷的书！

志当千里耀世中华

身残志坚的名人卖家

淘宝大学

“大阿里”

战略下黄金法典

网店创富密码 II

胡敏 编著

電子工業出版社
Publishing House of Electronics Industry
北京•BEIJING

内 容 简 介

这注定是一本影响百万淘宝卖家的经典著作！在“大阿里”战略的宏伟蓝图下，谁不研究这种变化，拥抱这种变化，谁就会被淘汰！

本书是中国第一本关于在“大阿里”战略下，卖家如何才能适应新环境的变化并突围的创富宝典，包括了战略与战术两个层面。

本书对“大淘宝——大阿里”的概念进行了深入的剖析，并且对淘宝的未来发展方向进行了方向性的预测。对于改革后淘宝全新的变化也进行了重点的讲解。全书涵盖了从淘宝开店前的准备，到如何建立精美装修的旺铺，再到如何利用各种最新的技术和工具快速提升销售业绩，如何最终冲冠并长久保持稳定发展做了全面的讲解。就算你是对淘宝一点都不了解的新手也完全能够通过本书获得成功。

本书适用于所有立志想要在淘宝创业成功的人士。不管你是否已经在淘宝开店，本书都能够为你的各方面需要提供强大的帮助。

所有购买本书的朋友，请先阅读本书的“后记”。它是隐藏于本书所有环节的脉络，也是本书的精华，请至少好好看三遍以上。

图书在版编目（CIP）数据

“大阿里”战略下黄金法典 / 胡敏编著. —北京：电子工业出版社，2012.7
（网店创富密码 ；2）
ISBN 978-7-121-17313-4

Ⅰ. ①大… Ⅱ. ①胡… Ⅲ. ①电子商务－商业企业－企业管理－经验－中国 Ⅳ. ①F724.6

中国版本图书馆 CIP 数据核字（2012）第 121360 号

责任编辑：林瑞和
印　　刷：北京东光印刷厂
装　　订：三河市皇庄路通装订厂
出版发行：电子工业出版社
北京市海淀区万寿路 173 信箱　邮编 100036
开　　本：787×980　1/16　印张：18.25　字数：374 千字　彩插：2
印　　次：2012 年 7 月第 1 次印刷
印　　数：5000 册　定价：39.00 元

凡所购买电子工业出版社图书有缺损问题，请向购买书店调换。若书店售缺，请与本社发行部联系，联系及邮购电话：（010）88254888。

质量投诉请发邮件至 zlts@phei.com.cn，盗版侵权举报请发邮件至 dbqq@phei.com.cn。

服务热线：（010）88258888。

前言

互联网的科技革命日新月异，变化也往往让人措手不及。2011 年 6 月 16 日，马云致信阿里巴巴全体员工，宣布淘宝重组决定。原淘宝网一分为三：一淘网（etao.com）、淘宝集市（taobao.com）、和天猫（淘宝商城 tmall.com）。三家公司独立运营，分别由彭蕾、陆兆禧、曾鸣负责，公用技术和公共服务平台，“大阿里”战略正式启动。这意味着，在 2012 年，我们已经不能完全按照老套路来进行淘宝经营了。我们可以很明显地感觉到，目前淘宝的新卖家比以往是越来越难做了，而老卖家的利润整体也相比前两年有所下降。相反，商城店铺的生意却逆势上扬，大批皇冠以上级别的店铺都纷纷开设自己的商城店铺。这说明，淘宝网目前已经走入了集市、商城并举的大阿里时代。

尽管这样，淘宝的整体业绩还是向着良好的方向稳步前进中。根据中国互联网络信息中心（CNNIC）的互联网统计报告显示，截至 2011 年下半年，淘宝实现交易额 1630 亿元，比 2010 年同比增长 78%，比中国网购交易总额增速(66%)高出 12 个百分点。在中国目前整体经济萧条，国内消费一片惨淡的情况下，这种发展速度是惊人的。

因此，我们在满怀信心的同时，需要考虑的就是如何在这一系列的重大调整中，把握好方向，让自己的店铺重获生机。因此，笔者结合淘宝这两年的趋势变化，根据目前淘宝新的规则制度，总结新增了这两年新的研究成果，写出了这本《“大阿里”战略下黄金法典——网店创富密码 II》。

淘宝这个划时代的革命还在持续进行中，在可以预期的未来，我们相信，淘宝一定会给大家带来更多的惊喜。对于我们这些与淘宝同进退的卖家来说，这是机遇也是挑战。只要大家紧随淘宝的步伐，跟上形势，不停地学习新的知识，不被时代淘汰，就会有灿烂的阳光等着我们。让我们积极地做好准备、张开笑脸，迎接淘宝又一个新时代的到来吧！

关于作者

笔者毕业于上海交通大学工商管理系，2006 年即开始利用淘宝创业，曾经在淘宝创造稳定月利润过万的业绩，对于如何轻松网店创业和成功营销颇有心得。笔者通过自己多年所学到的营销知识，结合丰富的淘宝开店经验，创造出属于自己独特的淘宝营销技术，并且获得了良好的效果。截至目前已经出版《“大淘宝”战略下黄金法典——网店创富密码》、《网上赚钱制胜宝典——网络淘金者的秘密》、《网店营销秘籍》、《淘之道——商城时代中小卖家生存法则》等多本热销网络创富书籍，获得广大读者的好评。

笔者将为广大读者提供实时的技术支持。对于有疑问或者有合作意向的读者，可以进入笔者个人博客：木林吧（http://www.mulin8.com）随时与笔者取得联系。

本书的特点

起初，本书的设想是面向那些已经有淘宝开店经验的卖家。但是，我们发现，现在有很多没有在淘宝开过店的朋友也都有这方面的需要，而且十分迫切。所以，笔者在写这本书的时候，尽量浅显易懂，并且配合了大量的图片，希望能够让大家都很清楚地了解整个淘宝的操作流程以及理念。

- 本书是市面上第一本关于在“大阿里”战略下，如何才能适应新环境的变化并且突围，真正为读者带来实用的创富技术的一本“红宝书”。读者能够利用这些知识少走弯路，为自己和社会创造更多财富。
- 本书是第一本在淘宝改版后系统地讲解淘宝创富知识以及营销技术的书籍。
- 笔者不希望把此书写成一本教科书，也不希望它是一本看完就丢的闲书，而是一本系统地教你如何在“大阿里”战略下，如何更有效地利用淘宝为你的事业服务的指南书。
- 本书大部分的技术都是经过本人或者其他淘宝卖家证明过的确实有效的技术，能够实实在在帮助卖家的店铺提高利润。
- 也许读者的店铺在某个阶段已经遭遇到瓶颈的尴尬，收入一直上不去。而本书能够让卖家很轻易地找到自己之前一直没有发现的“蓝海”，让卖家在自己的客户那里持续不断地获得利润，并且倍增。
- 本书为了配合打算进入淘宝以及初入淘宝的人群，在书中配备了大量最新的详细图文参照，一步步地教你操作。有了这本淘宝指南，你在淘宝的一切都将变得简单。

- 本书以浅显易懂的方式讲述了在淘宝从开店到最终成功所要做的方方面面。就算是对淘宝一点都不了解的新手也完全能够通过本书获得成功。
- 当读者看完本书，会发现自己之前对淘宝网并不是那么了解，即使是淘宝的老会员，甚至是钻石、皇冠卖家也会有这种感受。
- 本书的很多营销思想能够开阔读者的视野，以及思考问题的方式。对于人生成长也有益处。

本书的主要内容

第 1 章主要是对淘宝在 2009 年开始的“大淘宝”战略以及 2011 年 6 月启动的“大阿里”战略进行了深入的剖析，并且对于淘宝未来的大趋势做了一个方向性的预测。

第 2 章主要是介绍从 2012 年 4 月以来，继淘宝网全面改版之后淘宝又有了很多重大的变化，包括淘宝界面和页面的变化、功能的变化以及规则的变化。

第 3 章主要是介绍淘宝开店前的所有准备工作，包括如何精确定位自己的产品和服务人群，如何寻找有效的货源渠道等。

第 4 章主要是讲解如何一步步地完成精美的店铺装修的过程。并且教你如何选择合适的旺旺名、店名，如何优化和完善店铺细节。

第 5 章教的是旺店经历中的前期阶段中的策略和秘诀。你将了解到在淘宝开店前期的店铺定位策略、如何给宝贝定价、如何给宝贝设置合适的标题、如何写宝贝描述、如何做关联营销以及如何搞定快递服务等。

第 6 章介绍的是淘宝旺店中期卖家需要了解的技术和策略。在这一章里，你将获得大量 2012 年最新的免费推广店铺的技术和技巧。

第 7 章主要讲的是在淘宝经营的后期需要了解的技术和策略。在这一章，你将学会淘宝所有的收费营销工具的使用方法和技巧。

第 8 章这是在第二版中新增的一个章节。这里有关系到所有卖家生死的淘宝搜索排名算法揭秘。只要明白淘宝的搜索机制是如何运作的，那么你就可以对症下药，让自己店铺的宝贝永远排在搜索结果的前列。

第 9 章这里介绍的是如何在淘宝保持长盛不衰的秘诀，如何管理和经营自己的老客户以及如何建立自己的品牌并长期获利。

适合阅读本书的读者

- 刚刚毕业找不到工作，想要创业的大学生
- 失业而又无从找到工作的人
- 拥有实体店铺，想要扩大经营的店主
- 想在网络或者现实中创业的有志青年
- 已经拥有淘宝店铺的掌柜
- 电子商务、互联网从业人员

目录

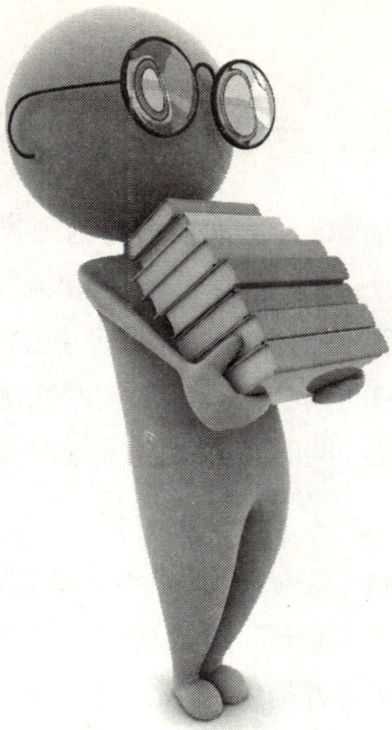

第1章 淘宝新时代的到来

高手引航

2012 年是淘宝的开放年，淘宝在卖家业务、买家业务、无线、物流等领域全面开放，引入第三方开发者、企业和服务商。与此同时，淘宝的业绩也在突飞猛进。根据中国互联网络信息中心（CNNIC）的互联网统计报告显示，截至 2011 年下半年，淘宝实现交易额 1630 亿元，比 2010 年同比增长 78%，比中国网购交易总额增速（66%）高出 12 个百分点。截至 2011 年，淘宝网注册用户数超过 3.7 亿，占全体中国网民数的 70%，自 2009 年以来每年以 35%速度增长，是中国网民数同比增长速度的 3 倍。淘宝日包裹量也已经达到了中国快递业的 60%。淘宝网总裁陆兆禧正在一步步履行自己的诺言："阿里巴巴在未来 5 年将为打造'大阿里'投入 50 个亿（人民币）"。

世界是不断改变的，而淘宝的变化却超越了所有人的想象。淘宝正在进行一个划时代的革命，在可以预期的未来，我们相信，淘宝一定会给大家带来更多的惊喜。对于我们这些与淘宝同进退的卖家来说，这是机遇也是挑战，只要大家紧随淘宝的步伐，跟上形势，不断地学习新的知识，不被时代淘汰，就会有灿烂的阳光等着我们。让我们积极地做好准备、张开笑脸，迎接淘宝新时代的到来吧。

1.1 “大阿里”战略——升级版的“大淘宝”

2011年6月16日，阿里巴巴集团突然宣布，把淘宝拆分为三家公司，建立一个无处不在的供需双赢的消费平台，这三家公司分别为，一淘网、淘宝网和淘宝商城（后改称“天猫”）。这意味着阿里巴巴集团的全面转型，这三家公司将由阿里巴巴 B2B 和三家淘公司一起完成对不同客户的服务。阿里巴巴网站希望一淘网的购物搜索、淘宝网物美价廉的社区化创新，以及天猫的精品专业体验给消费者以全新的感受。同时也将大淘宝战略提升为大阿里战略，以适应当前的商业形势。

说到大阿里战略就不得不提大淘宝战略。马云在2008年9月宣布将阿里妈妈和淘宝合并，并且将投入 50 亿元人民币来发展。对于“大淘宝”战略马云解释道：“‘大淘宝’就是要做电子商务的服务提供商，为所有的电子商务参与者提供‘水、电、气’等基础服务。就好比一些地方在招商引资之前首先要做到‘三通一平’，提供良好的生产生活环境，然后方能引凤入巢，繁荣一方。”其实，淘宝网要做的“三通一平”，就是要让自己所有的用户在“大淘宝”平台上的支付、营销、物流，以及其他技术问题都能够做到畅通无阻。马云以做淘宝5年来对网络零售的理解和投入，希望给这些数量庞大的大小网商们提供一个成熟、系统的网络零售解决方案，帮助他们以最低的成本和最高的效率开拓广阔的商品内需市场。截至2010年9月，启动两年的“大淘宝”战略看起来已经取得了阶段性进展，初步建立了一个强大的以消费者为中心的网购生态系统。

通过2011年以来的淘宝一系列行动我们可以发现，“大淘宝”战略将远远不止实现当初为大家描述的“三通一平”这么简单。事实上，淘宝正在试图定义一种新商业模式，它脱胎于eBay、亚马逊早期的电子商务理念，却又受中国市场的独特性所催化，进而长成别无分店的“新物种”。马云表示，阿里巴巴追求的不仅是最佳商业模式，而是推动和探索新商业文明的发展之道。因此，近两年来，互联网在搜索、SNS（社区化）和电子商务领域里发生了格局性的变化，在新公司层出不穷的背景下，马云将“大淘宝”战略转型为“大阿里”战略。

独立成军后的三大公司，将在阿里巴巴集团的统一管理和资源调配下，与其他子公司形成更有效的协同与策应，帮助阿里巴巴集团将“大淘宝战略”升级至“大阿里战略”。根据规划，“大阿里”战略的核心是将和所有电子商务的参与者分享阿里集团的所有资源，包括其所服务的消费者群体、商户、制造产业链，整合信息流、物流、支付、无线，以及提供数据分享为中心的云计算服务等，为中国电子商务的发展提供更好、更全面的基础服务。“大淘宝”战略的主要模式是整合，而“大阿里”战略的主要模式是拆分。2011年10月20日，阿里巴巴集团宣布，为了更精准和有效地服务客户，淘宝网旗下的团购平台“聚划算”将以公司化的形式独立运营，成为阿里集团旗下的又一家独立子公司。阿里巴巴集团不断拆分独立旗下业务，针对不同的用户人群进行针对性的服务。这是“大淘宝”战略和“大阿里”战略最大的不同。

事实上，拆分之后，淘宝网还是原来的那个淘宝网，但我们有理由相信，淘宝的这些动作会展现出更多的商机，吸引更多的商业合作伙伴加入。

马云的“大阿里”战略和“大淘宝”战略十分宏大和复杂，涉及整个商业经营的方方面面，其整体就是一个不断进化和演变的过程，我们把这个过程分为 4 个进化阶段。

1.1.1　淘宝的初级商业阶段

“大淘宝”战略的第一个阶段就是对集团内部的资源进行整合，将阿里妈妈与淘宝网合并，打通淘宝与阿里巴巴平台，形成一个 B2B2C 的商业生态链条。2009 年 7 月 8 日，在淘宝网 6 周年活动上，淘宝网总裁陆兆禧首次对淘宝网做出明确定义，即淘宝=eBay+乐天（Rakuten）+亚马逊（Amazon）。现在我们就分别从淘宝的这 3 个目标模板来分析“大淘宝”战略进化的第一个阶段。

1．eBay 的商业模式

eBay 于 1995 年创立于美国的高科技中心——硅谷，是迄今为止全球最大的网络交易、拍卖网站。目前 eBay 的全球注册用户数量超过 2.2 亿，而且每月还在以 1000 万人次的数目增长。公司业务已经扩展到欧洲、南美、亚洲、大洋洲等地。eBay 被认为是过去几年来美国高科技行业中发展最快的公司。

eBay 的商业模式是典型的 C2C 模式。从一开始，淘宝就是以打败国内最大的竞争对手 eBay 易趣为目标建立的。通过免费和大力度的宣传，在短短的时间内就超过了中国 eBay（eBay 易趣），确立了自己在国内 C2C 市场的领先地位。

eBay 的商业模式主要是靠对卖家的收费，这包括两方面：一方面是卖家在网上发布每一件商品，不管最后是否成交，都要缴纳一定的费用；另一方面是最终成交的商品，eBay 将根据成交价向卖家收取另外的费用。eBay 通过这样的模式，在全球赚取了巨额利润。

eBay 的胜利主要是建立在行动的迅速和超前，因此在世界上罕逢敌手。当他们来到中国后，却遇到了淘宝的强力阻击。淘宝瞄准 eBay 最薄弱的环节，采取免费的策略，打得对方一个措手不及。淘宝的领头人马云深谙互联网渠道所具有的一家独大的特性，这点在 B2B 领域就可以看到明显的端倪（阿里巴巴在 B2B 市场占有 63.51%的惊人份额，是第 2 名环球资源的 9 倍多）。淘宝通过“只有吸引更多的卖家，才能吸引更多的买家，而更多的买家又能吸引更多的卖家”的理念，从根本上颠覆了 eBay 的商业模式。目前淘宝拍卖业务的总量不到淘宝销售额的十分之一。

在未来，淘宝将会建立国际站，推出英文、日文、韩文版本，在世界各地复制自己的成功模式，在 C2C 市场上挑战 eBay 在全世界的霸主地位。

2．乐天市场（Rakuten）的商业模式

1997 年创立于日本的乐天市场是目前日本排名第一的网络购物商城，初期只有 13 个店铺，3 年后就上市。经过十多年的发展，目前拥有超过 59500 个店铺和 7800 万名会员。从 1997 年的 400 万日元的年销售额到目前创造的超过 2500 亿日元年销售额，十几年时间的惊人成长速度被人称作日本的“乐天传奇”。

乐天市场的商业模式应该是介于 eBay 和亚马逊之间的所谓 B2B2C 模式，事实上，目前和淘宝的各方面最相像的就是日本的这个乐天市场。从淘宝最近的各种动作也都可以看到乐天模式的影子。

淘宝和乐天市场的赢利模式一样，也是通过先为大量注册客户提供免费的初级服务，然后靠广告或者是为会员们提供各式的高级服务中的服务费和佣金赢利，都提倡“最大化会员的终身价值”，这也是为什么马云在 2008 年的 3 年免费承诺过期后，依然没有对初级会员收费的原因之一。

淘宝和乐天市场都拥有功能强大和简便的后台管理系统，客户能够很轻松地建立独一无二的店铺并上传、管理自己的商品。处理订单和客户管理也都有相应的简便易用的工具供客户使用。最近淘宝更是增加了免费的“卖家经营报告”查询工具，同时也有收费的、功能非常强大的客户分析指导工具。淘宝的各种营销工具，包括“淘宝直通车”、“钻石展位”、“淘宝客”等都是付费的服务或者是提取佣金。通过提供不同的服务收取相应的费用，虽然单个的收费不多，但是由于有庞大的客户群，总量一相加就非常可观。相对于之前的单纯靠流量广告收入的模式，现在的收入结构更加合理。淘宝依靠这个模式在 2009 年正式宣布开始扭亏为赢，进入大跨步时代。

由于集团公司阿里巴巴的关系，淘宝拥有大量供货商的资源，事实上，从一开始，淘宝就不是一个纯的 C2C 的模式。尽管淘宝在 2008 年卖出 1366 万部手机，接近国内手机市场份额的 10%，但仍然有大量消费者喜欢到京东商城等 B2C 网站购买数码产品。由于订单的猛增，在这一年的春节期间，京东商城甚至发生了物流危机，这足以让淘宝感到威胁并予以重视。在接下来的时间里，淘宝一直在增加 B2C 商品的推广，不仅在淘宝搜索结果中，前两位是商城产品的推荐位，而且商城产品也参与到最终的搜索结果的竞争中来。在 2010 年 1 月 13 日，淘宝的 B2C 策略发生了一个里程碑式的事件，淘宝电器城正式启动上线运营。严格的准入机制（进驻商家如果有出售非全新正牌商品、不提供发票或提供假发票、不提供 7 天退货或 15 天换货服务等情形，将会按规定取消电器城商家资格，并在 3 个月内无法再次申请加入）降低了客户信赖度低的劣势，而以更便宜的价格作为制胜法宝。这标志着淘宝未来的政策将向 B2B2C 中的第二个 B，也就是向中小企业倾斜。今天乐天能够成为日本 B2C 类电商市场的第一，而淘宝也将通过淘宝电器城在短期内完成这一目标。

庞大的会员数据库是淘宝和乐天市场这样的 B2B2C 公司的经济命脉，淘宝目前大部分的动作都是在为扩大客户数方面努力。通过付费客户和免费客户来吸引大量的卖家，而更多的卖家又带来更多的买家。同时，淘宝通过收购 PHPWind 社区软件服务商等措施锁定了大量的社区、娱乐等互联网客户，并且通过"淘一站"的建立和"淘宝天下"杂志的发行等措施，发展线下客户。在最大化客户流量后，2008 年 9 月 4 日，阿里妈妈并入淘宝运作，为淘宝站内的产品提供广告服务平台的这个举措将为淘宝带来最高的效益。

3. 亚马逊（Amazon）的商业模式

成立于 1995 年的亚马逊公司是美国一家电子商务网站，总部设在华盛顿州西雅图，是美国最大的在线零售商。亚马逊在成立最初主要专注于网上电子书店的经营，其第一年的纯销售额只有 0.51 百万美元。在其后的每一年里，亚马逊都在不断地扩大自己的产品种类，销售额也随之成倍增长，到 2008 年甚至达到 191.7 亿美元。在 2007 年，号称全球最大的中文网上书店和购物中心——当当网，当年的销售额不足其 1/236。

2009 年淘宝涌现出了大量专卖店、旗舰店，人们可以看到，里面上架的商品全都是品牌直供，并且都是当季产品，而不是过期或者滞销品。在新增的 B2C 品牌中，除了有宝马，还有上海世博会的特许商品，甚至还有东航和海航、曲美等。2009 年 9 月 25 日，淘宝为将来的图书 B2C 的整合颁布新规则，彻底整顿图书市场。短短两个月内 600 万图书遭遇下线，众多图书卖家均受到了不同程度的影响。淘宝电器城正式启动上线运营的这一系列措施将使得淘宝越来越向亚马逊的 B2B 模式靠拢，淘宝的 B2C 战略正在逐步实现成形中。

亚马逊是典型的 B2B 模式。这个模式相比淘宝最大的优势是客户信赖度和强大的物流配送体系。2009 年 11 月 19 日，淘宝启动"亿元打假"计划，旨在建立和加强网购保障，为进一步巩固自己的 B2C 策略打下坚实的基础。

亚马逊公司借助内部庞大的 IT 基础设施，可以为众多外部企业提供基础配套服务。例如，美国第二大零售商 Target 将互联网销售的全套流程——从建立电子商务网站到后台物流、接单等都是全部外包给亚马逊公司负责搭建。2009 年 6 月 22 日，淘宝对外宣布将其开放性平台全面运行，任何独立垂直类电子商务网站今后都可与淘宝进行后台对接。从此，淘宝也多了这另外一项业务，成为电子商务基础服务提供商。这项业务具体而言就是通过淘宝开放的API（应用程序接口），将某品牌商的外部网站与淘宝进行对接。客户既可以享受淘宝独有的超大客户流量，又能招揽淘宝外的其他客源。如果这家品牌商不打算花费更多的人力物力去自建网站，也可以借助淘宝的IT功能建立一个电子商务网站。品牌商将按销售额的一定比例与淘宝进行分账，这也是淘宝今后的一个赢利模式。例如，与淘宝合作的日本服饰品牌优衣库，尽管其独立网站与淘宝上的网店风格不一样，但是两家店的后台却是互连互通的。

这样的结果是，2009年9月，马云宣布将独立网店系统引入大淘宝战略，淘宝与shopex独立网店系统合作开发的“淘掌柜”上线。2009年12月18日，第3届阿里巴巴网商交易大会在成都开幕，会上隆重发布了专为200万淘宝网卖家量身打造的淘宝外店系统“淘里淘外”正式启动。此外，淘宝还与中网、优酷土豆网等有影响力的互联网服务提供商合作，以及大量小的软件程序提供商合作，共享资源。淘宝通过共享一个多接口的开放性平台，将大量的合作伙伴集结在淘宝周围，建立起了强大的、牢不可破的技术堡垒和龙头地位，并在未来成为行业标准的制定者。

“大淘宝”战略的最终目标是在全球范围内打败eBay与亚马逊，成为世界电子商务领域的霸主。2009年，似乎更能够感觉到淘宝网的这种趋势，这家亚洲最大的网络零售商日交易额已接近5亿元，并为今年制定了2500亿元的销售目标，这一数字不仅会把国美、苏宁等国内家电连锁企业远远抛在身后，而且将接近甚至超越马云圈定的标杆企业美国亚马逊公司的销售额。然而，与美国亚马逊已经建立了能够提供网上销售海鲜的强大电子商务体系和一年6.19亿的赢利相比，淘宝在某些方面还有很多有待提高的余地。

事实上，在2008年的全美零售商联合会发布的报告中曾指出，美国最优秀的十家零售商全部都是依靠在线的收入，而在线下没有任何的业务。并且美国的B2C市场占有率一直在不断提高，已经成功地超越了C2C市场。而在韩国，C2C所占的市场份额仅为45%，其余都是B2C市场的份额。在中国，B2C的市场份额只有7%，而C2C的市场份额高达93%。所以，中国未来网上零售市场B2C会获得一个较大的发展，淘宝目前的这些举措都是顺应形势。当然，目前国内的B2C市场份额在短期内还很难超过C2C。淘宝的最终目的是要达到两者的平衡，这样才会有协调的发展。

1.1.2 淘宝的中级商业阶段

“大淘宝”战略的第二步就是淘宝在互联网的整个商业生态系统的构建。2009年12月1日，淘宝合作伙伴计划新闻发布会正式授牌“淘拍档”平台成立。本次淘宝发布的包括物流、营销、渠道等方面的“淘宝合作伙伴计划”，将使自己的商业合作伙伴布局全面覆盖所有的电子商务领域。

“大淘宝”战略的第二步能否获得成功，将取决于淘宝自身的资源整合能力。淘宝网将召集各方面的电子商务外包供应商，在 IT、渠道、服务、营销及仓储物流等电子商务生态链的各个环节，为淘宝卖家、企业提供个性化产品和个性化服务。如果能够在短时间内完善这些功能，淘宝将吸引更多的垂直网站，尤其是大企业的网站加入“大淘宝”行列中来。

值得一提的是，淘宝的野心似乎并不仅仅是将品牌商纳入其商业生态系统。2009 年 4 月 1 日，淘宝社区 SNS 产品“淘江湖”正式上线展开内测。“淘江湖”将增加客户的黏度以及活跃度。2010 年 1 月 1 日，淘宝网全面改版，淘宝“数字娱乐”板块正式开通，淘宝正式进入在线视频领域。从这些举措可以看出，淘宝在完善其商业链条的同时，也开始进入娱乐化和社区化。那些人气旺盛的博客、SNS 社区、娱乐、以工作交流为核心的非零售站点，也都是淘宝建立开放性平台拉拢的对象。

而 2009 年 8 月 21 日，阿里巴巴公司为了实现“大淘宝”的“三通一平”的目标，正式将口碑网从中国雅虎拆出注入淘宝网。据调查显示，口碑网在人们的生活服务的电子商务化方面，特别是在餐饮、家政、房产等领域，在业内都处于领跑的位置。而“三通一平”的政策目的就是要为所有的电子商务参与者提供“水、电、气”等基础服务，将淘宝打造成能够影响整个经济链条的电子商务生态系统的核心。因此，淘宝这次合并口碑网的举措，不仅是希望给网商们提供一个成套的网络零售解决方案，而且也是希望为中国广大的消费者提供一个除了便捷快速的网上购物系统以外，更加广泛和全面的生活服务平台。现在已经有接近半数的网民习惯通过网络解决自己在生活服务上的需求。在口碑网加入大淘宝平台，实现互通之后，生活服务电子商务化的未来将更加美好。

日本乐天的经营理念之一就是将业务分散，同时各个业务彼此间更可形成环环相扣的网络布局，达到 1+1>2 的效果。淘宝也秉承了这样的经营理念，最近在不停地收购、合资建立相关行业的公司。2009 年 12 月 25 日，网站构架设计的社区与平台服务提供商 PHPWIND 正式承认已经被阿里巴巴旗下的支付宝公司收购。2009 年 12 月 29 日，淘宝宣布将投资 1 亿元人民币与湖南卫视合资，成立“湖南快乐淘宝文化传播有限公司”。这些有针对性的举措都将使淘宝未来的网络布局更加合理，经营更加稳定。

2008 年 10 月 8 日，百度正式上线自己的电子商务平台“百度有啊”，试图与淘宝分一杯羹。而淘宝也早就有意进入互联网搜索领域，因此在 2009 年 5 月 11 日，“大淘宝”战略携手微软共同推出 IE 8 淘宝定制版浏览器，淘宝在网络购物搜索市场迈出第一步。而 2009 年 10 月 10 日，淘宝启用 search.taobao.com 域名，正式内测淘宝的独立搜索引擎则标志着淘宝正式进入网络搜索市场。虽然目前其搜索结果仍只基于淘宝网，但是，淘宝的目的绝对不会仅仅局限于此，等技术和时机一切成熟，开放全网搜索是迟早会迈出的一步。今后，淘宝将会把阿里妈妈整合到淘宝搜索中，获取更多的互联网广告份额。在快速发展的中国付费网络搜索市场，淘宝依托自己巨大的客户流量以及单用户消费能力，极有可能在未来与中国最大的搜索引擎公司百度和全球搜索巨擎谷歌形成“三分天下”的格局。

淘宝网总裁陆兆禧在发给阿里集团的信件中说：“使用淘宝的ID，将可以在不同的购物网站自由购物。无论在哪个网站上购物，购物流程与规范都是大家熟悉的淘宝模式。所有网络零售业的消费者和商家数据都运行在淘宝的服务器上——淘宝将成为社会消费的基石。”不难想象，通过淘宝的这一系列决策，它将很可能在未来进一步颠覆中国电子商务的生态系统。“大淘宝”战略第二步的最终目标是通过长尾效应，在中国的互联网上实现电子商务行业大一统的格局。

1.1.3 淘宝的高级商业阶段

“大淘宝”战略的第三步是构建覆盖全国（包括中国台湾、中国香港等地区）的线下商务平台，通过连接线上和线下的通道的建立，创建新的零售模式。

为了实现这一目的，淘宝在2009年就已经做了一系列的战略部署。为了构建覆盖全国的线下商务平台，淘宝在2009年4月15日，正式启动淘宝网线下实体店“淘一站”，并在短时间内在全国开放几十家线下授权实体店铺。而在2009年9月8日，淘宝网授权中国台湾“淘一站”也正式上线，淘宝已完全覆盖中国台湾地区，实现了两地商业无障碍流通。

对于“淘一站”，淘宝官方网站是这么描述的：“‘淘一站’就是在淘宝网和线下消费者之间建立的一座桥梁。对于虚拟世界的东西，不论你走得再远、飞得再高，你总得有个支点。而‘淘一站’就是淘宝这个虚拟世界在现实中的‘支点’。”

与此同时，为了使线下的客户交易更方便，淘宝的兄弟企业支付宝与联想旗下控股公司拉卡拉正式宣布达成合作，在全国10多个重点核心城市的办公区、住宅区周边各便利店、超市、银行营业厅、药店等布设便利支付网点，推出刷卡为淘宝交易付款、支付宝账户充值等服务。这不仅扩大了淘宝在线下用户中的影响力，也为未来更多的线下用户转为线上用户奠定了基础。

在建立“支点”的同时，淘宝也在大力发展连接线上和线下的通道。2009年9月10日，淘宝斥巨资投资线下新媒体推广平台，与浙江省浙报集团合作推出《淘宝天下》生活消费周刊。两个月后，这个周刊的发行量近30万份，比肩国内一流杂志的发行量。此刊物的定位主要是给所有的买家用户，淘宝希望发挥其线上线下联动的优势，完成“大淘宝”打造线上线下“双通道”的第一步。

2009 年 12 月 2 日，淘宝网正式与华数数字电视传媒集团签署战略合作协议，用户可以通过电视屏幕，用手中的遥控器在淘宝网购物。2009 年 12 月 29 日，淘宝宣布将投资 1 亿元人民币和湖南卫视合资，成立“湖南快乐淘宝文化传播有限公司”。淘宝希望利用媒体帮助淘宝的影响力快速覆盖二、三线城市，扩大线下用户的消费规模，并且提升淘宝的话语权，为其销售和推广制造话题，引领潮流趋势和消费趋势。

1.1.4　淘宝的终极商业阶段

“大淘宝”的终极商业阶段将是为自己建立一个全新的全球最大电子商务生态体系。经过前三个阶段的酝酿，进化到终极商业阶段将是顺其自然的事情。

在这个阶段，淘宝将依托已经发展成熟的大量线下授权实体店铺为基础，建立覆盖周边社区的零售网络。在淘宝实体店聚集的周边建立一定数量的仓储，并且提供同城快递服务，将第三方物流服务的不可控因素尽可能缩小，甚至将放弃和第三方合作，自建成熟配套的物流体系。当交易量达到一定程度，淘宝将会拓展更多的线下产品，以前电子商务平台不好经营的大件产品，也可以依托各实体店的互连进行销售。另外，经过几年的发展，此时的移动上网购物和移动支付也已经发展成熟，最终淘宝将会影响人们日常生活购物的方方面面。这时候，淘宝的业务预计将覆盖全部的消费品甚至是服务业。

与此同时，淘宝也将不断巩固自己的品牌影响力。2009 年 12 月 15 日，淘宝网对外正式宣布，中国电信、联想、移动和 TCL 将推出三款淘宝定制手机，三款手机均将植入淘宝网最新版的手机客户端程序，以此来推动淘宝的移动商务业务和淘宝品牌战略。淘宝宣布与电视媒体湖南卫视合作，搭建“跨媒体公司”，使用电视营销和电子商务相结合的方法，推广“淘宝自有品牌”的商品。相信在未来，淘宝还将加大对自身品牌的宣传力度，挖掘内涵，形成完整的文化体系，建立起深入人心的淘宝品牌。

淘宝希望通过尝试，抓住远比互联网用户多得多的数亿名非互联网消费者。虽然淘宝在互联网上的地位已经牢不可破，但是在线下用户中的影响力还是比较有限。对于这方面，淘宝为自己的未来找到了一个强大的对手——全球连锁零售业巨头“沃尔玛”。

淘宝宣称将要在未来的 10 年内超越沃尔玛。看到淘宝近几年的发展速度，你会相信这并不是不可能的事情。中国有庞大的等待开启的内需市场，内需将替代外贸成为中国维持高速增长的一个引擎。并且目前中国的网上购物者以受过良好教育的年轻人为主，在未来 5~10 年，随着这一类人群的成长，他们将成为支撑社会消费的主体力量，他们所适应的消费模式将对淘宝未来目标的实现产生重要的作用。

如果这最终成为了事实，那么淘宝将在颠覆了新兴的互联网零售行业后，又一次颠覆传统的实体零售行业。"大淘宝"战略将为淘宝在未来建立一个领先世界的零售商业帝国。

1.2 未来淘宝的大趋势

2010 年 1 月 23 日，阿里巴巴集团主席马云先生正式宣布：阿里巴巴集团将重点发展"大淘宝"战略。这标志着淘宝未来的工作重心和资源的转移，这将会对未来中小卖家的发展产生不小的影响。随着这一两年来淘宝的动作，我们可以预测到淘宝未来的一个大趋势。

1.2.1 和淘宝中小卖家相关的淘宝大趋势

现在阿里巴巴公司 B2B 的会员有 50 万，C2C 的会员店家 4000 万，而中间的 B2C 缺口非常大。如何建立一个有效的方法，把 B2B 和 C2C 的买家联系起来，创造更大的市场，这是未来淘宝的发展目标。

2010 年 3 月 1 日，阿里巴巴公司成功地整合了原阿里巴巴 B2B 中国站的 1688.com 成功上线。1688.com 的战略定位为全球最大的网上采购批发市场，未来将帮助实体工厂、品牌商、批发商引进大量的买家，包括数千万的淘宝网店掌柜、百万计的线下城市实体店主，并提供一系列交易工具和服务。

阿里巴巴公司为了宣传这部分业务，投下上亿元的巨资，在收视率最高的各个电视台、主流平面媒体以及互联网媒体打广告。在上线首日造成了空前的盛况，当天的访问量是义乌小商品批发市场一个月的客流量。这个事件标志着淘宝网未来的工作重心正式转入了 B2C 的发展。

淘宝经过多年的发展，已经积累了大量的客户，带动起新兴的网购市场，形成新世纪独有的强大的"宅经济"，预计 2010 年，网购市场规模将增长至 4640 亿元，网上销售额将占到全国零售总额的 3%以上。由于淘宝牢不可破的业界领先地位，使得它很轻松地就能够独揽这么大的市场。因此淘宝现在打算大力发展 B2C 也是能够理解的。

这个事件对于淘宝的中小卖家来说，也是一个好消息。通过 1688.com 的大力发展，吸引了更多批发商参与进来。淘宝卖家就可以通过 1688.com 的"小额批发"业务，以比较少量的资金方便快捷地进到全国各地的丰富货源。

目前已经逐渐成熟的淘宝分销平台也是为了打造阿里巴巴和淘宝的一个桥梁，扩大 B2C

卖家的产品的销售渠道，为广大中小卖家也提供了一个无风险的供货发货平台。

虽然目前淘宝卖家的竞争越来越激烈，现在淘宝目前有超过 4000 万店家，2009 年，每天新开店就有 1 万家，同时开通的商城电器城对于大卖家的打击比较大，但是淘宝的销售额每年也是成倍的增长。北京正望咨询有限公司发布的《中国网上购物消费者调查报告 2010》预测，2010 年我国网购市场规模将达到 4900 亿元，而淘宝将占据 70%的份额。“大淘宝”战略未来仍将把创造和解决就业，作为最重要的发展目标。所以机遇和挑战同时存在，让我们坚定信心，携手努力，共同奋进。

1.2.2 淘宝网购市场大趋势

据淘宝网发布的《2010 年淘宝网购第一季度报告》显示，我国网上购物人群正逐渐摆脱特定消费群体，潜力巨大。淘宝网目前显示当前国内网购市场正呈现三大趋势。

- 网货加速品牌化。度过了起步阶段的杂乱无序后，网络购物市场正兴起一批网货品牌。
- 主流品牌网销化。金融危机加速了品牌厂商的网络销售进程，包括联想、宝洁、优衣库、戴尔、李宁等一大批著名品牌进驻网络购物平台。
- 二三线地区成为网购新权势。数据显示，随着互联网在二三线地区的发展，包括二三线城市、中西部地区和电子的网购在第一季度异军突起，占到网购总量的 73.20%，远超北京、上海、广州等一线城市地区的网购总和。而在 1 年前，二三线地区的网购金额只占淘宝网成交额的 69.15%。

白领人群在上班时能够使用互联网，消费能力又大于其他族群，成为网络购物的领头羊。大学生对于互联网的熟练与依赖，有一定的可支配所得，强烈的消费欲望，以及自由的时间，也是网络购物的重度用户。因此，围绕这两个群体的产品将会是长期热销的一类。

然而在未来最有潜力的消费人群是低收入网民，根据中国互联网络信息中心（CNNIC）的数据显示，61.5%的网民年龄低于 29 岁（含），只有 12.1%的网民拥有大学本科或以上学历，约有 42.5%的网民月收入为 1000 元人民币或以下。政府也通过家电下乡等政策，鼓励更多的农村人口使用电脑和手机的上网服务。

根据淘宝网《2009－2010 年度中国网购热门城市报告》，此份报告涉及时间跨度为一年，即 2009 年 5 月 1 日至 2010 年 5 月 1 日。报告显示， 中国网购消费力城市东部地区独占鳌头。其中，网购消费力十大城市分别是上海、北京、深圳、杭州、广州、南京、苏州、天津、温州和宁波。主要集中在以江浙沪为主的长江三角地区、以广深为主的珠江三角地区和以北京为主的京津地区。因此，根据这些地方的一些地域性的产品也更容易获得成功。

从 2009 年 9 月 25 日淘宝颁发图书“新规”整顿图书市场起，短短半年多时间已经有上千万图书遭遇下线，因此在未来小卖家如果要经营像图书音像类的产品将会比较难，淘宝电器城的开通也让小卖家销售正品的电器数码产品遭到了前所未有的挑战。2009 年年底，淘宝网拿出一亿元来支持打假行动和建设网购保障。在新一轮打假运动中，网络消费市场的参与方、网络消费平台的搭建者、市场经济秩序的维护者等多方力量将通过淘宝网有效整合，从而形成一致性的维权力量。因此山寨类的数码产品以及其他一些仿冒的产品，也许目前还能生存，但是未来将承受着越来越高的风险。

1.2.3 淘宝整体发展大趋势

2009 年，淘宝网逆势大扩张，计划未来 5 年将对淘宝网投资 50 亿元人民币，并将继续沿用免费政策，以进一步推动中国内需消费市场的发展。因此，淘宝网肯定会向越来越好的方向发展。目前通过“大淘宝”战略的实施可以看出，淘宝现在有娱乐化、大众化、多元化的趋势。

1．娱乐化

2010 年 1 月 1 日，淘宝网全面改版。淘宝“数字娱乐”板块正式开通，是淘宝正式迈向娱乐化的标志。同年 4 月 18 日，湖南卫视和淘宝网共同推出的中国首档电视网络互动节目《越淘越开心》于当日晚上黄金时段首播，创造了 3300 万的收视规模。同时，淘宝网的社交网络（SNS）产品“淘江湖”和 3D 效果的 SNS 社区“桃花源”都已经相继取得进展，这让网络购物成为一种乐趣，买家们不需要去逛街，因为淘宝就是逛街的地方。

2．大众化

淘宝的大众化趋势包括买家的大众化和卖家的大众化。2010 年第一季度，淘宝网买卖业务额突破 188 亿元人民币，与去年同期 69.6 亿元的买卖业务额相比，增长了 170%，远高于 2009 年第一季度 123%的增速，也高于 2009 年整年 156%的增速。

截至 2009 年上半年，淘宝网共有注册会员 1.45 亿，占全体中国网民数的 43%。同时新开网店数以每天一万家的速度猛增，现在淘宝目前有超过 4000 万店家。淘宝的大众化趋势不可避免。

3．多元化

淘宝目前不仅延续传统的 C2C 模式，而且引入了更多元化的营销模式和商户合作，进行 B2C 方面的扩展。

淘宝与各个行业不断进行多方面的合作，比如湖南卫视、ShopEX、各出版传媒集团等。

淘宝在快速地整合各种资源，并将平台从虚拟的互联网延伸到了线下实体，一步步地实现自己的电子商务生态圈。这种多元化的发展令每个人都感觉到“目不暇接”。同时，2010 年 5 月 10 日，中国领先的网络零售网站淘宝网与软银集团控股的雅虎日本在杭州宣布双方将展开战略合作，这将给淘宝带来更多其他国家的买家，以及更多的来自国外的产品。淘宝的产品和服务人群也更加的多元化。

4．精准化

现在越来越多的人选择垂直化和专业化的购物或者服务途径。通过“大阿里”战略对淘宝业务的不断拆分可以看出，淘宝也越来越注重针对不同的用户群提供不同的服务。为了满足那些希望在网上买到货真价实的正品的买家的需要，淘宝将淘宝商城独立出来，并且独立域名，取名叫天猫商城。而天猫商城内部还分了“天猫电器城”、“天猫医药馆”、天猫海外馆”、“天猫美容馆”、“天猫家装馆”……同时，为了满足买家更多的线下消费需求，淘宝将聚划算也独立了出来，成为一个独立的团购网站。这些都标志着淘宝未来的举措越来越向精准精细化方向发展。

通过以上的分析，相信未来网络零售占社会零售的份额将会在大淘宝的指引下节节攀升，越来越多的人加入到淘宝中来，并且电子商务人才也将会成为新的就业增长点，新的网络交易法规制度将在大淘宝中孕育而生。人们的生活将会更加网络化、电子化，淘宝将成为网络零售的代名词。

1.3　新大阿里战略——大事记

2008 年 4 月 10 日：淘宝网宣布 B2C 平台——淘宝商城上线测试，迈出“大淘宝”战略的第一步。

2008 年 9 月 4 日：阿里巴巴集团正式启动“大淘宝”战略第一步——淘宝网和阿里妈妈即日起合并发展，共同打造全球最大电子商务生态体系。

2009 年 4 月 1 日：淘宝社区 SNS 产品淘江湖正式上线展开内测，该产品目前通过邀请的方式进行注册。淘江湖将增加用户的黏度以及活跃度。淘宝开始进入娱乐化和社区化。

2009 年 4 月 15 日：淘宝网线下实体店“淘一站”正式启动。

2009 年 5 月 11 日：“大淘宝”战略携手微软共同推出 IE 8 淘宝定制版浏览器，这标志着淘宝在网络购物搜索市场的起步。

2009年5月26日：诺基亚宣布加入大淘宝阵营圈地移动商务业务，淘宝移动电子商务更进一步。

2009年6月22日：淘宝开放平台Beta于2009年6月22日起，正式开始对外公测。这是淘宝在2008年开放API接口之后，“大淘宝”战略向前迈出的又一大步。

2009年6月26日：土豆网加盟“大淘宝”战略，推视频应用新模式。

2009年6月29日：阿里巴巴宣布，将投资1亿美元在成都设立西部基地。

2009年8月21日：阿里巴巴公司正式将口碑网从中国雅虎拆出注入淘宝网。

2009年9月：马云宣布将独立网店系统引入“大淘宝”战略，淘宝与shopEX独立网店系统合作开发的“淘掌柜”上线。

2009年9月8日：淘宝网授权台湾“淘一站”正式上线，这是自2006年年底淘宝网开通“台湾馆”后，“大淘宝”战略的又一次扩张，淘宝已完全覆盖中国台湾地区，实现了两地商业无障碍流通。

2009年9月10日：《淘宝天下》杂志创刊，完成“大淘宝”打造线上线“双通道”的第一步。

2009年9月25日：淘宝颁发图书“新规”整顿图书市场。短短两个月，600余万图书遭遇下线，众多图书卖家均受到不同程度的影响。

2009年10月10日：淘宝启用search.taobao.com域名，正式内测淘宝的独立搜索引擎。

2009年10月23日：淘宝网宣布与微软联合推出一款名为“任我淘”桌面端软件。

2010年11月：激动网将与淘宝网共建“影视站”，淘宝网于2010年1月1日正式推出了视频频道，正式进军高清视频业务。

2009年11月19日：淘宝启动“亿元打假”计划，建立和加强网购保障。

2009年11月24日：阿里巴巴集团与东方航空集团宣布进行战略合作，拓展航空电子商务。

2009年11月28日：新华社与阿里巴巴公司结成战略同盟，在杭州阿里巴巴集团总部签署合作协议。

2009年12月：淘宝随身购手机客户端登场，实现了重要的手机上网购物功能。

2009 年 12 月 1 日：淘宝合作伙伴计划新闻发布会正式授牌“淘拍档”平台成立。本次“淘宝合作伙伴计划”的发布意味着“大淘宝”战略迈出了实质性的第二步。

2009 年 12 月 2 日：淘宝网正式与华数数字电视传媒集团签署战略合作协议，用户可以通过电视屏幕，用手中的遥控器在淘宝网购物。一个更为完善的电子商务生态圈已然逐步形成。

2009 年 12 月 15 日：淘宝网对外宣布，联想移动、中国电信和 TCL 将推出淘宝牌 3G 定制手机，推动淘宝的移动商务和品牌战略。

2009 年 12 月 18 日：第 3 届阿里巴巴网商交易大会在成都开幕，会上隆重发布了专为 200 万淘宝网卖家量身打造的淘宝外店系统“淘里淘外”正式启动。

2009 年 12 月 25 日：网站架构设计的社区与平台服务提供商 PHPWIND 正式承认已经被阿里巴巴旗下的支付宝公司收购。“大淘宝”将互联网中的 1 亿社区用户彻底收归囊中。

2009 年 12 月 29 日：淘宝宣布将投资 1 亿元人民币和湖南卫视合资，成立“湖南快乐淘宝文化传播有限公司”。

2010 年 1 月 1 日：淘宝网全面改版，淘宝“数字娱乐”板块正式开通。

2010 年 1 月 13 日：淘宝电器城正式启动上线运营，淘宝的 B2C 时代来临。

2010 年 1 月 24 日：阿里巴巴集团宣布，为了从组织上确保“大淘宝”战略的成功执行，成立大淘宝战略执行委员会。

2010 年 2 月 2 日：亚洲最大网络零售商圈淘宝网宣布，作为 2010 年淘宝消费者年重要举措，即日启动网购纠纷首问责任制。淘宝网承诺：只要在淘宝网网购出现交易纠纷，买家和卖家未达成有效协商的，淘宝网将一律先行垫赔消费者。

2010 年 3 月 9 日：阿里巴巴对外宣布，业界期待已久的 1688.com 已于昨日成功上线，正式整合原阿里巴巴中国站（alibaba.com.cn），剑指全球规模最大的网上采购批发市场。

2010 年 3 月 22 日：淘宝网宣布其 3D 购物社区产品“淘花源”即将进入内测阶段。未来“淘花源”还将开启商城个性化设置等更多围绕购物这一核心的互动功能。

2010 年 3 月 31 日：亚洲最大的网络零售商圈淘宝网正式对外宣布，将面向全球首度开放淘宝数据，商家、企业及消费者将在未来分享到来自淘宝全网的海量原始数据。

2010 年 4 月 8 日：淘宝联盟正式启动，大淘宝电子商务生态圈的网络营销体系浮出水面。这是淘宝网“大淘宝”战略的重要一步。

2010年4月18日：湖南卫视和淘宝网共同推出的中国首档电视网络互动节目《越淘越开心》于4月18日晚上黄金时段首播。节目收看规模超过3300万人，同时有100万人通过淘宝网参加。

2010年4月24日：阿里巴巴加快进军传统媒体，与浙江期刊总社各投资1500万元共同打造的《天下网商》创刊正式发行。

2010年5月10日：中国领先的网络零售网站淘宝网与软银集团控股的雅虎日本在杭州宣布双方将展开战略合作，根据规划，双方将在战略合作基础上，通过双方数据对接，全面打通中国和日本的网购平台，极大扩充数以亿计的消费者的网购选择。中国首个跨国界的网购平台将正式上线。

2010年6月1日：阿里巴巴集团旗下亚洲最大网络零售商圈淘宝网与软银集团控股的雅虎日本在日本共同启动中日网购互联平台。面向中国消费者的淘宝网淘日本（www.taojapan.com）与面向日本买家的雅虎日本"中国商城"（http://chinamall.yahoo.co.jp/）同时正式上线运营，聚合2.5亿用户、4.5亿件商品的全球最大网购市场由此诞生。

2010年6月18日：淘宝网正式宣布推出淘宝大物流计划，该计划的核心——API借口全部开放的淘宝物流宝平台（http://e56.taobao.com）也同期上线。淘宝物流宝平台不仅仅只向淘宝网、阿里巴巴商户提供服务，一淘网中独立的B2C网站也可使用该平台。

2010年6月30：香港贸易发展局与淘宝网共同宣布，双方携手开设的淘宝商城香港馆（http://hongkongdg.taobao.com/）正式上线，此举措将协助香港品牌和设计师系列开拓内地庞大的网购市场。这意味着，中国内地的消费者可以直接在淘宝上购买香港商品。

2011年6月16日：马云致信阿里巴巴全体员工，宣布淘宝重组决定。原淘宝网一分为三：一淘网（etao.com）、淘宝集市（taobao.com）和淘宝商城（tmall.com）。三家公司独立运营，分别由彭蕾、陆兆禧、曾鸣负责，共用技术和公共服务平台，"大阿里"战略正式启动。

2011年6月20日：淘宝商城医药馆（http://www.tmall.com/yao）正式上线，上海复美大药房、北京金象大药房、杭州九洲大药房等5家具有网络售药资质的医药公司入驻。但淘宝医药馆因资质问题在上线18天后被勒令整改。

2010年7月27日：支付宝网络技术有限公司正式宣布推出一站式商家服务平台（b.alipay.com）。这意味着从基础的电子支付服务到增值服务以及第三方服务都可以通过该平台完成。

2011年10月12日：淘宝商城发新规，淘宝商城升级商家管理体系，大幅提高技术服务费和商家违约责任保证金。数千名中小卖家不满这一政策，持续通过恶意购买等方式攻击商城大卖家。最后淘宝做出妥协，政策延期一年执行。

2011 年 10 月 20 日：淘宝宣布，聚划算（ju.taobao.com）从淘宝网正式剥离，独立运营，阎利珉担任总经理。“大阿里”战略进一步实施。

2011 年 11 月 29 日：淘宝旅行（trip.taobao.com）正式推出客栈系统，推出 1.7 万家酒店，其中既有适合商务人士的各种星级酒店，也有大量适合个人旅行的特色客栈。随着客栈系统的正式上线，淘宝也完成了机票+酒店两大旅游核心产品的战略布局。

2011 年 12 月 6 日：淘宝发布“创想”计划（pro.taobao.com），搭建自己的品牌营销平台，将来自专业营销咨询机构、广告公司、知名企业的营销人士带进电子商务营销这一全新的品牌营销领域。

2012 年 1 月 11 日：从 2012 年 1 月 11 日起，淘宝网将对已开店卖家开放认证申请，2012 年 6 月 30 日前，所有新开店和已开店用户均须完成认证及备案。同时，2 月底是否通过淘宝身份认证也将成为搜索排序质量指标之一。

2012 年 1 月 11 日：淘宝商城正式更名为“天猫”（Tmall.com）。完全脱离淘宝品牌，采用独立品牌拓展在线零售市场。

2012 年 1 月 15 日：淘宝商城网上超市（chaoshi.tmall.com）正式上线，首选上海开展试运营。随着越来越多超市零售行业商家、物流配送企业以及仓储合作伙伴的加入，淘宝商城打造的 B2C 平台化一站式生活用品采购及服务模式也逐渐显形。

2012 年 2 月 27 日：淘宝医药馆再次悄然上线。淘宝重新征战目前还处于起步阶段的医药类 B2C 市场。

2012 年 3 月 8 日：淘宝网曝光台（bgt.taobao.com）全新上线，该平台不仅会定期公布淘宝网店铺处罚名单及网购中的一些不良现象，同时，用户也可以通过曝光台这一入口对伪劣商品和不良商家进行举报。

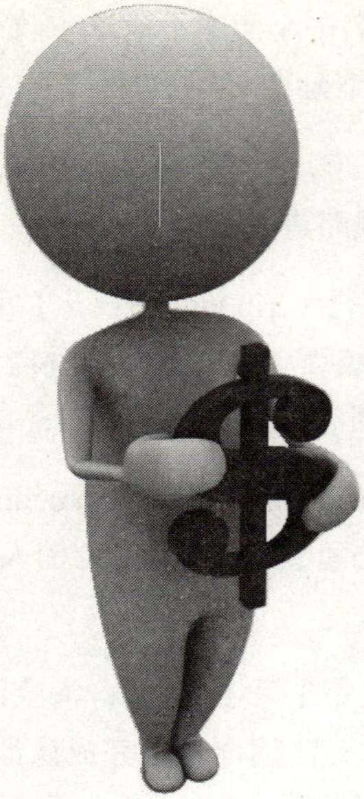

第 2 章 全方位了解我们的“新战场”

高手引航

2010 年以来，淘宝改革的步伐越来越快，2012 年的淘宝已经和最初的淘宝完全不一样了，发生了很多“革命性”的变化。这是淘宝为所有卖家打造的“新战场”，如何适应和了解改革后的功能和规则的变化，是淘宝卖家必须要做的功课。

2.1　淘宝改革后界面和页面的变化

有人质疑淘宝改版的必要性，其实我们不该从设计或用户体验的角度去看淘宝改版，商业设计不是纯艺术设计，而是为商业服务的，不能从设计本身去评价它的好坏。现在就来看看，淘宝改革后界面和页面的变化。

1．淘宝首页

自 2010 年 5 月 5 日淘宝网全面改版以来，淘宝为了提高用户体验，一直在不断的改进着。这样做的最终的目的还是一切从消费者出发，帮助他们更轻松地找到商品。

从导航上看，目前已经将天猫（淘宝商城）、聚划算、电器城、淘宝旅行等业务模块从左侧导航改成横向排版，并且增加了 Hitao 妆扮、一淘网等板块。而左侧导航则放置淘宝拍卖会、彩票、全球购等生活服务模块，如图 2.1 所示。

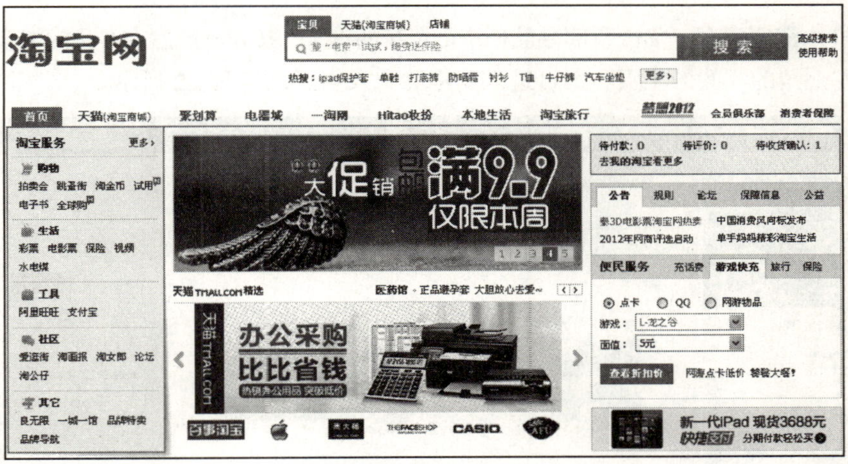

图 2.1　淘宝网首页

从首页版面可以看到，新版淘宝有这样几个值得注意的变化。

- 新版淘宝的广告位少了很多，这说明淘宝赢利模式的侧重点会发生一些变化，未来将更侧重于服务和项目收费。
- 左上角的导航条耐人寻味，天猫（淘宝商城）和聚划算的链接非常突出，这是目前淘宝舞台上的两个主角，也将是淘宝未来一两年内的主打产品。
- 机票、网游、充值、保险等，都是“大阿里”战略的一部分，这些服务未来将会很有可能再被淘宝统一整合。

目前的淘宝界面至少有以下几个优点：

- 版面简洁，广告之类的更少了，界面更友好。
- 功能区块划分清晰，更方便新手入门。
- 页面美观大方。
- 页面打开速度更快。
- 常用入口更容易找到。
- 活动展示丰富。

2．个人主页

以前的"淘江湖"现在已经变成了更具微博分享性质的个人主页了。你只要在"已买到宝贝"页面中，单击"分享"按钮，即可把你的宝贝晒到个人主页里。当你在淘宝中发现了自己中意的宝贝，如果有心型按钮，只要单击这个按钮，即可把宝贝收藏到喜欢的列表中。分享一个未购买的宝贝时，此宝贝也会出现在喜欢的宝贝列表中。

登录进入淘宝后台，单击顶部导航栏中的"我的淘宝"按钮。然后在"我的淘宝"首页中，继续单击左上角的"我的主页"即可进入到你的个人主页，如图 2.2 所示。

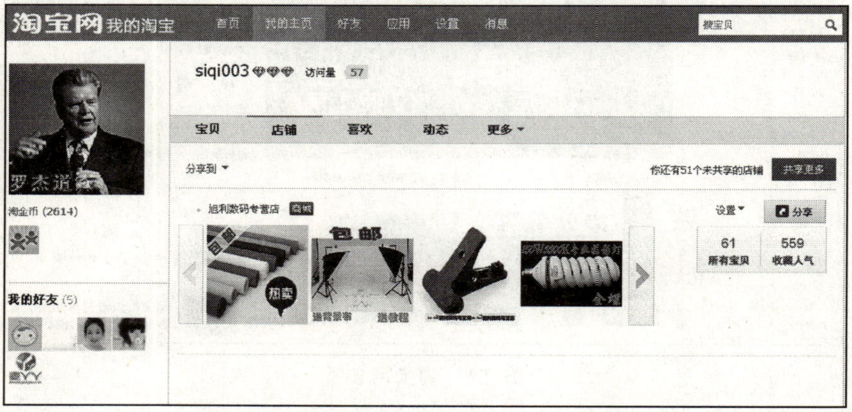

图 2.2　个人主页

3．天猫（淘宝商城）

2012 年 1 月 11 日上午，淘宝商城正式宣布更名为"天猫"。它是淘宝重点打造的 B2C 商城，整合了数千家品牌商、生产商，为商家和消费者之间提供一站式解决方案。加入这里的所有卖家都必须是工商部门注册的企业而不是个人，所卖的产品都必须提供各项资质以证明销售的产品均为正品，并且提供 7 天无理由退货的售后服务，以及购物积分返现等优质服务。迄今为止，天猫已经拥有 4 亿多买家，5 万多家商户，7 万多个品牌。

单击淘宝首页左上角的“天猫（淘宝商城）”按钮，即可进入“天猫”首页，如图 2.3 所示。

图 2.3　“天猫”首页

4．聚划算

淘宝“聚划算”是前两年比较火的团购模式，其在 2011 元年斩获 2 亿元成交额，远远超过其余所有团购网站交易额之和，已经确立国内最大团购网站地位。报名团购的产品价需要是非赢利性的体验价，需要在同等商品中达到最大限度的低折扣。淘宝会根据类目不同有不同的折扣要求。因此很受大众的欢迎。淘宝每日的交易量会在早上 10 点有一个高峰值，那是因为淘宝聚划算新上架的产品都是在这个时间准时开团的。目前，淘宝聚划算还延续了“大阿里”的开放理念，以多种形式与各地团购网站展开合作，重点打造出城市区域团购。

单击淘宝首页左上角的“聚划算”按钮，即可进入“聚划算”首页，如图 2.4 所示。

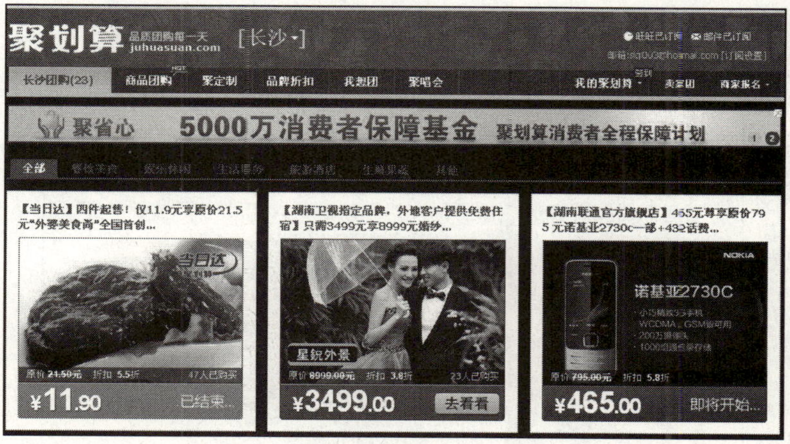

图 2.4　“聚划算”首页

5．淘宝电器城

淘宝电器城是集合了所有经营淘宝数码电器产品的实体卖家的一个平台，通过这个平台来和京东商城、新蛋网上商城等 B2C 网站进行对抗。

淘宝电器城的口号是：“正品行货、全国联保以及天天低价”，并且买家购买了“淘宝电器城”的商品，在交易成功后的 15 天内如果发现商品有问题，可以单击“保障卡”发起消保投诉，申请赔付。从这也可以看出淘宝一直致力于的发展方向。

单击淘宝首页左上角的“淘宝电器城”按钮，即可进入“淘宝电器城”首页，如图 2.5 所示。

图 2.5 “淘宝电器城”首页

6．一淘网

一淘商品搜索是淘宝网推出的一个全新的服务体验。它立足于淘宝网丰富的商品基础，放眼整个互联网的资讯导购。网站主旨是希望能够为用户提供购买决策、更快更省心的找到物美价廉的商品。

单击淘宝首页导航中间的“一淘网”按钮，即可进入“一淘”首页，如图 2.6 所示。

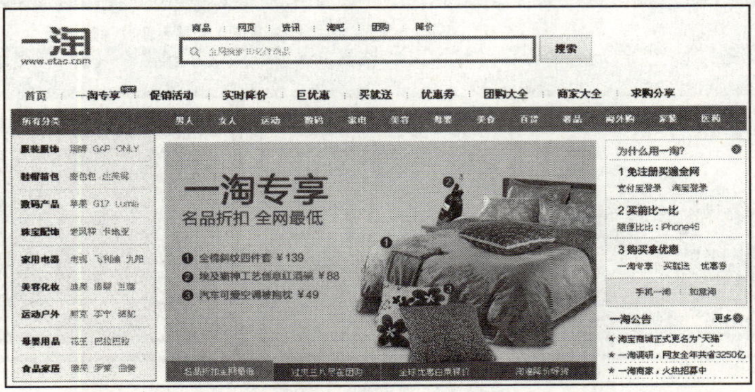

图 2.6 “一淘”首页

7. Hitao 妆扮

Hitao 妆扮是湖南卫视与淘宝网共同出资 1 亿元人民币，全力打造的电视互动购物商城。而《越淘越开心》则是由淘宝网和湖南卫视共同成立的“湖南快乐淘宝文化传播有限公司”正式推出的综艺秒杀购物电视节目。这个节目将快乐淘宝独立网站及湖南卫视资源整合在一起，首次探索网购与电视媒体深度结合的新商业模式。

单击淘宝首页导航中间的“Hitao 妆扮”按钮，即可进入“Hitao 妆扮”首页，如图 2.7 所示。

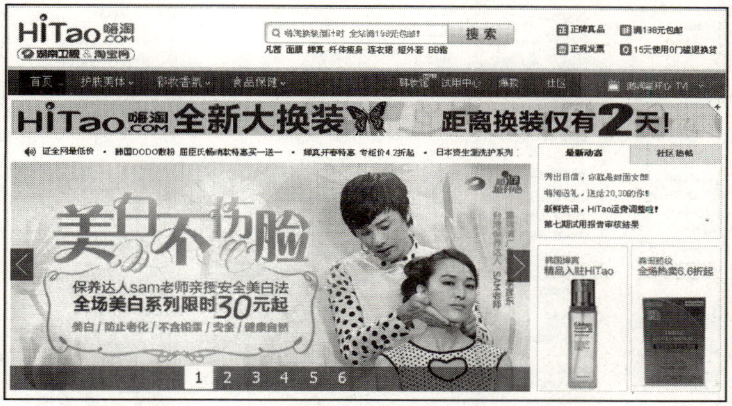

图 2.7 “Hitao 妆扮”首页

2.2 淘宝改版后功能的变化

淘宝改版之后，不仅仅是界面发生了变化，各个模块的功能也发生了很大的改变。包括淘宝后台、搜索结果页面等。这些改变不但方便了操作，使得新人更容易上手，而且让淘宝的功能模块更加友好和人性化。

1. 可自定义的个性化淘宝后台

2010 年 4 月，淘宝后台全面升级改版，此次改版之后，淘宝的后台就立足于为用户打造“用得爽、玩得开心、体验全方位”的理念，如图 2.8 所示。

在这里只介绍新版淘宝后台“卖家中心”的功能变化。

- 在顶部的导航栏中，把“我是卖家”版块独立了出来，集合所有卖家需要的功能点，这样使得整体更直观精准。
- 使用能够自定义的快捷功能设置，你可以最多添加 10 个常用的快捷功能，方便操作，如图 2.9 所示。

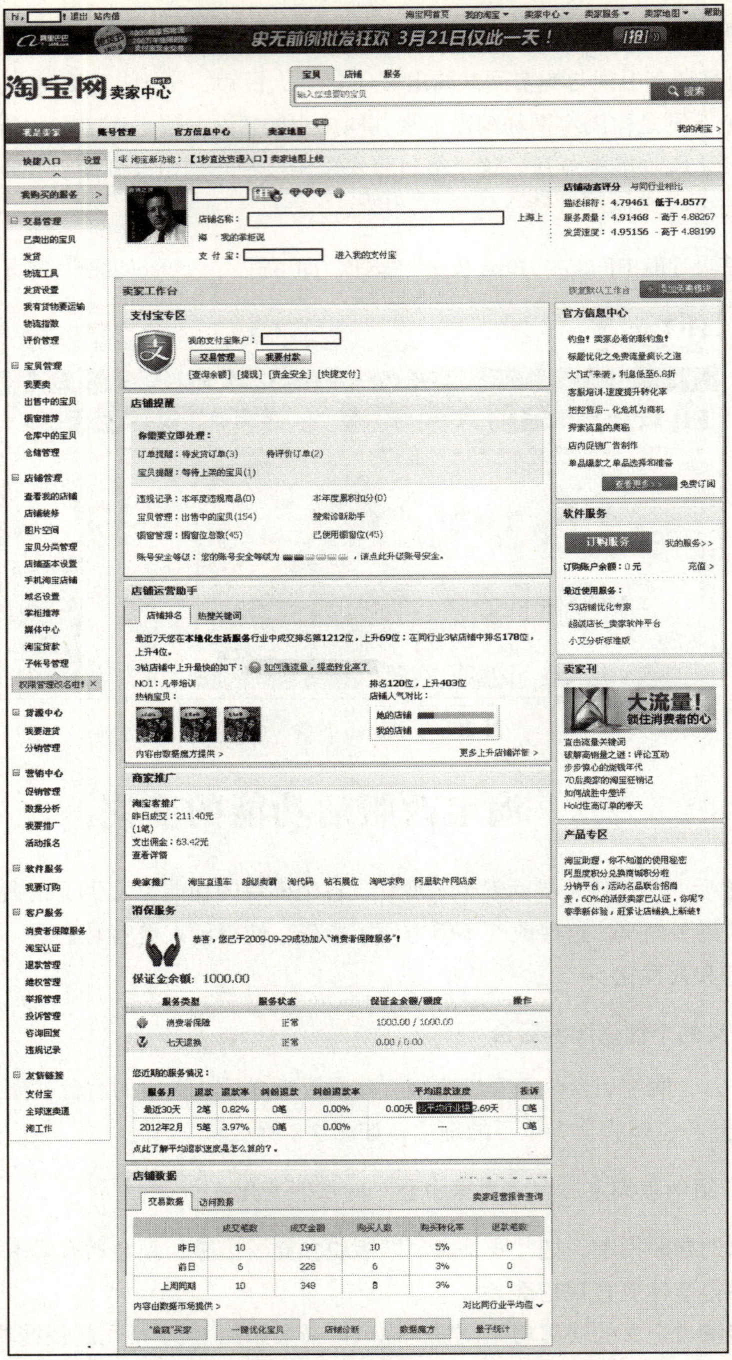
淘宝网 卖家中心
史无前例批发狂欢 3月21日仅此一天！
卖家工作台
支付宝专区
店铺提醒
店铺运营助手
商家推广
消保服务
店铺数据
官方信息中心
软件服务
卖家刊
大流量！锁住消费者的心
产品专区

图 2.8 淘宝后台

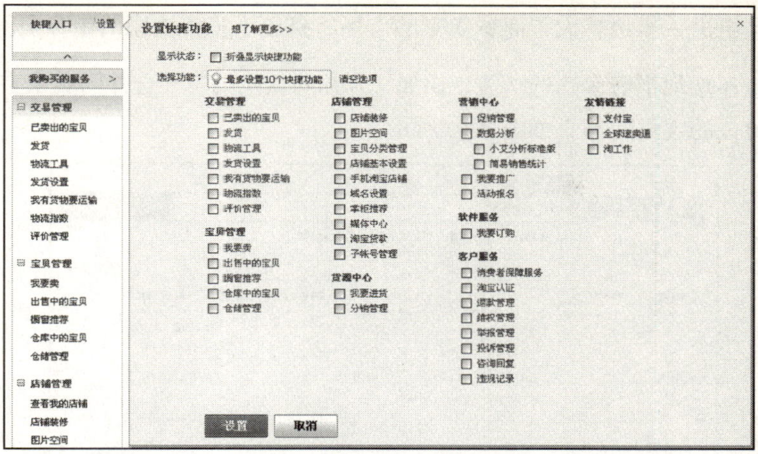

图 2.9 快捷功能设置

- 左侧的菜单栏去掉了与买家相关的菜单功能展示，整合了所有卖家需要的功能，方便卖家对店铺进行管理，并且对所有的功能点都重新进行了整合分类，更加科学。旧版的“管理我的店铺”功能已经删掉，因为新版“卖家中心”已经将卖家所有的应用都显示在左边子菜单中，而不是像旧版的那样隐藏在“管理我的店铺”中。这样的改变使得路径更加清晰，操作更方便。
- 在中间的店铺提醒区中，显示的是你所有的店铺基本信息汇总，包括代发货订单、宝贝提醒、违规记录、出售中的宝贝数量等等，让你一目了然。
- 右侧的店铺动态评分也可以让你随时了解客户的满意度。
- 在右侧新增的公告栏展示的是淘宝官方的相关信息，让卖家可更快速地了解淘宝的新政策和变化，你还可以订阅这些内容。
- 在右侧新增的软件服务栏中显示的是卖家服务的快捷订购，在这里卖家可以了解到自己充值中心的账号余额，以及订购付费产品的相关信息。
- 右侧新增的“卖家刊”版块，可以第一时间了解《卖家》杂志的相关资讯。
- 中间的店铺运营助手和店铺数据版块能够让你第一时间了解店铺的经营状况。
- 中间的商家推广版块能够让你方便地了解到淘宝客推广的效果和佣金支付金额。

2．搜索结果页面

在淘宝后台全面改版的情况下，搜索结果页面也同样做了很大程度的改变。这里最重要的一个变化就是增加了两个搜索功能，一个是“人气”宝贝的搜索功能，一个是“天猫”搜索。人气是综合卖家信用、好评率、宝贝浏览量、30 天售出量、累计本期售出量，以及收藏人气等因素来竞排的。这个功能使得淘宝卖家渐渐有走向“强者越强，弱者越弱”的趋势。而“天猫”

搜索的诞生则是更进一步地扩大了商城卖家的市场，挤压了集市卖家的生存空间。

同时，淘宝还增加了更多筛选功能，比如“合并同款宝贝”、“合并同卖家宝贝”、“查看最多用户喜欢的价位的宝贝”等，如图 2.10 所示。

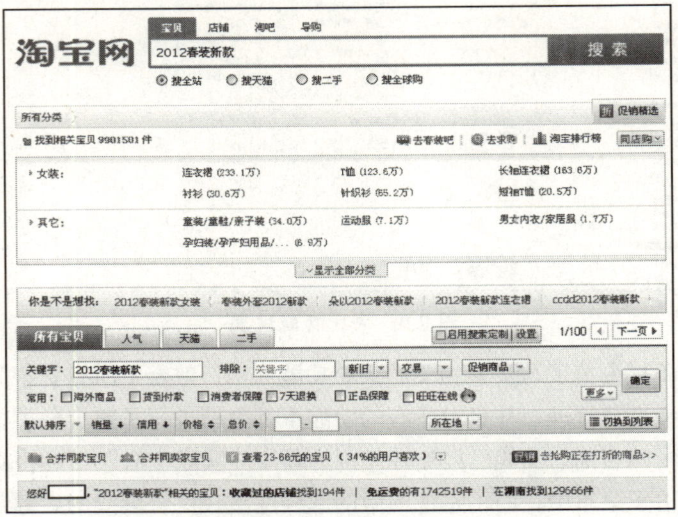

图 2.10　筛选功能

同时，右侧的“促销商店”按钮，能够让买家找到更多的促销宝贝，比如聚划算、打折秒杀、淘金币换购等。这意味着你使用淘宝收费的促销工具能够获得更多的流量和展示机会，如图 2.11 所示。

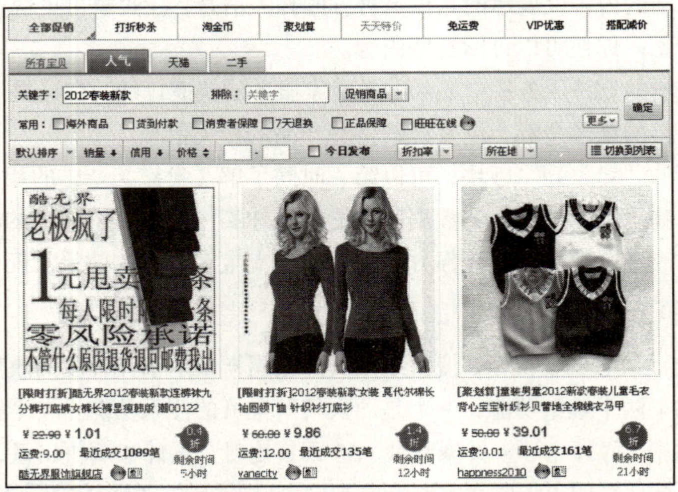

图 2.11　促销搜索

3. 货源中心

淘宝货源中心是由淘宝研发提供的，用于帮助供应商搭建、管理及运作其网络销售渠道，是帮助分销商获取货源渠道的平台。它解决了长期以来，淘宝中小卖家缺货源、缺资金的问题，同时也帮助商家获得更多的销售机会。淘宝分销平台上的供应商数量已经达到 5.6 万，分销商的数量则达到了 86 万。与此同时，更多的品牌商也在加速进军淘宝分销平台。

淘宝最新的分销平台至今一直在改进，目前已经变得越来越完善。通过分销平台实现的总销售额也达到了日均 2500 万元，最高峰值甚至超过了 5000 万元。相信未来将会是很多小卖家，尤其是刚进入淘宝的新卖家的首选。

进入淘宝后台，单击“店铺管理”栏下的“分销管理”就可以进入到分销平台首页，如图 2.12 所示。

图 2.12　分销平台首页

也许你现在的操作方法已经很难跟上形势了，或者说在新的淘宝规则下，你的种种经营策略根本就是错误的，如果不及时修正，继续墨守成规，那么很快就会被时代的步伐淘汰。

2.3　2012 淘宝新规后的变化

为了使《淘宝规则》的结构更科学合理，在保障规则的通用性和适用性的基础上，能够分别适应淘宝网和淘宝商城的发展需要，淘宝在 2012 年又推出了新版《淘宝规则》。新的淘宝规则最重要的变化表现在以下几点。

- 自 2012 年 3 月 15 日起，淘宝网的商品“有效期”时间将统一修改为 7 天。因此在卖家上传新宝贝的时候，有效期已经不能选择了。目前所有的卖家都将享受自动上架功能，只要宝贝是正常有效的状态，发布时间到期后系统会自动重新上架。这个改变对于普通卖家来说，方便了许多。
- 2011 年，淘宝推出新规，除了特殊类目的部分商品以外，卖家延迟发货将扣分并补偿买家一定金额。延迟发货，是指除以下商品外，卖家在买家付款后表示不能即时发货或未在七十二小时内发货，妨碍买家高效购物权益的行为。每次延迟发货，将会被扣除三分，同时要向买家赔偿该商品实际成交金额的百分之五，但赔偿金额最高不超过三十元。
- 搜索结果页面和类目宝贝列表页面中的“最近成交笔数”，将去掉“聚划算”、“天天特价”、“淘金币”、“试用中心”等淘宝官方活动期间的销量，并不计入搜索排序规则。
- 宝贝详情页面的成交记录中，除了正常交易的和“淘宝 VIP”、“店铺 VIP”、“满就送”、“搭配套餐”、“店铺优惠券”等活动的交易显示为原价以外，其他做活动产生的交易统一显示为买家拍下产品的价格，而不显示原价。
- 淘宝新增“属性错放”规则。淘宝会检查卖家标题描述与属性中的描述是否相符，避免一些错误影响买家体验。如果查到标题有问题的话，就会被降权或者下架处理。
- 为了更加规范经营秩序，淘宝开店流程也有变化。目前，除了要进行支付宝实名认证之外，还要对每位卖家做进一步的开店认证。这项规定，从 2012 年 1 月 11 日起，淘宝网将对已开店卖家开放认证申请，2012 年 6 月 30 日前，所有新开店和已开店用户均须完成身份信息认证及备案，如图 2.13 所示。

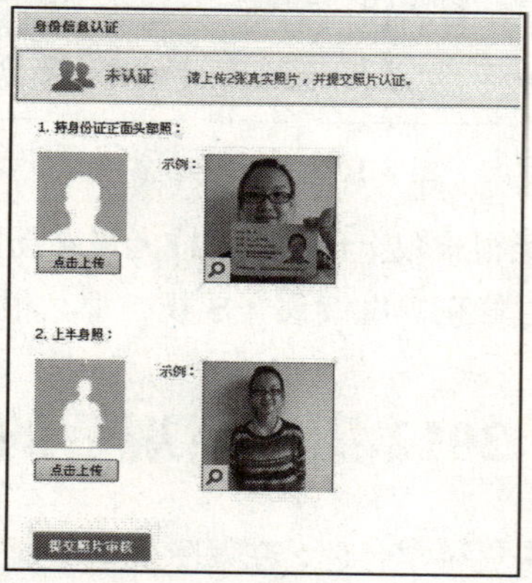

图 2.13　身份信息认证

- 相比以前的秘密进行处理，淘宝现在公开了降权处罚，不遵守淘宝规则的宝贝都会有不同程度的降权。

- 淘宝直通车的展现规则也有调整。变化后的形式如下：在搜索和类目浏览的页面中，每页展示的推广宝贝数量由 10 个增加为 13 个。以首页为例，直通车的宝贝推广从原来的右上方为排名 1~5 位的宝贝，从上至下按照出价高低排列；下方的推广宝贝为排名 6~10 位的宝贝，从左往右按照出价高低排列。改为右侧展示 8 个宝贝，底部还是展示 5 个宝贝。这项规则的调整，能为广大直通车客户提供更多的宝贝展现机会，使直通车市场能更加有序健康地发展。
- 淘宝直通车的准入标准也发生了变化。自 2011 年 8 月 11 日起，参加淘宝直通车的店铺动态评分各项值均需 4.4 分或以上，同时好评率值 97%或以上。
- 淘宝对 24 小时发货产品做全面升级，卖家可以到淘宝后台，“我是卖家”页面中的“出售中的宝贝”页面中，对实物类商品操作批量设置，如图 2.14 所示。

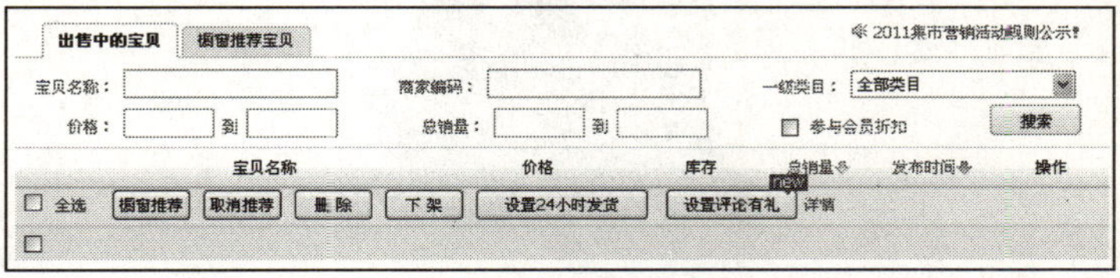

图 2.14　设置 24 小时发货

- 淘宝支付宝使用率问题。如果使用率没有达到 50%，极有可能会有被封店的风险，这是淘宝防止炒作的招数。这个规则对于淘宝的小卖家来说风险更高。
- 淘宝商城也有新规变化，新签商家在申请入驻获得批准时一次性交纳整个年度的保证金。保证金根据店铺性质不同，金额如下：（一）品牌旗舰店、专卖店：带有 TM 商标的 10 万元，全部为 R 商标的 5 万元；（二）专营店：带有 TM 商标的 15 万元，全部为 R 商标的 10 万元；司时缴纳的技术服务费由以前的 6 千元增加到以一级类目为参照，分为 3 万元和 6 万元两档。
- 店铺评分规则也发生了变化，买家在交易成功后，可对本次交易订单的卖家进行如下四项打分：宝贝与描述相符、卖家服务态度、卖家发货速度、物流公司服务。四项指标打分分值：1 分——非常不满意；2 分——不满意；3 分——一般；4 分——满意；5 分——非常满意。
- 新的《淘宝网用户行为管理规则》调整后对违规行为进行管理的总体思路也以纠正违规、教育为主、处罚为辅的原则进行指定：1.纠正违规，即淘宝将对违规行为直接进行纠正；2.教育为主，即淘宝对会员单次的违规行为，只扣分、不处罚，且会员所扣分数在每年 12 月 31 日 24 时统一清零；3.处罚为辅，即为达到教育目的，当会员所扣分数累计达到一定分值后，将根据违规行为所属类别给予不同档次的处罚。

在详细了解了淘宝的全新变化之后，相信现在书前的你已经满怀斗志与信心，开始准备好新的“淘宝”旅程，服务好每一位客户，创造人生路上更多的成就和喜悦。

第 3 章 淘宝致富第一步——不打无准备之仗

高手引航

准备阶段对于做任何事情来说都是非常重要的，因为它决定着未来起步是否平稳以及信心的建立。在淘宝刚成立的初期，吸引了很多人来淘宝创业，有些人很快上手，赚到了自己的第一桶金后信心倍增，于是更加有热情地投入进去。而有些人则因为准备不足，起步缓慢，渐渐地散失斗志和耐心，黯然离场。当年那些准备充分、一步一步发展起来的卖家现在都已经站在了淘宝的顶层，而那些准备不足、只靠一时兴起进来的人早已经被淘汰。这就是因为准备工作不同而造成的最终差别。

3.1 定位定天下

定位包括对自身的定位和对服务客户群的定位。对自身的定位就是要认清楚自己的优势和劣势，取长补短，寻找最适合自己的产品和经营模式。如果定位准确合理，那么店铺未来的生意就很有可能会是一个好的局面。

目前在淘宝开店的人有很多类型，他们抱着各自不同的目的和想法，这里简单分析一下这几类人。

- 首先是全职在网上开店的自由职业者。他们有时间和金钱去经营好他们的店铺，因此，这一类人应该扎扎实实地做好各方面准备，精心选择一个项目，长期做下去，时间越长，获益越高。
- 其次是大学刚毕业暂时找不到工作的人。他们对网上创业没有兴趣，只是暂时想做点事情，赚点钱。一旦工作有了着落，他们就会离开这个行业。因此，这类人大部分只是代理别人的产品做做代销，以在短时间内赚到钱且投入不是很大为前提。
- 然后就是广大的在校大学生。目前在淘宝开店的大学生有很多，他们的课业不是很重，有比较多的业余时间，因此开个网店赚点外快也不错。他们一般也是做代销比较多，还有很多人销售虚拟游戏卡、电话卡等，因为方便，网络发货就可以，而且不需要花太多时间去经营。
- 还有就是本身有工作的兼职人员。这类人有些是因为自己朋友公司有产品，自己可拿到便宜的价格，还有就是本身上班时间可以上网，而工作又比较清闲的人，他们也是做代销居多。
- 现在还有很多自己本身就有实体店的小企业主也开始在淘宝经营起自己的互联网生意，他们自己有产品，有行业经验，经营起来更加容易。事实上笔者知道的很多小企业主，他们在网上的生意比他们实体店面的生意收入更高。

以上是目前在淘宝开店的人群分布，不同的人自身条件不一样，开店的目的和想法也都不一样。因此不能盲目跟风，而是要认清自己，根据自己的实际情况选择不同的经营模式和产品，这样才能少走弯路。

对客户群的定位意思是根据潜在目标客户制定销售策略和对产品的选择。清晰的定位决定着你的店铺未来持续地为客户提供价值的能力，并且保证不会偏离轨道。

比如，如果你对未来的客户群的定位是学生，那么你卖数码产品或者是虚拟游戏充值卡类比较合适；如果你的定位是普通的上班族，那么服装、化妆品类产品比较适合。

我们定位的时候，可以依照性别、年龄、消费水平和区域来进行客户定位的细分。开店成功的人都是经营相对比较专业的产品，不是今天卖服装、明天卖饰品、后天卖包包这样。因为他们在定位的时候已经确定，为哪一部分人群规划产品，而这些产品不仅仅是一种产品，随着客户群的稳定，还可以为他们提供相关的产品。定位好群体以后，还可以根据群体特性判断店铺是销售品牌产品为主导还是销售非品牌的产品为主导。如果你这个群体就是喜欢品牌的东西，你就上品牌货。如果他们喜欢以实用为主，那就上非品牌的。

那些自己本身就有产品的，或者是产品优势比较大的卖家，也可以根据产品类别进行店铺的定位。不管是做数码的、服装的，还是卖外贸余单的，都可以找到他们相应的客户群。具有非常强的地域特色的产品，也可以为自己的店铺定位。

当然，最好是选择自己感兴趣的市场去发展，这样做起来也比较有干劲。最重要的是，你对这类产品本身就有一定地了解，很快就能上手。

在淘宝开店，没有一个好的渠道是赚不到钱的，一定要有能够拿到好的、稳定的货源，而这个货源，在很大程度上也决定了你的网店的定位。假设你今天可能拿到了好的货源，但是三个月之后，渠道断了。这个时候马上要转型，因为拿不到那个货了，所以你的渠道的选择非常重要。刚开始只能选择一个相对稳定、又有好的货源的合作伙伴，未来则可以有多个选择。

物流的选择也能解决开店的很多问题，如果物流公司很不负责的话，就很麻烦。如果出现问题，客户只会埋怨你这个店，而不会埋怨物流公司。选择一两家在当地信誉好的来合作，包括物流的便捷性和产品在物流中运输的安全性。学生开店喜欢选择卖虚拟卡类的产品，比如游戏卡、电话卡等。这种产品对他们来说，没有物流的障碍。如果是企业开店，它们本身有强大的物流保障，那是最好的了。

3.2　选对产品赚大钱

准备工作的第二步就是寻找到自己要进入的行业和要经营的产品。要想在淘宝赚大钱，我们的产品需要满足两个标准：1.销量大；2.利润率大。

对于第一点"销售量"来说，我们可以参考淘宝网公布的业绩报告中的"2011 年淘宝商品销售排行榜"，可以看到按销售额排名的前十名的产品类目，如表 3.1 所示。

表 3.1　2011 年淘宝商品销售排行榜

排　名	类　目
1	女装/女士精品
2	手机

续表

排　　名	类　　目
3	网络游戏卡
4	男装
5	美容护肤/美体/精油
6	家用电器
7	女鞋
8	箱包皮具/热销女包/男包
9	电脑硬件/显示器/电脑周边
10	网游装备/游戏币/账号/代练

根据表 3.1，可以让我们对淘宝热销的产品有个基本的大方向的判断，我们在淘宝开店需要进入哪个行业，都可以以此作为参考。

如果不知道在这些类目中具体选择什么产品或者想要更新更详细的数据，还可以参考淘宝官方排行榜 http://top.taobao.com，这里披露的即时数据可以为卖家提供更精确的指导，如图 3.1 所示。

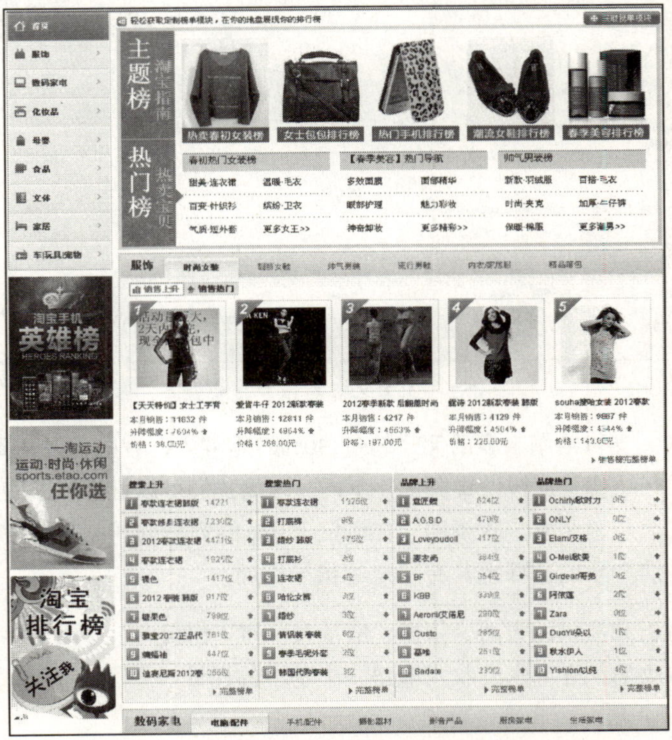

图 3.1　淘宝官方排行榜

俗话说，女人的钱好赚，这是有道理的。由于女性天生比较感性，因此容易产生冲动消费和习惯性消费。在淘宝，有大量的女性买家已经形成了一个购物的习惯，她们每周不在上面买东西就会觉得不舒服。因此，女性的服装、化妆品、饰品一直都是比较热卖的品种。还有很多年轻的准妈妈们，她们很多都不上班了，在离生产前半年就开始准备自己和小孩的一些用品，行动又不是很方便，对她们来说在家对着电脑去选择婴幼儿产品更合适。一般人可能觉得像食品这类产品不适合在网上销售，但事实却并非如此。现在很多淘宝的美食店销售都很火暴，还有只靠卖龟苓膏卖到皇冠信誉的店铺。

对于好产品的第二个标准“利润率大”来说，笔者认为，如果这个产品的利润没有达到30%就不应该去做，那究竟如何找到这些利润比较高的产品呢？我们可以根据淘宝客中的数据来了解。我们在淘宝客页面中的“推广商品”板块，搜索“皇冠”关键字，然后筛选佣金比率30%~50%这个范围，可以看到很多高佣金的产品，如图 3.2 所示。

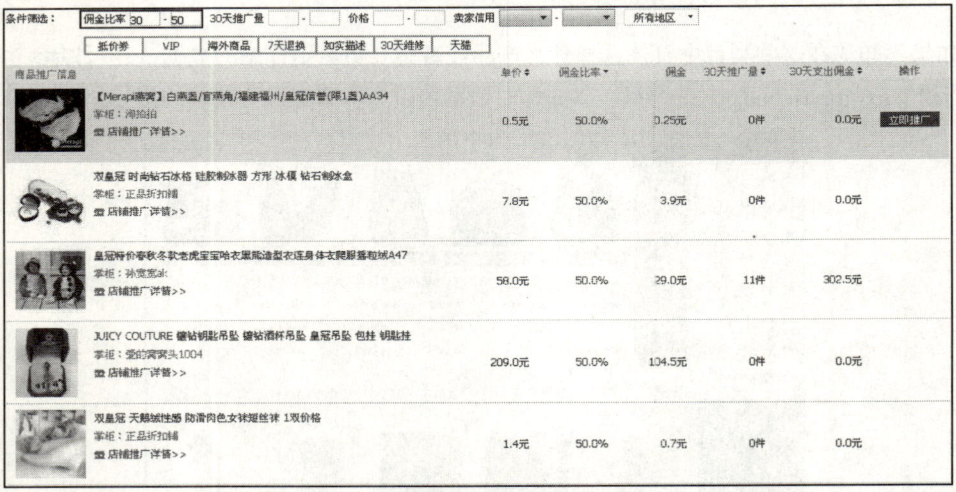

图 3.2　淘宝客商品推广搜索结果

我们可以看到，支付给淘宝客的佣金超过 30%的非常多，有些已经达到 40%或者 50%，比如有很多减肥的产品就是这样设置佣金比率的，因此我们可以推算，这些产品的实际利润应该都超过 60%，甚至超过 70%。这说明，在淘宝，30%的利润的产品是非常普遍的。淘宝客的这个搜索结果对我们产品的选择也具有一定的指导作用。

经过前面的分析和提供的方法，依据“销量大”和“利润大”这两个标准去找产品，一定会获得事半功倍的效果，为未来的收入取得一个基本的保证。

3.3　这样的产品千万不能在淘宝卖

在寻找到赚钱的产品以后，为了更稳妥一点，我们还需要做进一步的筛选，看看什么样的产品不适合在淘宝上销售。经过总结，本节列出 8 项不宜在淘宝上卖的产品的特点。

1. 不便于重复消费的产品不能卖

如果你销售的产品不利于重复消费，那么，你就不能为你的客户提供终身价值。比如你是卖冰箱的，一个人一生能买几台冰箱呢？也许他买了这一次，以后永远都不会再光顾了。因此你要卖消耗量大或者更新换代比较快的产品。消耗量大的产品包括食品类、服装类、化妆品类、虚拟卡类等，而更新换代比较快的产品包括手机、MP3 等数码产品。如具销售这种特性的产品，当客户数累积到一定量的时候，就算你每天什么事情也不做，仅靠回头的老客户们也可以获得很稳定的收益。

2. 不便运输的产品不能卖

如果你选择的产品是体积很大的，或者是有易碎易坏的性质，那么就不应该在淘宝销售。销售这类产品，首先运输成本很高，并且在运输过程中，风险也很大，退货、退款和换货概率都相对较高。这类产品一般包括家具类、大家电类、玻璃制品等。你出售的产品体积不要太大，而且最好不是玻璃或者瓷器等不易包装、容易碎的产品。当然，如果你本身就是企业，有自己专门的物流系统的话，那就另说了。

3. 没有被证明过的产品不能卖

如果有一个产品从来没有人卖过，或者从来没有人在淘宝卖得很成功的话，那你就一定不能去做。因为这种产品要么就是违规的产品，要么就是根本没有市场的产品。没有竞争者存在的地方往往不是“绿洲”而是“沙漠”，所以千万不要去冒很大的风险，证明自己很“聪明”。

4. 不好包装的产品不能卖

这类不能卖的产品包括机械类、建材类产品，虽然这种产品一般来说竞争不是非常大，却很难赚到钱。因为这类产品你很难去包装它们的价值，所以它们的价格战是最激烈的。因为大家不能区分同类产品的区别，市场上是什么样的价格大家都很清楚，并且也很难通过利用精美的图片来吸引眼球，因此这种产品不能在淘宝上卖。

5. 违规产品不能卖

违禁品、假冒伪劣、粗制滥造以及其他触犯国家法律法规的产品不能卖。这一点可以参考淘宝规章制度方面的条例，里面有明确的说明。

6．售后服务比较繁琐的产品不能卖

很多产品是不需要售后服务的，比如销售虚拟卡类的产品。而对于数码类产品，比如小家电、手机、相机等产品来说，就很重要了。你店铺的包换机制、保修机制、退货的物流费谁出等，都要考虑。尤其是卖低价的山寨数码产品或者不知名品牌的产品，刚开始可能会卖得很好，利润也有保障，但是几个月后质量上肯定是有很多问题的，有的产品甚至当即就有问题。如果买家需要保修就给你快递回来，你修好后又得快递回去，这样一折腾，服务成本就会很高。一般这类产品厂家的保修条件也比较苛刻。卖家经常处于两边不讨好的境地，而买家只会找你，不会找厂家的，到最后获得了负面的评价更是得不偿失。如果你自己不是厂家，不能很好地保证售后服务的话，长久经营也就不太可能。

7．有负面影响的产品或者质量比较差的产品不能卖

像这样的产品是100%不能卖的。到时候，仅买家的投诉和差评你就吃不消了，店铺基本没有持续发展的基础。并且到最后连转型的机会都没有，因为负面的评价已经让店铺名誉受损，很难再修复。

8．随处可见的产品不能卖

这类产品我们称作超市领域。也就是说，一般在超市随处可以买到的日用日化、食品、厨房用品等都不适合在淘宝销售。这类产品不仅价格上很难有优势，而且运输起来也不是很方便。比如你是不会看到有人去淘宝买果汁、牛奶、鸡蛋之类的。由于随处可以买到，网上购物便捷的优势也很难体现，因此经营此类产品是很难做好的。

根据以上8条不适宜在淘宝销售的产品的特点，对比一下你选择的产品。如果属于以上8条中的任意一项，你就该考虑换一种试试了，选对产品是淘宝成功的关键。

3.4 创业第一“杀手”——货源问题

我们都知道，想要在网络创业的朋友们，大部分都倒在了第一关——如何寻找货源上面。也可以说，货源的问题是阻碍大多数人网络创业的第一杀手。而事实上，寻找货源的途径非常多，关键是如何找到合适的好的货源。以下列出几种淘宝卖家常用的找货源的方法。

1．代销

大部分淘宝卖家都是使用这样的方法，代理别人的产品来赚取差价。一般代销商会提供给代理产品的图片或者产品数据，由卖家把这些内容发布到自己的店铺中去。而一旦有订单，卖家就直接通知代销商发货。

有部分做批发的网店也招收代理，但是这些都不是很正规。一般都是找淘宝外的商城形式的代销网站。我们使用百度 http://www.baidu.com 或者谷歌 http://www.google.cn 等搜索引擎搜索“代销”关键字，可以查到很多提供代销服务的网站。

当然，这些代销商有好也有坏，还有少部分专门骗钱的代销网站。如何甄别好坏就是一个比较重要的问题。在这里我们可以通过几个方面来判别。

- 首先是看其网站制作是否专业。产品图片是否粗制滥造，网页的设计、布局、排版以及页面图片的精美程度都是决定一个网站好坏的首要条件。有实力的商家是不会节省网站设计费用的。
- 其次是看对方提供的代销价格是否有优势。卖家可以通过去淘宝 http://www.taobao.com 或者阿里巴巴批发大市场 http://1688.com 搜索此产品的零售价和批发价做对比。
- 接着就是看这个代销网站的管理是否专业。包括客服的专业程度、响应回复速度；网站代销的条款制度的制定是否合理；各方面需要考虑的问题是否都有解决方案等。
- 然后就是看对方销售的产品是否太杂乱，一般专业的好的代销商是不会什么都卖的。还有对方公司在哪个城市，发货地和公司所在地是否一致等，一般大城市的可信度要高一些。
- 最后还是不能确定的话，可以先进一点货来进行验证。从买家的角度来体验服务，包括物流速度、产品质量、售后服务等方面。

2．通过批发网站进货

现在互联网越来越发达，很多人通过网络进货来进行销售。网上有很多做批发的网站，但是这里面风险也比较大。因为没有保障，很难鉴别真伪，尤其是第一次进货的新手卖家，更容易上当受骗。比如有些骗子网站就打着低价批发某产品的旗号，叫对方先支付预付款。由于一般批发的量比较大，因此一次就可以骗取几万甚至几十万的货款。目前我国在打击网络犯罪方面还是比较落后，金额小了，甚至立案都很难。因此这里奉劝大家还是选择那些比较大型的有保障的批发网站，我们这里建议就在阿里巴巴 1688 批发大市场 http://1688.com 中进货就可以了。

阿里巴巴是淘宝网的母公司，是世界最大的采购批发市场，几乎能够满足卖家的所有需求。里面的批发商都是实名的，可以查看信誉度，并且支持支付宝安全交易，货到付款，如图 3.3 所示。

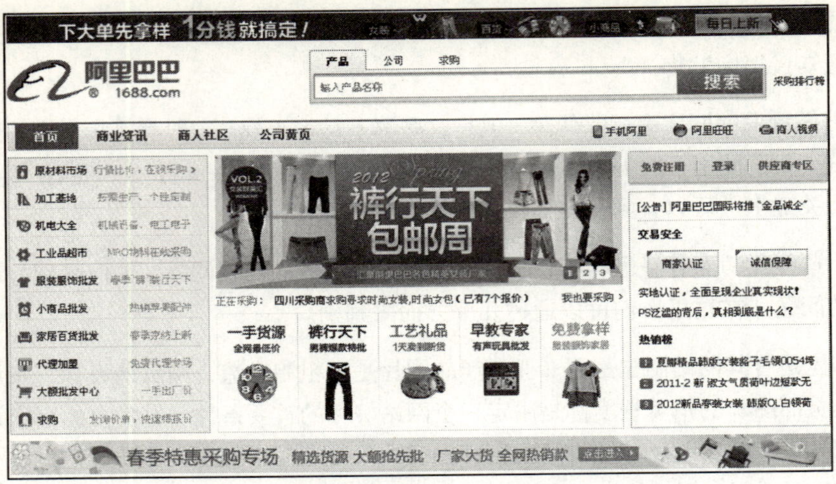

图 3.3 阿里巴巴 1688 批发大市场

2010 年 3 月，阿里巴巴网站改版，并且在公司成立十周年之际，正式对外宣布，将构筑全中国首个"小企业商业信用体系"——阿里巴巴商业信用体系。设立 10 亿元"诚信保障金"，用于企业间贸易纠纷、商业欺诈等问题解决的先行赔付。阿里巴巴这么多的保障措施，就是为了让所有想要创业的朋友们有一个良好的进货环境和渠道，使大家不再上当受骗，甚至血本无归。

最后还是要提醒大家一句，在进货过程中，必须以自己的利益为前提，不要放松警惕，永远不要在未查验货品前付款。

3．批发市场进货

线下的进货渠道也很多。每个城市一般都有一个比较大的小商品批发市场，产品便宜并且交通方便，因此去这些地方进货的卖家也不少。关于这部分，每个城市的状况不一样。做好预算、把握好沟通谈判技巧就可以采取行动了。

4．分销

分销服务是淘宝最新推出的一个联系厂家和普通卖家的一个工具。通过淘宝强大的技术支持和整合优势，可以把商品供应商和产品分销商（也就是普通卖家们）有效地结合起来，大大提高工作效率。这个服务既解决了供应商想扩大销售规模的问题，也解决了普通卖家找不到优质货源的问题，一举两得。

淘宝分销平台 http://fenxiao.taobao.com/中目前已经有越来越多的大卖家、大的品牌成功成为分销平台供应商，并通过分销平台搭建了网络销售渠道，如图 3.4 所示。

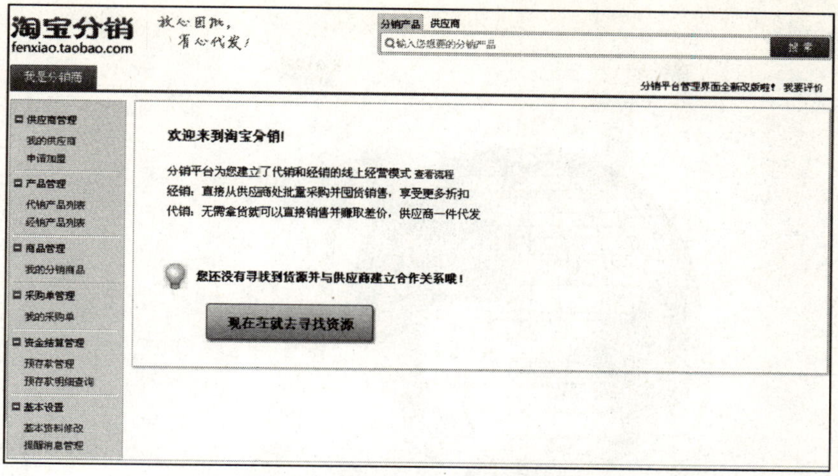

图 3.4　淘宝分销平台

相对代销而言，网店分销的优势在于投资少、风险低，可以代理到优质的品牌，质量比较有保证，选择面比较广。经过一段时间的发展和完善，目前淘宝分销不管在技术上还是模式上都已经逐渐成熟，成为没有货源的中小卖家淘宝开店创业的一个新模式。

5．其他方式

前面 4 种方式是目前淘宝中最普遍、使用最多的获取货源的方式，除了这 4 种方法以外，卖家还有其他一些方式可以选择。

- 有些人因为各种原因可以和一些厂家建立联系，于是就直接和他们沟通谈价，小额批发。还有的家就住在厂家旁边，发货更加方便，卖多少批多少。
- 自己制作的特色产品、祖传秘方等。曾经有人在家自己制作植物香皂和各种新奇形状的香皂拿到淘宝上销售，也异常火暴。还有一些人在淘宝上卖自己家里祖传的治疗肩周炎或者其他病痛的药膏，也有比较不错的销量。
- 很多卖家家里有很多闲置的物品，放在家里没有用，丢掉又可惜，于是他们就开个淘宝店，以低廉的价格销售。还有的是因为买到尺寸不对的衣服或者自己不喜欢的物品之后，也会选择在淘宝转卖。
- 还有一些投机取巧的人喜欢在淘宝上搜集一些利润率高并且热销的淘宝客产品，然后原样复制到自己店铺里销售，买家拍下店铺的产品以后，自己再去拍这个产品的淘宝客链接，赚取佣金。
- 虚拟卡类产品，现在网上有销售一种全自动的话费充值软件，购买这个软件后，就可以为买家提供话费充值服务。这被很多卖家用来积累信誉度。

第4章 实战精美营销型旺铺诞生全记录

高手引航

在淘宝做网店，装修非常重要。为什么奢侈品能够卖得贵？其中精美的包装也是很大一部分原因，好的包装是塑造产品价值的一部分。好的装修能够让客户感觉到被尊重，感觉到很有面子，给他们带来舒心愉快的感觉，进而对你的产品产生好感，激发他们的购买欲。

大家都知道"买椟还珠"的故事，一个楚国的珠宝商为了让自己的珠宝看上去更加贵气，于是用一种叫做木兰的香木制作了一个非常精美的匣子，用肉桂、花椒等香料熏染，用珍珠和宝石来连接，用美玉来装饰，用翠鸟的羽毛来点缀。一个郑国人看到后非常喜欢，于是付出了珠宝的钱，买了匣子却归还了珠宝。这个成语比喻的是只注重外表，不顾实质，舍本逐末的人。而事实上，在商业中，这却是一个典型案例。这个楚国人完全是一个善于包装的天才，他把一个实际价值远远低于珠宝的匣子，包装了一下，卖出了高于珠宝的价格。华丽的外表可以迷惑人的眼睛，这是千百年来人性的规律，以前适用，现在也同样适用。

淘宝的装修部分包括店铺包装和产品包装。现在淘宝逐渐限制了服装宝贝的产品图片的原装和非原装的问题。当你想要加入消费者保障协会，提高店铺信誉度和流量时，如果你的宝贝产品图片不是实拍的，将不被获得验证通过。这也从另一侧证明了淘宝店铺、产品包装的重要性。本章将带领你一步一步地完成气派精美的大型旺铺的制作。

4.1　如何选择旺旺名、店名

在第 3 章完成了对店铺的初步定位之后，只需要确定旺旺名和店名，就可以开始开始我们的店铺装修的工作了。店铺定位决定店铺的装修风格，而旺旺名和店名在处理宝贝图片等各个装修的细节中都会用到。

4.1.1　如何选择旺旺名

淘宝注册的时候可以选择中文的旺旺名。在最开始淘宝注册之前我们就应该想好名字，因为旺旺名一般都是店铺的品牌名，而淘宝的旺旺名一旦注册是不能修改的。如果事先没有考虑清楚，会给未来带来一定的麻烦。下面介绍一些起名的基本原则。

- 首先旺旺名要简单通俗、单纯明快。一般建议字数为 3~5 个。严禁使用生僻字，不然影响买家口碑传播，在淘宝做得好的，已经形成品牌的名字绝大部分都是非常简洁的。
- 旺旺名应该容易记忆。最好是能够做到让人过目不忘、记忆深刻。
- 旺旺名应该是很有特点的。让别人一看就觉得特别，这样可以增加他们的视线在你的名字上停留的时间。
- 与自己的经营商品相关。要能体现小店的消费特征，包括经营项目和经营风格等方面。店铺的字号名称一定要结合你所经营服务的项目和所面临的买家群体，而不能随意称呼。
- 用让人感觉舒服的名字，要有内涵，符合中国人的审美观。不要为了吸引眼球，就刻意使用一些低俗阴暗的名字。这样做风险太大，往往会得不偿失。
- 用一些比喻、借用的手法让客户产生联想，来巧妙体现店铺的特色和吸引力。不要太直白，但是也别太咬文嚼字，这样客户也很难看懂。
- 避免雷同，不要跟风。不然很容易和别的产品混淆。

如果你的店铺未来是打算经营韩版女装的，定位的客户群体是 18~28 岁的单身女性，那么你就可以考虑取个可爱的名字。如果自己实在是想不出好的名字来，那也没有关系，因为有百度和谷歌。我们可以进入百度的首页，搜索关键词“可爱的名字”，得到很多关于可爱的名字的页面链接，如图 4.1 所示。

在搜索结果中，随便点开一个网页，就可以发现很多可爱的名字，比如“小笨瓜”、“晴天娃娃”、“宝丫头”、“D 调的旋律”、“CC 果冻儿”、“柠檬草精灵”、“妖静柒柒”等。

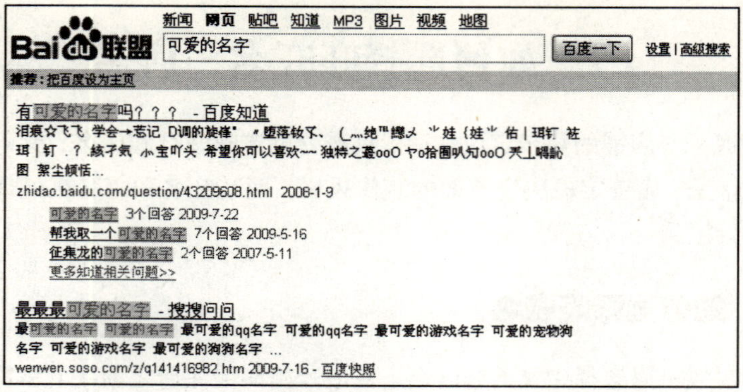

图 4.1　百度搜索"可爱的名字"结果

当然，如果你想让客户看上去你是一个有实体店铺、信誉比较好的正规店铺的话，也可以采取正统实体店取名的方法。比如旺旺名叫做："佰利德手表专营店"、"神州手机配件专营店"、"芳草集圣道专卖店"等，这种店铺的品牌名，比如"佰利德"、"神州"、"依蝶雅"等，也都可以通过百度、谷歌等搜索引擎找到灵感。比如你在百度搜索关键词"店名大全"，可以得到很多结果，如图 4.2 所示。

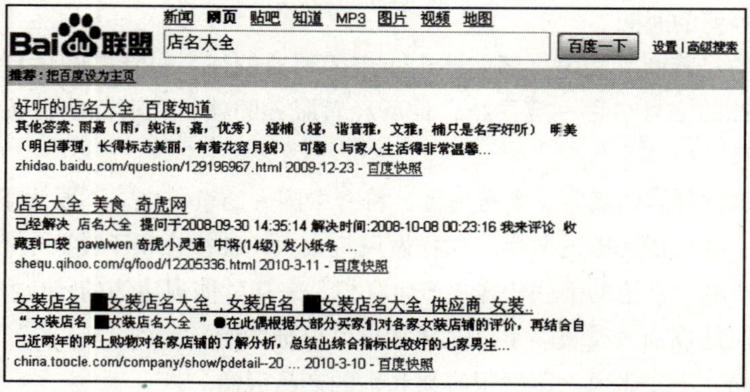

图 4.2　百度搜索"店名大全"结果

在搜索结果中，我们可以找到很多非常好的名字，比如"玉壶缘"、"燕之屋"、"雅格时尚"、"向阳坊"、"黑眼睛"、"普润茶店"、"优思麦"等。有效利用这些普通的网络工具可以为我们节约很多的时间。

4.1.2　如何选择店名

每个店铺都有店铺名，店铺名是区别你和淘宝其他卖家的工具。一个好的店铺名不仅能提高店铺的声誉，而且还能直接带来更多流量，节约沟通成本。店铺名不像旺旺名，它是可以修改的，卖家可以根据情况任意更换店铺名。一般店铺名只能容纳 30 个汉字，所以应该尽量利用这些空间来优化店铺名。

一般的店铺名是由 3 个部分组成：开头是“品牌名”，品牌名一般都是会员名，取名原则之前已经讲过，这里就不再介绍了；中间是“功能名”，起到关键词和介绍店铺经营范围的作用；最后是“诱惑名”，这部分一般主要用来吸引客户眼球、兼有其他的一些补充说明的作用。下面主要介绍如何选择“功能名”和“诱惑名”。

1．功能名

功能名是要让客户一看就知道你店铺里经营的产品类型，不然客户不会无缘无故地去点击进入你的店铺，并且功能名关键词还能获得精准的搜索流量。比如，某店的功能名取的就是“创意礼品生活厨房家居用品”，当买家使用店铺搜索，搜索 “礼品”、“家居用品”等关键字时，店铺将会显示在搜索结果中。

2．诱惑名

诱惑名的功能就是用来吸引客户点击的文字，如何在众多的搜索结果中，脱颖而出就是它的作用。所以这部分可以填上店铺的性质、店铺特色、口号主张、品质保证、信誉等级、促销信息及联系方式等，最大程度地利用好这 30 个字的限定。比如“高品质超人气女装”、“100%包邮”、“四皇冠”、“上海商盟”等。

以上是一般店铺通常采用的正规取名方法，但是，现在也有部分卖家会借一些在淘宝中很有名气的店的品牌名来作为自己的店名后缀，借他们的名气来给自己的店铺增加流量，这个方法往往起到意想不到的效果。

“柠檬绿茶”是淘宝一个老牌的三金冠店卖家，它一直用“柠檬绿茶”作为自己的店铺品牌名。经过这么多年的经营，这个品牌名已经获得很高的知名度。我们通过淘宝主页，在店铺名搜索栏中，搜索“柠檬绿茶”关键字，如图 4.3 所示。在结果中，排第一位的就是正牌的“柠檬绿茶”三金冠店铺，它的店铺名就比较正规，完全是按照“品牌名+功能名+其他”的原则来制定的。然而在搜索结果中，还有很多其他后缀名带“柠檬绿茶”的店铺，他们的信誉也都非常高。仔细分析一下，他们后面带的还不止“柠檬绿茶”一个品牌名，还包括“嘟嘟鱼嘟嘟”、“天使之城”、“心蓝 t 透”、“西溪漫步”等，这些也都是淘宝最顶尖的一些卖家的品牌名。

在这里还有一个要注意的问题，那就是借用的店铺名最好是和自己店铺产品相关的顶尖卖家，不然带来的流量不够精准，光有流量没有成交也是没用的。虽然这个方法比较投机取巧，但对于小卖家来说，能带来更大的效益，才是最实际的。

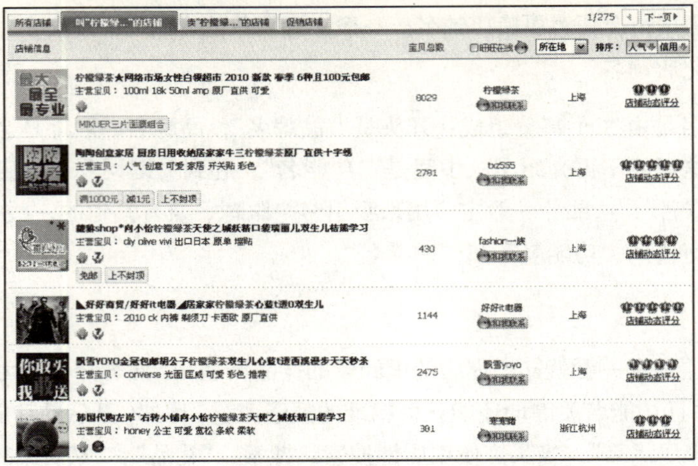

图 4.3　“柠檬绿茶”店铺名搜索结果

最后还需要提醒的是，选择店铺名一定要遵守淘宝的规则，不然很容易受到处罚。比如淘宝规定，不准使用带有“淘宝授权”、“淘宝网特许”等含义的字词，不能出现比如色情、暴力等违反法律的字词，也不允许出现不真实的文字描述。比如，非商盟店铺就不允许在店铺名中借用商盟品牌来进行宣传，误导消费者。

4.2　升级淘宝旺铺——鸟枪换大炮

目前淘宝的店铺按照版面的不同分为两个不同的类型，包括“普通店铺”和“旺铺”。本章的店铺装修主要讲的是旺铺的装修方法。

4.2.1　各类型店铺版本的区别

淘宝的“普通店铺”和“旺铺”在功能上有很大区别，淘宝旺铺也叫做个性化服务，它可以实现更加开放的店铺装修方式，支持可视化编辑、所见即所得的操作方式，可自由添加模块，配合各种增强的新功能，可以定制完全属于自己的、独一无二的个性化店铺，为买家带来耳目一新、舒适方便的购物体验。由于使用旺铺拥有巨大优势，所以现在最简单的“普通店铺”已经很少有人使用了。

“旺铺”根据卖家的不同需要分为 5 个不同的版本，它们包括：“旺铺扶植版”、“旺铺虚拟版”、“旺铺标准版”、“旺铺拓展版”和“旺铺旗舰版”。“旺铺扶植版”是一个特殊的店铺类型，它属于普通店铺和标准旺铺之间的过渡版，只有信誉度在“五心”以内（含五心）的卖家才有资格使用。这是淘宝特别为普通新手卖家制定的优惠政策，为的是扶植小卖家们尽快上手，在淘宝激烈的竞争中不至于轻易掉队。它虽然是免费的，但是它不支持旺铺自定义装修，也不能使用购买的模板。而“旺铺虚拟版”是专门为那些销售虚拟产品的店铺专门定制的。标准版、拓展版、旗舰版这三种是按照店铺装修的开放程度来进行划分的，越贵的版本，限制越少，装修出来的店铺变化越大。所以，真正想要在淘宝创业的卖家们还是一步到位选择旺铺标准版比较好，价格适中，而且也能够做出很好的装修效果。图 4.4 所示是各个旺铺版本的功能与价格对比。

	旺铺扶植版 1钻以下免费	旺铺虚拟版 10元/月	旺铺标准版 30元/月	旺铺拓展版 68元/月	旺铺旗舰版(套餐) 2329元/年
店铺装修					
修改店招	✓	✓	✓	✓	✓
装修自动备份	✓	✓	✓	✓	✓
自定义装修备份			✓	✓	✓
店铺LOGO				✓	✓
页面布局管理				✓	✓
页面背景				✓	✓
页头可添加模块				✓	✓
页尾自定义				✓	✓
自定义页面布局					✓
完全自定义（CSS）					✓
预置模板数		3			
详情页宝贝描述模板			3	10	10
默认风格套数	16	19	24	24	24
单页面可添加模块数	40	40	40	40	40
店铺支持最大页面数	9	9	11	60	60
详情页自定义模板数	1	1	3	10	10
布局结构	两栏结构	两栏结构	两栏结构	通栏/两栏/三栏	通栏/两栏/三栏
功能/模块					
二级域名	✓	✓	✓	✓	✓
手机版店铺	✓	✓	✓	✓	✓
店铺交流区	✓	✓	✓	✓	✓
友情链接	✓	✓	✓	✓	✓
客服中心	✓	✓	✓	✓	✓
掌柜说	✓	✓	✓	✓	✓
掌柜推荐	✓	✓	✓	✓	✓
宝贝推广区（自动）	✓	✓	✓	✓	✓
宝贝推广区（手动）			✓	✓	✓
宝贝自动分类			✓	✓	✓
图片轮播			✓	✓	✓
宝贝属性筛选				✓	✓
宝贝销量展示				✓	✓
同类宝贝推荐				✓	✓
淘画报功能				✓	✓
文章模块				✓	✓
淘宝客充值中心		✓	✓	✓	✓
店铺内充值中心		✓			
价格	1钻以下卖家免费	10元/月	30元/月	68元/月	2329元/年

图 4.4　各旺铺版本的功能价格比

淘宝的“普通店铺”和“旺铺”在功能上有很大区别，最终装修出来的效果也是天壤之别，如图 4.5 和图 4.6 所示。

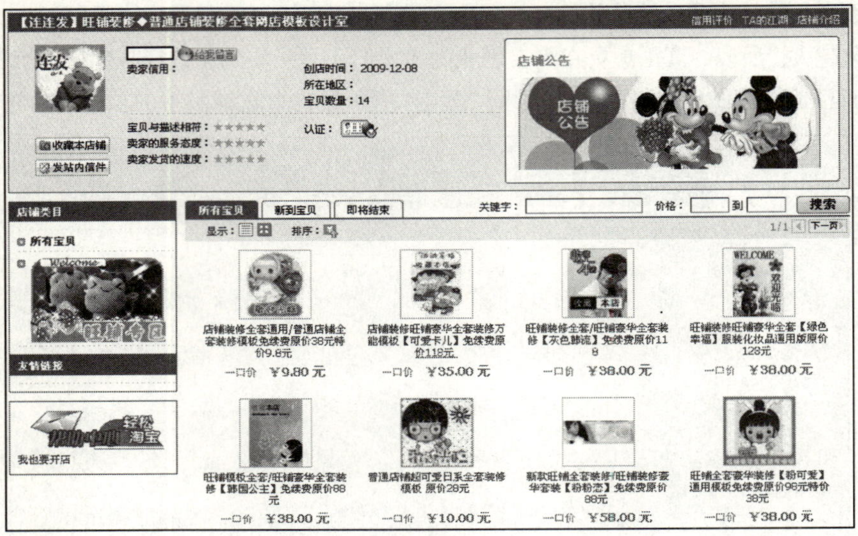

图 4.5 普通店铺

图 4.6 旺铺

4.2.2　如何订购旺铺标准版

刚注册好的新卖家默认的是普通店铺，如果想要使用旺铺标准版，需要付费订购才能使用，下面简单介绍一下订购旺铺标准版服务的基本步骤。

（1）首先登录进入淘宝后台，单击左侧导航栏“软件服务”中的“我要订购”按钮，如图 4.7 所示。

（2）进入“卖家服务”页面，如图 4.8 所示，进入“官方旺铺产品”页面，这里是专门用来订购各种卖家服务的地方，包括图片空间服务、各类营销服务等。单击“旺铺专区”栏目下的“官方旺铺产品”。

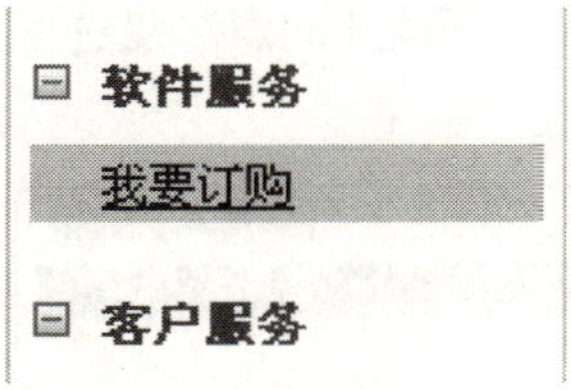

图 4.7　淘宝后台

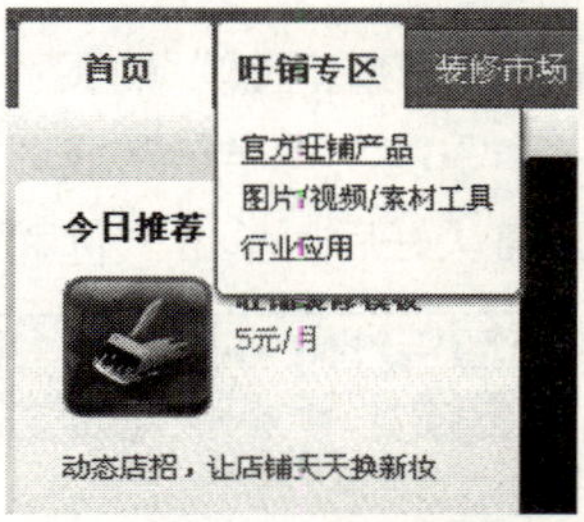

图 4.8　“卖家服务”页面

（3）在“官方旺铺产品”页面中，这里显示的有“旺铺虚拟版”、“旺铺标准版”、“旺铺拓展版”等服务，第三项就是“旺铺标准版”的服务订购框，单击下面的“立即订购”按钮，如图 4.9 所示。

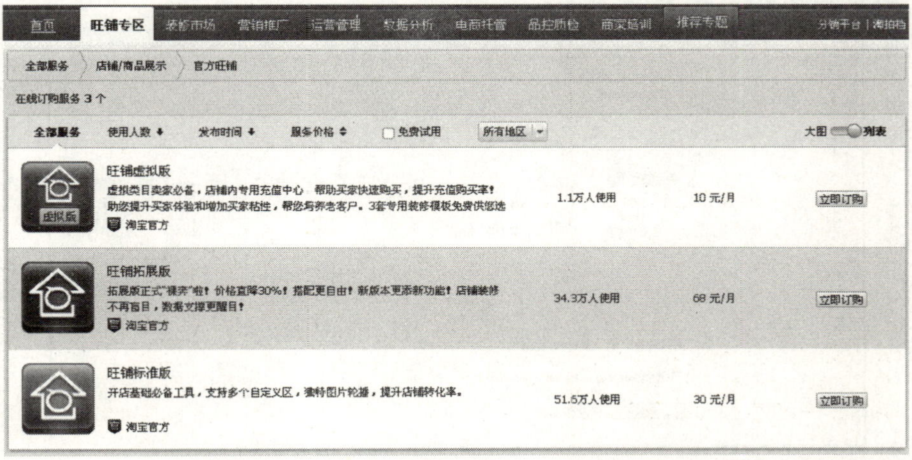

图 4.9　“官方旺铺产品”页面

（4）进入“旺铺标准版”订购页面，单击“立即订购”按钮，如图 4.10 所示。

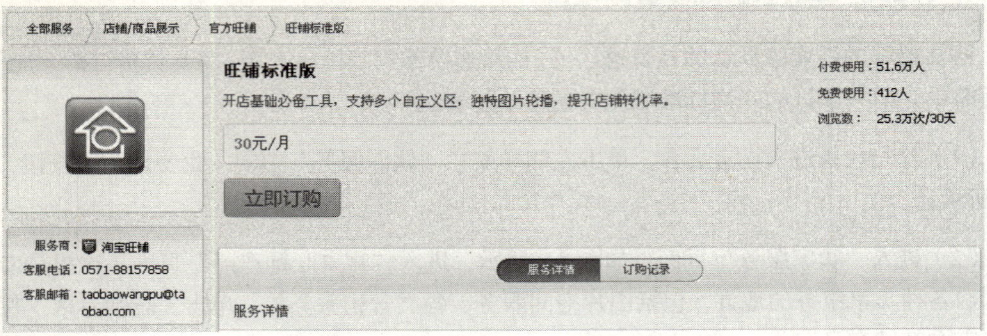

图 4.10 “旺铺标准版”订购页面

（5）进入“淘宝旺铺”购买页面，购买类型选择“淘宝旺铺标准版”，期限可以选择“一个月”、“一个季度”、“半年”或“一年”，勾选底部的“我已阅读并同意”复选框，激活“付款”按钮。确认好后，单击“付款”按钮，如图 4.11 所示。

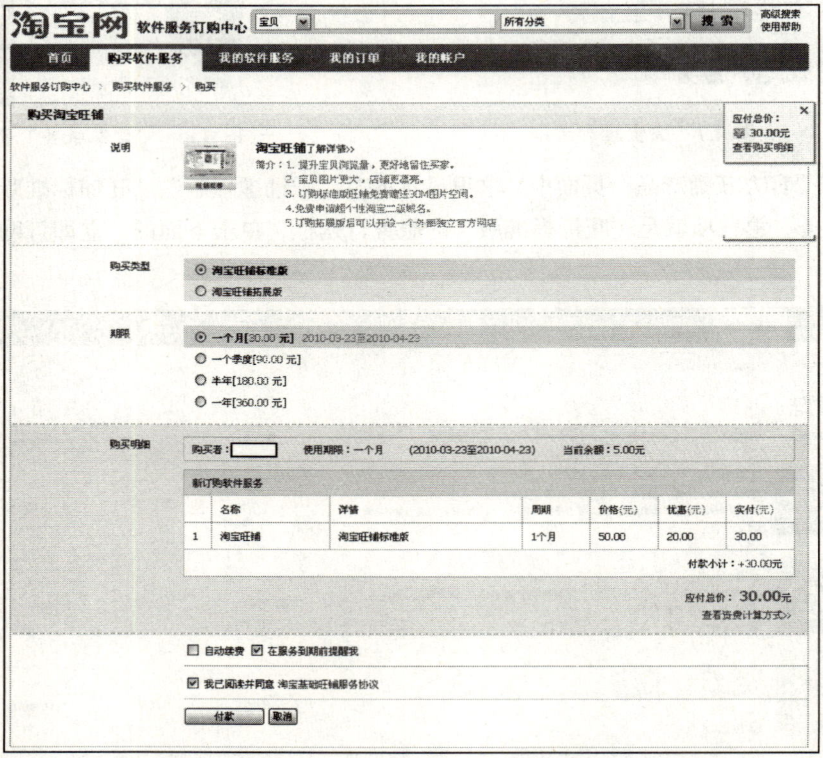

图 4.11 淘宝旺铺购买页面

（6）在弹出的“支付信息确认”窗口中，单击“去支付宝付款”按钮，如图 4.12 所示。

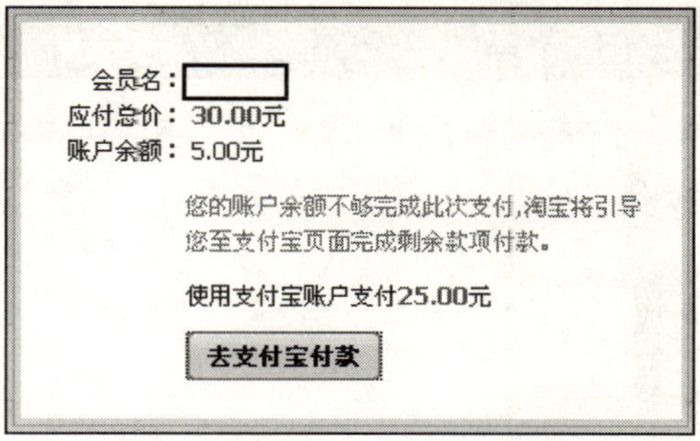

图 4.12　“支付信息确认”窗口

（7）进入“支付宝支付”页面，在页面中输入支付宝账户的支付密码，单击“确认无误，付款”按钮，完成最终的服务订购流程，如图 4.13 所示。

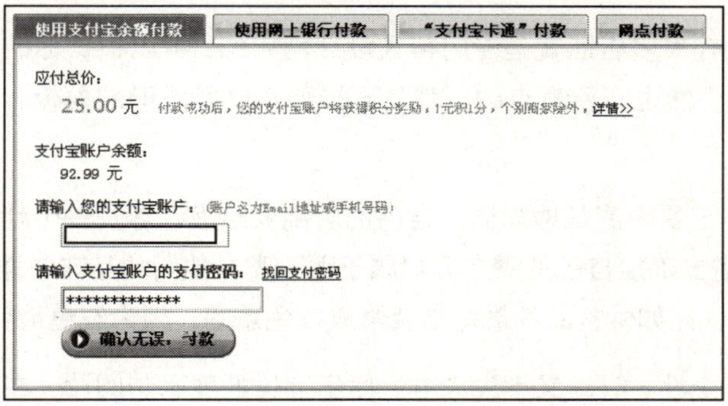

图 4.13　“支付宝支付”页面

（8）完成支付后，会出现一个“支付成功”页面，这表示服务订购付款操作已经完成，如图 4.14 所示。

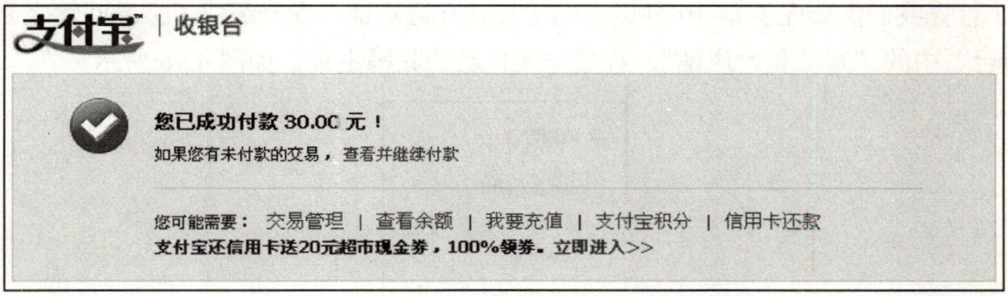

图 4.14　“支付成功”页面

（9）最后进入“卖家服务”中的“我的服务”页面，可以查询已经订购的服务列表。在这里可以看到刚才订购的旺铺服务已经生效，如图 4.15 所示。

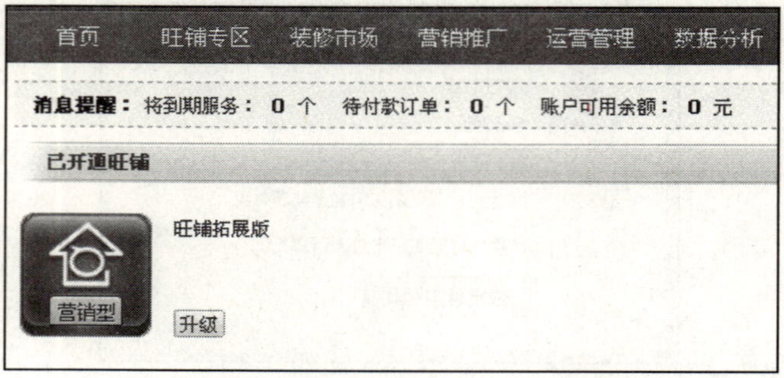

图 4.15 “我的服务”页面

4.3 店铺包装——2 小时完成旺铺精装修

网店装饰，网上有很多店铺就是专门帮人设计网店的，可以根据你的产品的店铺类别和定位，专门设计网店。当然也有便宜点的，就是直接购买已经成形的模板，只要稍微修改一下就可以使用。

卖家在装修前一定要很清楚地知道，自己的店铺要给潜在客户一个什么样的感觉，获得怎样的效果。首先卖家需要确定自己的潜在客户属于哪一类？他们的品味怎样？最好是还能够了解一些颜色方面的知识，比如做食品的最好是装修成红色系的，因为红色最容易激发客户的食欲。

淘宝旺店需要有个性、时尚又不失大方，便于宝贝的展示与阅读，在装修的时候要把握这几点。这一节我们就以建设一个精品名表店为例，一步步带领大家完成店铺装修的全部过程。

4.3.1 装修模式的进入和风格的设计

（1）首先我们需要先发布 10 件以上的宝贝，开通店铺。在升级成了标准旺铺之后，单击“淘宝后台”中的“查看我的店铺”，直接进入自己的旺铺主页，如图 4.16 所示。

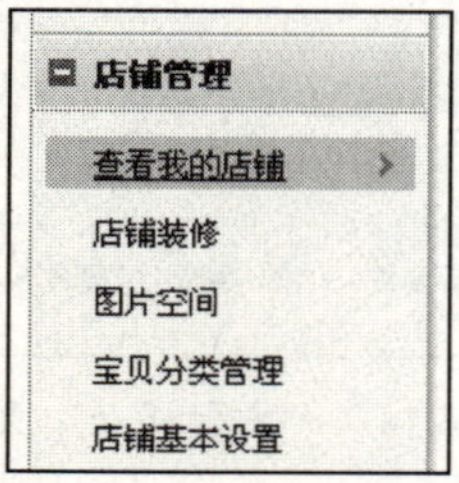

图 4.16 自己的旺铺主页

（2）进入旺铺主页后可以看到现在只是一个很粗陋的初始模板，但是不要失望，跟着本节的操作，在很短的时间内就可以让你的旺铺焕然一新、璀璨夺目。单击旺铺首页右上角的“管理我的店铺”按钮，如图 4.17 所示。

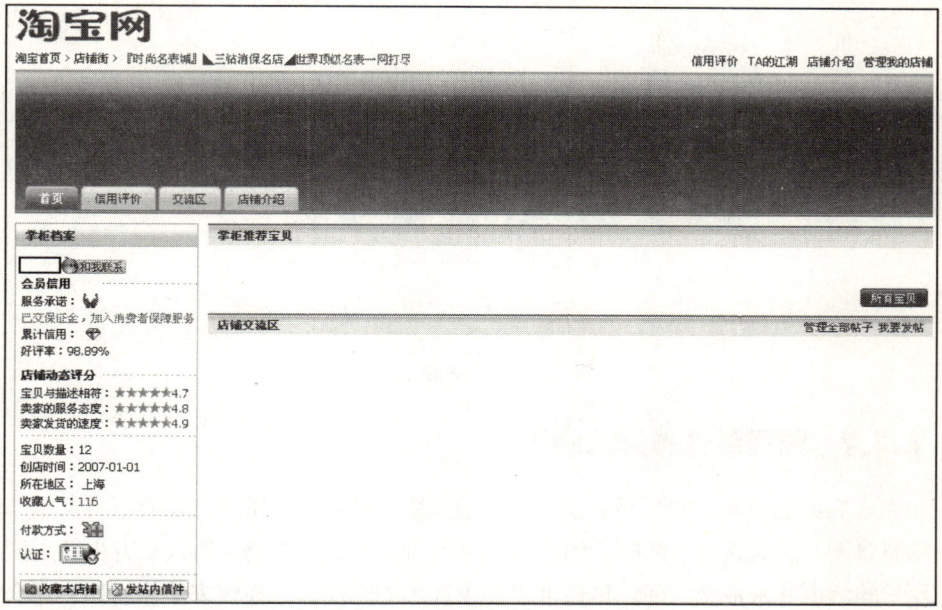

图 4.17　旺铺首页

（3）进入到页面编辑模式，这个编辑模式可以让用户很直观地编辑页面的各个元素，就算是没有网页基础的人也都可以很快上手，制作出专业的旺铺店面。首先确定整个店面的店铺色系风格，单击页面左上方顶部的“模板”按钮，如图 4.18 所示。

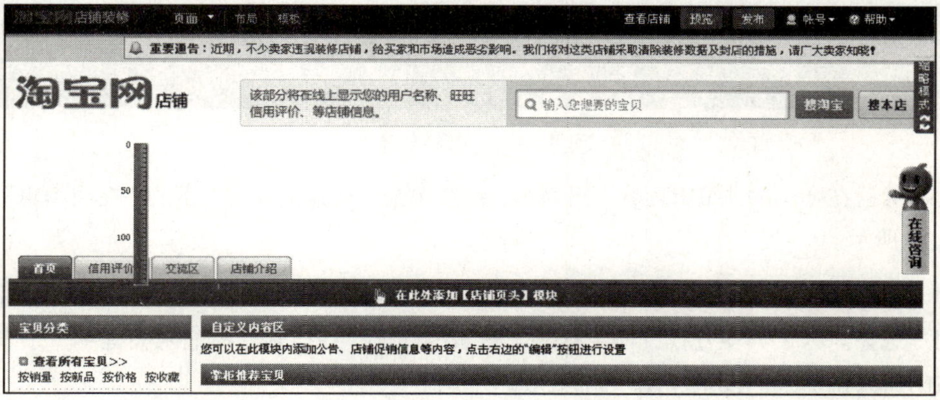

图 4.18　页面编辑模式

（4）由于这个店铺应该是想要让客户有一种时尚、奢华的感觉，因此黑灰色的色系比较适合。找到“更换模板颜色”部分，单击黑色色块，如图 4.19 所示。

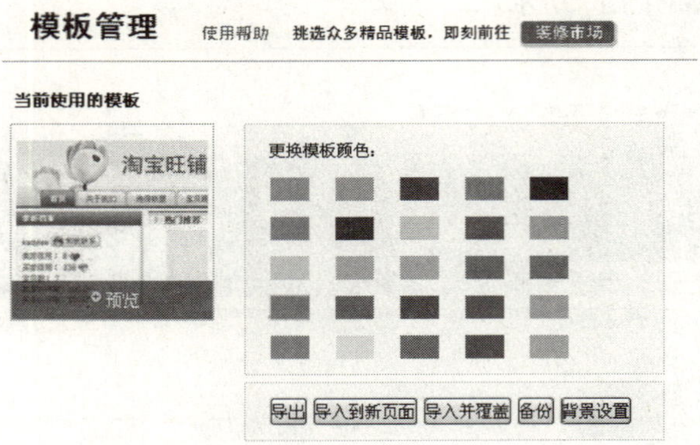

图 4.19　更换模板颜色

4.3.2　如何制作特别的店招

（1）完成店铺的风格设置以后，就可以开始设置店铺招牌。用户可以使用自己制作的图片作为招牌背景图，因为这个方法限于图片处理技术方面的一些技巧，所以只有少数人能够做到很好，现学的话也非常浪费时间。你还可以使用现成的旺铺装修模板来装修店招，这个方法效果更好，也更简单、更快。在这里，我们只介绍这个大部分人都适用的旺铺模板的方式，在页面编辑模式中，单击招牌部分中的“编辑”按钮，进入页面编辑模式，如图 4.20 所示。

图 4.20　页面编辑模式

（2）然后在弹出的“编辑内容”页面中，继续单击“背景图设置”下的“在线编辑”按钮，如图 4.21 所示。

（3）现在进入到“旺铺装修模板”页面中的店招板块，这里有很多适合不同店铺产品的模板供用户选择。为了方便查找，淘宝提供了搜索的功能。在搜索栏中输入关键字“手表”，单击旁边的放大镜图案的搜索按钮，如图 4.22 所示。

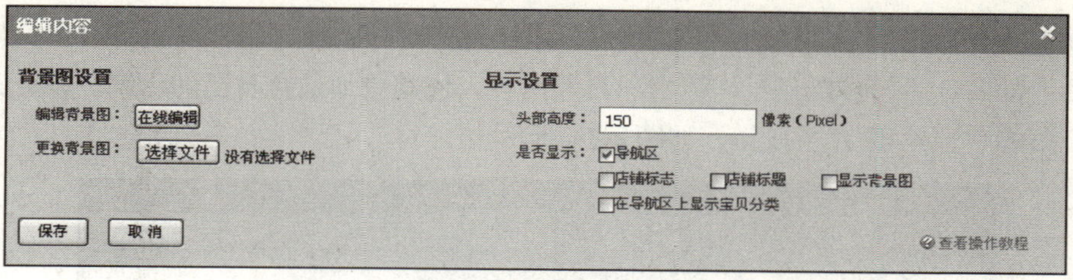

图 4.21　“编辑内容”页面

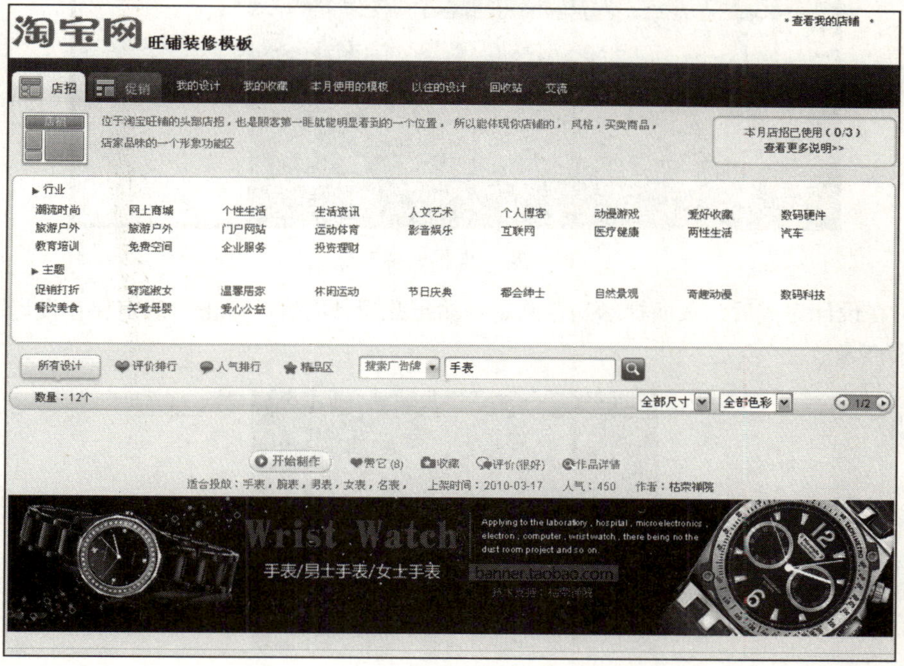

图 4.22　搜索“手表”类旺铺装修模板

（4）搜索完成后，找出最适合自己产品定位和色系风格的店招，单击上方的“开始制作”按钮，如图 4.23 所示。

图 4.23　确定店招模板

（5）进入到店招的“编辑”页面，我们可以任意修改和添加此店招模板的文字、图片等元素，包括店铺名、店铺标语口号、经营项目等内容，使其更加适合自己的店铺。设计完成后，单击右上角的“预览/保存”按钮，如图 4.24 所示。

图 4.24　店招编辑页面

（6）在设计完成后，页面提示是否确定要输出此设计内容。单击“确定保存设计”按钮，如图 4.25 所示。

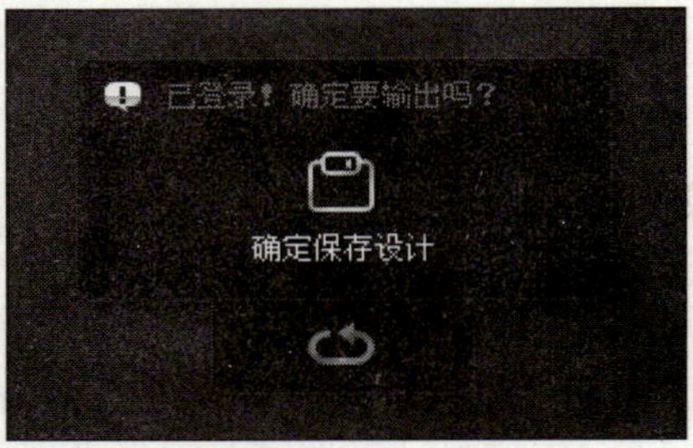

图 4.25　保存设计

（7）现在之前设计的内容都已经保存，我们再继续单击“输出，获取设计”按钮，如图 4.26 所示。

图 4.26　设计输出

（8）转到“设计输出”页面，可以看到之前设计的元素都已经修改好了。单击此设计好的新模板下的“应用到店招”按钮，如图 4.27 所示。

图 4.27　店招应用确认

（9）回到“旺铺编辑模式”页面，新的店招已经显示在页头上了。如果想要此操作彻底生效，还需要进一步的页面发布工作。单击右上角的“发布”按钮，如图 4.28 所示。

图 4.28　“旺铺编辑模式”页面

（10）弹出发布对话框，单击此对话框下的“确定”按钮，如图 4.29 所示。

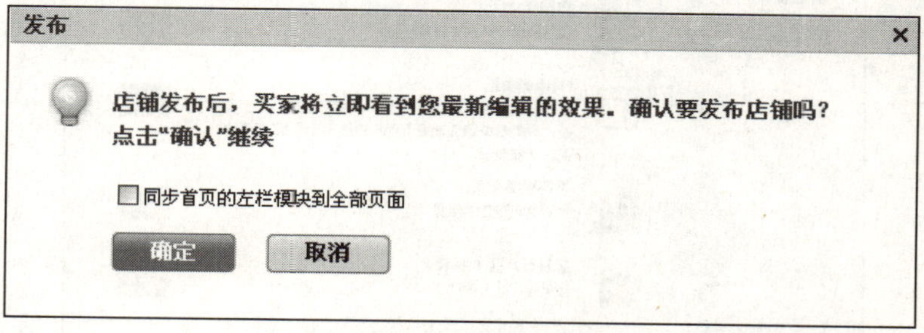

图 4.29　完成店招发布

（11）对话框显示“恭喜发布成功”，这表示之前的店招设置工作已经生效，单击“返回”按钮，继续编辑店铺装修的其他模块，如图 4.30 所示。

发布
恭喜发布成功
查看我的店铺
返回

图 4.30　发布成功提示页面

4.3.3　不可或缺的店铺促销模块

有了店招以后，就需要开始添加旺铺主页的另一个不可或缺的部分——店铺促销模块。这个模块的作用就好比服装店内的模特，用来做精品展示以及店铺宣传。

（1）在“编辑模式”旺铺页面右侧的内容页面中。单击页面底部的“在此处添加新模块”按钮，如图 4.31 所示。

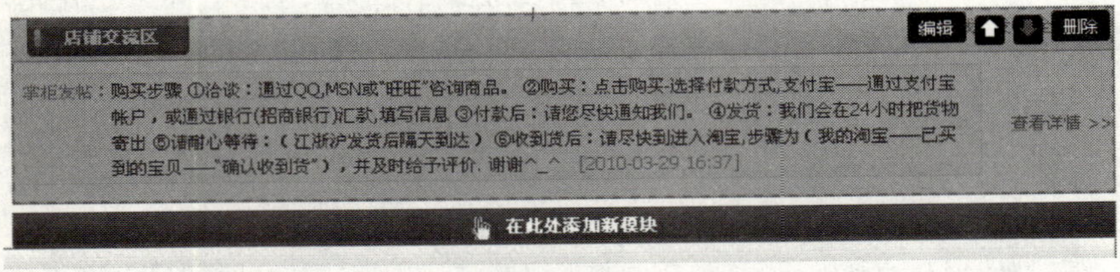
店铺交流区
编辑
删除
掌柜发帖：购买步骤 ①洽谈：通过QQ,MSN或"旺旺"咨询商品。 ②购买：点击购买-选择付款方式,支付宝——通过支付宝帐户，或通过银行(招商银行)汇款,填写信息 ③付款后：请您尽快通知我们。 ④发货：我们会在24小时把货物寄出 ⑤请耐心等待：（江浙沪发货后隔天到达） ⑥收到货后：请尽快到进入淘宝,步骤为（我的淘宝——已买到的宝贝——"确认收到货"），并及时给予评价. 谢谢^_^ [2010-03-29 16:37]
查看详情 >>
在此处添加新模块

图 4.31　编辑模式旺铺页面

（2）在弹出的“添加模块”页面中，选择单击“Flash 模板区”右侧的“添加”按钮，如图 4.32 所示。

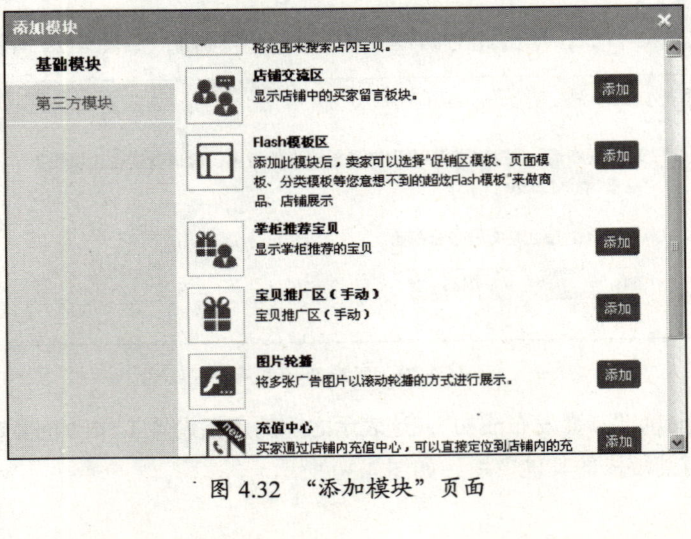
添加模块
基础模块
第三方模块
店铺交流区
显示店铺中的买家留言板块。
添加
Flash模板区
添加此模块后，卖家可以选择"促销区模板、页面模板、分类模板等您意想不到的超炫Flash模板"来做商品、店铺展示
添加
掌柜推荐宝贝
显示掌柜推荐的宝贝
添加
宝贝推广区（手动）
宝贝推广区（手动）
添加
图片轮播
将多张广告图片以滚动轮播的方式进行展示。
添加
充值中心
买家通过店铺内充值中心，可以直接定位到店铺内的充
添加

图 4.32　“添加模块”页面

（3）现在可以在旺铺装修模式中看到，新增的“Flash 模板区”模块已经出现。单击此模块右上角的“编辑”按钮，如图 4.33 所示。

图 4.33　新增的模块

（4）进入到旺铺装修模板中的“促销”板块，同样搜索“手表”关键字，单击“搜索”按钮，如图 4.34 所示。

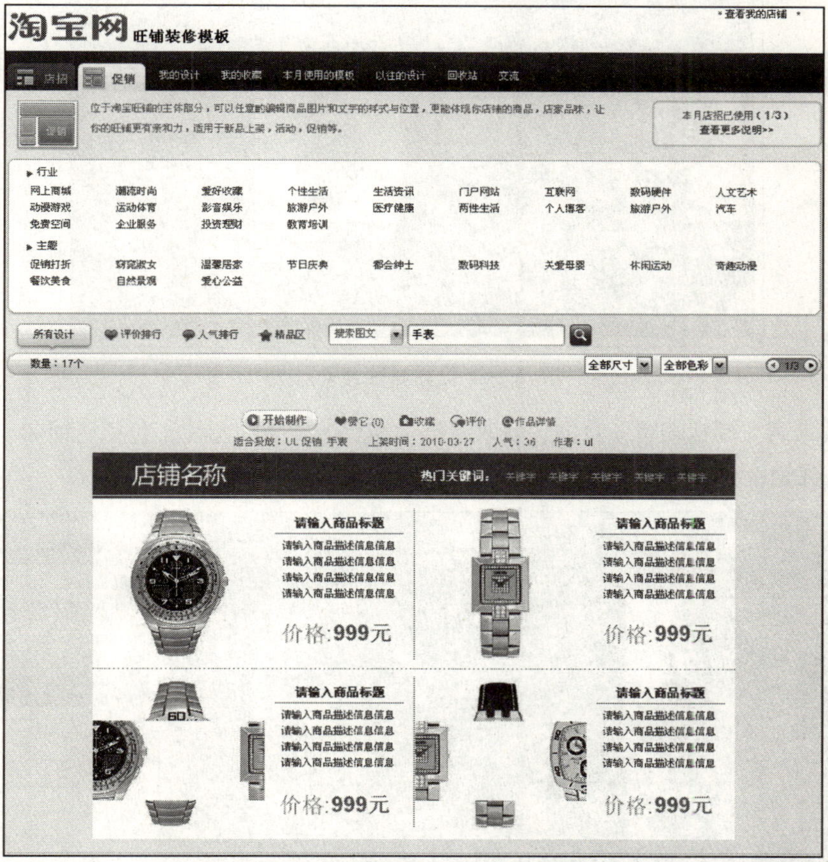

图 4.34　旺铺装修模板中的“促销”板块

（5）在搜索结果中，找到最适合的模板，如图 4.35 所示，单击此模板上的“开始制作”按钮。

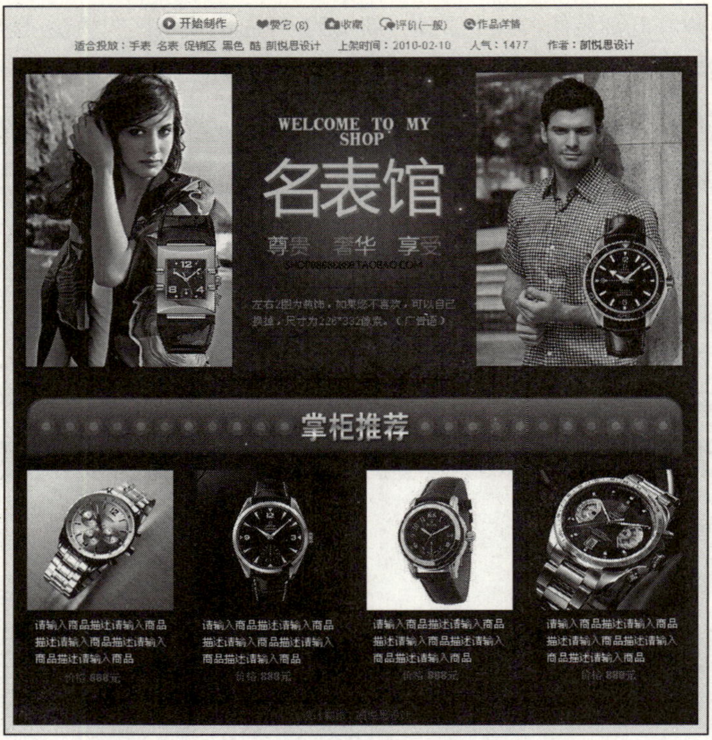

图 4.35　促销模板搜索结果

（6）进入到“模板编辑”页面，修改及添加需要的文字和图片，包括店铺名、店铺理念、店铺介绍、促销宝贝图片及链接的添加等，如图 4.36 所示。

图 4.36　“模板编辑”页面

（7）剩下的按照之前店铺招牌设置的流程，完成促销模板的设计。进入到店铺主页，可以看到最新完成的促销模板设计，如图 4.37 所示。

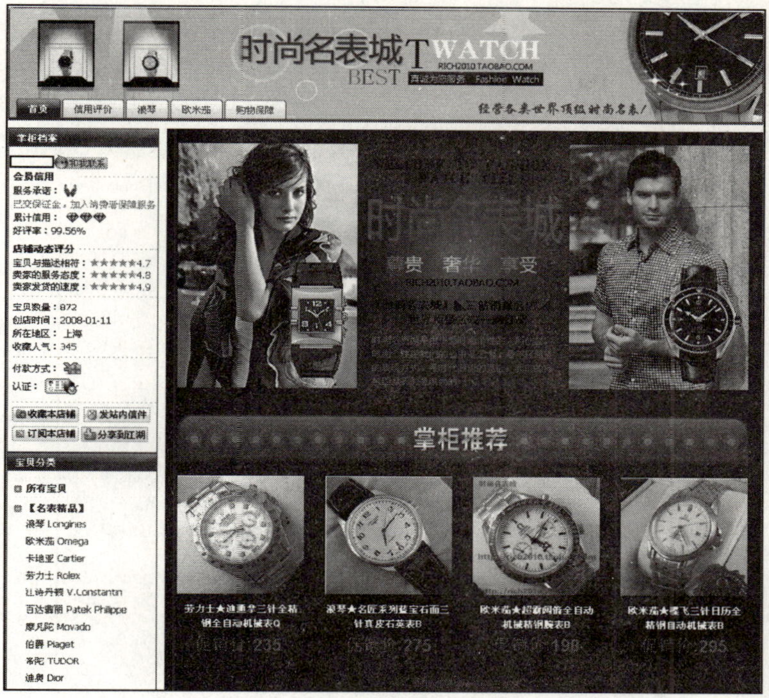

图 4.37 旺铺主页

4.3.4 店铺装修的整体修饰

除了店铺招牌和店铺促销模块这两个最大最重要的装修部分外，还要做许多其他配套的整体修饰，这样才不会让客户进来有种“头重脚轻”的感觉。

（1）现在我们继续装修侧边栏，在页面编辑模式中，单击页面左上角顶部的“布局”按钮，如图 4.38 所示。

图 4.38 单击“布局”按钮

（2）在“布局模块管理”页面中，你可以在左面侧边栏添加“Flash 模板区”模块，完成后单击下面的“保存”按钮，如图 4.39 所示。

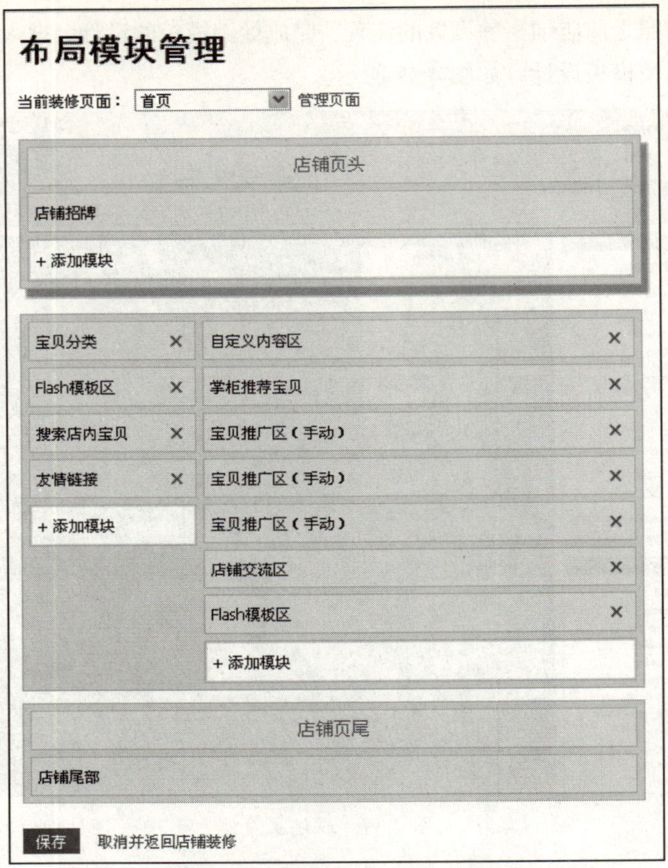

图 4.39　“布局模块管理”页面

（3）现在可以在旺铺装修模式中看到，新增的模块已经出现在左边栏。单击此模块中的“编辑”按钮，如图 4.40 所示。

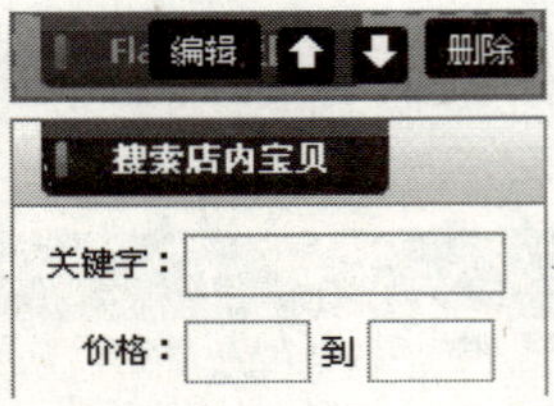

图 4.40　旺铺装修模式

（4）按照之前的方法，在模板页面中搜索“手表”，找到适用于侧边栏的装修模板，单击“开始制作”按钮，如图 4.41 所示。

图 4.41　选择适合的装修模板

（5）进入到“模板编辑”页面，修改及添加需要的文字和图片，包括店铺宣传和产品促销。单击右上角的“预览/保存”按钮完成设计，如图 4.42 所示。

（6）剩下的按照之前店铺招牌设置的流程，完成侧边栏模板的设计。进入到店铺主页，可以看到页面左侧最新完成的侧边栏模板设计，如图 4.43 所示。

（7）最后我们还可以添加其他的模块元素，丰富整个店铺的层次。比如，推广宝贝区，可在主页展示更多的宝贝；在自定义内容区这里可以设置一些比较大幅的单品广告；还有侧边栏中的宝贝排行榜等，如图 4.44 所示。

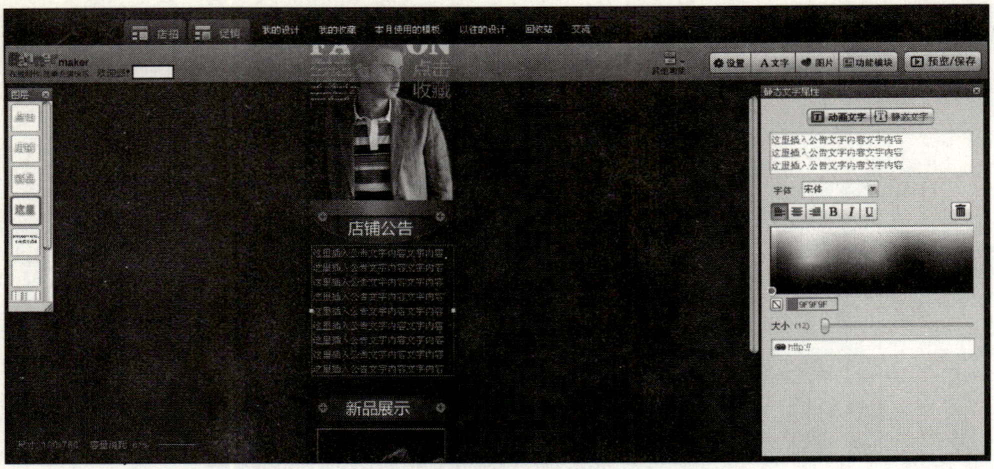

图 4.42 “模板编辑”页面

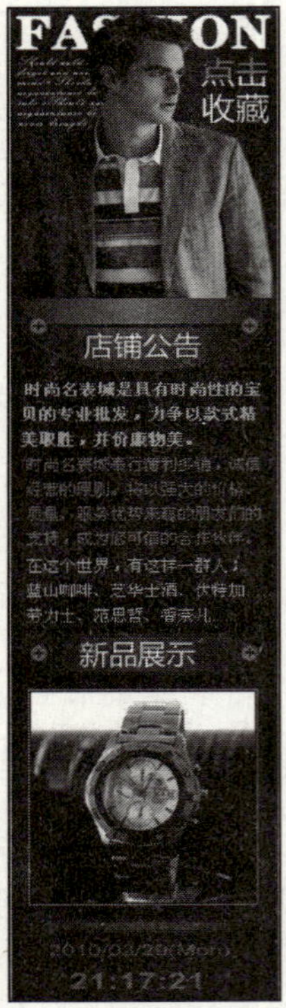

图 4.43 旺铺主页侧边栏

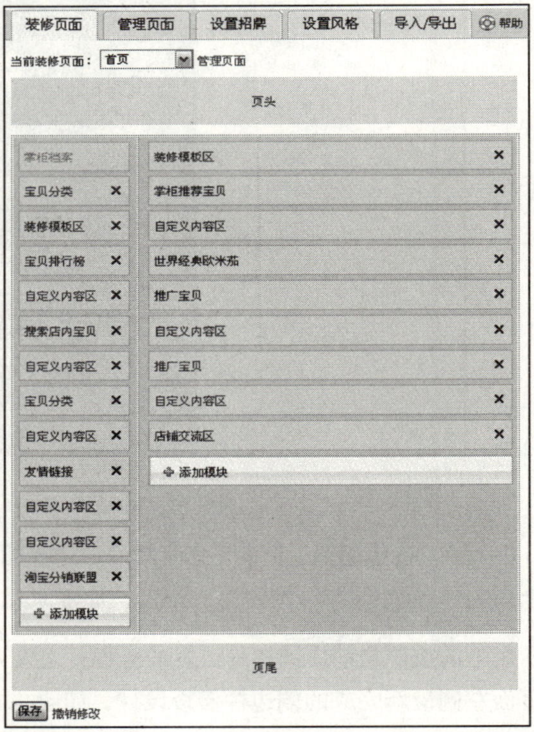

图 4.44 添加其他模块元素

（8）店铺中还需要添加一些除了主页以外的二级页面，单击页面左上角顶部的页面下的“管理所有页面”按钮，如图 4.45 所示。

（9）在弹出的“页面管理”对话框中，可以任意添加其他的辅助二级页面，单击“添加新页面”按钮，如图 4.46 所示。

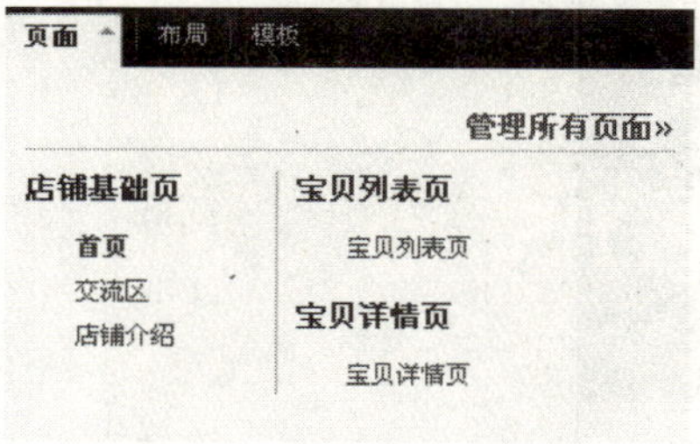

图 4.45　单击“管理所有页面”按钮

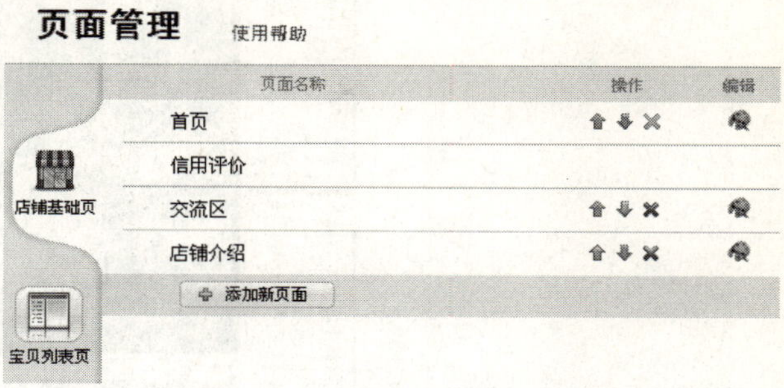

图 4.46　“页面管理”对话框

（10）在弹出的“添加新页面”对话框中，单击“所有内容页”，在这里，你可以看到包括看图购、精彩淘画报、交流区等已定义好的内容页面。选择你要添加的页面，单击底部的“保存”按钮，完成新页面的添加工作，如图 4.47 所示。

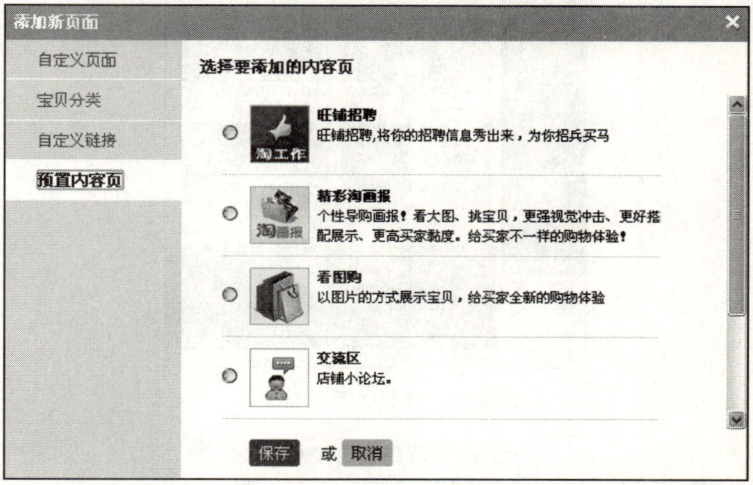

图 4.47　“添加新页面”对话框

（11）最终，在所有的主页模块都编辑好以后，就可以看到一个整体的效果。按照刚才的步骤做下来，两个小时就可以完成自己旺铺主页的精装修工作，如图 4.48 所示。

（12）最后附上旺铺装修经常会使用到的各个模块可供显示的区域的尺寸列表，如表 4.1 所示。

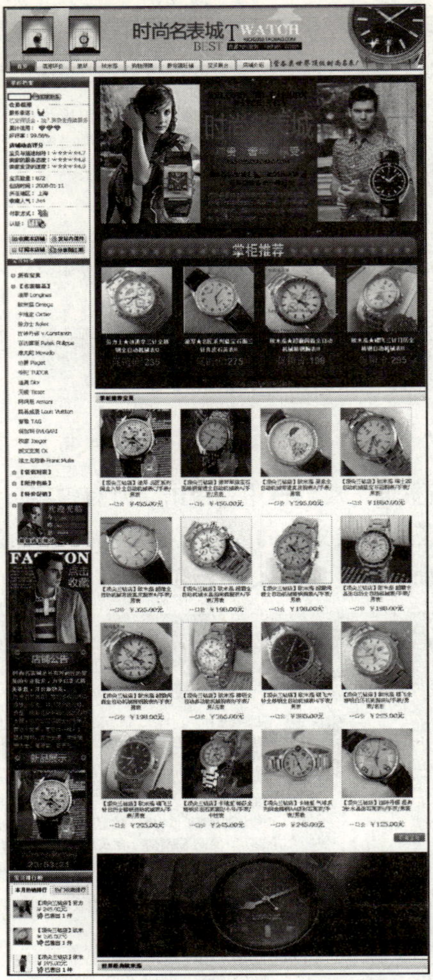

图 4.48　旺铺主页装修完成

表 4.1　旺铺装修尺寸列表

自定义设计	尺寸（单位：像素）
店招	950×150
左侧模块	宽 190；高不限
右边模块	宽 750；高不限
分类	宽 160 内；高不限
商品描述（宽）	宽 920；高不限
商品描述（窄）	宽 740；高不限

最后我们一定要认识到旺铺装修的重要性，千万不要认为买家只看产品本身和价格，而完全不在乎店铺装修得怎样，这种想法是绝对错误的。买家就算是搜索到你的宝贝，打开你的宝贝链接，在下决定之前也一定会打开你的店铺主页看看你的店铺装修是否靠谱。一个店铺如果连主页的装修都马马虎虎、敷衍了事的话，是不会让客户感觉到放心的。

4.4　轻松拥有人人梦寐以求的商城店铺

由于淘宝买家对于商城店铺的产品信任度更高一些，因此，如果你可以把你的店铺装修成类似商城的效果，让买家误以为你的店铺是商城店铺的话，那么就很容易取得客户的信任，提高流量转化率。这个方法对于那些信誉比较低的卖家们，效果尤其明显。最重要的是，你既不需要去学网页代码之类的专业技术，也不用自己去设计装修图片，只需要支付少量的费用，就可以终身使用仿商城的模板，让自己的店铺瞬间变商城。

首先登录进入你的淘宝后台，然后单击左侧“店铺管理”栏目下的“店铺装修”，如图 4.49 所示。

现在，你的店铺页面就已经进入到装修模式。在这个装修页面的右下角有这样一个按钮，直接单击它，如图 4.50 所示。

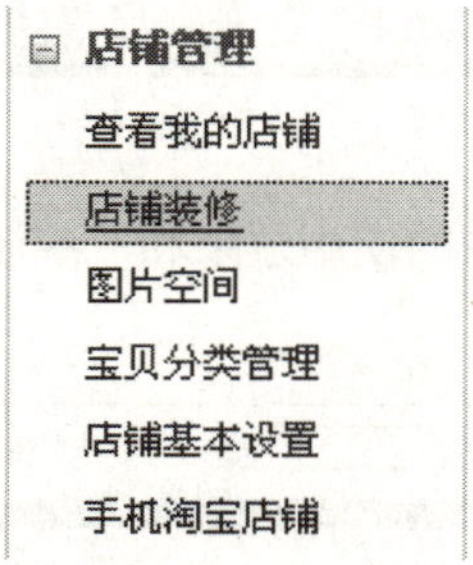

图 4.49　淘宝后台

图 4.50　店铺装修页面

接下来就进入到卖家服务装修市场页面。这个装修市场里有所有可定制的装修模板，可以一键式完成店铺的装修工作。你只需要花一点钱，就可以终身使用这些装修服务。不同等级的旺铺有不同的适合其使用的模板，不能互相窜用，价格也会有所不同。由于我们需要的是仿商城的模板，因此你可以在搜索栏中，搜索关键字“仿商城”，然后单击右侧的“放大镜”按钮，如图 4.51 所示。

这里会有各种各样的仿商城模板供你选择，绝对可以以假乱真，而且数量不少。你可以在其中找到适合自己店铺产品和定位的模板。选择合适的模板后，单击此模板，如图 4.52 所示。

图 4.51 “装修市场”页面

图 4.52 挑选模板

打开此模板的介绍页面后，可以看到此模板在别的店铺中的使用效果和一些注意事项，单击“马上试用”按钮，如图 4.53 所示。

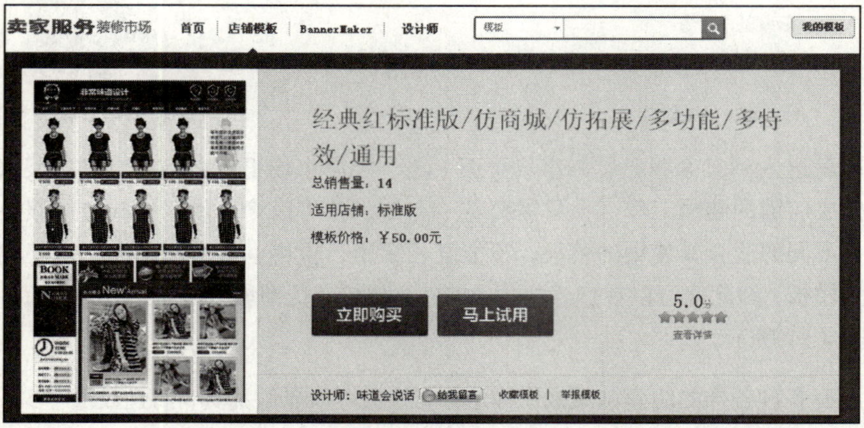

图 4.53 效果试用

在接下来的页面中，继续单击下方的“确定试用”按钮，如图 4.54 所示。

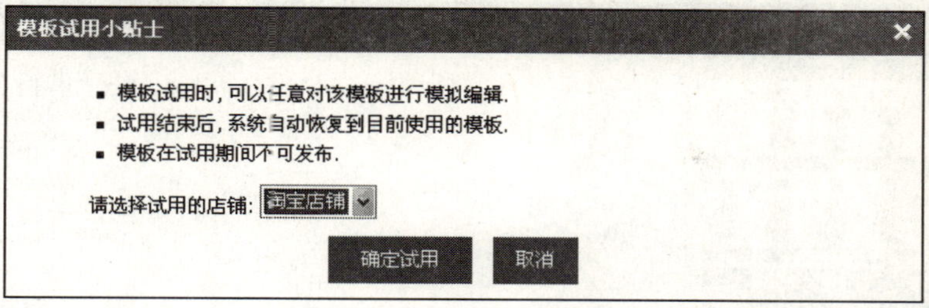

图 4.54　单击“确定试用”按钮

现在进入到模板的编辑模式，你可以看到这个模板已经应用到你的店铺了。在这里你可以即时的看到最终的应用效果。模板试用的时候，你可以任意地对模板进行模拟编辑，试用完以后，单击“退出试用”按钮，系统就会自动恢复到之前的样子，如图 4.55 所示。

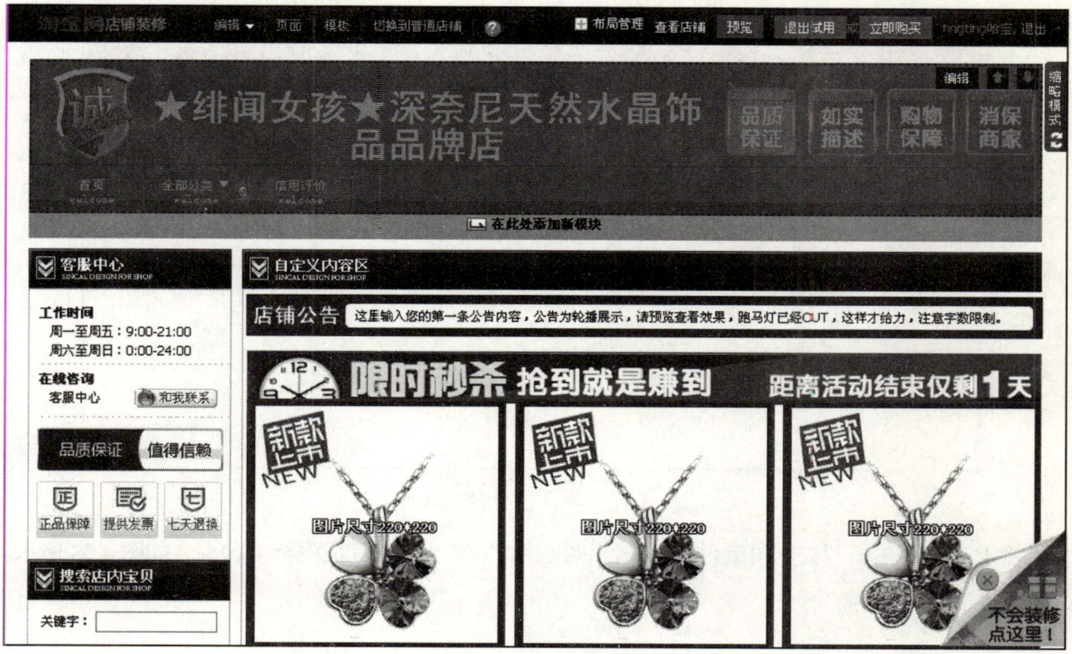

图 4.55　试用效果查看

当你试用过后，觉得此模板确实适合自己，可以回到模板的宝贝描述页面，单击“立即购买”按钮，如图 4.56 所示。

在弹出的确认订单信息页面中，单击“付款”按钮，如图 4.57 所示。

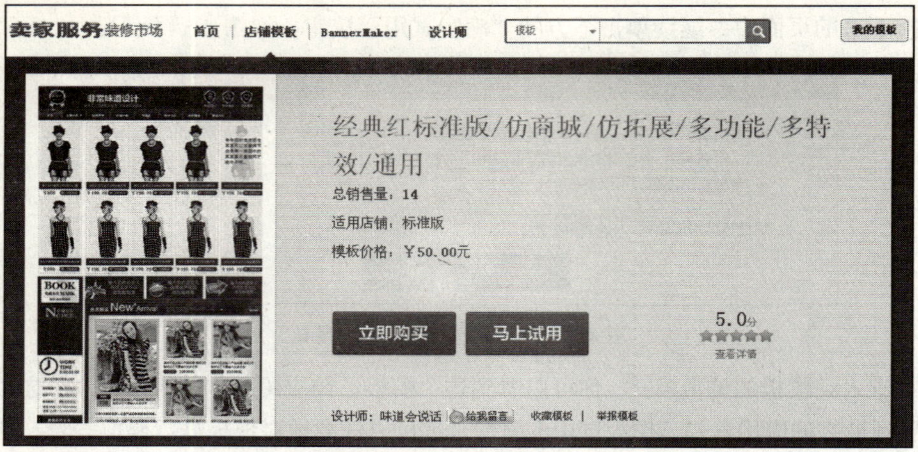

图 4.56　单击“立即购买”按钮

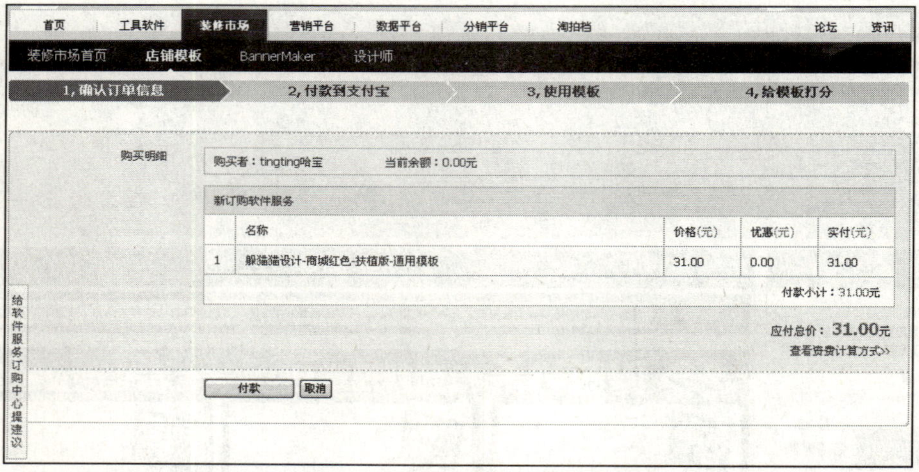

图 4.57　单击“付款”按钮

接下来继续单击“去支付宝付款”按钮，按照淘宝支付流程完成模板的购买，如图 4.58 所示。

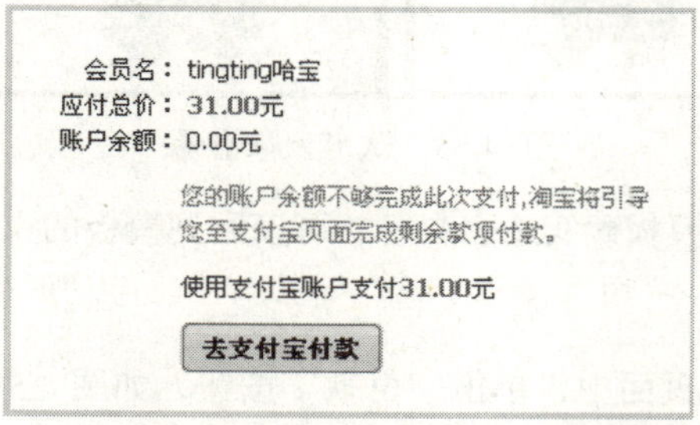

图 4.58　单击“去支付宝付款”按钮

模板购买完成后，阿里旺旺会弹出系统消息框，提示你的模板已经订购成功，如图 4.59 所示。

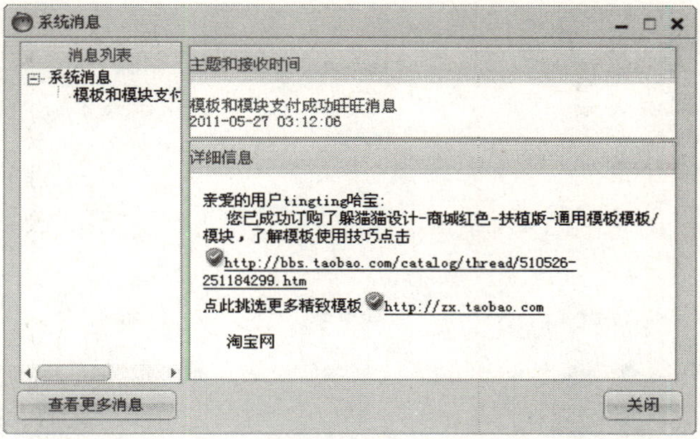

图 4.59　支付成功提示

单击原来页面中的“完成付款”按钮，如图 4.60 所示。

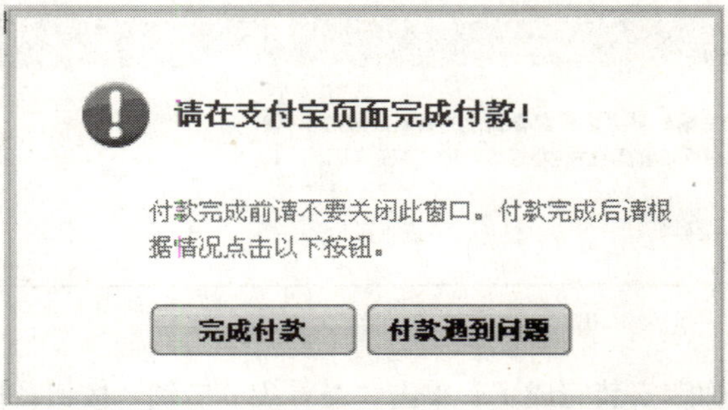

图 4.60　单击“完成付款”按钮

系统确认模板充值订购成功，单击装修市场中的“我的模板”按钮，完成最关键的模板应用工作，如图 4.61 所示。

图 4.61　单击“我的模板”按钮

接下来，在打开的“我购买的模板”页面中，选择你要应用的模板，单击右侧的“应用模板”按钮，一键完成模板的应用工作，如图 4.62 所示。

在弹出的提示框中，继续单击“确认发布”按钮，如图 4.63 所示。

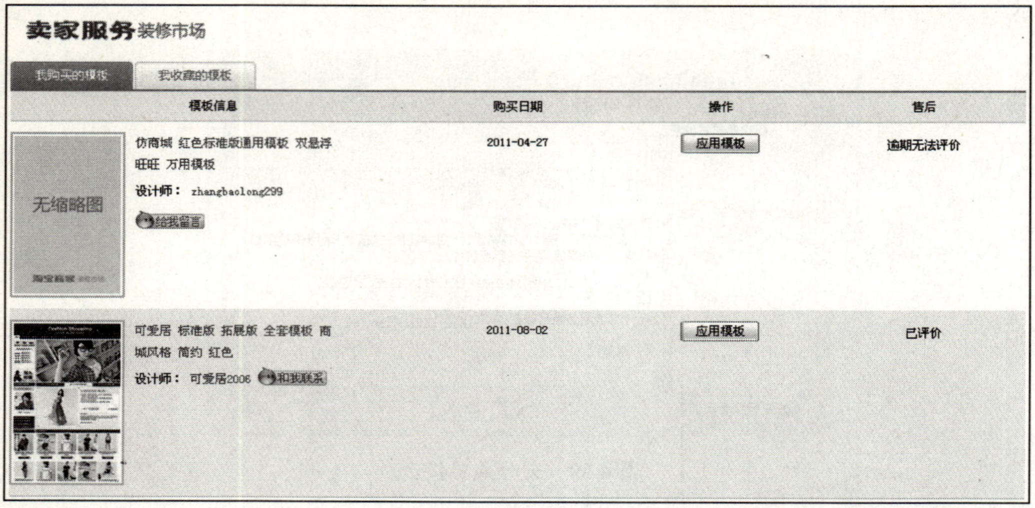

图 4.62　应用此模板

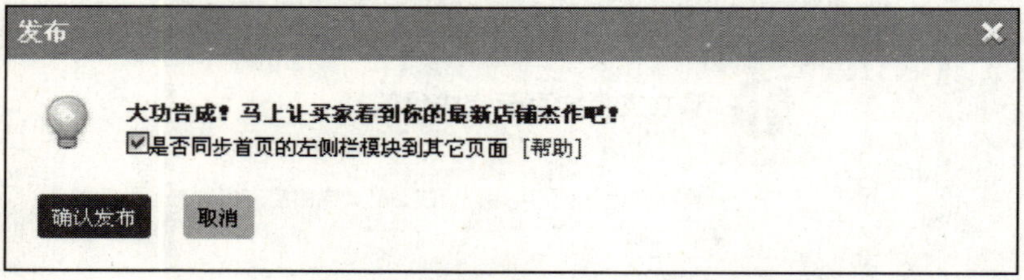

图 4.63　单击“确认发布”按钮

现在你的模板已经确定安装完成了，单击“查看我的店铺”按钮，打开自己的店铺首页查看效果，如图 4.64 所示。

图 4.64　操作成功

现在看看最终的版本，是不是很像商城店铺呢？当然，接下来你还要对店铺的公告、促销栏等地方进行一些修改，把产品图片和链接换成自己的。这就好比刚买的房子已经做好了装修一样，但里面的电器、家具什么的还是需要自己去设置，如图 4.65 所示。

在经过这样一番装修之后，大大提升了店铺的威望，提高了买家的信任度。就算你是零信誉卖家，也不用怕没有客户掏钱给你了。

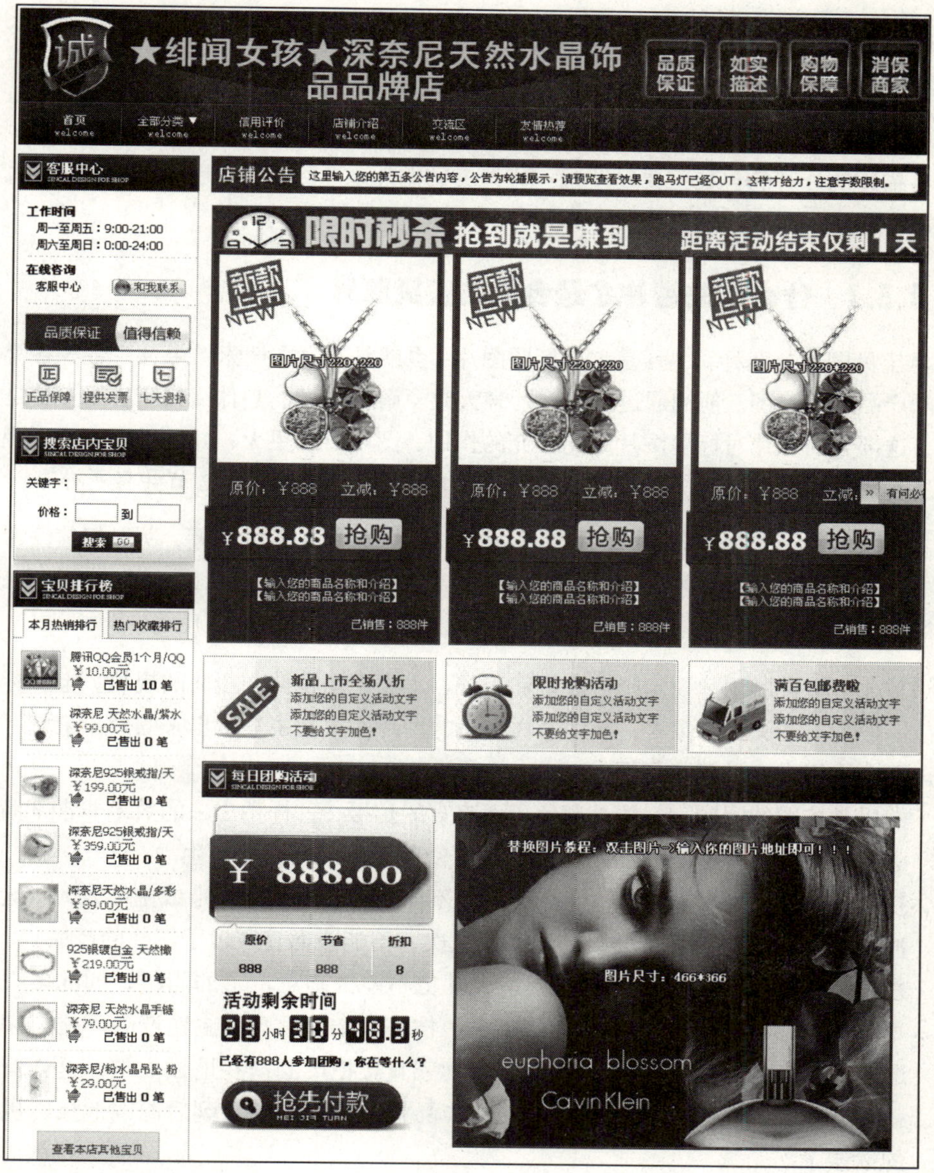

图 4.65　最后效果展示

4.5 让客户爱上你的产品软包装

完成店铺包装之后，接下来包装我们的产品。淘宝的产品包装分两个部分：一部分是宝贝描述的外观的包装，一个是宝贝描述的文字内容的包装。本节只介绍外观包装的部分，文字内容的包装非常重要，在第5章中会有详细介绍。

宝贝描述的外观的包装主要是使用一些精美的图片来达到目的，包括宝贝标题图片、宝贝描述图片、装修图片等。

4.5.1 什么样的图片才是合格的宝贝图片

淘宝宝贝图片分两种：一种是宝贝标题图片，也就是买家在搜索结果及广告等各个地方看到的你的产品的缩略图。他们通过这个图片来大致了解你的产品是什么样子。另一种是宝贝描述图片，这部分的图片对标题图片起到补充的作用，图片可以更大，并且可以不用太规范。这一节先主要讲宝贝标题图片，关于宝贝描述图片的问题，在本书4.5.2节会有所补充。

这里不会教你具体的拍摄技巧，市面上有很多关于如何拍照的书籍，所以相信读者肯定会拍得很好。但是，作为淘宝的标题图片是有严格要求的，尤其是那些对图片要求比较高的产品，比如服装、饰品、手表等。究竟什么样的图片才是合格的宝贝标题图片呢？

- 首先宝贝标题图片要清晰、醒目和美观，不要产生拉伸和扭曲的现象。宝贝标题图片一般为500×500像素，使用这样大小的图片在页面中显示出来的效果最好，而且也不会占用太多的网络资源。
- 然后是构图的问题，一般都避免正面直直的拍摄，这样拍出来的效果非常平面化，不吸引人，利用一些斜面和角度的关系可使整个画面看上去更生动。
- 接着是产品图片要居中，大小要合适。不能为了突出细节，造成主体太大。这种视觉冲击会让客户看了很不舒服，分不清主次，不能全面直观地了解你的产品。
- 最后是宝贝图片的背景问题，不能太乱也不能太随意。乱的问题，如乱摆一些花花草草在旁边，或者是使用的背景搭配的物品太杂，而且和主题产品不配，甚至比主题产品还抢眼。随意的问题就是有些卖家直接把产品摆在地板上拍，这样首先是显得不专业，其次是画面感太差，就算产品拍得再好，但看到后面的地板砖也没有买的欲望了。

遵循以上规则，然后灵活运用拍摄技巧和图片处理技术，就可以拍出赏心悦目、与众不同的宝贝标题图片了。好的图片会让你的宝贝吸引更多的人点击，让店铺的生意更旺。

4.5.2　如何做常规的宝贝描述

完成了宝贝图片制作的工作以后，接下来就是宝贝描述的包装。在一般完整的宝贝描述中，可以分为页头、页中和页尾三部分。

页头可以使用有吸引力的、比较大、颜色显眼或字体特别、加粗等方式来吸引客户注意力，因为客户们的时间都比较宝贵，也缺乏耐心，我们需要在第一时间就抓住他们的眼球，让他们了解产品的优点。当然也完全可以放一张有特点的、代表产品精神的图片当做店铺标志性的宣传，这样的好处是识别度更高，更容易做出品牌，如图 4.66 所示。

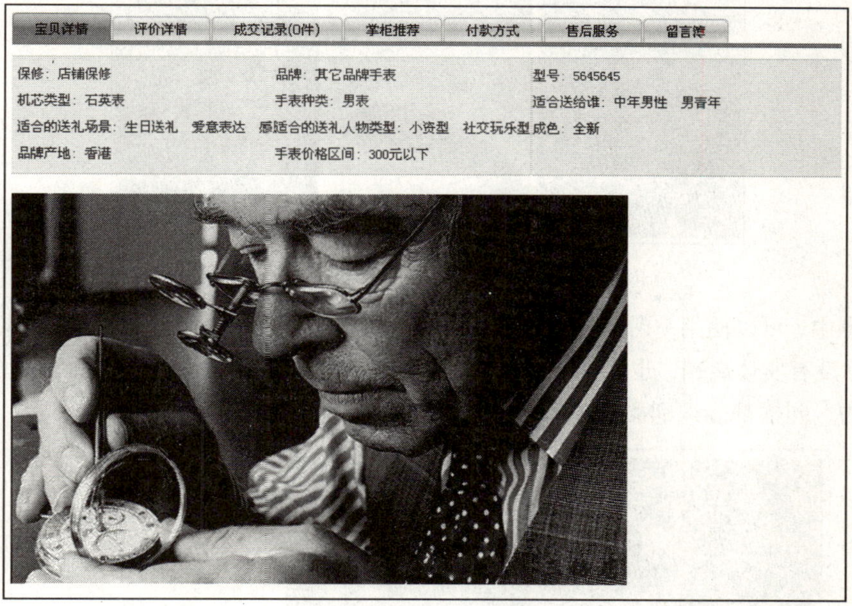

图 4.66　页头装修图片

在页头中，除了要有详细讲解的文字内容以外，还需要有关于产品各个角度和细节的精美图片。这部分的图片最重要的就是要美观、真实。美观方面自不必说，有时候为了不让别人盗链接，会添加水印。需要注意的是你的水印千万不能影响到自己产品的展示，比如太大、太抢眼之类的问题。在图片的真实方面，要注意尽量使用实物图片，而不是广告图片。当然，官方的一些图片比较吸引人，用一些也没有关系，但是现在的买家都很精明，过度的美化会让他们觉得不真实、不可靠。在犹豫之间，就会失去信心。下面的宝贝描述图片就是个比较好的示范，如图 4.67 所示。

图 4.67　宝贝描述图片

在页尾中，可以使用一两张店面的图片让客户觉得安心，给他们做最后的决定以推力和信心。如果你没有实体店铺，也可以在网上找一些精美的店面或者专卖店的图片，不管是内部的还是外部的，同样都能达到类似的效果，如图 4.68 所示。

图 4.68　页尾装修图片

当然也有专业的装修店铺提供对宝贝描述整体的包装服务，这种方法是把双刃剑。好处是确实可以起到美化的效果，让客户有更好的体验；缺点是会减慢客户浏览页面的速度，尤其是那些需要很多宝贝描述图片的产品。在最新的旺铺中，宝贝描述可利用的空间更小，所以这样的美化效果也很有限。如果未来要对宝贝描述做一些修改也会非常麻烦，最重要的是，那些装修的图片一旦丢失就会更麻烦，这将给未来带来很多不确定的因素。因此，现在越来越多的卖家使用简洁大方的宝贝描述装修，把主要精力花在宝贝描述文字内容的改良上。

4.5.3　快速批量修改宝贝描述

在我们做宝贝描述装修的时候，一定要考虑到为未来的修改留下余地。我们需要不断地修改宝贝描述，让其发挥更大的功效，因为宝贝描述是“全天候不需要支付薪水的销售员”。

宝贝描述可以批量修改么？答案是肯定的，淘宝助理就有这样的功能。我们现在介绍如何批量添加宝贝描述的页头和页尾。

（1）打开淘宝助理工具，在“库存宝贝”区中，选择要批量操作的宝贝，如图 4.69 所示。

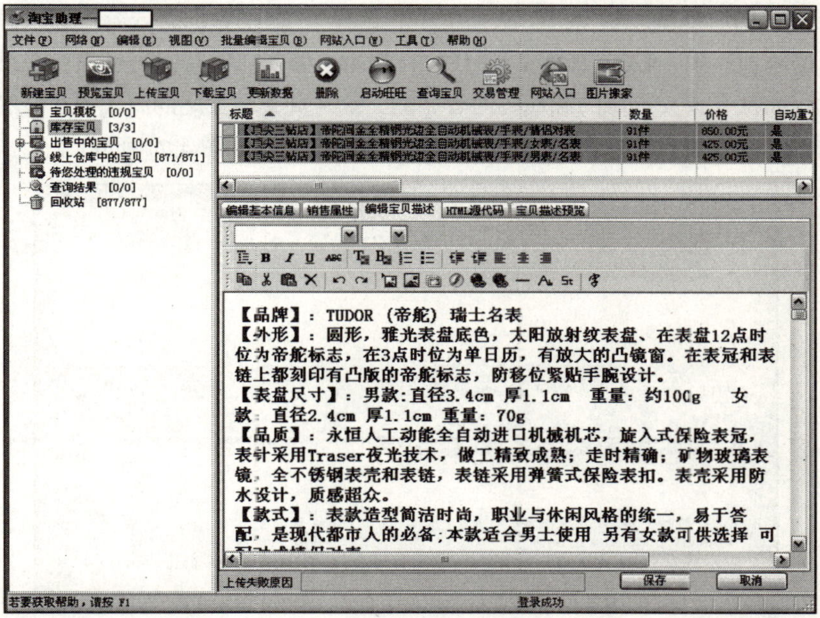

图 4.69　“库存宝贝”区

（2）单击菜单栏中的“批量编辑宝贝”命令，选择下拉菜单中的“宝贝描述”命令，如图 4.70 所示。

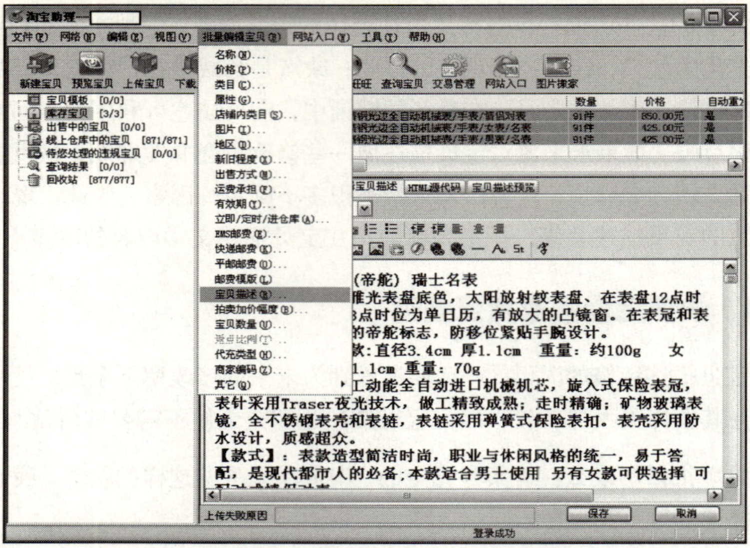

图 4.70　单击“宝贝描述”命令

（3）在打开的“批量编辑宝贝”对话框中，选择“首尾添加新内容”选项，在“首部添加”和“尾部添加”中，输入 HTML 源代码。如果不懂如何编写代码也没有关系，将有页头页尾的源代码和没有页头页尾的源代码两者相减，就是页头和页尾的源代码了，然后将其复制一下。源代码复制进去后，单击“保存”按钮，完成操作，如图 4.71 所示。

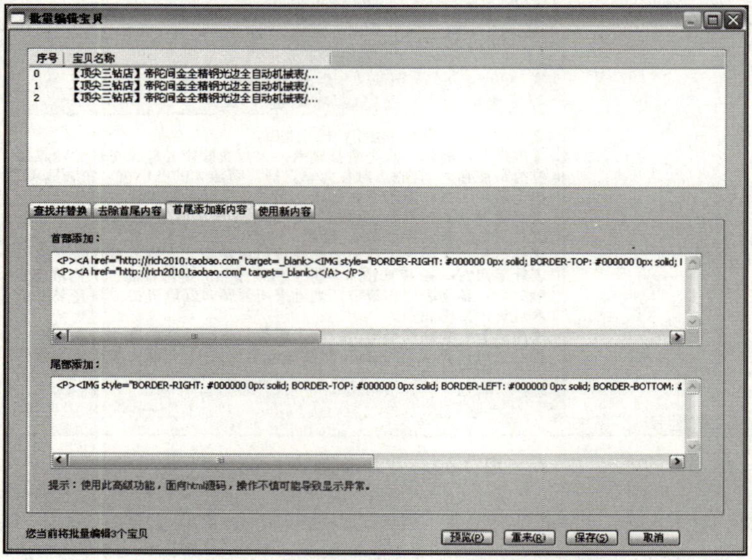

图 4.71　“批量编辑宝贝”对话框

（4）现在单击刚才批量编辑宝贝中的其中一个，打开它的宝贝描述页面，可以看到页头和页尾都已经添加好了，如图 4.72 所示。

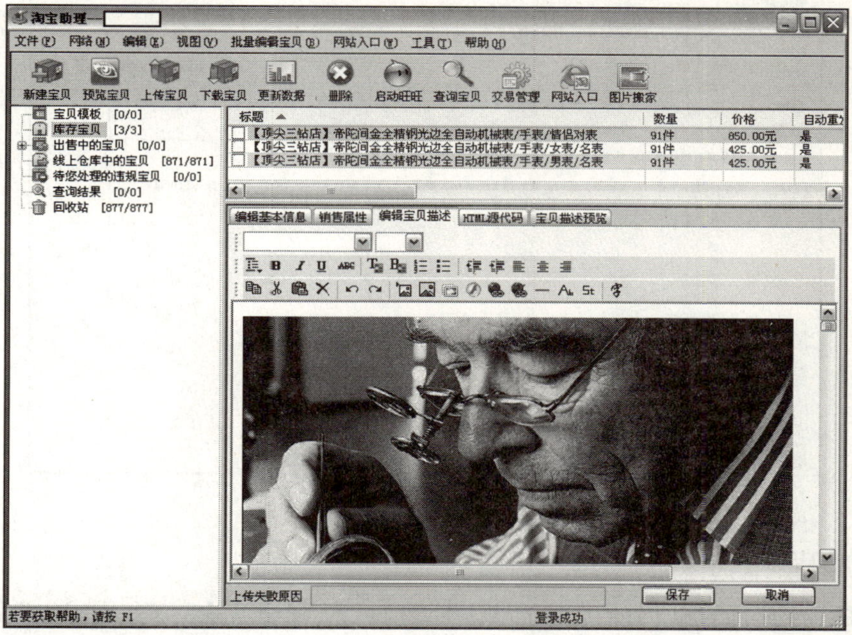

图 4.72　批量修改完成

当然做普通宝贝描述的方法有很多，本节介绍的这种方法也不一定是最好的。但是方法和原则掌握好了以后就可以灵活地运用在不同样式的产品描述中。

4.6　细节让你的店铺更完美

最后你还需要做一些其他细致的工作，使店铺的功能更加完善，尽量减少漏洞，减少让客户不放心的缺陷。

1．店铺基本设置

首先是设置店铺的基本设置，登录“淘宝后台”，单击“店铺管理”栏下的“店铺基本设置”命令进入到“店铺基本设置”页面。店铺名和店铺简介有 30 个汉字以内的限制。店铺类别选择正确的商品类目，最后把店铺介绍也填好，单击底部的“保存”按钮，完成设置。如图 4.73 所示。

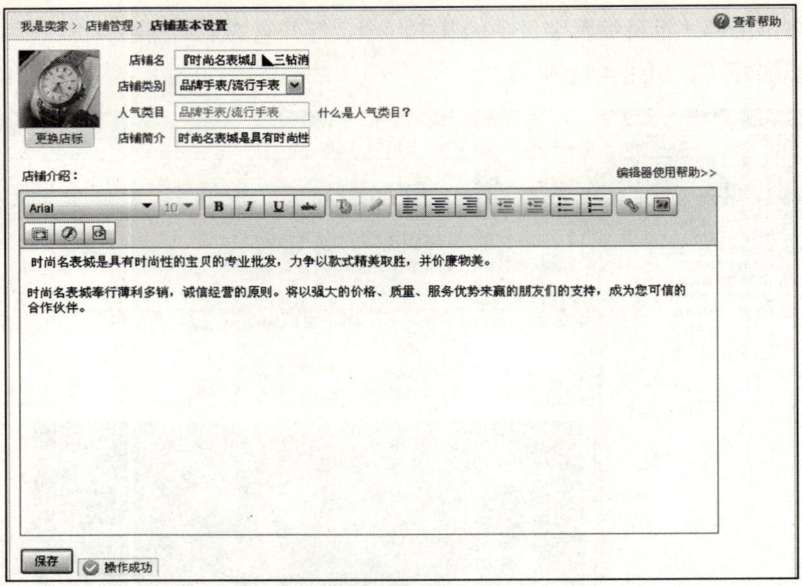

图 4.73 “店铺基本设置”页面

2．动态店标

店标是一个店铺的脸，好的店标能够让人眼前一亮，会让买家一下子就记住你的店铺。而动态图标比静态图标漂亮，并且能够更吸引客户的注意力。

首先用 Photoshop 制作出 4 张尺寸为 80×80 像素的素材图片，为动态图片的制作做准备。在这里我们介绍如何制作比较简单的动态 gif 店标。

（1）首先打开 Imageready 软件，新建一个 80×80 像素的文件，名称叫做“店标”，单击“好”按钮，如图 4.74 所示。

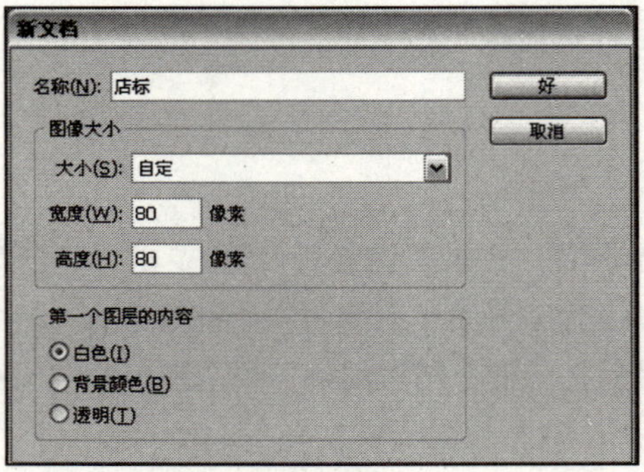

图 4.74 新建文档

（2）双击 Imageready 软件中间空白处，打开专门存放店标图片的文件夹，选择之前准备好的 4 张 80×80 像素的素材图片，按 Ctrl+A 组合键将图片全部选中，单击“打开”按钮，如图 4.75 所示。

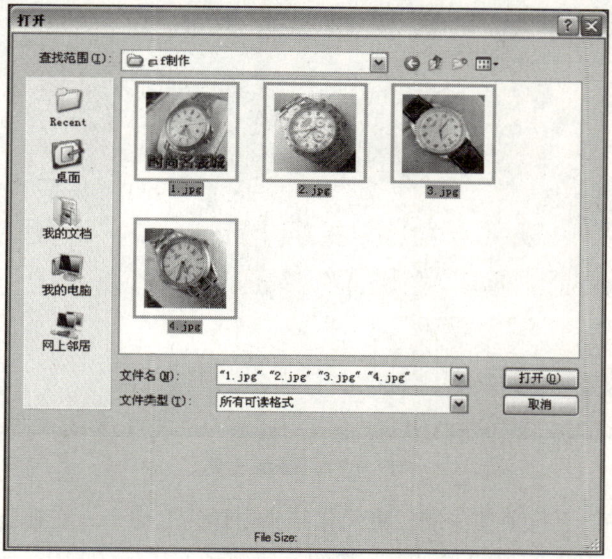

图 4.75　打开素材文件

（3）将所有打开的图片按顺序依次拖动到之前新建的“店标”文档中，你可以在图层工具栏中看到添加的素材文件，如图 4.76 所示。

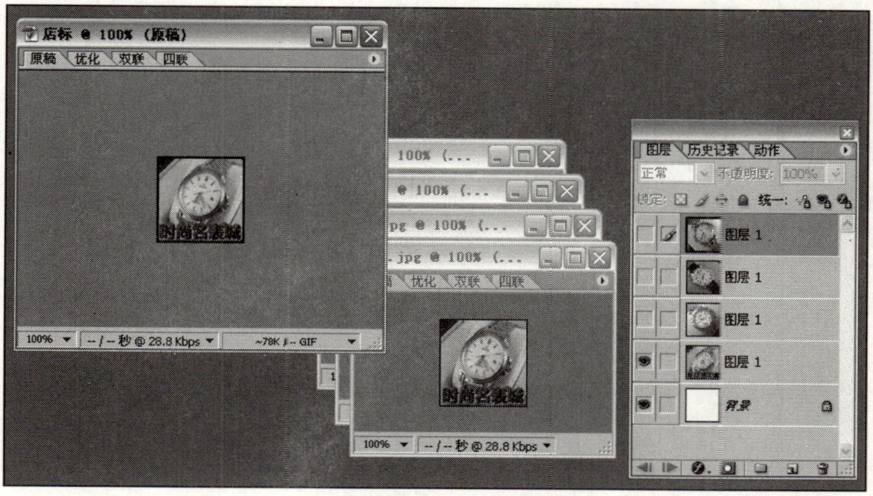

图 4.76　添加素材文件

（4）素材文件添加好之后，我们开始在动画工具栏中编辑各个动画帧，新建 4 个帧，每个帧显示不同的图片素材。在每个帧的时间控制中，选择“1 秒”时间，如图 4.77 所示。

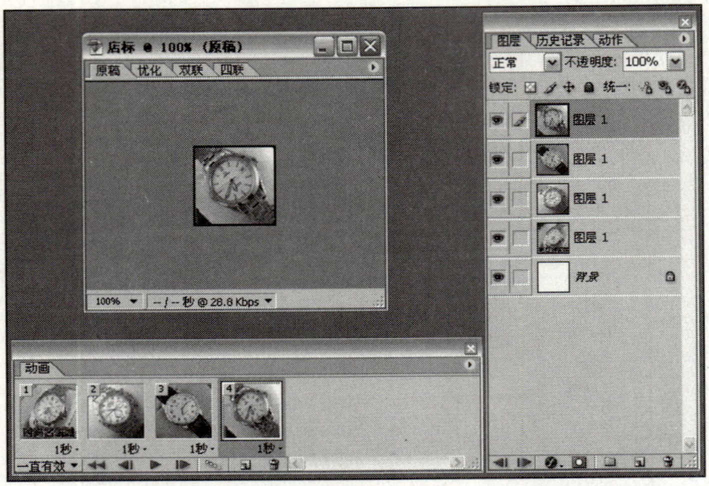

图 4.77　动画设置

（5）打开“文件”下拉菜单中的“将优化结果存储为”命令，在弹出的对话框中，选择文件名为“店标.gif”，单击右边的“保存”按钮，完成动态店标的制作，如图 4.78 所示。

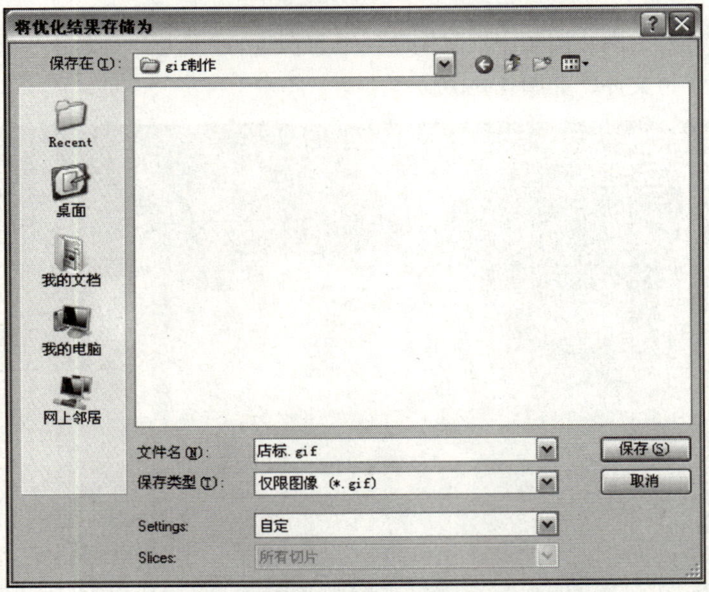

图 4.78　保存结果

（6）最后在“店铺基本设置”页面中，单击“更换店标”按钮，在弹出的页面框中，单击“浏览”按钮，选择之前制作好的 gif 动态图片，单击“确定”按钮，再单击“保存”按钮，完成设置，如图 4.79 所示。

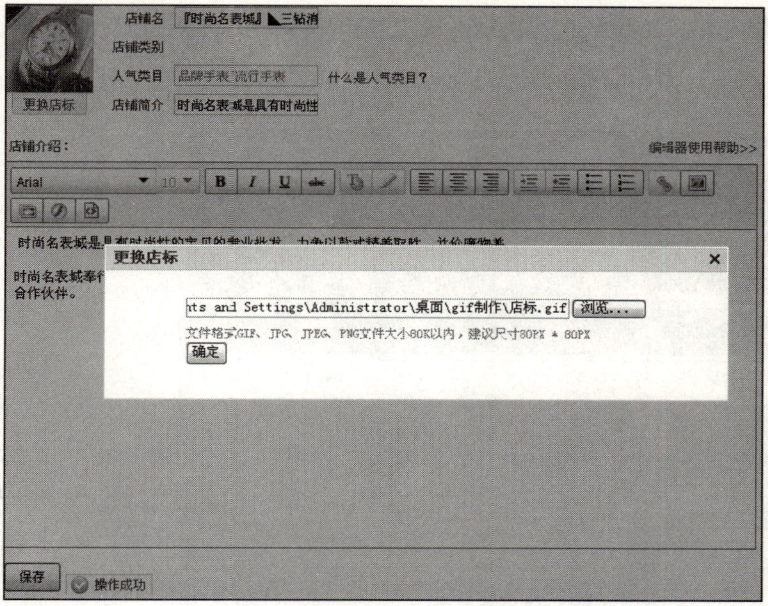

图 4.79　更换店标

最终这张 gif 动态店招图片的效果就是 4 张素材图片来回切换。在买家的店铺搜索结果中也将会看到这个图片。它也可以被设置成旺旺头像，当买家用旺旺联系你的时候，就可以看到。

3．店铺交流区

店铺交流区一般在旺铺主页的最底部，这个区域既可以自己发帖，也可以客户留言，由于很多买家都是新手，我们可以设计一些指导用户购买的类似指南的留言。比如：“购买步骤 ①洽谈：通过 QQ、MSN 或‘旺旺’咨询商品。②购买：点击购买——选择付款方式，通过支付宝账户，或通过银行（招商银行）汇款，填写信息。③付款后：请您尽快通知我们。④发货：我们会在 24 小时之内把货物寄出，请耐心等待（江浙沪发货后隔天到达）。⑤收到货后：请尽快进入淘宝，步骤为我的淘宝——已买到的宝贝——确认收货，并及时给予评价，谢谢^_^。”具体的效果如图 4.80 所示。

当然，你也可以使用如“店销规则”、“买家感谢留言”等类型的留言放在这个区域，让客户更了解你及你的店铺，加强客户的信赖感。

4. 简易店铺统计装修

现在有很多网站提供简单的店铺统计工具，能够让你很容易就可以看到店铺的一个基本的流量，而且还可以对店铺的整体起到一个装饰的作用。我们首先去百度等搜索引擎，搜索店铺统计，然后找到合适的店铺统计提供商。简单几步操作，获取店铺统计代码。

（1）打开淘宝后台，单击“店铺管理”栏下的“宝贝分类管理”选项，如图 4.81 所示。

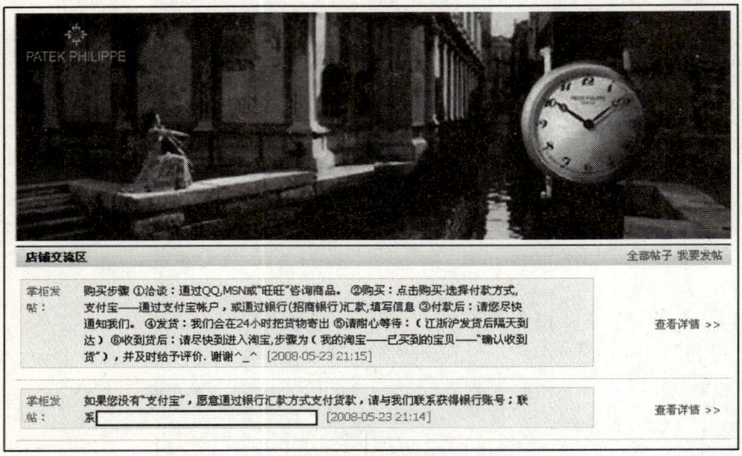
PATEK PHILIPPE
店铺交流区
全部帖子 我要发帖
掌柜发帖：
购买步骤 ①洽谈：通过QQ,MSN或“旺旺”咨询商品。 ②购买：点击购买-选择付款方式,支付宝——通过支付宝帐户，或通过银行(招商银行)汇款,填写信息 ③付款后：请您尽快通知我们。 ④发货：我们会在24小时把货物寄出 ⑤请耐心等待：（江浙沪发货后隔天到达） ⑥收到货后：请尽快到进入淘宝,步骤为（我的淘宝——已买到的宝贝——“确认收到货”），并及时给予评价. 谢谢^_^ [2008-05-23 21:15]
查看详情 >>
掌柜发帖：
如果您没有“支付宝”，愿意通过银行汇款方式支付货款，请与我们联系获得银行账号：联系 [2008-05-23 21:14]
查看详情 >>

图 4.80 店铺交流区

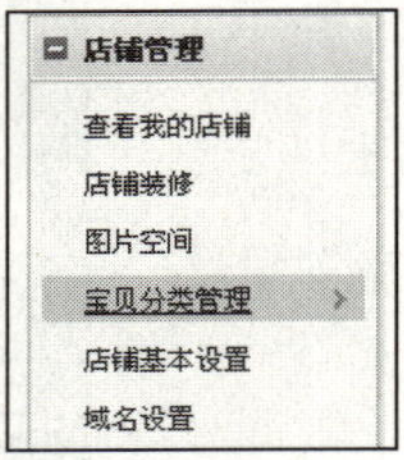
店铺管理
查看我的店铺
店铺装修
图片空间
宝贝分类管理
店铺基本设置
域名设置

图 4.81 淘宝后台

（2）在这个页面添加一个新的分类，单击“添加新分类”按钮，输入分类名字。然后在图片地址框中，把之前获得的店铺统计代码复制到里面，单击“确定”按钮。最后单击“保存”按钮，完成设置，如图 4.82 所示。

（3）最后可以在淘宝主页侧边栏的宝贝分类最下方看到之前设置好的店铺统计图片已经显示出来，如图 4.83 所示。

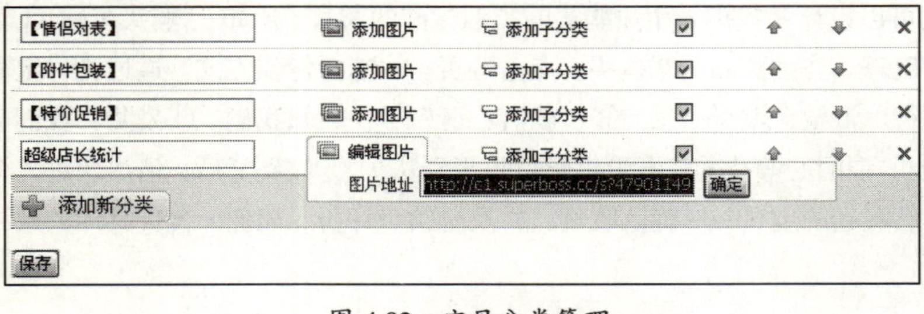
【情侣对表】
【附件包装】
【特价促销】
超级店长统计
添加图片
添加子分类
编辑图片
图片地址
http://c1.superboss.cc/s?47901149
确定
添加新分类
保存

图 4.82 宝贝分类管理

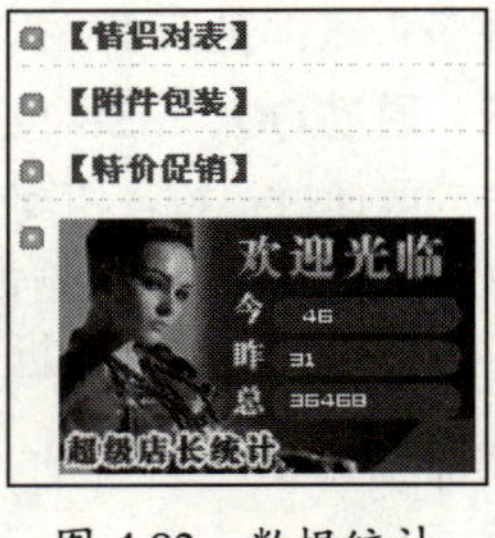
【情侣对表】
【附件包装】
【特价促销】
欢迎光临
今 46
昨 31
总 36468
超级店长统计

图 4.83 数据统计

经过以上几个补充部分的操作，我们的店铺装修基本就大功告成了。很快，你的店铺就要开始为你带来源源不断的财富了。

第 5 章 旺店前期策略和秘诀

高手引航

在淘宝开店会经历几个阶段，每个阶段都需要有侧重点才能最大限度地发挥工作的效率。为什么有的人很快就做到皇冠，而有的人升个钻都很艰难？这是因为，那些皇冠们在对的阶段做了对的事情，他们没有浪费半点时间，并且具有超强的执行力。

当然也有一些皇冠店铺靠其他方式，在短时间内获得了同样的信誉。这种店大部分都是卖虚拟产品的，就算是做到皇冠也赚不了多少钱。还有少数皇冠店铺是完全靠金钱堆砌起来的，比如，有一个皇冠店铺的卖家就是通过花费重金做广告，再配合低价策略，在短短的半年时间里升皇冠。他们可能这半年没有赚到钱，但是他们收获了一个皇冠和大量忠实的客户，未来一片坦途。然而，这仅仅是个特例，前期的几万元、几十万元投入谁敢投呢？而且大部分人本身就没有这个资金，就算是有，也不敢每天拿成百上千的广告费去砸。

所以，本章将告诉大家一个普通店家经营店铺的方法，这种方法和策略模式适合绝大部分的卖家。根据淘宝的基本规律，一步步去完成既定的目标，一定能够最终取得成功。

5.1 开店前期店铺定位策略

在旺店的前期，首先需要把一些最基本的开店问题和技术环节解决，把店铺专业化、规范化。细节决定成败，脚下的基础打得有多牢靠决定着我们未来能够跳多高。

刚开始先为店铺做基础化建设，做好了甚至不用推广就可以以逸待劳，等着财源滚滚。在信誉不高的时期做推广，效率不高，浪费时间。在前期，主要目的不是赚钱，而是在短时间内，快速冲钻，完成信誉积累，并且熟悉各种操作和处理各类基本状况。做企业越做越容易，刚开始是最困难的。

网店的利润源泉：客户的首次销售利润占30%，客户后续销售利润占70%，这是新客户所带来的利润。一个正常的网店，新客户带来的消费应该是这样的一个模式。刚开始的销售是培养新客户，只要新客户形成了消费惯性，大量的利润就都将来自于后续的销售。不断积累信誉和客户数据，并且不断对这些数据进行促销，这个原则应该贯穿整个店铺经营的始终。

所以，前期的产品营销策略应该是精选出几个长期的主打产品（已经经过别的店铺验证过的，如果你是独家，就选择自己觉得效果最好、受众最多的产品），然后在掌柜推荐和宝贝推荐中始终推荐，并且使用特别的宝贝描述优化技巧来武装这些产品。

在初期，如果产品少，可以多做一些产品组合，并且可以适当设置一些实际价格便宜，但是看上去却很贵的赠品。

关于定价方面应该是属于中等稍微偏低一点那种。在淘宝上，价格是一个重要的因素，但并不是最重要的，淘宝上几乎没有什么东西是独家经营的，而且，同样的东西，有些店价格很高，还可以卖得很好，有些店越是便宜，越是卖不掉，毫无缘由的低价意味着低质量和劣质服务，让人非常没有安全感。这是一个购买者心理的权衡过程。当然，你可以通过改变宝贝标题来让客户不大容易搜索到同款产品，很多减肥产品就是这么做的，但这样做同时也失去了那些精准的搜索量。

如果一定要以低价来吸引客户，这里有一个方法，既可以赚到利润，又不至于太便宜而惹客户怀疑。如果你经营的是某品牌化妆品，可以首先利用精准的关键词搜索出所有此化妆品的宝贝，然后按照价格从低到高排序。当然，你不需要排在第一位，你只需排在第一页就行了。不过，这也需要你的货源有足够的价格竞争力才行。这个方法在做产品整体定价时很有效。

在初期我们还需要学会和快递打交道，逐步建立你的客户沟通规范化流程，制作客户沟通对话文本等。需要把淘宝网店当做自己的事业去做。在线下开实体店会遇到的很多问题，网上开店同样也不可避免。

5.2　关于在淘宝如何定价的“潜规则”

在淘宝，定价是一个比较让人困扰的问题。定高了不好，定低了也不行。究竟以什么标准来衡量自己产品的价值，并且还能够获得淘宝市场的认可呢？这就需要你掌握淘宝定价的“潜规则”了。

5.2.1　淘宝定价的依据

淘宝定价一般是根据淘宝市场的一个整体基本价格来制定的，然而根据自己不同的情况和定位，还需要考虑其他方面的条件，才能找到适合自己的价格。

如果我们的进货成本偏高，就可以给出一个比较高的价格，但是必须向客户说明，如你的产品是从国外直接空运过来的，货正宗且质量更有保证，客户则对于比较贵的价格也能够接受。

还有一些产品，比如是新款，别人没有的产品，则可以把价格适当的定高一点，人们总是喜欢追逐新鲜的产品。而如果是热销的产品，那么可以根据不同的情况定价。比如，你想通过这个产品获得更多的客户资源，那么可以把价格适当调低。如果你想通过这个产品获得更多的利润，那么可以把价格适当调高。

当然有些店铺本身定位的客户就是一些高端的客户，价格定低了可能会起到相反的效果，因此适当抬价还能够增加产品的价值和店铺本身的气质。

你店铺产品的价格还应随着不同的情况进行一定的波动，比如旺季的时候可以适当抬高价格，而淡季的时候适当调低价格。甚至在积压产品比较多，可能影响到未来销售的时候，也可以考虑零利润销售。还有就是经常通过打折、促销的手段，调低或者调高价格来赢取客户的注意。

如果你的店铺有某些产品在进行一些营销的活动，比如淘宝直通车、阿里妈妈等，也可以在局部产品中设置不同的价格水平。

最后，你的定价还要考虑到你付出的时间成本、广告成本、运输成本、人力成本等，还有其他一些各种各样的因素。所以完全不需要照搬别人的定价，最好的定价是适合自己的定价。在这里再次强调，如果没有雄厚的资金实力作为支撑，一味的低价策略绝对是自取灭亡的方式。

5.2.2 开高价和开低价

在淘宝市场上有高端和低端产品的分别。高端的一般都是品牌的产品，而低端的一般都是贴牌的或者其他不知名品牌的产品。在淘宝，大部分都是低端的产品。

这里我们分开来谈这两种定价。每个卖家都希望自己有一个高端的定位，可以卖出高价。有定高价的机会就一定要定高价。

笔者记得以前在淘宝一个店家那儿买了一件用来祛疤的产品，是一种植物精油，价格非常昂贵，需要300多元。类似功能的植物精油一般只需要几十元，上百元而已。然而对方介绍说自己开了一家美容院，这种叫薰衣草的精油是从法国进口空运过来的，并且自己找厂家制作加工包装、技术含量高、原料正宗、成本比较高，因此售价昂贵。对方因此还为自己的产品设计了品牌名，这样就塑造了自己的品牌形象。这种独一无二的区别于其他产品的特点就是开高价的机会。当然，塑造品牌形象还有很多方法，这里只谈定价方面的问题。

然而大部分的淘宝店还是普通平价定位模式，但是价格低不表示利润低，这是很重要的。比如，那些号称能增强人体能量、防辐射、缓解人体疲劳的法藤钛项圈进价只需要 20 元，但是却可以卖到上百元的高价。而有段时间很流行热销的那种自制的香料及不同形状的香皂，成本可能连一元人民币都不到，但是在淘宝上却可以卖到三四元钱。

除非你卖的产品是家喻户晓的标准产品，也就是说随处可见，在超市里都能买到的产品，比如大米、可口可乐等，其他的你都可以很轻松地找到影响销售的定价营销模式。

5.2.3 如何巧妙利用淘宝价格工具增加利润

最后介绍一些常见的淘宝定价方式，借鉴他们的成功经验，合理地利用淘宝的价格工具灵活定价。

1. 区别定价

区别定价的秘密在于可以为你的产品设置很多不同的版本。实践证明，在这样的定价结构中，40%~70%的人会选择中间价位版本的定价，这种订价的方式不但满足了不同客户的各方面的需要，而且能够大幅增加销量，同时也增加了单品的利润，如图 5.1 所示。

在宝贝描述中，卖家还要更进一步地把不同版本可以得到的相应服务用图片和文字的形式做直观的说明，如图 5.2 所示。

图 5.1　区别定价

图 5.2　宝贝描述 A

为了增加销量，还设置了一些赠品。事实上，赠品也是价格的一部分，而抬高价格、增加赠品的方式对买家来说更加吸引人，如图 5.3 所示。

优惠套餐
Offer Set
即日起至4月30日，凡购买优惠套餐，即可获得下列四大赠品，欲购从速！NEW
本店出售的佳能相机均为带一次性封条、密封包装的全新正品行货，套餐中的配件亦均为三包产品，绝对保真，请淘友们放心购买！
降价通知：4月1日最新调价，为配合佳能官方春满佳能月大型活动，此款特价促销，祝大家清明小长假快乐！NEW
赠
免费延长一年保修服务
即两年保修
赠
品胜3M清洁魔布
专业擦拭相机 望远镜
赠
《新版佳能数码摄影一点通》
阅读此指南 从入门到精通
赠
精美桌面三脚架
微距拍摄必备装备哦

图 5.3　宝贝描述 B

这种方式在出版业也经常使用，比如郭敬明的小说《小时代》就分为简装版和限量精装版。简装版定价 26.8 元，限量精装版定价则高达 99 元。简装版的定位是普通的人群，而限量精装版则是属于那些疯狂的粉丝的。在他的海报中，有这样的文字，写出了简装版和限量版的区别，如图 5.4 所示。

限量收藏 独特编码
奢华材质 文字风暴
全球60，000套限量发行，挑战书籍工艺的制作极限

硬质神秘礼盒，打开一个被霓虹与黑暗交错包裹的瑰丽世界；
你所看见的，是中国当下最畅销的作者引领的畅销传奇。
你所触摸的，是用皮革绒布修饰装点的工艺极致。

日本纯度道林纸全文印刷，法国柔感纯质制作的精美笔记本；
四十余款仅供店面宣传、未曾发售的海报全收录；
设计制作精美明信片、信纸，高纯度纸张印制；
高贵大气的内文编排，独一无二的烫印编码；
更不记成本使用绒面皮革制作的封面，再次引爆图书业的装帧极限；
郭敬明亲笔书写的一封书信，是少数收藏者，分享的秘密；

你，是否有机会，拥有这一切？
你，是否有机会，成为这六万分之一的少数收藏者？

图 5.4　海报营销文字

从这个海报内容中可以看出一个玩文字的做营销是多么厉害。多出来的那些印刷和纸张的成本其实是很低的，但是高昂的价格却造成了疯抢的局面。事实上，书上市一天内就销售完了，到最后你根本不可能以原价买到。

在韩国，一般歌手出专辑都会出两个版本：第一个版本会限量发行，是普通版本；第二个版本重新包装一下又可以销售一次，可能会比第一个版本多收录 1~2 首新歌，或者有赠品送，也或者加个 DVD 影像（MV+MV 拍摄花絮）等。而且相对应地，价格也会比第一个版本贵。在时间上，一般一张专辑的宣传期是 3 个月，第一版发行的时候会宣传第一波主打曲，重新包

装的版本会在宣传期的中期或后期发行，宣传第二波主打曲。也就是说，同一个产品，重新包装一下，利用不同的卖点，就能持续热销。

还有美国的一家杂志，他们的杂志分为电子版和纸质版两个版本，而他们有 3 种订阅的方式供你选择。第一种是订阅电子版的，一年收费是 60 美元。第二种是纸质版本，一年收费 120 美元。最后一种是电子版加纸质版本的，一年收费 121 美元。你会选择哪一种方式呢？我相信绝大部分的人都会选择第三种吧。如果只有前两种方式的话，我相信很多人会选择 60 美元的方式，毕竟收费能够便宜一半。但是，有了第三种方式的话就完全不一样了，对于杂志社来说也不亏，因为电子版的成本是很低的。所以你不得不承认这是一个非常高明的定价方式。

2. 差异定价

每个人对价格的敏感程度不同。对于那些追求最新、最奇、最时尚的人来说，他们希望第一时间去享受，以比较高的价格去购买。在这里可以采取“前期高价、后期低价”的方式。比如，那些很普通的预售模式，如图 5.5 所示。

图 5.5　差异定价

在他们的宝贝描述中规定，店里的“特价和团购宝贝”是不能够还价的固定价格，而其他的商品则能够享受到会员的优惠折扣，如图 5.6 所示。

这种利用客户的差异化定价，在营销上是非常普遍的案例。通过预售和团购的方式，在其代价和成本上基本没有差别，但在利润和销量上却有很大的差异。

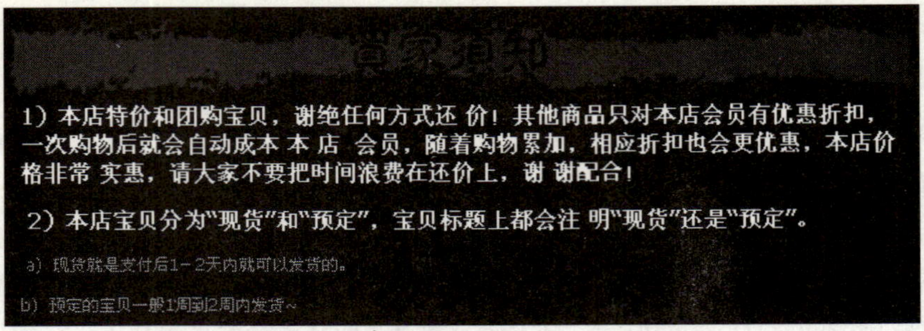

图 5.6　宝贝描述

3．多重定价

由于很多人搜索宝贝的时候，喜欢使用价格低的产品排列搜索方式。因此为了获得更多的关注度，有的人也使用抬高快递价格，降低产品价格的方式来定价。这种方式一般较多地用在尺寸比较大、运输费用比较难计算的产品上面，如图 5.7 所示。

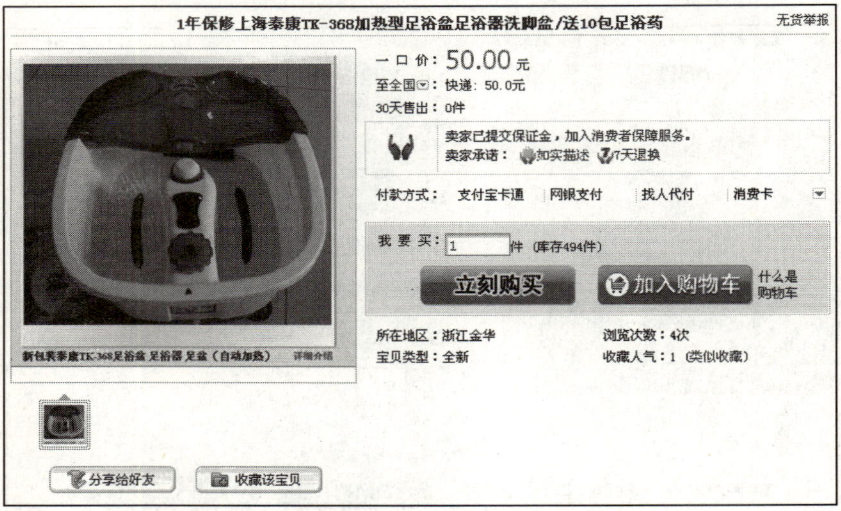

图 5.7　多重定价

也有直接把价格定到最高或者最低，在获得第一名的排名后，在宝贝描述中再告知真实价格的。这种方式虽然可以吸引到流量，但都是"垃圾流量"，完全不能获得成交，而且还会让客户觉得你做生意不诚实，不值得信任。

也许你没有想过定价有这么多的学问和秘诀，希望上面这两个例子可以激发你的创造力和对价格的敏感度。多看看别人的定价，学习其中的奥秘，然后制定出适合自己的定价策略，运用到自己的店铺中，增加你的销售额和利润。

5.3　宝贝标题优化实战密码

产品的标题是广告中的广告，它的所有努力就是为了让潜在客户看到并且打开你的宝贝链接。如何让更多的人搜索到你的产品，并且看到你的产品标题就想立即点击打开，了解详情的秘诀，将在这一节里详细剖析。

5.3.1　宝贝标题的结构和规则

一个完整的宝贝标题应该包括 3 个部分：第一个部分是“主标题”，这部分需要尽量以比较精练的文字，让客户一眼就能够明白这是什么东西；第二个部分是由一些“感官词”组成，感官词在很大程度上可以增加对方打开你的宝贝链接的兴趣；第三部分是由“优化词”组成，优化词也就是买家搜索产品时候，输入的关键词。你可以使用与本产品相关的词来增加宝贝被搜索到的概率。

这里举一个宝贝标题的例子来说明，比如：“顶尖三钻店 浪琴名匠五针全自动机械表/手表/男表/世界名表”这个标题。“浪琴名匠五针全自动机械表”这一段就叫做主标题。“顶尖三钻店”叫感官词，这个词会让客户产生对产品的信赖感。“手表”、“男表”、“世界名表”这 3 个词是优化词，它是能够让你的潜在客户更容易找到你的这个宝贝的手段。

在宝贝标题中，感官词和优化词是增加搜索量和点击量的重要组成部分，但也不是必须要出现的。唯独主标题是雷打不动的，必须要详细描述出你的产品。

当然，宝贝标题也不是随便什么文字都可以填的，必须严格遵守淘宝的规则，不然很容易遭到处罚。比如，宝贝标题需要和宝贝本身一致，不能干扰搜索。商品标题中出现的所有文字描述都要真实，不得在商品标题中使用“最大”、“最全”、“最低价”等字样。在你的商品标题中如果出现了“非翻新”、“非二手”、“非港行”、“非 14 天机”、“非组装”、“非拼装”、“非 SPV”、“绝非”等也都属于乱用关键词的性质。

5.3.2　如何让你的宝贝标题更吸引人

宝贝标题的字数是有限制的，一般在 30 个汉字（60 个字符）以内，否则就无法发布。在成百上千的搜索结果中，也许你的宝贝很便宜，质量也很好，宝贝描述也是精心设计的，但是标题却不吸引人，没有人点击，那么其他的一切就完全失去了意义。

在这里，最重要的就是要把产品最核心的卖点用精练的语言表达出来。你可以列出 1~5 个卖点，然后选择其中最重要的 3 个卖点，想方设法地融入到你的宝贝标题中。

你需要把你产品的优势、特点、价值或者利益融入标题。买家在乎的不外乎就是这几个部分。只有切中了他们所想，才能产生效果。下面列出几条撰写具有吸引力的宝贝标题的基本原则。

- 只有确实需要的东西，别人才会点击。所以你的宝贝标题不能让人产生误解，应该准确而且简单明了，让买家能够在一扫而过的时间内轻松读懂。如果你的产品有不同的称呼，那么也都填上去。完整全面的标题能够让买家更清晰地解读，并且宝贝也更容易被搜索到。
- 买家在搜索出来的列表中，有时候就是一扫而过。适当加一些粗重的符号，可以“抓”住他们的注意力。同时由于标题比较长，使用符号也是起到分隔的目的，使句子看起来不臃肿，容易理解，增加可读性。但是这些符号不能乱用，用太多会让人“眼花缭乱”，那样就无法阅读了。
- 吸引消费者眼球的感官词的使用也是有技巧的。如果你是皇冠店铺，或者信誉比较高，那么就可以使用类似“三钻信誉”、“百分百好评”等词。就算是什么都没有从零开始，你也可以使用“特价”、“促销”、“超值”、“新品上市”等词汇。还有很多很具有煽动性的感官词，比如：“疯抢”、“月销上千”、“限量”、“热销”、“某明星推荐”等，善用这些能够调动人情绪的词语，对店铺的生意是非常有帮助的。
- 除非你的店铺名和品牌名一样，不然就不要把店铺名或者是关于店铺的描述放上去。只介绍产品，别介绍店铺，也就是不要把店铺名字搬上宝贝标题，占用宝贵的标题字数限额。

5.3.3 如何选择合适的关键词让店铺流量翻番

宝贝标题中的关键词最重要的目的就是让客户搜索到，因此，在有限的关键字额度中，找到最合适的、利用率最高的关键词至关重要。

首先，来看看如何获得预选的关键词。假设店铺销售的是台灯类的产品。那么可以在淘宝首页的搜索栏中，输入关键词“台灯”，然后在下拉框中，获得其他用来做预选的关键词，如图 5.8 所示。

然后，在使用关键词“台灯”的搜索结果页面中，也可以看到淘宝给出的其他匹配的类似的关键词，如图 5.9 所示。

同时，还可以借鉴搜索结果中其他淘宝同行类似的宝贝，他们所使用的关键词。最终我们可以搜集很多关键词作为预选的关键词，如图 5.10 所示。

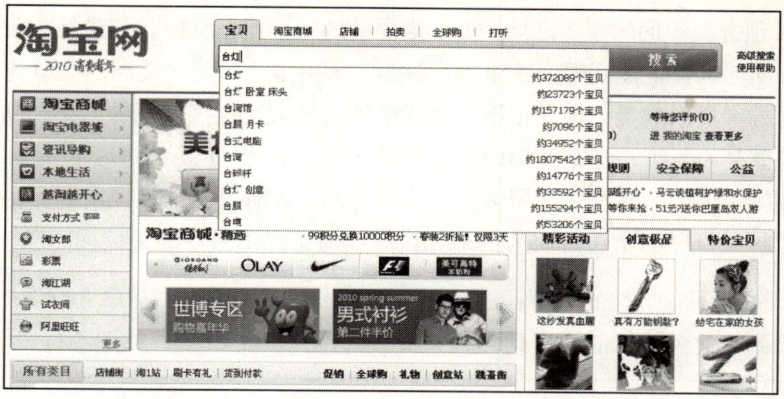

图 5.8　淘宝主页

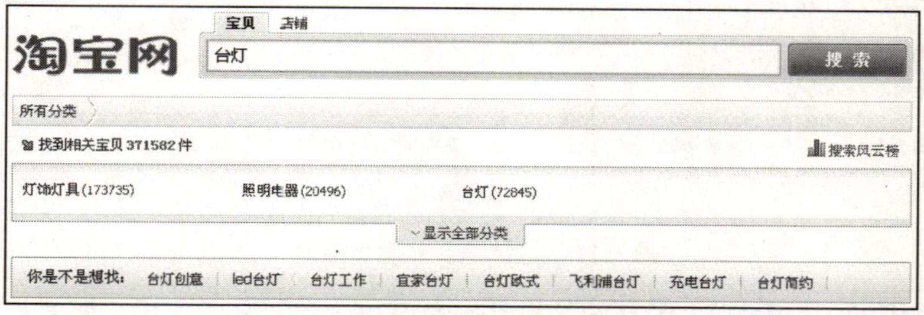

图 5.9　搜索结果页面

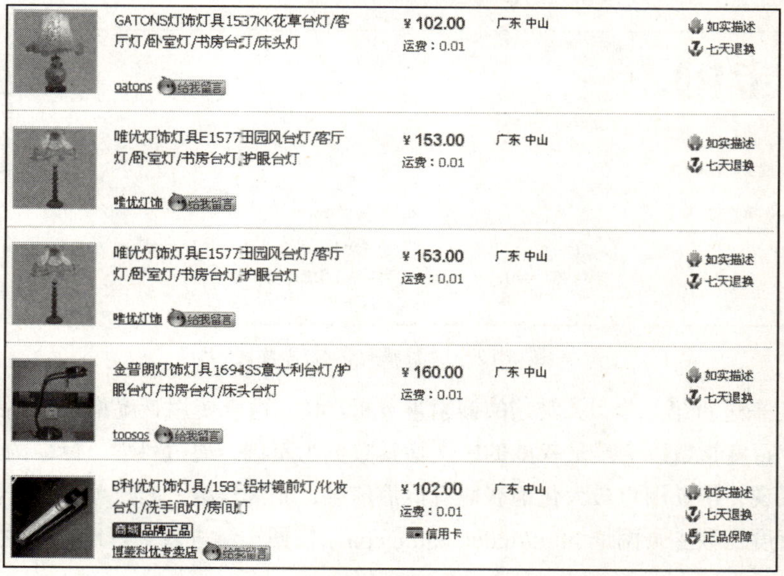

图 5.10　搜索结果列表

在完成了预选关键词的搜集之后，接下来要做的工作就是从中找到最好、最合适的那几个关键词。那么如何选择关键词呢？这里分为两步：第一步是判断关键词的竞争性，也就是说使用这个关键词的宝贝的数量，使用得越多，竞争性就越大，能搜索到的同类产品结果就越多，那么使用价值就越小。第二步是关键词的搜索量分析，也就是需求分析。没有人搜索的关键词是没有任何使用价值的。只有有人搜索了你的关键词，才有可能让人搜索到。在这里，以“护眼台灯”和“护眼灯”两个关键词为例来分析，如何选择出最好的关键词。

第一步，关键词竞争性的判断：进入淘宝首页，搜索关键词“护眼台灯”，在搜索结果页面中，可以看到，此关键词能搜索到的相关宝贝数目为 23 045 个，如图 5.11 所示。

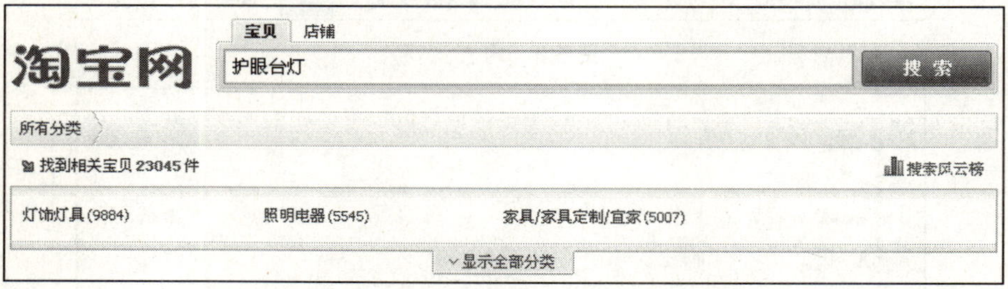

图 5.11 “护眼台灯”宝贝数目

再搜索关键词“护眼灯”，最终的结果是搜索到 26 517 件相关宝贝。两者相比较来说，在竞争性方面似乎差距不大，如图 5.12 所示。

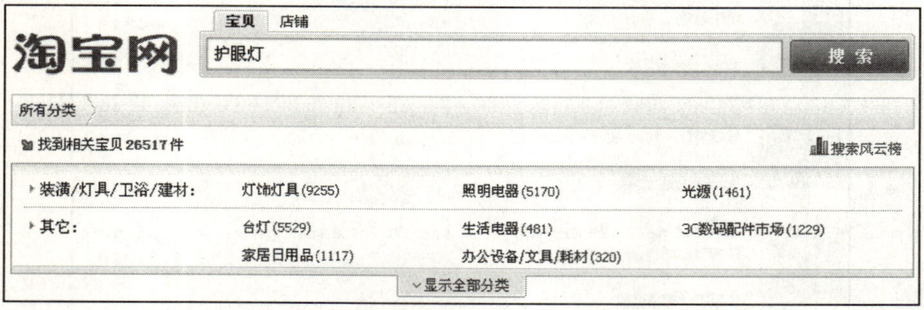

图 5.12 “护眼灯”宝贝数目

然后我们来进行第二步，关键词的搜索量分析。我们可以使用百度指数网站来看该关键词的搜索热度。百度指数以全球最权威的中文检索数据为基础，通过科学、标准的运算，以直观的图形界面展现，帮助用户最大化地获取有价值信息，非常权威。卖家可以打开浏览器，在地址栏中输入百度指数主页网址 http://index.baidu.com，按回车键进入到百度指数主页，如图 5.13 所示。

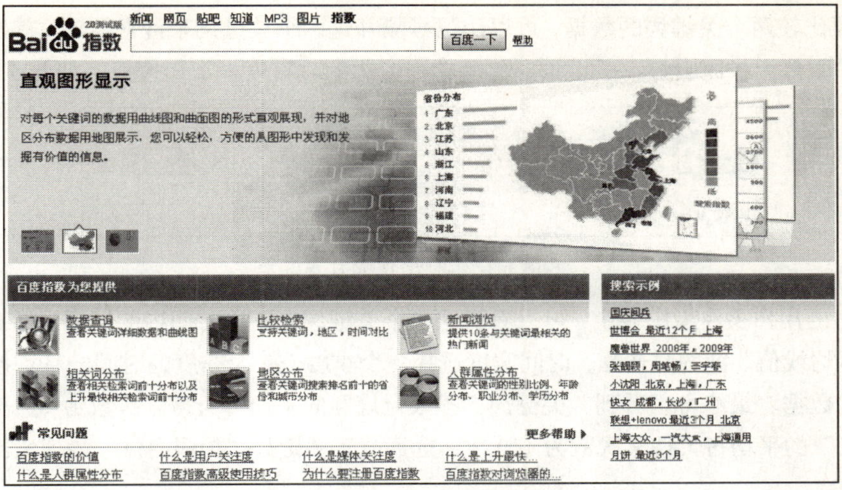

图 5.13　百度指数主页

只要输入关键词搜索，就可以看到各类关于此关键词的分析指数。想要知道关键词的搜索量的区别，只需要看用户关注度。用户关注度是以数千万网民在百度的搜索量为数据基础，以关键词为统计对象，科学分析并计算出各个关键词在百度网页搜索中搜索频次的加权和，并以曲线图的形式展现，如图 5.14 所示。

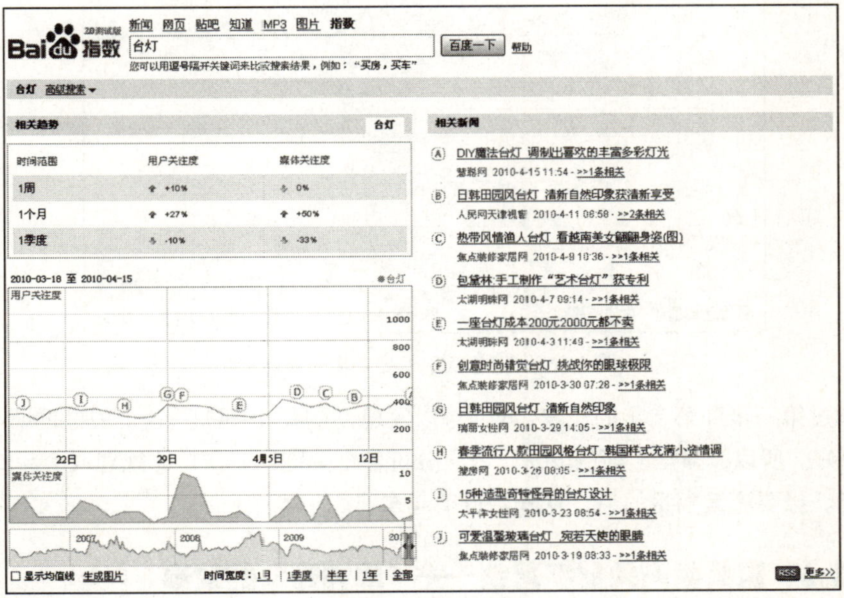

图 5.14　百度指数

如果要比较两个关键词的数据，可以用逗号隔开这两个关键词来搜索结果。首先在搜索框中键入"护眼灯，护眼台灯"关键词，然后单击旁边的"百度一下"按钮，如图 5.15 所示。

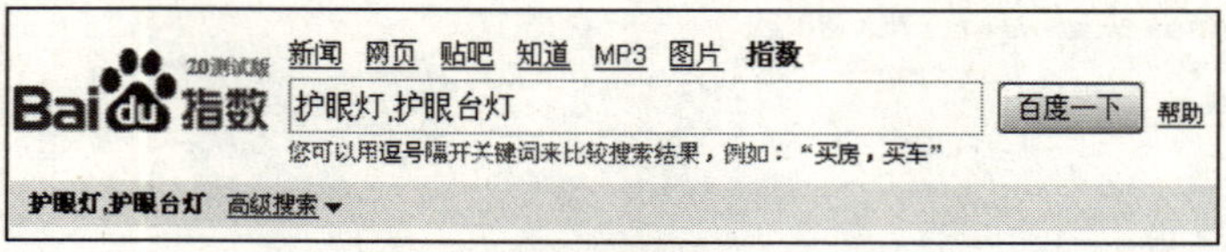

图 5.15 对比搜索方式

在下方的用户关注度图表中，可以看到这两个关键词在一段时间内的搜索次数曲线。我们勾选"显示均线值"前的复选框，时间宽度选择一个季度。一个季度的时间的平均搜索次数是比较准确的数据。最终可以看到，关键词"护眼台灯"的平均每天搜索次数为 85 次，而关键词"护眼灯"的平均每天搜索次数为 140 次，远远高于关键词"护眼台灯"的搜索次数，如图 5.16 所示。

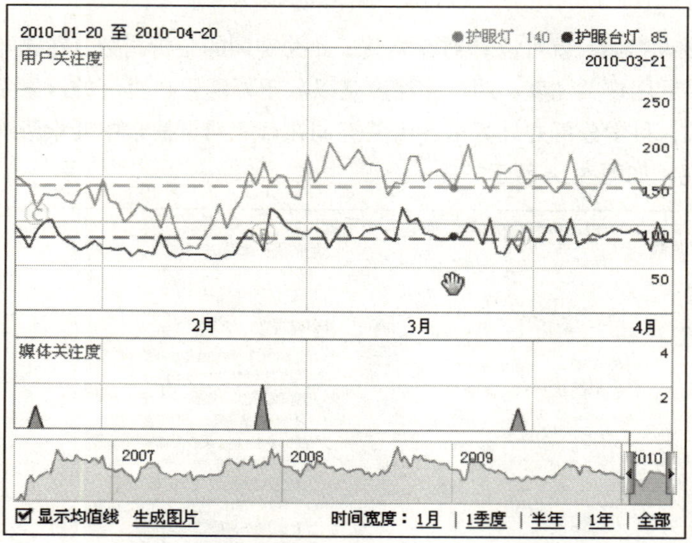

图 5.16 关键词用户关注度曲线比较

最终通过第一步和第二步的比较，我们可以发现，选择"护眼灯"这个关键词明显要比"护眼台灯"更好。所以，根据上面的方法，依次分析各个关键词。在总体规划取舍后就可以做到最优的选择。想要流量翻番的话，就开始行动起来吧。

5.3.4 宝贝标题关键字营销——"犀利哥"的故事

2010 年初，一个乞丐通过天涯论坛上的一个帖子而迅速蹿红。其放荡不羁、不伦不类的感觉及那原始版的“混搭”潮流，让人们眼前一亮，开始被网友追捧，人称“犀利哥”。

由于其鲜明的特点，被新闻大幅报道，造成了一股“犀利哥热”。广大的网友们不断地搜索“犀利哥”，百度的关键词库中，“犀利哥”关键词的用户关注度暴增。然而，在事件进行中，有一位淘宝的卖家就想到了利用犀利哥的名气来为自己的产品增加卖点和流量。他琢磨着，如果真的在淘宝上搞出一套和他风格大致相同的混搭服装出来，那会不会很有市场呢？想到这里，他很激动，但是他是卖食品的，食品是否也能混搭呢？经过思考，他还是决定试一把，于是一个“犀利哥最爱——美食混搭风尚”推广促销方案形成了。他将店铺内的大部分美食宝贝的标题前都加上了“犀利哥最爱”作为关键词。最终，此方法取得了巨大的成功，使他的店铺的流量一天翻了十倍。

随后，卖家把自己的经验写成了一个帖子，发布到淘宝社区里，造成了极大的轰动。此帖一出，很多卖家都开始学习他的做法，并加以改进，产生了各种各样的“犀利哥”关键字营销，如图 5.17 所示。

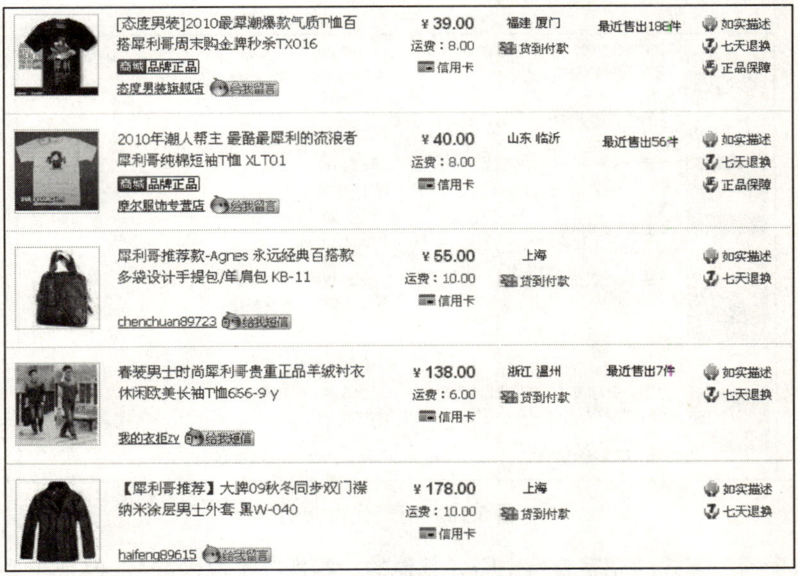

图 5.17　“犀利哥”关键字营销

经过卖家的口耳相传，此帖在一段时间内非常火热，最终给卖家带来了 3 万多的流量。由于是结合了自己产品的经验总结，因此这些流量的转化率很高。以最终流到他店铺里的流量按照三分之一来算的话，也有 1 万的实际流量。这位卖家的这一系列的营销组合拳做得着实精彩。

而在 2012 年，美国 NBA 华裔球星林书豪的突然崛起，则让很多淘宝卖家利用“林书豪”这个关键词在短时间内获得了非常多的流量。尤其是卖其所在球队纽约尼克斯的篮球服的店铺的销量更是火爆。这种方法虽然有一定的偶然性，并且只能产生短期效应，但是方向是值得学习的。一直以来，利用明星或者热点事件的关键字营销都是很多卖家使用的手法，如谁谁代言、谁谁最爱。

淘宝有一个浙江温州的卖家，他每天的工作就是看娱乐新闻，看看明星的一些照片，然后把照片打印出来，去温州找鞋子和衣服的批发商，让他们看看有没有类似款式的货。在温州的款式是要领先于流行两三年的，一般只要是明星穿过的款式，都可以在温州找到完全雷同的款。因为很多大型品牌都在温州设立了加工厂，当拿到货之后，他再以提问的方式在相关的名人贴吧里咨询这款衣服在哪里有卖，然后换 ID 去给予回复，这样就等于给自己的每一款产品都做了品牌代言。比如，在淘宝搜索关键字“刘德华代言”，就可以搜索到很多相关的宝贝链接，而刘德华有那么多粉丝，他们都会使用这样的方法购买产品，希望获得和自己崇拜的明星一样的生活，如图 5.18 所示。

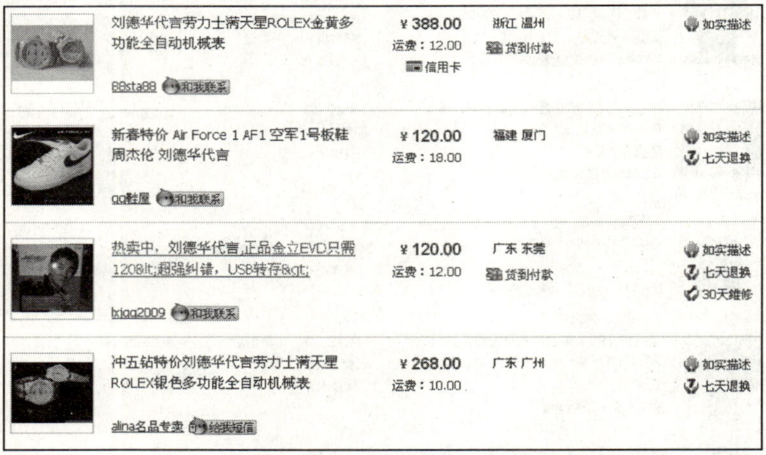

图 5.18　明星代言营销

当然，这个营销方式的完整施行也需要其他的一些推广手段做配合，但是在关键词营销中，已经达到了其增加流量，吸引客户购买的目的。

5.4　宝贝描述深度优化指南

你要把客户当成“无知”的，对于他们问的任何问题都不要惊讶，或者鄙视，这都是不对的。只有这样你才能把宝贝描述做到尽善尽美。

在美国的购物网站中，商品的描述是非常详尽的。他们把常见的问题，都列在了上面，而再看下我们的描述又有几个人能够做到呢？我见过不少的宝贝描述中，文字很少，有的甚至是空白的。看到这样的商品，我连询问的心情都没有，直接关闭页面。

还有，在写宝贝描述的时候也切记文字不要过于冰冷。这就好比同样描述一位美女，第一种引用洛神赋中的一段来形容："此女其形也，翩若惊鸿，婉若游龙。荣曜秋菊，华茂春松。仿佛兮若轻云之蔽月，飘摇兮若流风之回雪。远而望之，皎若太阳出朝霞；迫而察之，灼若芙蕖出渌波。肩若削成，腰如约素。延颈秀项，皓质呈露。芳泽无加，铅华弗御。云髻峨峨，修眉联娟。丹唇外朗，皓齿内鲜，明眸善睐，靥辅承权。瑰姿艳逸，仪静体闲。柔情绰态，媚于语言。"另一种形容是："此女身高 170 厘米，体重 50 公斤，三围……"你可以发现同样的描述会产生不同的效果。书前的男士们，你会觉得哪个描述会让你更神往一点呢？

所以，你会发现写小说、做编剧的人一般都可以做很好的营销策划者。他们在书的开头总会写上类似："那天，命中注定的邂逅突然降临到了我的面前……""他站在窗口望向远方，狠狠地掐灭烟头，在此时他做下了人生中最重大的一个决定……"之类吊人胃口的句子。

5.4.1　超高吸引力宝贝描述的五大规律

找对象、写情书是没有固定模式的，但是撰写促销商品的宝贝描述却有一个固定的规律和格式。

1．吸引人的开头，快速激发客户的兴趣

宝贝描述的开头的作用是吸引客户的注意力，立刻唤起他们的兴趣，抓住他们的眼球，给他们一个非得继续看下去不可的感觉。

不管你撰写什么样的产品或服务，你必须首先了解你的潜在客户的"内心对话"。了解他们在想什么，找到吸引他们感兴趣的东西，或者讲一些新奇的东西，接下来再给出建议，看看怎么把你的产品和他们的兴趣联系在一起。

比如，你是一个卖玩具的，你的潜在客户是小孩的父母，你可以以这样的一个开头吸引对方的目光："有了宝贝的食品和衣服，接下来你需要的就是宝贝的小车了。有了它，宝贝可以骑、可以玩，还能得到别人羡慕的目光. 所有来到这个世界上的孩子都值得拥有一辆这么好的玩具小车……"

或者你的潜在客户是一些成人爱好者，你可以这样说："你还在玩玩偶么？你还在玩卡片么？如果这样的话，你就 out 了。今年世界上最流行的是玩这样经典复古、制作精美的玩具小车……"

运用上面提供的例子，让你的宝贝描述开始变得感性，让阅读的人有切身的体会，从而对其产生兴趣，别仓促地告诉潜在客户你产品的各种冰冷的数据。

在页面中编辑开头的时候，除了文字内容的冲击力以外，你还需要通过文字本身的颜色、字体、粗细、背景等方面的独特性，来吸引客户眼球。

2．如何唤醒客户的购买欲，让他们不由自主地掏出口袋里的钱

如果你现在已经引起了客户的注意，接下来应该怎么做呢？是像唐僧念经一样，第一点、第二点地叙述下去，喋喋不休地让你的潜在买家看不下去？还是用简明扼要的词语描述出你为他们提供的产品，让他们觉得你的产品一定能够解决他们一直以来的困扰，并且让他们感觉好像是亲眼见到变成现实了一样。

说服就是找到使你的客户按照你的希望去做的动机，然后不断地刺激它，直到超过他克制或者经济预算的底线。要达到这个目的，就要向他展示采取这样的行动会得到什么样的好处，而如果不行动会有什么坏处。你需要站在客户的角度去思考如何去说服对方。

人类行为有 7 个主要的动机：爱、获利、恨、责任、骄傲、自我保护和放纵。你的宝贝描述能够吸引对方的动机越多，就会越成功。如果这些动机超过了对方想要把钱保留在口袋中的动机，那么就自然而然地成交了。

最后，剩下的问题就是如何有效地传达信息，让客户像小孩玩拼图玩具一样，把脑中有关产品信息的拼图组合起来，构建出清晰可见的产品面貌和梦想蓝图。

3．通过建立信任，让客户卸下心防

你还需要通过树立专家的地位或者客户的见证来建立信任，让客户卸下心防。你可以利用你对产品的理解和合理有效的建议来树立专家的地位，如图 5.19 所示。

图片实拍：悬挂实拍　模特实拍　　价格区间：31-70元

很多MM都为腰腹的赘肉而烦恼，夏天这些恼人的肉肉就要无处藏身了。
别担心，来看看这款娃娃衫吧，它可以帮你藏起赘肉，塑造小蛮腰哦！
利用迷人浪漫唯美的雪纺洋装,打造出小女人感成为春天必备造型
荷叶领松紧设计也可拉成一字领
领口前绑带设计增添可爱感,露出性感美肩展现成熟感
款式宽松可爱，不但穿着舒适性感，还能很好地掩饰身材上的不足，
灯笼袖的设计,轻松打造气质感~
小木马的图案,展现小小的童趣~超可爱!
具有修饰身形的下摆松紧缩摆设计,搭配短裙或是牛仔裤都很适合
成为女生最喜爱的流行单品!

图 5.19　树立专家地位

还可以使用客户见证，通过客户的嘴巴，来获得潜在客户对你的信任，让他认为你不是躲在背后骗人，是有成功案例的：很多客户使用你的产品后，确实能够获得好处，如图 5.20 所示。

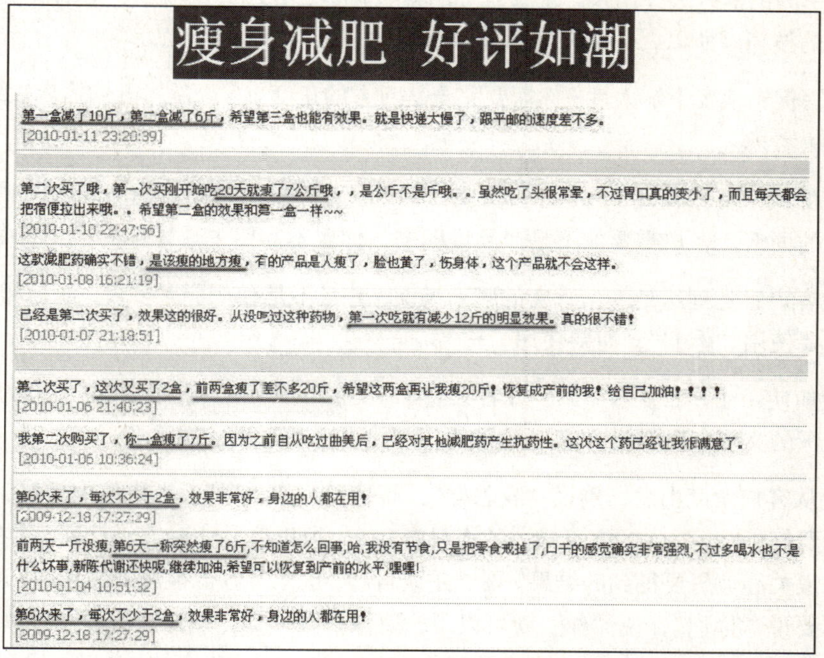
瘦身减肥 好评如潮
第一盒減了10斤，第二盒減了6斤，希望第三盒也能有效果。就是快递太慢了，跟平邮的速度差不多。
[2010-01-11 23:20:39]
第二次买了哦，第一次买刚开始吃20天就瘦了7公斤哦，，是公斤不是斤哦。。虽然吃了头很常晕，不过胃口真的变小了，而且每天都会把宿便拉出来哦。。希望第二盒的效果和第一盒一样~~
[2010-01-10 22:47:56]
这款减肥药确实不错，是该瘦的地方瘦，有的产品是人瘦了，脸也黄了，伤身体，这个产品就不会这样。
[2010-01-08 16:21:19]
已经是第二次买了，效果这的很好。从没吃过这种药物，第一次吃就有减少12斤的明显效果。真的很不错！
[2010-01-07 21:18:51]
第二次买了，这次又买了2盒，前两盒瘦了差不多20斤，希望这两盒再让我瘦20斤！恢复成产前的我！给自己加油！！！！
[2010-01-06 21:40:23]
我第二次购买了，你一盒瘦了7斤。因为之前自从吃过曲美后，已经对其他减肥药产生抗药性。这次这个药已经让我很满意了。
[2010-01-06 10:36:24]
第6次来了，每次不少于2盒，效果非常好，身边的人都在用！
[2009-12-18 17:27:29]
前两天一斤没瘦,第6天一称突然瘦了6斤,不知道怎么回事,哈,我没有节食,只是把零食戒掉了,口干的感觉确实非常强烈,不过多喝水也不是什么坏事,新陈代谢还快呢,继续加油,希望可以恢复到产前的水平,嘿嘿!
[2010-01-04 10:51:32]
第6次来了，每次不少于2盒，效果非常好，身边的人都在用！
[2009-12-18 17:27:29]

图 5.20　客户见证

需要注意的是，你在吸引力和可信度之间需要做一个平衡，千万不要把产品的价值塑造得太高，以至于到了不可信的地步。

4．最后给客户一个推动力，让对方尽快采取行动

最后，当你的客户已经产生了兴趣，但还在犹豫不决的时候，你还需要给他一个推动力，不要让你的潜在客户有任何对你说“考虑”的机会。

你可以设置免费的赠品，并且告诉他们，送赠品的活动随时都有可能结束，让他们尽快采取行动，迫不及待地想要采取行动。

使用合理的退换货服务，解除他们最后的一个后顾之忧，让他们心甘情愿地把钱掏出来交给你。

5.4.2 催眠式宝贝描述的基本原则

事实上，写促销商品的宝贝描述，就是写促销信，就是把你的营销思想和主张，用非常简单的、有吸引力的语言表述出来。不管是你的客服脚本、客户群发信息、论坛发帖等，都需要用到这方面的技巧。所以，这是开网店非常重要的一个环节和知识点。

首先，写促销信要了解人性。你需要完全从对方的角度出发，从对方的需求、愿望、顾虑、疑惑等方面去考虑。

你写信的风格要像聊天一样，不要太文绉绉的。你需要用最基本的词汇来说明。千万不要用难懂绕口的词汇。客户需要的不是产品说明书，你也不需要去炫耀你的中文有多好。

你要让客户感觉到这是一个真实的聊天场面，并且不是和一群人聊天，而是和你一个人聊天。所以不要使用“你们”，而要使用“你”。

有限度地使用图片，太多、太少或者太差都不好。图片可以很好地抓住对方的注意力，然后，使用周围的文字来刺激潜在客户的兴趣，因此出现的时机也很重要。

你需要从客户角度出发，别说“我怎样”，而是说“你怎样”。如果信中的我，超过了你，那么效果就要打折扣。看你的宝贝描述的人只有一个，所以你要让对方感觉到，你在和他对话，要表现出你很关心他想要得到的结果。别老是谈自己，这样对方会很快失去兴趣，就像交朋友。还有就是不要说“你们”，说“你”就可以了，要像聊天一样，别像正式的八股式的语言，比如说“我很荣幸**”之类的话，你要表现得像对方的朋友，你代表的是个人，而不是公司。

文字中千万别用难懂和拗口的词汇，例如“之乎者也，叹为观止”之类的书面词，尽可能口语化。和朋友聊天时使用的词汇，相对来说就比较容易让人理解。

图片要比文字更有影响力。但是真正带有视觉冲击力的文字更有想象力的空间，这很考验你的文字功底。

你还需要用标题来连接每一个重要部分和环节，让客户能够更好地阅读你的宝贝描述。

事实上，每撰写一个成功的促销产品的宝贝描述就是一次营销，要创造出一种感觉，让看到的人觉得这就是他一直想要的。你需要唤起对方的情绪和感情，让对方感同身受。人们为什么要买漂亮衣服、化妆品、美容产品？为什么要买减肥药和生发产品？为什么要花时间和力气去做运动？不是因为他们需要做这些，也不是因为他们喜欢做这些，而是他们的虚荣心在作祟。你需要用尽一切办法去为你的潜在客户寻找一个购买的理由，给他们一个合理的“借口”，去买他们可以向朋友炫耀或者用来安慰自己的你的产品。

5.4.3　如何复制已经成功的宝贝描述

学习如何撰写宝贝描述的一个方法是模仿前人成功的宝贝描述。任何一个行业都有做得最好的顶尖卖家，学习他们的经验和方法能够让你少走很多弯路。

下面介绍一个比较经典的宝贝描述的案例。这是一个商城卖家的宝贝描述，对于服装行业的卖家具有更多的参考价值。宝贝描述的开头就是宝贝展示，精美的图片立即吸引了客户的眼光，如图 5.21 所示。

接下来就是宝贝的基本描述。在服装产品的描述中，一般应该包括“品牌名称”、“货号”、“材质”、“产地”、“尺寸”、“成分”等。卖家特地把模特的身材也单独列出来，更显得真实和专业，如图 5.22 所示。

图 5.21　产品图片

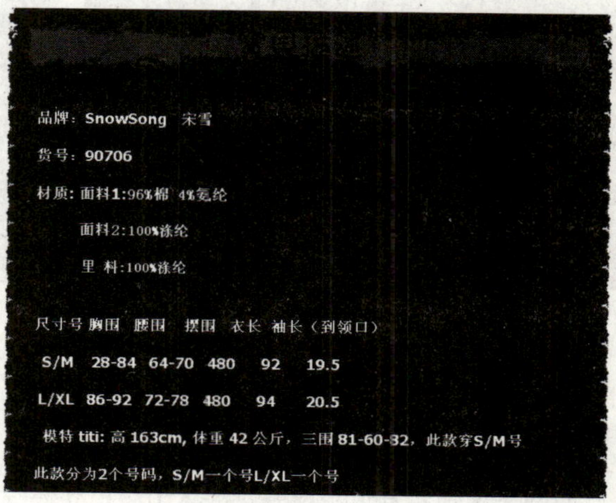

图 5.22　产品参数

通过写心情故事，增加客户的吸引力和好奇心，并且塑造出更多产品的价值。对面料的专业描述以及搭配心得，更体现出卖家不容置疑的专家地位，如图 5.23 所示。

产品的额外说明会让买家觉得很温馨，让他们觉得你很为买家着想，增强信赖感。最后强调产品的特点和独一无二性，再次塑造产品的价值，如图 5.24 所示。

宋雪心语：

——面料——

——搭配心得——

图 5.23　宝贝说明

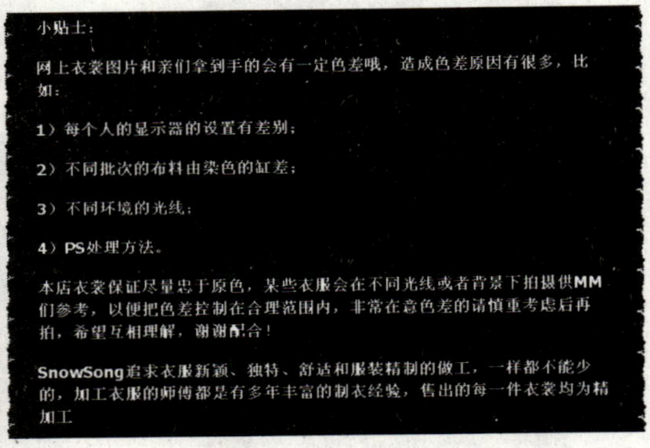
小贴士：

网上衣裳图片和亲们拿到手的会有一定色差哦，造成色差原因有很多，比如：

1）每个人的显示器的设置有差别；

2）不同批次的布料由染色的缸差；

3）不同环境的光线；

4）PS处理方法。

本店衣裳保证尽量忠于原色，某些衣服会在不同光线或者背景下拍摄供MM们参考，以便把色差控制在合理范围内，非常在意色差的请慎重考虑后再拍，希望互相理解，谢谢配合！

SnowSong追求衣服新颖、独特、舒适和服装精制的做工，一样都不能少的，加工衣服的师傅都是有多年丰富的制衣经验，售出的每一件衣裳均为精加工

图 5.24　小贴士

接下来是专业知识的讲解，为买家提供帮助。不仅省去很多买家询问的麻烦，也为自己的专家地位加分，如图 5.25 所示。

后面的买家须知有很多内容，卖家用颜色和标号一一区分，包括交易方式和说明、物流说明、免责声明等，如图 5.26 所示。

最后卖家给出了旺旺的联系方式，方便买家直接和自己联系。这个部分事实上还可以更加详细地列出自己的 QQ 号码、电话、邮箱等联系方式，让客户有更多的选择自己喜欢的沟通方式的余地，如图 5.27 所示。

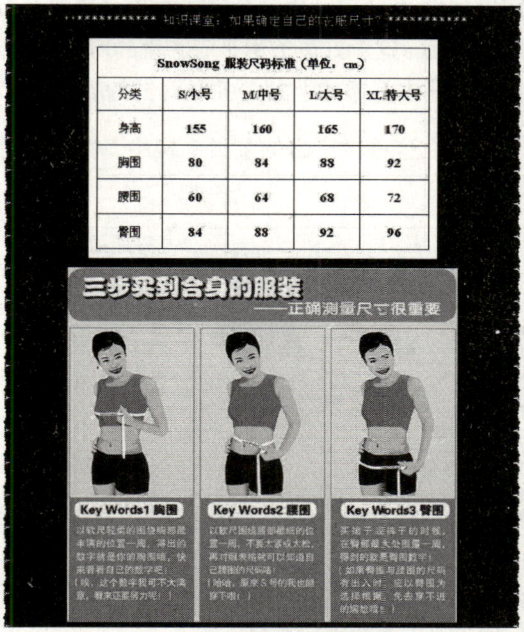
知识课堂：如果确定自己的衣服尺寸？
SnowSong 服装尺码标准（单位，cm）
三步买到合身的服装
——正确测量尺寸很重要
Key Words1 胸围
Key Words2 腰围
Key Words3 臀围

分类	S/小号	M/中号	L/大号	XL/特大号
身高	155	160	165	170
胸围	80	84	88	92
腰围	60	64	68	72
臀围	84	88	92	96

图 5.25　知识讲堂

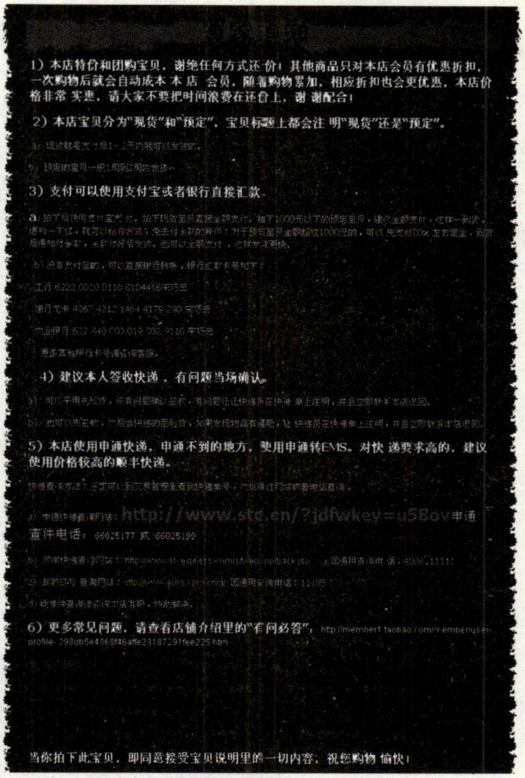
1）本店特价和团购宝贝，谢绝任何方式还价！其他商品只对本店会员有优惠折扣，一次购物后就会自动成本 本 店 会员，随着购物累加，相应折扣也会更优惠，本店价格非常 实惠，请大家不要把时间浪费在还价上，谢 谢配合！
2）本店宝贝分为"现货"和"预定"，宝贝标题上都会注 明"现货"还是"预定"。
3）支付可以使用支付宝或者银行直接汇款。
4）建议本人签收快递，有问题当场确认。
5）本店使用申通快递，申通不到的地方，使用申通转EMS。对快 递要求高的，建议使用价格较高的顺丰快递。
查件电话：66025177 或 66025199
6）更多常见问题，请查看店铺介绍里的"有问必答"：http://member1.taobao.com/member/user-profile-398db5e4868f46affe23187291fee225.htm
当你拍下此宝贝，即同意接受宝贝说明里的一切内容，祝您购物 愉快！

图 5.26　购物须知

旺旺:snowsong旗舰店 给我留言

图 5.27　联系方式

5.5 自己设计独一无二的关联营销

所谓关联营销，就是通过一个宝贝，形成一个蜘蛛网，牢牢抓住客户的心。很多做过淘宝广告促销的，如淘宝直通车、钻石展位、超级卖霸等的卖家都知道利用这个方法使得一次的点击变成一个广告展示的服务，获得更多的其他产品的推广机会。这个方法适用于店铺里的所有宝贝，因此我们可以充分利用自己的宝贝，在其所有的宝贝描述中都添加上这些关联营销的展示。

打开淘宝首页，可以在下方看到淘宝的广告链接，在这些做广告的宝贝链接中，都可以看到关联营销的影子，如图 5.28 所示。

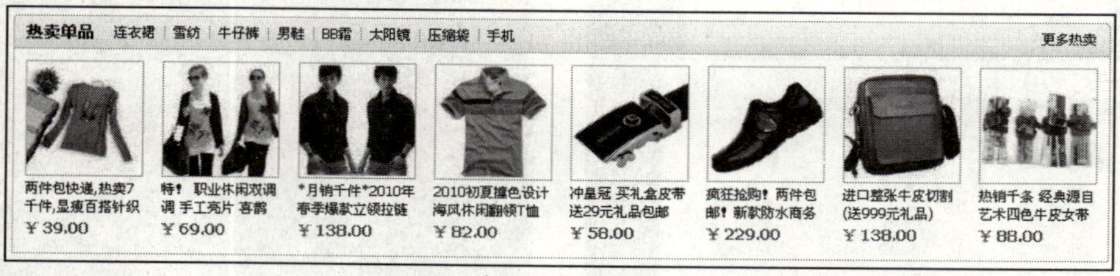

图 5.28 淘宝主页广告

点击打开第一个宝贝链接，看看它的宝贝详情页面。在这里会发现有很多图片广告，他们可以链接到店主其他的宝贝页面中，这就是所谓的关联营销，如图 5.29 所示。

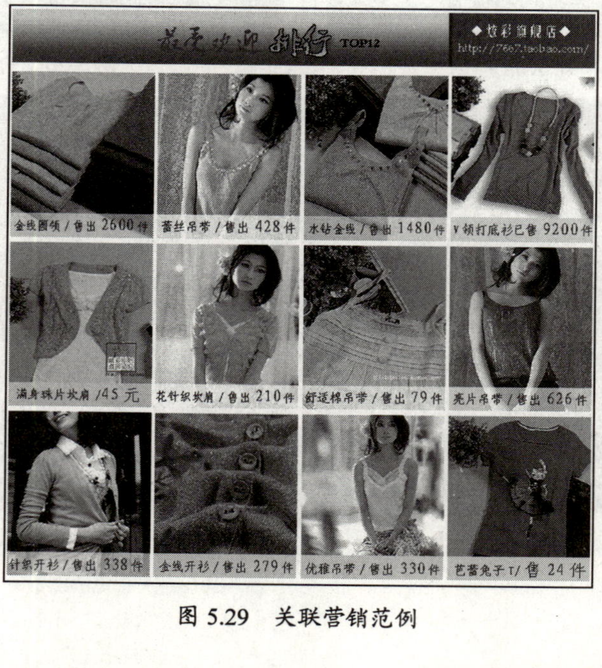

图 5.29 关联营销范例

5.5.1　如何获得关联营销代码

首先，需要使用图片编辑软件和网页制作软件制作出源文件，然后通过复制粘贴源文件的代码来完成关联营销的制作。这里要用到的软件是最流行的 Photoshop 和 Dreamweaver，客户完全不用担心技术问题，因为这只是用到里面非常基本的技术。

打开 Photoshop，新建名叫“关联营销”的空白文档。尺寸设置为：高 720 像素，宽 230 像素。如图 5.30 所示。

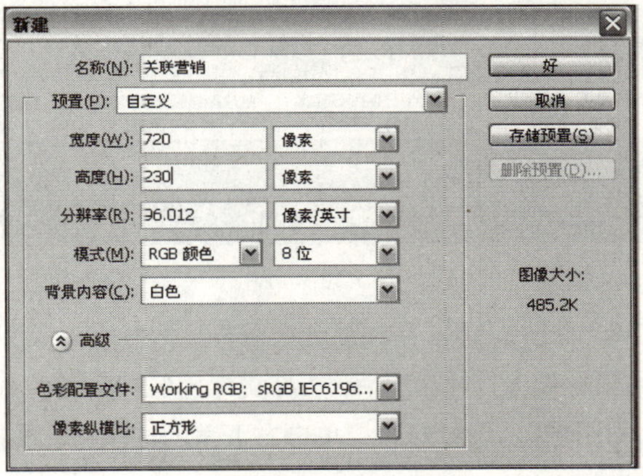

图 5.30　新建文档

在空白文档中，把需要设计的元素都设计好，包括表的图片、标题、价格等。限于篇幅，本节省略一些比较简单的 Photoshop 图片处理技术。具体的参考设计，如图 5.31 所示。

图 5.31　广告图片设计

接着使用左边工具栏中的切片工具，依照不同产品图片的区域，划分成4等分的切片，如图5.32所示。

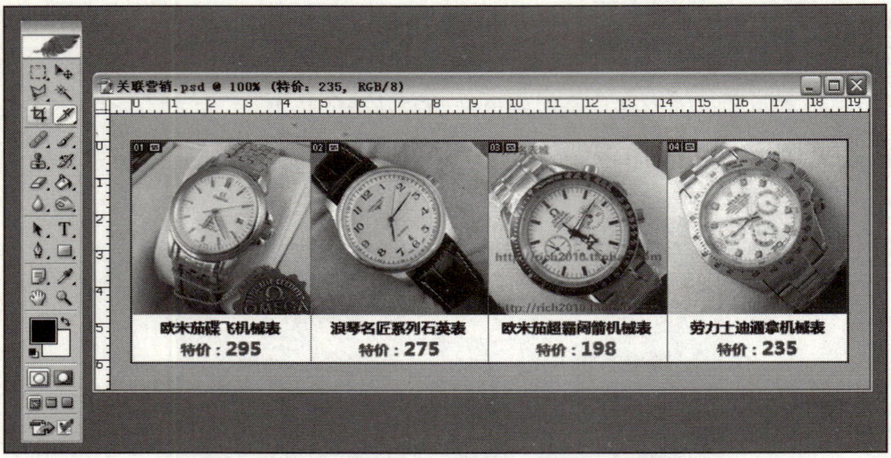

图5.32 切片

使用“文件”栏下的“存储为Web所用格式”命令，在弹出的窗口中，单击右上角的“存储”按钮。在“将优化结果存储为”对话框中，选择文件的保存路径，文件名填上“关联营销”，保存类型选择“HTML和图像”。设置好后，单击右下角的“保存”按钮，如图5.33所示。

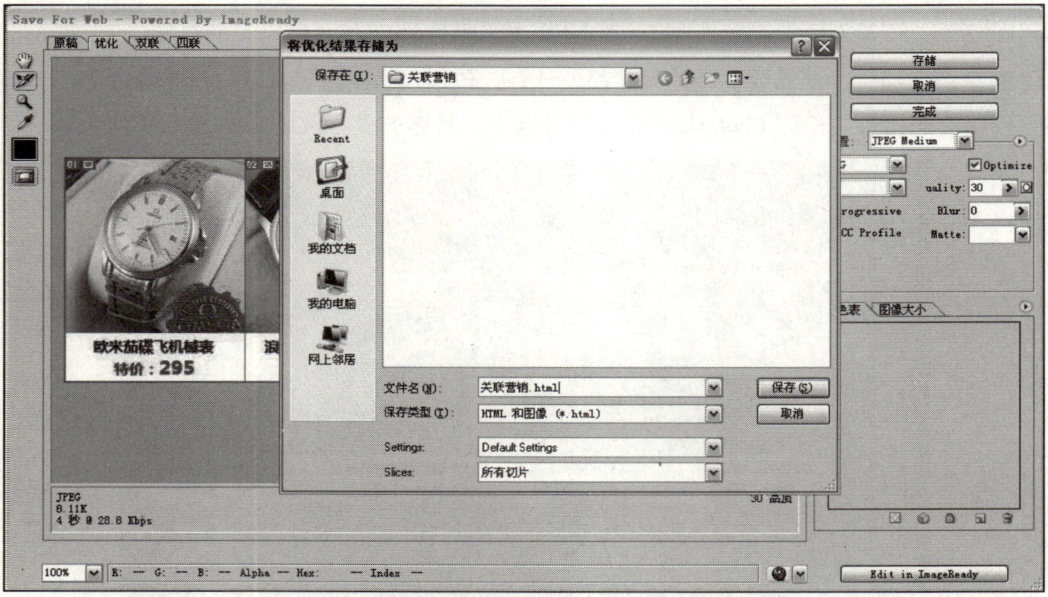

图5.33 存储为Web所用格式

现在在之前设置的文件保存路径中，可以看到一个新的文件夹和一个叫做“关联营销”的网页文件，新的文件夹里存放的是之前切片后的四张新图片，如图 5.34 所示。

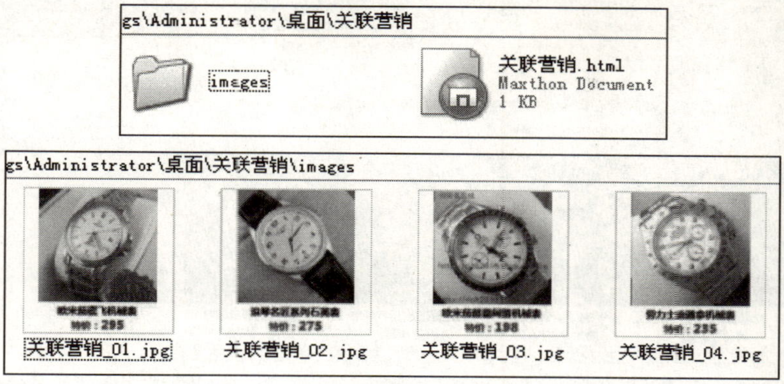

图 5.34　文件保存

现在需要用到的是 Dreamweaver 网页设计工具。双击打开软件，在软件初始界面中，选择单击“文件”菜单下的“打开”命令。在弹出的“打开”对话框中，选择之前保存好的“关联营销.html”网页文件，单击右下角的“打开”按钮，如图 5.35 所示。

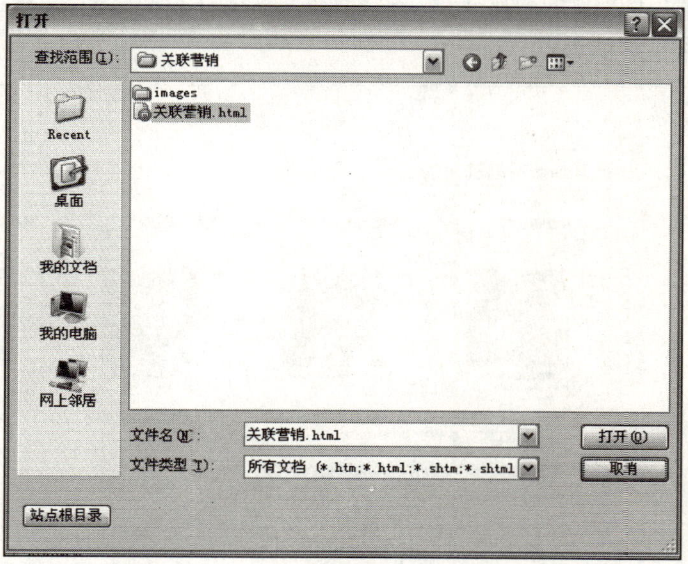

图 5.35　Dreamweaver 工具中的“打开”对话框

打开文件后，可以看到之前 Photoshop 已经设计好的效果。现在需要做的是添加图片源文件的链接和网页的链接，如图 5.36 所示。

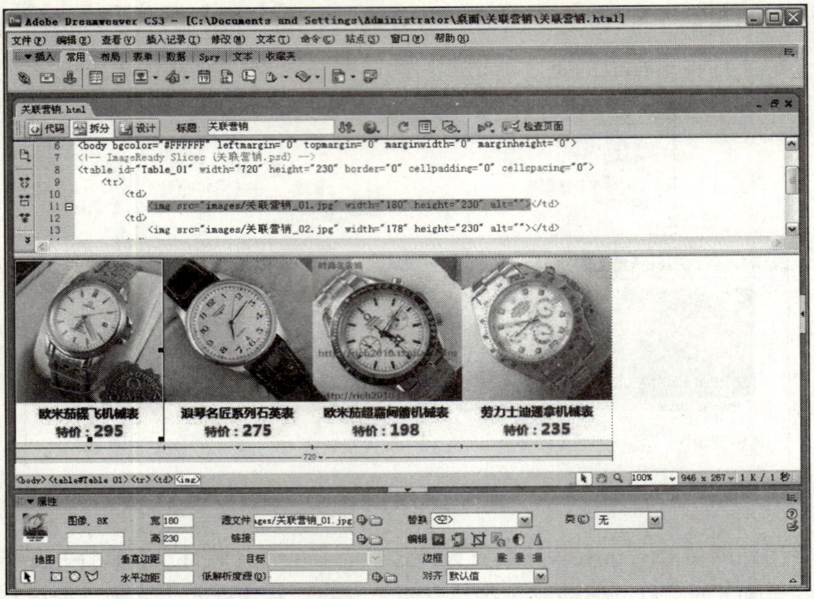

图 5.36　Dreamweaver 编辑模式

使用淘宝旺铺免费提供的图片空间，把之前切片下来的 4 张新图片都传到空间里去。复制图片的地址，如图 5.37 所示。

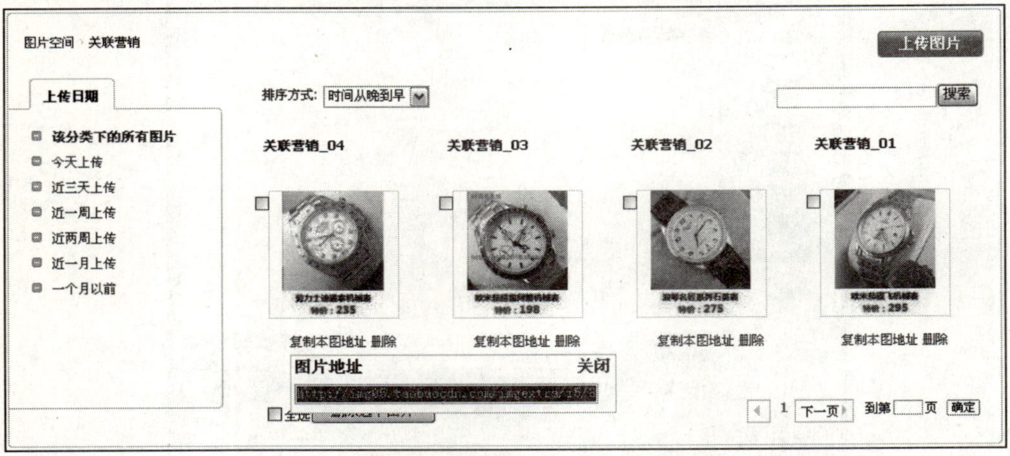

图 5.37　图片上传

然后回到 Dreamweaver，在对应图片的源文件地址栏中，把之前复制的图片地址粘贴进去。同样也把该图片产品的网页链接粘贴到链接地址栏中。依次设置好 4 张图片的源文件地址和网页链接地址，如图 5.38 所示。

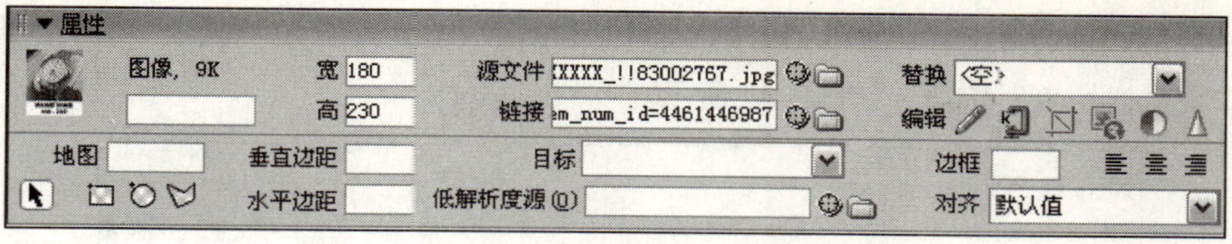
属性
图像，9K
宽 180
高 230
源文件 XXXX_!!83002767.jpg
链接 em_num_id=4461446987
替换 <空>
编辑
地图
垂直边距
水平边距
目标
低解析度源(O)
边框
对齐 默认值

图 5.38　添加网页及图片链接

完成整个促销广告的制作后，单击选择“代码”显示方式，把所有的代码复制下来，如图 5.39 所示。

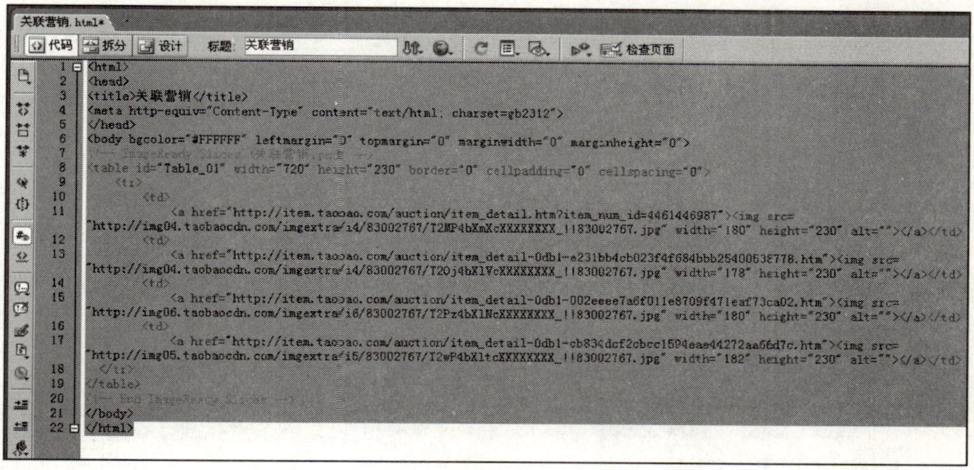
关联营销.html*
代码
拆分
设计
标题：关联营销
检查页面
<html>
<head>
<title>关联营销</title>
<meta http-equiv="Content-Type" content="text/html; charset=gb2312">
</head>
<body bgcolor="#FFFFFF" leftmargin="0" topmargin="0" marginwidth="0" marginheight="0">
<table id="Table_01" width="720" height="230" border="0" cellpadding="0" cellspacing="0">
<tr>
<td>
<a href="http://item.taobao.com/auction/item_detail.htm?item_num_id=4461446987"><img src="http://img04.taobaocdn.com/imgextra/i4/83002767/T2MP4bXmXcXXXXXXXX_!!83002767.jpg" width="180" height="230" alt=""></a></td>
<td>
<a href="http://item.taobao.com/auction/item_detail-0db1-e231bb4cb023f4f684bbb25400538778.htm"><img src="http://img04.taobaocdn.com/imgextra/i4/83002767/T2Oj4bXlVcXXXXXXXX_!!83002767.jpg" width="178" height="230" alt=""></a></td>
<td>
<a href="http://item.taobao.com/auction/item_detail-0db1-002eeee7a6f011e8709f471eaf73ca02.htm"><img src="http://img06.taobaocdn.com/imgextra/i6/83002767/T2Pz4bXlNcXXXXXXXX_!!83002767.jpg" width="180" height="230" alt=""></a></td>
<td>
<a href="http://item.taobao.com/auction/item_detail-0db1-cb834dcf2cbcc1594eae44272aa66d7c.htm"><img src="http://img05.taobaocdn.com/imgextra/i5/83002767/T2wP4bXltcXXXXXXXX_!!83002767.jpg" width="182" height="230" alt=""></a></td>
</tr>
</table>
</body>
</html>

图 5.39　复制代码

5.5.2　如何简单几步，把代码应用到所有宝贝描述中

完成促销代码的制作后，如何简单快速地把它应用到自己所有商品的宝贝描述中去呢？这里介绍淘宝旺铺 2010 年最新的一个功能。

首先登录进入淘宝后台，在“我是卖家”板块，单击左侧工具“店铺管理”栏中的“店铺装修”命令，如图 5.40 所示。

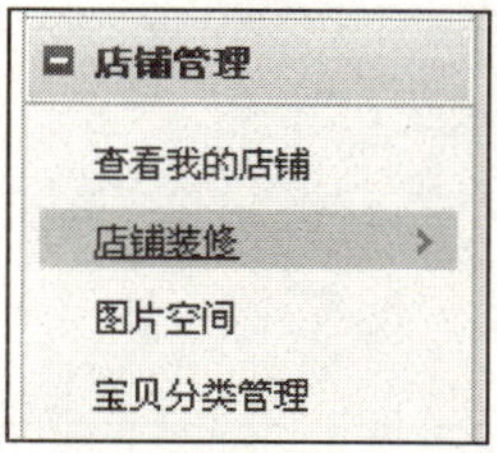
店铺管理
查看我的店铺
店铺装修
图片空间
宝贝分类管理

图 5.40　淘宝后台

在打开的旺铺装修模式中，在“管理页面”下单击“宝贝详情页”按钮。再继续单击下面的“装修宝贝详情页”按钮，如图 5.41 所示。

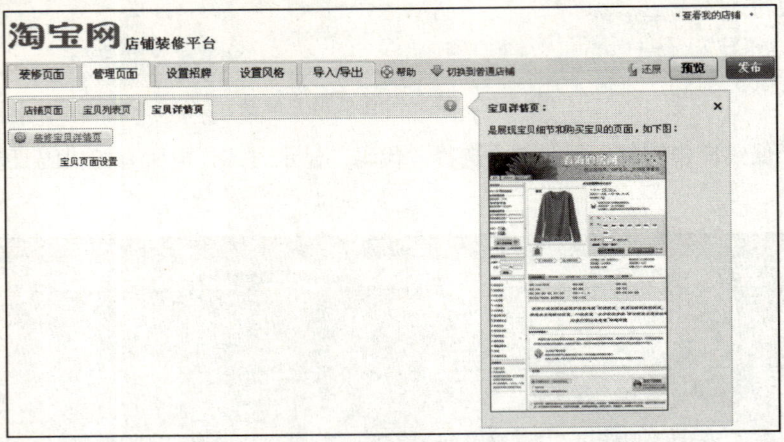

图 5.41　管理页面

此时进入到“装修页面”下“宝贝详情页”编辑模式。单击右边“宝贝描述”模块下的“添加模块”按钮，如图 5.42 所示。

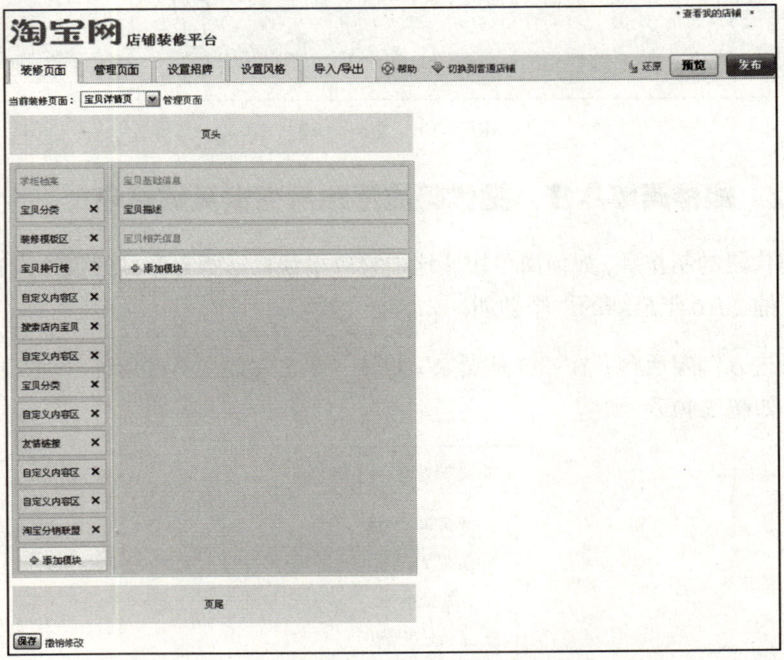

图 5.42　宝贝详情页

在弹出的“添加模块”界面中，选择单击“自定义内容区”中的“添加”按钮，如图 5.43 所示。

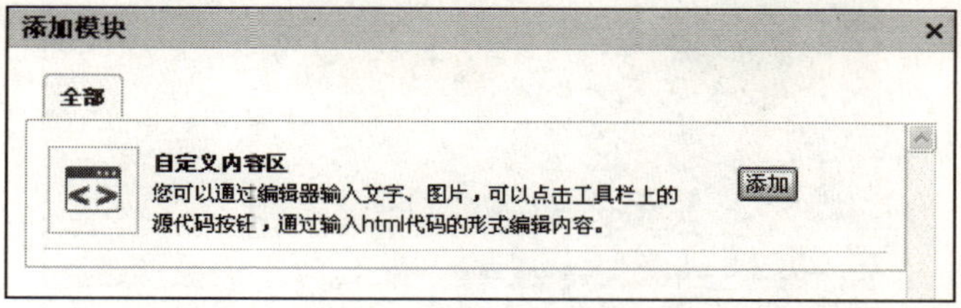

图 5.43　添加自定义模块

“自定义内容区”可以使用鼠标任意拖动到“宝贝描述”模块的上方或者是下方。单击“保存”按钮，完成“自定义内容区”的添加，如图 5.44 所示。

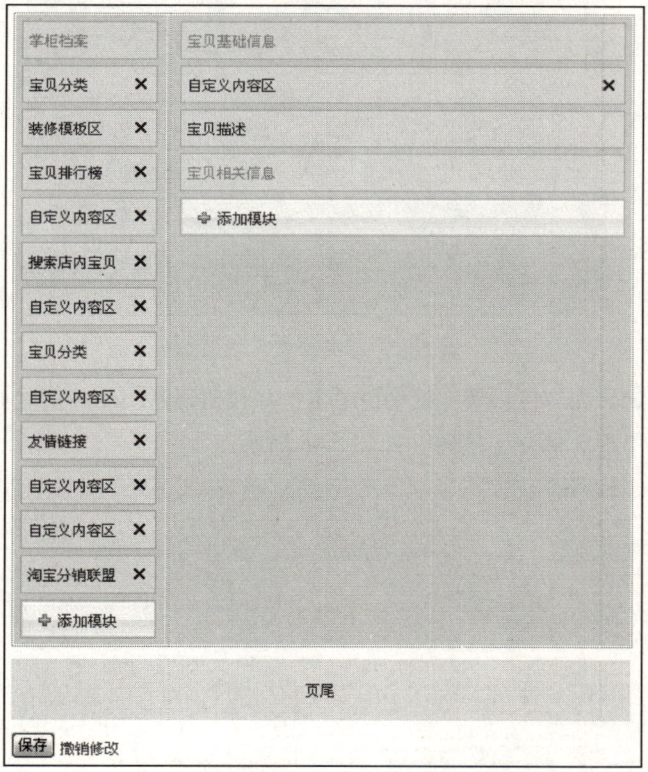

图 5.44　自定义内容区的位置拖放

现在可以看到，在旺铺的“宝贝详情页”编辑模式中，出现了“自定义内容区”模块。单击此模块右侧的“编辑”按钮，如图 5.45 所示。

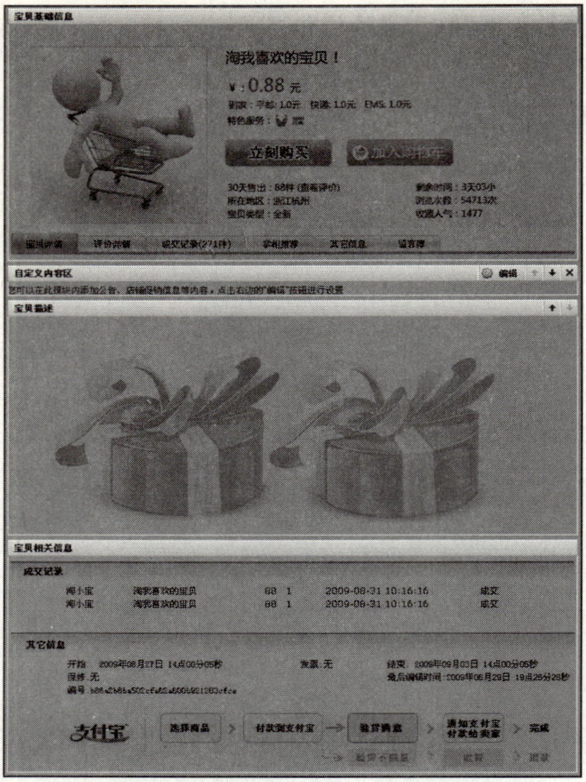
宝贝基础信息
淘我喜欢的宝贝！
¥:0.88元
立刻购买
自定义内容区
宝贝描述
宝贝相关信息
成交记录
其它信息
支付宝

图 5.45　编辑自定义内容区

在弹出的“自定义内容区设置”框中，单击选择代码显示。然后把之前复制的代码全部粘贴到编辑框中来。单击“保存”按钮，如图 5.46 所示。

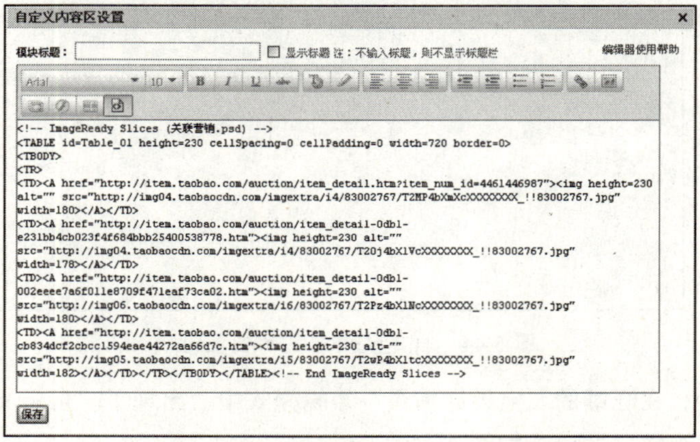
自定义内容区设置
模块标题：
显示标题 注：不输入标题，则不显示标题栏
编辑器使用帮助
<!-- ImageReady Slices (关联营销.psd) -->
<TABLE id=Table_01 height=230 cellSpacing=0 cellPadding=0 width=720 border=0>
<TBODY>
<TR>
<TD><A href="http://item.taobao.com/auction/item_detail.htm?item_num_id=4461446987"><img height=230
alt="" src="http://img04.taobaocdn.com/imgextra/i4/83002767/T2MP4bXmXcXXXXXXXX_!!83002767.jpg"
width=180></A></TD>
<TD><A href="http://item.taobao.com/auction/item_detail-0db1-
e231bb4cb023f4f684bbb25400538778.htm"><img height=230 alt=""
src="http://img04.taobaocdn.com/imgextra/i4/83002767/T20j4bX1VcXXXXXXXX_!!83002767.jpg"
width=178></A></TD>
<TD><A href="http://item.taobao.com/auction/item_detail-0db1-
002eeee7a6f011e8709f471eaf73ca02.htm"><img height=230 alt=""
src="http://img06.taobaocdn.com/imgextra/i6/83002767/T2Pz4bX1NcXXXXXXXX_!!83002767.jpg"
width=180></A></TD>
<TD><A href="http://item.taobao.com/auction/item_detail-0db1-
cb834dcf2cbcc1594eae44272aa66d7c.htm"><img height=230 alt=""
src="http://img05.taobaocdn.com/imgextra/i5/83002767/T2wP4bX1tcXXXXXXXX_!!83002767.jpg"
width=182></A></TD></TR></TBODY></TABLE><!-- End ImageReady Slices -->
保存

图 5.46　粘贴代码

现在，自定义内容区中已经显示出我们设计的促销广告内容了。当然，现在还处于编辑模式，我们需要单击右上角的“发布”按钮，确认发布，使之前的设置生效，最终完成效果如图 5.47 所示。

图 5.47 发布完成设置

回到店铺主页中，随便打开一个宝贝的链接，可以看到。刚才设置的促销广告已经添加到每一个宝贝的宝贝描述中了，如图 5.48 所示。

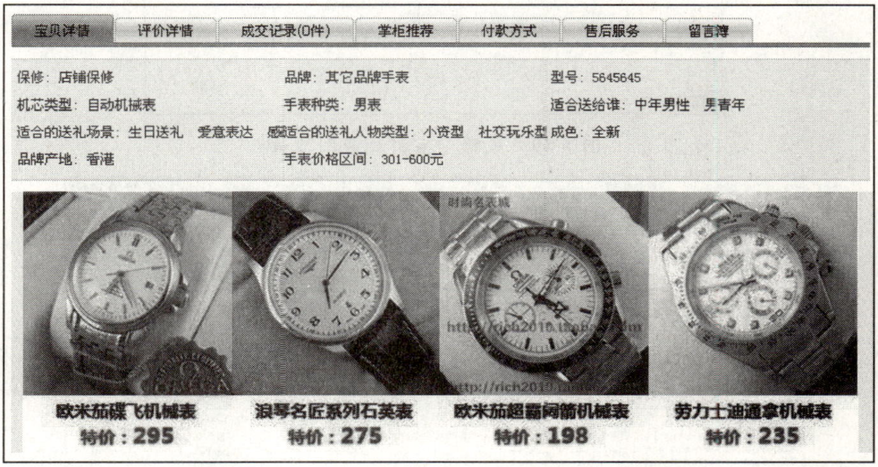

图 5.48 确认效果

同理，你也可以装修“宝贝列表”页面，为它设置关联营销广告，如图 5.49 所示。

你可以使用下面的代码，只需要把“宝贝链接”和“图片链接”替换进去，通过简单的复制粘贴操作就可以完成其他效果的关联营销广告形式。代码：“<MARQUEE scrollAmount=3 scrollDelay=1 direction="left" width="100%" ><A href="宝贝链接" target=_blank><img alt="" src="图片链接" width=50 border=0></A></MARQUEE>”。最终效果如图 5.50 所示。

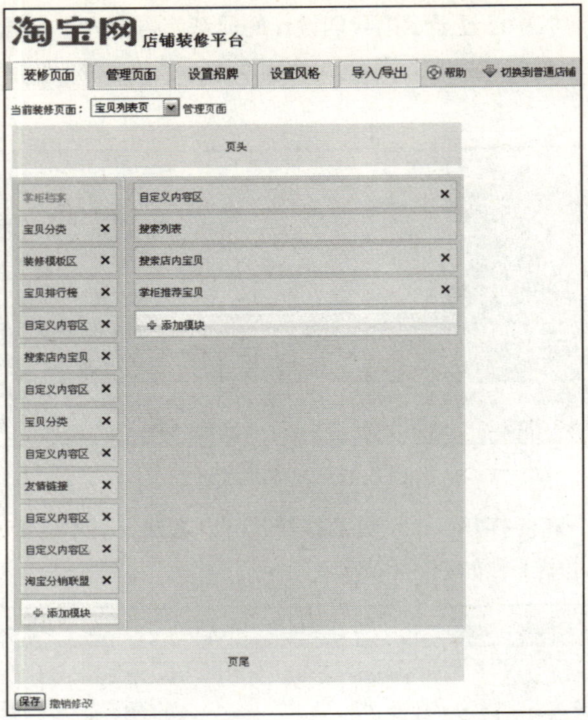

图 5.49　装修“宝贝列表”页面

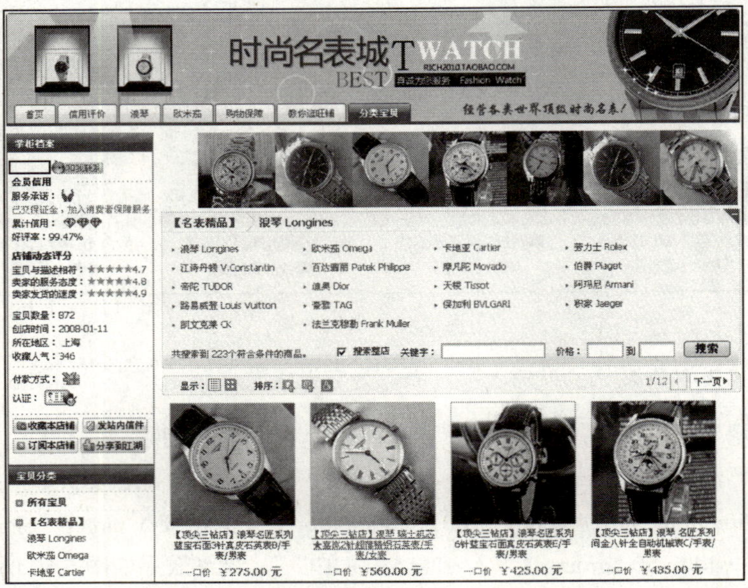

图 5.50　宝贝列表页面广告效果

5.6　无法绕开的快递问题

关于物流的问题，没有一个统一的标准。比如什么快递公司服务比较好、什么快递公司收费比较低、什么快递公司送货比较快等，这都是因地因人而异的。可能这个城市的某某快递公司管理得比较好，那么就接收货物快些、便宜些。某个快递员素质高些，那么就服务好一些。所以你要根据当地的实际情况去选择合适的快递公司。绝大部分的快递公司现在发货的速度已经相差无几了。刚开始你可以先找多家，每个都发一两件货试验一下，评估各个环节，最后从中择优选用。

5.6.1　如何积少成多省下快递费

卖家发货一般有普通快递、平邮和 EMS 这 3 种方式。我们这里说的快递发货是指普通快递，比如申通、圆通、中通等。他们的特点是发货迅速，网点分布广泛，并且价格相对比较低廉。

快递这一环是整个网店整体运作的一个比较重要的环节，也是你个人很难控制的一个环节。虽然这一环节你能做的事情不多，但如果操作得好，还是可以省掉很多不必要的花费。你还可以通过淘宝的“在线下单”功能，使用网络直接联系快递公司，省掉很多联系快递员的电话费。

首先登录进入淘宝后台，单击“交易管理”栏下的“发货设置”。在打开的页面中，继续单击“默认物流公司”按钮，在这里可以看到很多常用的快递公司列表。我们可以在这里勾选几个最常用的快递，一般不能设置超过 5 个，如图 5.51 所示。

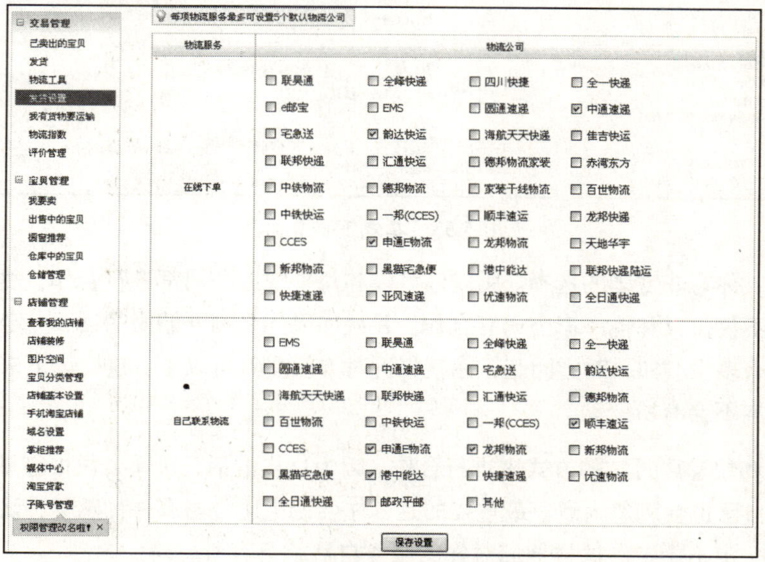

图 5.51　默认物流公司设置

回到“已卖出宝贝”页面中，单击将要发货的订单后的“发货”按钮，进入发货流程，如图 5.52 所示。

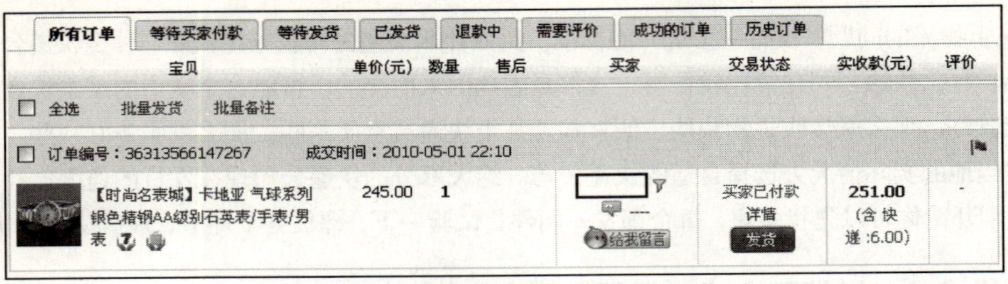

图 5.52　在线下单页面

最终在“发货”页面中，选择单击“在线下单”物流服务。选择好预约日期和时段，单击你喜欢的快递公司后的“选择”按钮，完成在线下单操作，如图 5.53 所示。

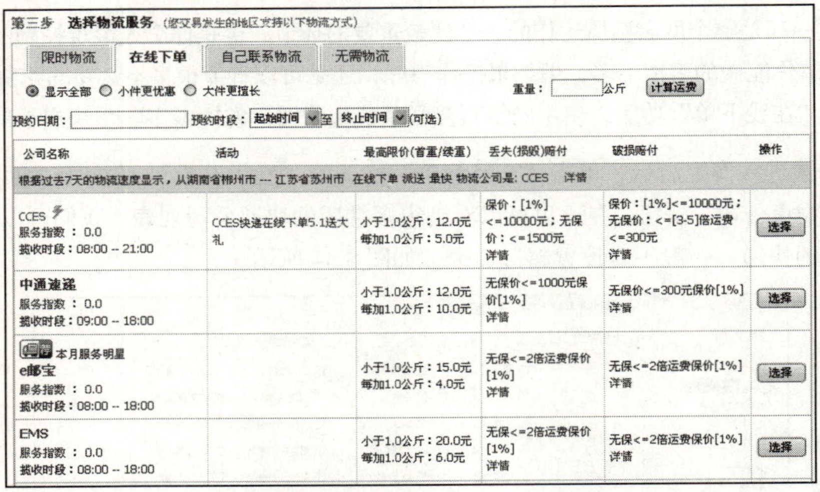

图 5.53　在线下单页面

对于快递，你有非常多的选择。所以你可以和每个快递公司都进行合作，然后一定要让对方快递知道你不仅仅只和他一家公司有合作。并且如果你是刚开始做的话，一定不能让对方知道你的发货量有多少。如果对方问起，你就告诉对方很多就可以了。这样谈下来的价格一般都很低，并且基本不会有所变动。

千万不要和快递以月结的方式来进行合作。因为这样的话，快递公司很容易钻空子，抬高价格，而且你自己也会疏忽大意。最重要的是，你会让快递公司有一种感觉，认为你是他们的长期客户，你一定不会走。这样他们对你的服务自然就会有所忽略。

5.6.2 设置运费模板，灵活智能定价

由于快递公司对于不同重量的产品以及不同的发货地区，在运费上也有不同的定价。所以，淘宝根据这个特点，提供了一个“运费模板”的功能。使用这个运费模板功能你就可以灵活地定价，为潜在客户智能的显示不同的快递价格。

如何设置这个运费模板，并且应用到合适的宝贝中去呢？这里首先登录进入你的淘宝后台。单击“交易管理”栏中的“物流工具”按钮，在默认打开的“运费模板”页面中单击“新增运费模板”按钮，如图 5.54 所示。

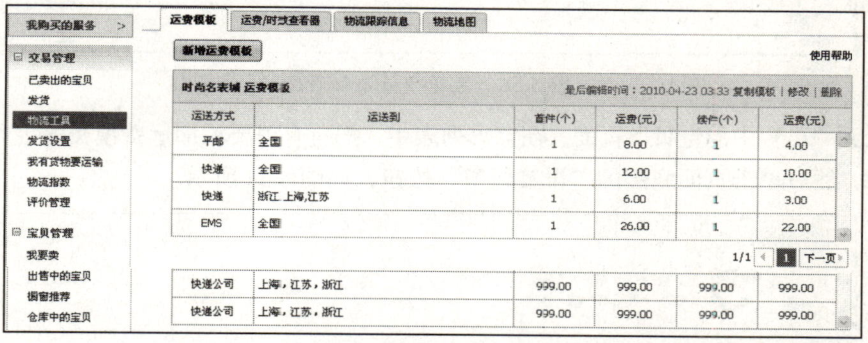

图 5.54　物流工具页面

然后进入运费模板设置页面。根据要求输入运费模板名称，并且添加运费方式。一般三者都勾选。你可以设置单件宝贝和多件宝贝的运费。还可以根据地域的不同，为指定的地区设置运费。完成后，单击“保存并返回”按钮，完成运费模板的添加，如图 5.55 所示。

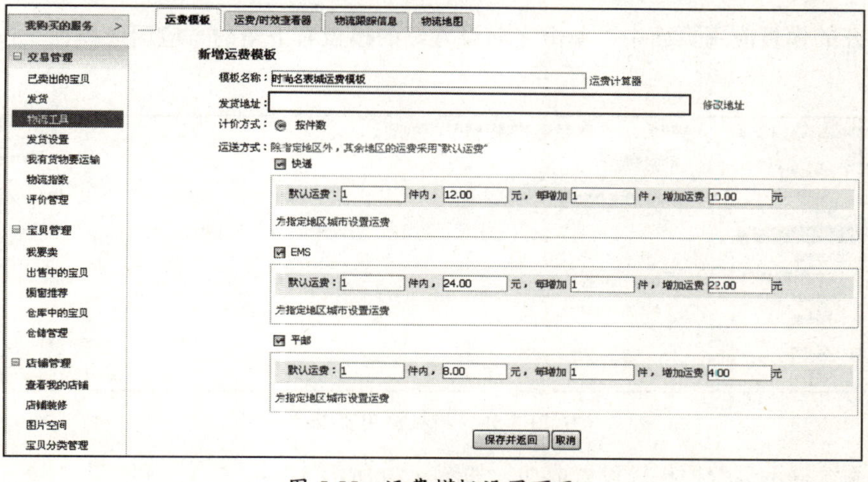

图 5.55　运费模板设置页面

完成运费模版的设置之后，系统重新进入运费模板添加页面。在此页面中可以看到，之前设置的模板已经添加好了。完成运费模板的设置以后，还需要把它应用到相应的宝贝中去，如图 5.56 所示。

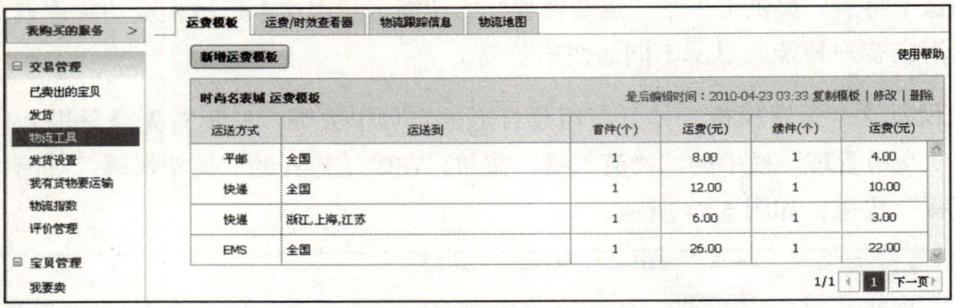

图 5.56　运费模板添加页面

进入到"出售中的宝贝"页面，在宝贝列表中，把所有需要添加运费模板的宝贝前的方框前打上钩。然后单击页面底部的"设置运费"按钮，如图 5.57 所示。

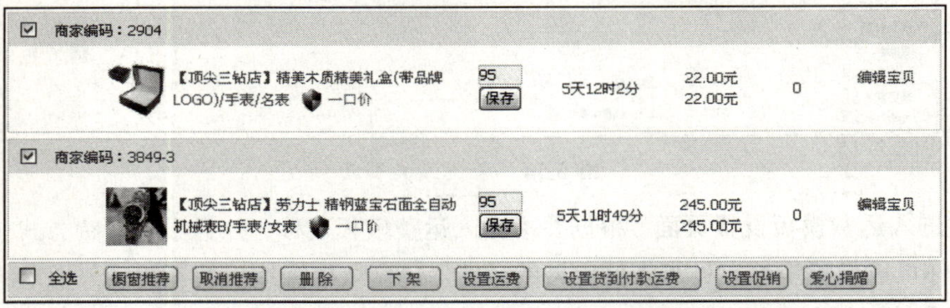

图 5.57　"出售中的宝贝"页面

在打开的模板应用页面中，单击之前设置好的模板右下角的"应用该模板"按钮，如图 5.58 所示。

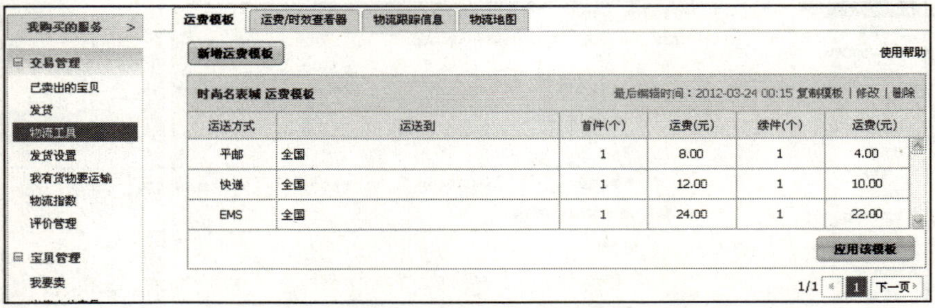

图 5.58　模板应用页面

最后系统提示运费模板已设置成功，如图 5.59 所示。

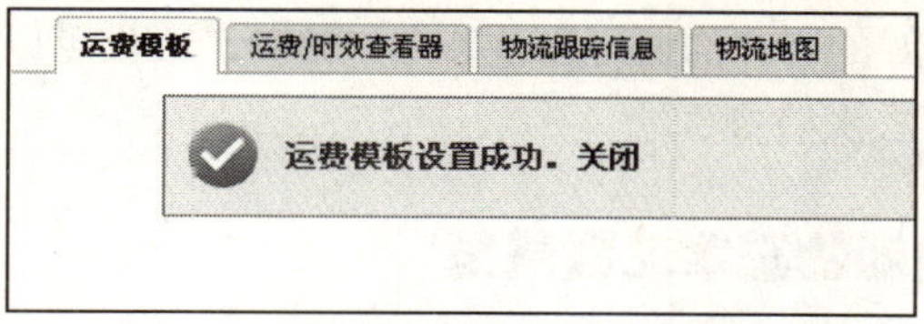

图 5.59　运费模板设置成功

当然你还可以设置更多的运费模板应用到其他不同的宝贝中去，这样将省去很多向客户解释快递收费的沟通时间。

5.6.3　如何规范你的物流，减少损失

物流这一环节在淘宝的流程中是最容易出错的，因为货物在运输过程中发生的问题，你无法掌控，只有在发货和客户收货后才能做点事情。因此，在自己可控的范围内，尽量规范自己的流程，这样才能有效地避免风险，减少损失。

- 为避免客户抱怨，你必须尽量做到第一时间发货，不能故意拖延。如果确实是因为不可抗拒的原因延误了，也需要第一时间向客户说明。
- 不管你卖出的货品价格多少，都要做到包装仔细、牢固可靠，尤其是涉及个人隐私的物品。不要舍不得气泡纸、胶带纸、包装袋等用于包装的小物件。
- 要提醒收件人签收物品时当场开封查验物品。如有丢失、损坏等情况，及时收集证据证明物品开启前就已丢失或损坏，以方便日后索赔。
- 你需要事先告知有些客户因为派送地偏远，收货时间将延长等信息，以免产生纠纷。注意询问对方的收货地是否在市区内，了解他们的地址是否是在快递派送的范围内。
- 以肯定的语气和坚定的信心对客户的售后服务做出保证。
- 如果有快递超重的情况，一定要及时和客户进行沟通。就算你觉得不在乎这点快递费，也需要说出来，让客户知道你的付出。
- 宣传无孔不入，邮寄的包裹、赠品等，都包含自己的店铺信息，在可能的情况下还可以为客户额外送上一份小礼物。
- 保留好相关的票据，比如发票、快递单等，以便以后出现问题需要维权的时候有据可依。

5.7　如何成为一流的网店销售员

用阿里旺旺等即时聊天工具与客户沟通是有技巧的。你必须让对方能够轻松、快速、方便地购买和使用你的产品或者服务，并从中受益，一定要让对方在整个购物的过程中都感觉到愉

快，包括议价的部分。良好的客户沟通可以改善用户体验，不仅可以提高潜在客户的购买率，还可以极大地促进他们的二次消费。

5.7.1 客户沟通的基本流程规范

在与客户沟通的时候，不能临时去想答案。你应该有一个基本的模式，但是不能太机械，多一些语气词，多一些表情，人性化一点，不要让对方察觉到你这个回复是事先准备好的。一般的客服的基本流程是这样的。

1. 开头

首先是回复客户的第一句话，也就是如何开头。一般客户开头的第一句就是“您好”或者是“掌柜在么”之类的话，你可以回复“您好，有什么可以帮您的吗？”一般回复只需要固定的一两个模式就可以了。

2. 中间

如果对方抛出疑难问题的话，应该想清楚以后再回答。千万不要因为怕客户跑掉，一味图快，而说错话。文字发出之前，检查一下是否通顺易理解之后再发出。

有时候，当对方砍价时，适当的迟疑会让对方觉得你不情愿。你要想尽办法用文字或者其他形式来表达出你的不情愿，让客户觉得舒服。客户永远是很乐意看到卖家痛苦的，你的痛苦就是他们的快乐。

在有活动的时候，应该把活动的简单介绍都准备好，随时发送给咨询的客户们。尽量做到简单而又全面的展示，如图 5.60 所示。

双生儿香港平价店 (20:37:42):

非常五一计划　活动时间：即日起——2010.5.4

店铺上次促销活动结束，很多妞们强烈反应，为了满足大家的强烈要求，在五一假期前，为大家带来包邮并免费赠送活动~喜欢的妞们抓紧哦！！

1.全场满138元包快递或EMS，不限地区。

2.买满138还可以参加免费送活动。可在29元特价区任意挑选自己需要的，但每个ID 只限制挑选一件。不再累计。

3.赠送商品需拍下，客服会帮您修改价格的

http://jujujuju.taobao.com/search-cat-33070710-187666008-MjnUqtLUz8LM2Lzbv+7H+A==.htm?checkedRange=true

图 5.60　活动推荐介绍

3．结尾

在沟通的结尾，你需要给你的客户一个推力，也就是说，你可以直接要求对方把产品拍下来。因为有时候，客户在犹豫时，你给对方一个指令，对方很可能就会照做。

当买家下单后，再次确认对方的地址。最后再祝福买家购物顺利、心想事成，完成所有的流程。

5.7.2　如何规范客服，每天节约至少 1 小时

做客服的时候，需要时刻记住以下一些规范性的原则。你要不断地强化这些概念，并且长期运用到实践当中去。这样你将会省去很多不必要的麻烦，节约大量的时间，获得最好的服务效果。

- 我们在与客户交谈的时候，要让对方知道是在和人交流，而不是冷冰冰的机器。因此我们需要的是始终和气、不卑不亢的态度，带有旺旺表情的回复，并且需要随时习惯性地运用基本的礼貌用语。
- 尽量保证旺旺的在线时间。如果有事需要离开，也可以设置自动回复，让客户等待片刻，或者直接提醒对方拍下。
- 你需要知道很多行业知识。比如，你如果是卖服装的，客户会问你面料是什么材质的、适合怎样洗涤、有什么注意事项、面料的薄厚程度等。如果你没有这些最基本的知识的话，说的话很难有说服力。
- 不要一次发给客户一大段的说明文字。因为这样一看就知道是固定的话，这会让他们觉得自己不被尊重。我的建议是你把所有的话都按照一句或者两句一段的样式放在文本文档里，随时复制给客户，一次复制一句或者两句发送过去，这会获得更好的效果。
- 你需要对所有的客户都一视同仁，不能因为对方不熟悉淘宝流程而怠慢他们。时刻站在客户角度，诚心诚意为他们推荐及介绍产品。
- 要对自己的产品有信心。要以 100%肯定的语气回答客户的问题。但是不能为了尽快成交、不实事求是而违心夸耀、信口承诺。不然将会对未来的售后造成更多麻烦，得不偿失。
- 当由于客户的失误而发生问题，客户把问题推给你向你表达不满的时候，你需要做的是用豁达和理解的态度首先承认是自己工作失误造成客户的遗憾，然后再耐心和对方分析原因，找出症结。千万不能指责对方，甚至恼羞成怒、辱骂对方。

- 为避免发货错误和今后可能的矛盾纠纷隐患，成交后应该再次确认买家所购货物的有关信息，比如名称、款式、大小、件数、颜色等。还需要确认对方提供的发货信息是否正确和完整。发货完成后，还需要及时告知对方发货单号以及可以查询物流状态的电话以及网址。
- 在重要的节假日里，你也有必要及时给老客户们送去真诚的祝福和问候。

5.7.3　惊人的秘密，多说一句话增加30%利润

事实上，在完成交易后，我们还可以对客户采取一个追售的步骤。因为人类都有一种与生俱来的特性，那就是承诺一致原则。也就是说，当他们在已经做出一个承诺的时候，为了保证与之前的承诺一致的情况，大部分情况下都会接受第二个要求。心理学家研究发现，当客户在已经决定购买的情况下，你再要求对方继续购买，只要要求的产品价格与客户决定购买的产品价格相差不大，就有50%的客户会接受这样的追售行为。

为了更好地进行追售的操作，提高成功率。下面就来介绍一下具体的操作细节。

首先建立一个特价区，这里可以放置价格偏低但是利润偏高的产品。你可以随时在这个区域找到合适的产品来给客户进行追售。

追售的时间点一定要在对方拍下产品之前提出。给对方一个多买的理由和一个具有吸引力的价格，让他们没有理由拒绝。你可以告诉对方，现在这个产品在做活动，只有购买这个产品的客户才有机会享受在产品已经特价的基础上，再享受8折的优惠。这样就很好地利用了人们喜欢贪便宜的侥幸心理。

在提出追售的时候，一定要把产品链接发给对方，别图自己一时的方便，让对方自己去找。这一步很重要，不然你的追售成功率会大大降低。不要给客户制造麻烦，而要尽量给对方提供方便。

在提出追售的时候，一定要让对方觉得，你是为了对方好。你的这次追售并没有赚到钱，并且不要说太多其他多余的废话。

在对方拒绝你的追售要求之后，一定要马上放弃，不能再次提出，不然会让买家怀疑你的动机。

研究证明，60%~70%的消费者是愿意在原来购买的基础上增加消费的。所以，只要你使用正确的方法，就能够简单而有效地增加自己的利润。

5.8　关于宝贝详情设置中比较重要的问题

这一节中的内容可能是很多人容易忽略掉的，但又是影响生意的一个很重要的问题。我们知道，在淘宝，很多人搜索宝贝是使用直接搜索关键词的方式来找寻产品，但是也有非常多的人是直接在类目中查找的。这一类人应该是占到所有买家的 30%~40%之间。因此，如果最大限度地利用好这部分的流量也是非常重要的。

在首页中可以看到，有一个淘宝整理的类目分类的部分，这一部分是淘宝方便客户精确寻找自己需要产品的一个功能，单击“服装”—“女鞋”类目下的“鱼嘴”类目， 如图 5.61 所示。

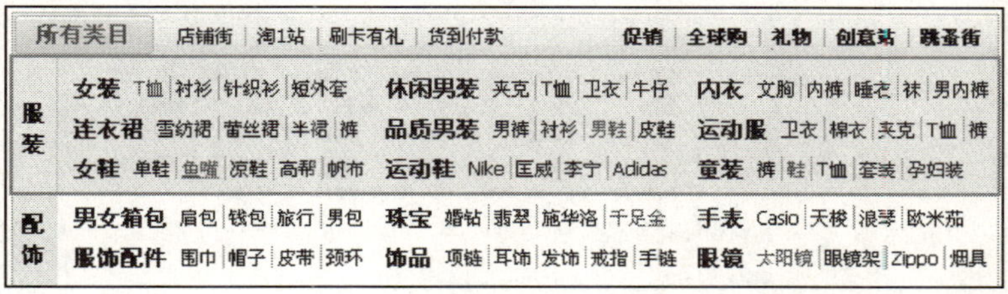

图 5.61　类目分类

接着在新打开的页面中可以看到很多女式鱼嘴鞋的结果，并且下面还可以按照“跟形”、“品牌”等分类进行再次的细分，如图 5.62 所示。

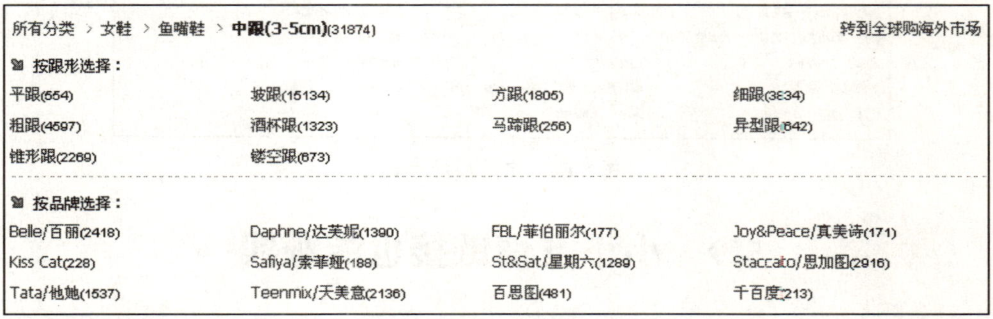

图 5.62　搜索结果页面

如果想让客户利用类目分类也能够找到你的宝贝的话，就需要在宝贝发布的时候，认真地填写好宝贝的基本信息，把任何一个必要或者不必要的地方都填写完整，如图 5.63 所示。

设置完成后，你的潜在客户将会在宝贝页面中的宝贝详情的开始部分看到产品的各种参数。这样的做法将会大大提高你的产品的曝光率，让你的产品得到更多的销售机会，如

图 5.64 所示。

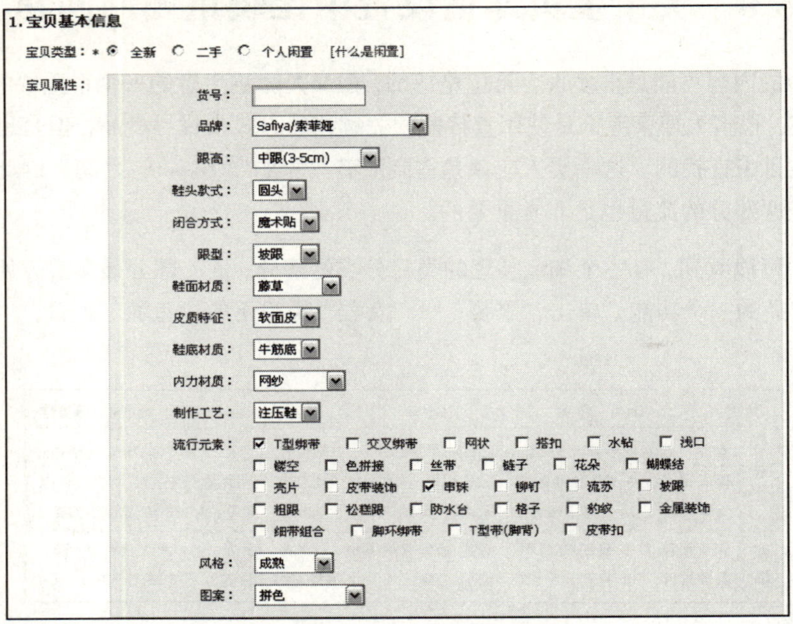

图 5.63 宝贝基本信息填写

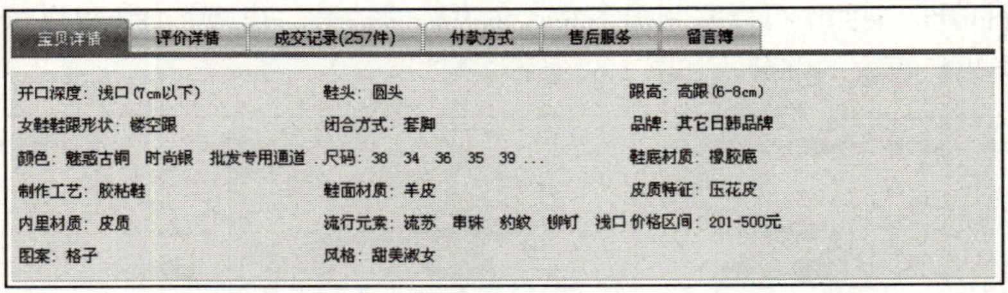

图 5.64 宝贝详情参数

5.9 小小友情链接也能赚钱

我们的友情链接是可以通过淘宝客赚钱的。只要你订购了旺铺服务，并开通了淘宝客，就可以通过添加参加了阿里妈妈推广服务的店铺链接来赚取额外的收入。

淘宝的友情链接在主页的侧边栏有显示，添加好之后，友情链接中将会显示对方的店铺名，你的买家可以通过点击这些链接，转到其他的店铺去，因此最好别放自己同行的链接。如果买家通过这个方式，在对方的店铺中有消费记录，那么你就可以获得相应的佣金收入，如图 5.65 所示。

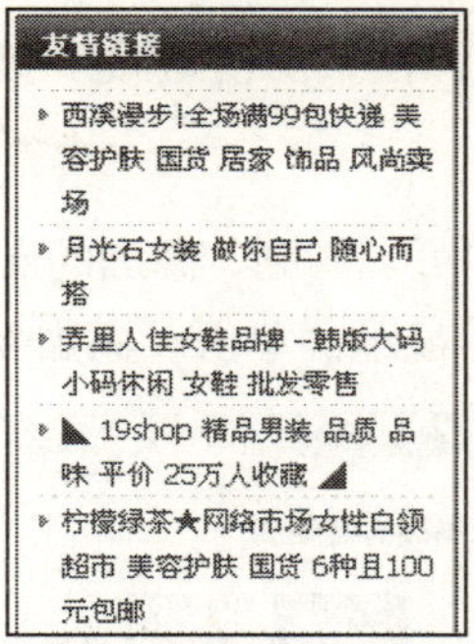

图 5.65　店铺主页

我们做友情链接最好是找那些信誉度高的卖家，一是可以提升自己店铺的档次，二是为了买家更容易成交，为自己赚取更多的佣金。我们可以在谷歌等搜索引擎中，搜索关键词“淘宝店铺排行榜”，单击搜索结果中的第一个链接，如图 5.66 所示。

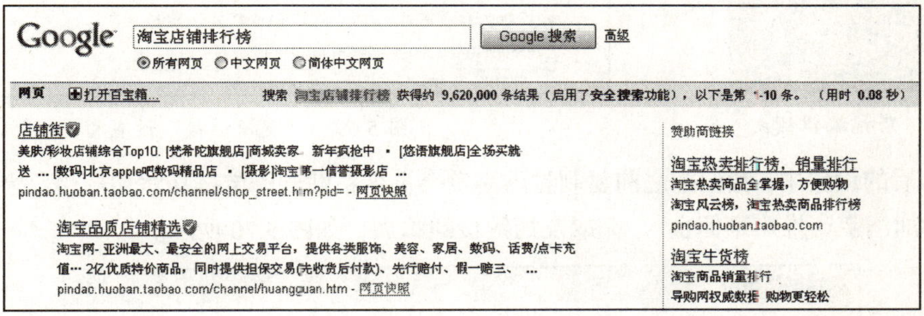

图 5.66　谷歌主页

在打开的网页中，可以看到很多排行，都是信誉很高的店铺，一般这些店铺都是做了阿里妈妈的推广服务的，打开任意一个和你经营的产品没有冲突的店铺页面，复制对方的旺旺名，如图 5.67 所示。

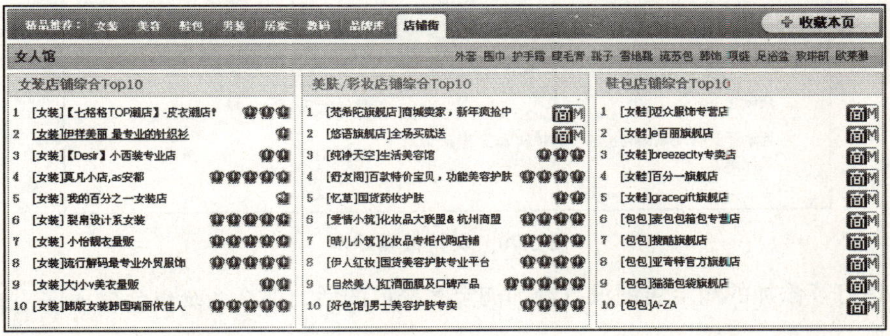

图 5.67　淘宝店铺排行榜

然后进入自己店铺的编辑模式，在“友情链接”板块中，单击齿轮状按钮，如图 5.68 所示。

在打开的“友情链接”设置框中可以看到，添加的友情链接店铺名旁，只要参加了阿里妈妈的服务，都有“淘宝客推广”字样显示。单击“添加新链接”按钮，如图 5.69 所示。

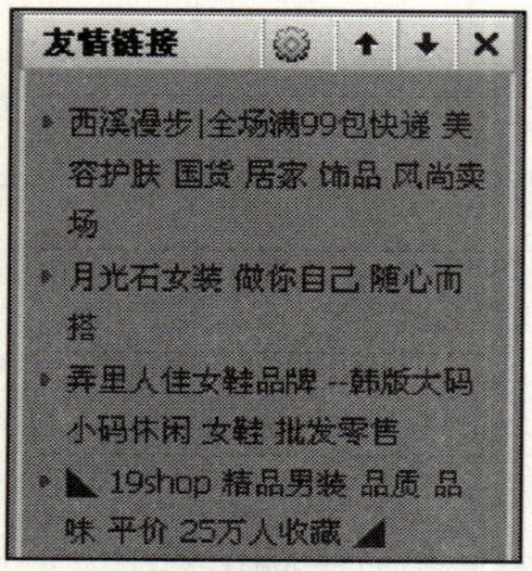

图 5.68　店铺编辑模式

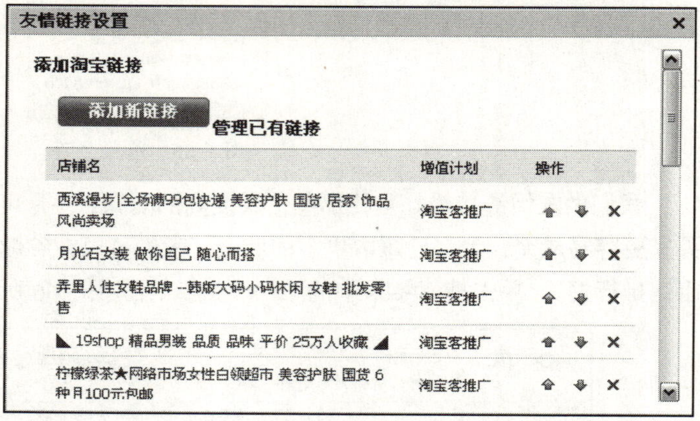

图 5.69　“友情链接”设置框

在随后的设置中，我们把之前复制过的淘宝会员名粘贴到淘宝链接添加框中，然后勾选下面的“参加淘宝客推广赚佣金”，完成友情链接的添加，如图 5.70 所示。

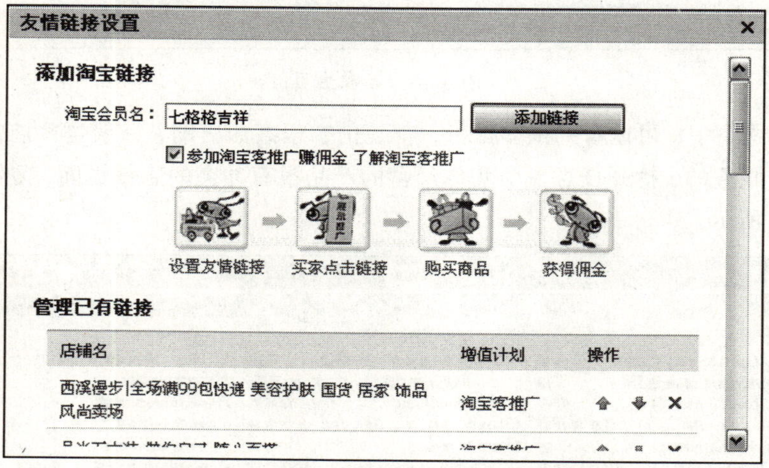

图 5.70　友情链接添加

如果你打算添加的淘宝店铺没有参加淘宝客推广的话，那么系统也会提示你，如图 5.71 所示。

最终回到淘宝主页可以看到，之前设置的淘宝链接已经显示在友情链接板块底部，如图 5.72 所示。

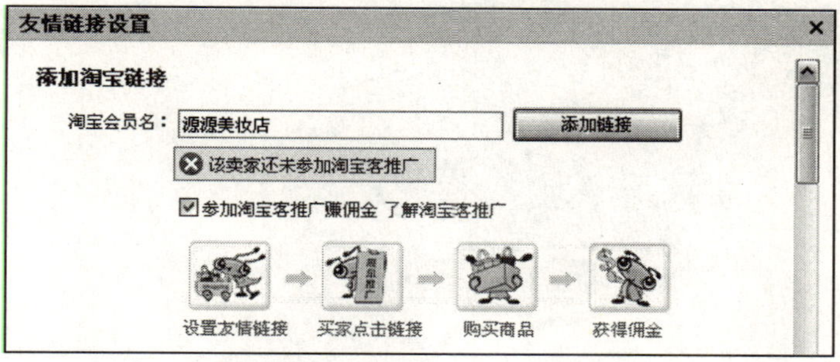

图 5.71　淘宝链接添加错误

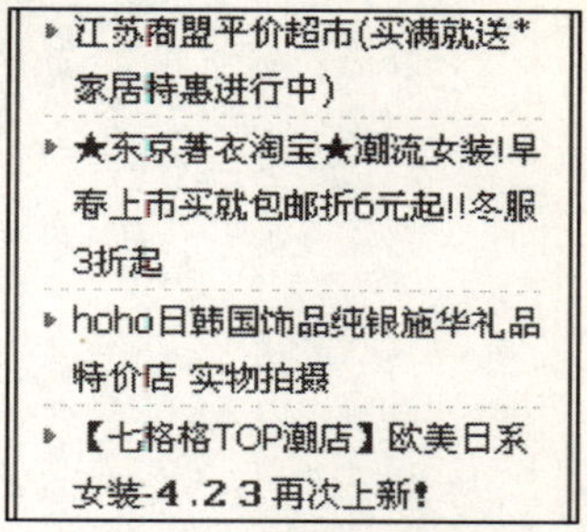

图 5.72　友情链接添加完成

第 6 章 旺店中期策略和秘诀

高手引航

在开店的前期主要是做一些店铺经营方面的基本问题，等你对淘宝的操作慢慢地熟悉起来，一切准备就绪之后，就可以开始中期的操作了。

在你淘宝开店中期的过程中，最重要的就是做店铺的推广工作。因为就算你的店铺各方面做得再好，仅仅依靠淘宝买家通过搜索关键词和类目分类带来的流量想要成功，也还是远远不够的。你需要进行各方面的营销活动，通过主动出击来推广自己的店铺，让更多的买家知道和了解你的产品。

所以，在这一章里你将获得大量的免费推广店铺的技术和技巧。

6.1　开店中期店铺定位策略

在经过大概一两个月的时间成功冲钻后，就表示已经进入到中期发展。在前期，你已经把所有的基础建设完成。所以接下来你要做的事情就是把你精心装扮的店铺和产品推销出去，让更多的人知道。

如果在信誉不高的时期做收费的推广，不但效率不高，而且还浪费金钱，短期之内很难带来回报。由于资金问题，你的推广也很难有持续性，那么实际意义也并不大。白白浪费这么多辛苦赚来的金钱，更会极大地打击积极性。因此，你需要做的是在中期使用免费的推广技术，不断积累资金，以图在后期谋得更大的发展。要知道，免费的“小武器”也能够做成大事。

大部分的卖家做推广时都有一个误区，那就是只推广店铺，而不推广产品。他们认为如果推广店铺的话可以让买家看到更多的产品，可能更容易获得成交。事实上，这是大错特错。因为这样做不仅不能做到精准的定位，形成量的积累，而且还人为地增加了客户的选择难度。

经常有客户来我的店里，让我帮他推荐产品。如果我不推荐，让对方自己去找喜欢的产品的话，那基本上就没戏了。而那些经过我推荐的店铺里的主打产品，则能有将近 50%的概率成交。你要做的是为客户提供便利，给他们一个很轻松的选择，而不是给对方设置更多的障碍。

所以你需要自始至终地不断推广这些主打产品而不是整个店铺。大家都知道在商业里，有一个著名的二八法则。也就是说，在你店铺的所有产品中，80%的效益都是 20%的产品带来的，而剩下的 80%的产品只获得 20%的效益。用主打产品带动其余的产品的销售是每个店主都需要做的事情。

在这一阶段你的定价可以有所区分。也就是说，主打产品价格可以适当调低，而把其他产品价格抬高。你需要使用主打产品吸引流量，创造信誉度，然后利用带动起来的其他产品的销售来弥补主打产品利润的损失。

6.2　如何写出精华帖，给店铺带来上万流量

大家知道，所谓的精华帖就是淘宝社区中比较好的、质量上乘的帖子。版主为了让大家更方便地分辨帖子好坏，而特意为这一类帖子添加的一种类似认证的标识。这就好比将军和士兵的军装的区别一样。

精华帖和普通帖所带来的流量差别是巨大的。学会写精华贴是你店铺获取流量的一个重要渠道，并且是你在淘宝提高知名度的基础。事实上写精华帖是需要技巧的，千万不要怕自己的文笔不好，你的潜在客户们不会把你的文章当文学作品一样鉴赏。就算你写得再差，只要你敢写，就一定有人看。但是如果你不懂得其中的奥妙，就算你文笔再好也是枉然。

6.2.1 普通帖百分之百升级精华帖的秘诀

如果你写的帖子无人问津或者很难“成精”，那说明你没有掌握到写精华帖的诀窍。下面将给你介绍一下成为精华帖的所有条件。

- 图文并茂的帖子更容易“加精”，如果放上自己的照片就更好了。在这一点上，美女卖家会占一定优势。
- 一定要是原创的帖子，就算是要改别人的帖子，也需要有技巧地改，标题则要完全地改，并且最好是改得比原帖更吸引人。
- 要写人们感兴趣的话题。选材一定要有趣或者感人，内容健康向上，最好能引起人们的共鸣。这样的帖子浏览量都是非常好的。
- 发帖的质量要有保证，不要光求数量而忽视了质量。帖子内容本身不宜过长或过频。普通人上网的时间都是很宝贵的，如果一篇帖子过长就很难让人从头看到尾，建议你的帖子全文最好尽量控制在1000字以内。如果你在短时间内同时发表许多帖子，就算这些帖子再好，管理员也只会在其中选一“加精”，因此建议你最多一天一篇帖子。
- 很多人写文章，总是为了严谨，写的和八股文一样，枯燥无味。只要你的文字表现出你自己的一种个性，就一定会有人喜欢。
- 你的文字中一定要融入一种情绪，嬉笑怒骂都应该直接表现出来，这样你的文章才会有感染力。如果别人在看你的文章的时候，能够被你这些情绪感染到，那么你就成功了。
- 你文章的排版一定要让客户看得舒服。要尽量多分一些段落，每个段落一定不能超过7行字。不然客户会看得很累，并且使用大一点的字体，让每一段的字数别那么多，显得拥挤。
- 在节假日或者有大事发生的情况下，比如玉树地震、五一劳动节等。你可以围绕这些事件或者节假日来发表一些关于这方面的帖子。一般到这个时候你都要意识到，这是上天给你的最好机会。这种帖子从来都不缺流量，而且也更容易被“加精”。
- 最后要熟悉论坛内部制度，以保证自己的帖子不会被违规删帖，甚至受到处罚。

6.2.2　你需要学会做“标题党”

现在每天在淘宝社区里面会更新非常多的帖子，大家在浏览的时候都是根据标题来选择是否点击阅读，所以文章的标题非常关键，因此就有了标题党的出现。一个相当有诱惑力的标题，会使你的推广工作事半功倍。

我们知道，进步最快的方法就是学习成功者的经验，并且应用到自己的实践中。只要你在淘宝社区稍微留意一下，就可以看到很多学习的榜样。

在淘宝的社区首页中，页面中间是门户的新闻文章，而右侧全是社区论坛内部的热帖排行，我们只要学习这些热帖排行就可以了，如图 6.1 所示。

图 6.1　淘宝社区首页

为了方便找到最好的帖子做参考，你也可以直接单击进入社区的单个版面，学习它上面的置顶的帖子标题，如图 6.2 所示。

为了获得更多的学习模仿的素材，你也可以直接单击每个社区版块页面上方的“精华帖”按钮，直接浏览所有的精华帖子的标题，如图 6.3 所示。

通过以上对已经成功了的帖子的搜寻以及学习，我们可以总结一下，热帖应该具备的特征。

- 就像宝贝的标题一样，在淘宝社区里一页有几十条帖子。要让潜在客户把注意力集中在你的帖子上，就需要一些显眼的符号。
- 当潜在客户注意到你的帖子之后，你还需要给出理由让他们打开你的这个帖子。你的标题要做到语不惊人死不休，甚至苦情也在所不惜。比如“最牛……”、“美爆你的眼球……”、“惊爆，帅哥 3 个月减 40 斤……”等。

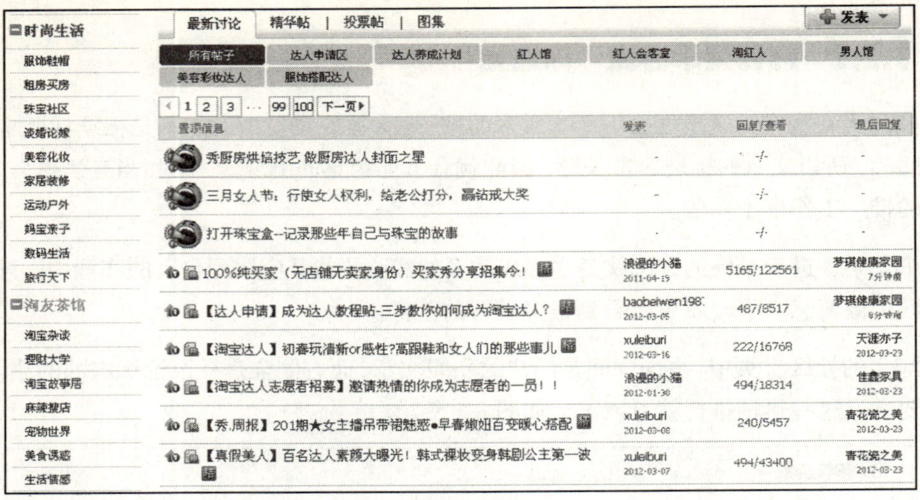

图 6.2 淘宝社区版块

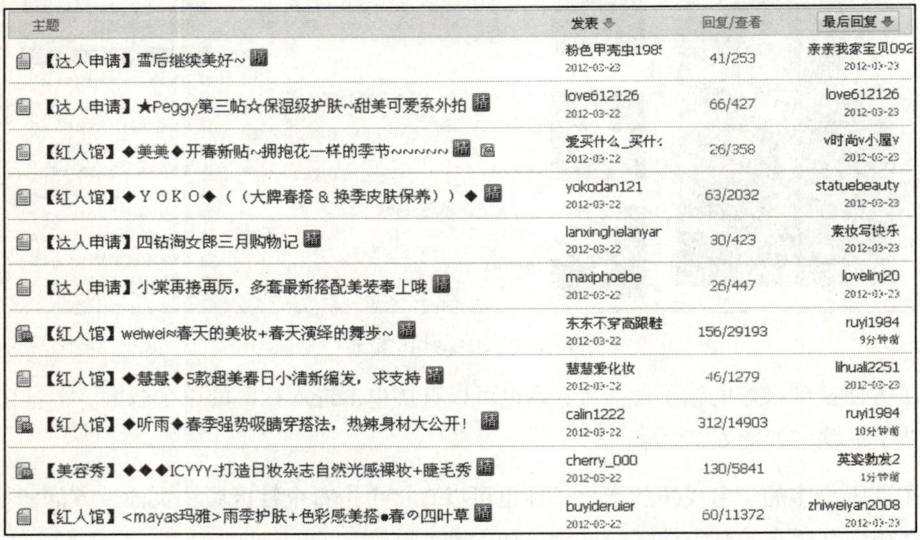

图 6.3 精华帖页面

- 除了句子，你还需要多用一些吸引人的词语，比如："秘密"、"竟然"、"惊爆"、"最牛"、"特别"、"绝对"、"100%"、"意外"等，标题套上这些词语的帖子都能够大幅提高点击率。
- 如果你的标题效果不好，就换一个标题。然后自己回复一次这个帖子，再次升到第一页的前列，让大家看到。只要看到的人不停地打开以及回复，你的帖子就能够一直排在前面。

6.2.3　如何省时省力地撰写精华帖

如果你确实对写文章这种非常耗费脑力和体力的事情很厌烦，那么，你完全可以根据以下几个步骤，就像是运用模板一样，轻轻松松写出让人羡慕的精华帖。

1．首先确立最吸引人的主题

学会确立一个好的主题，那么你的帖子就离成功很近了，下面介绍几个如何轻松确立吸引人的主题的方法。

- 善于制造争议型热门主题。这种命题通常要结合时事来做。如谷歌离开中国的话题，一定是很有争议的，阐述你关于类似话题的看法的时候，最好是留下可被攻击的漏洞，勾起人们和你辩论的欲望，这样他们就会积极地回帖。
- 掌握正话反说的诀窍，勇于打破常识。比如在常识中，减肥肯定是需要节食和运动的，而你如果给出：不需要节食和运动也能够快速减肥的命题，那么就绝对成功了。
- 学会讲故事，讲案例制造话题。这个类型的帖子也非常容易被加精，甚至被置顶。你不一定要讲自己的故事，把别人的故事用在自己身上也没有问题。不要认为这是不道德的，小说家写虚构的小说，谁都知道里面的故事是假的，但是照样会买他们的书。为什么呢？事实上他们就是需要一种感觉或者是感动，至于这个事情的真实性是不会被追究的。在编故事的时候还需要掌握两点：第一点是你的这个故事要与众不同，别流于俗套；第二点是你的故事要有启发性，让人有所感悟，在感情上有所触动。这在淘宝社区的“创业先锋”版块中最常见，如图 6.4 所示。

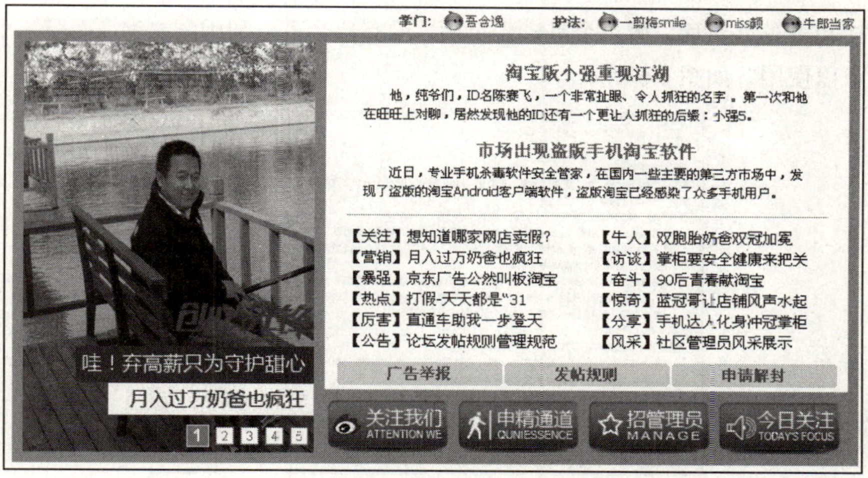

图 6.4　“创业先锋”版块

- 你也可以选择个人经验分享型的话题。比如先讲讲你是如何在一个月内赚到多少收入，然后再写一些个人的经验。这样的帖子也很容易加精。
- 你还可以弄一些评比排名类话题。比如中国十大美女排行，十大美容产品排行，国外十大奶粉品牌排行之类的主题。利用大部分人攀比心比较强的特点，围绕大众比较关注的焦点来制造排名的话题。

2. 如何寻找与自己相关内容的帖子

确立好主题之后，就根据这个主题来寻找相关的材料。事实上这是非常容易的，我们就以之前介绍的打破常规的主题——“不需要节食和运动也能够快速减肥”来做示范。

首先去百度搜索关键字“减肥 不节食 不运动”，你可以在搜索结果中找到约 3 120 000 个相关网页，如图 6.5 所示。

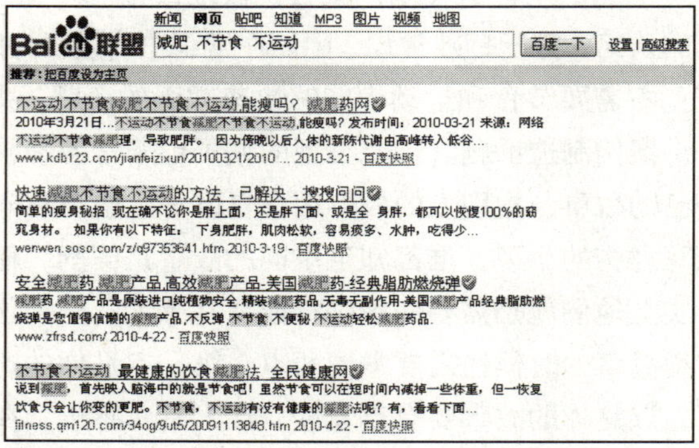
新闻 网页 贴吧 知道 MP3 图片 视频 地图
Bai du 联盟
减肥 不节食 不运动
百度一下
设置 | 高级搜索
推荐：把百度设为主页
不运动不节食减肥不节食不运动,能瘦吗？ 减肥药网
2010年3月21日...不运动不节食减肥不节食不运动,能瘦吗？发布时间：2010-03-21 来源：网络
不运动不节食减肥理，导致肥胖。 因为傍晚以后人体的新陈代谢由高峰转入低谷...
www.kdb123.com/jianfeizixun/20100321/2010 ... 2010-3-21 - 百度快照
快速减肥不节食不运动的方法 - 已解决 - 搜搜问问
简单的瘦身秘招 现在确不论你是胖上面，还是胖下面、或是全 身胖，都可以恢复100%的窈
窕身材。 如果你有以下特征： 下身肥胖，肌肉松软，容易疲多、水肿，吃得少...
wenwen.soso.com/z/q97353641.htm 2010-3-19 - 百度快照
安全减肥药,减肥产品,高效减肥产品-美国减肥药-经典脂肪燃烧弹
减肥药,减肥产品是原装进口纯植物安全.精装减肥药品,无毒无副作用-美国减肥产品经典脂肪燃
烧弹是您值得信懒的减肥产品,不反弹,不节食,不便秘,不运动轻松减肥药品.
www.zfrsd.com/ 2010-4-22 - 百度快照
不节食不运动 最健康的饮食减肥法 全民健康网
说到减肥，首先映入脑海中的就是节食吧！虽然节食可以在短时间内减掉一些体重，但一恢复
饮食只会让你变的更肥。不节食，不运动有没有健康的减肥法呢？有，看看下面...
fitness.qm120.com/34og/9ut5/20091113848.htm 2010-4-22 - 百度快照

图 6.5　百度搜索

一个个点开这些页面，第一个是广告页面，没有什么可以利用的文字，而第二个有专门介绍方法，可以使用，如图 6.6 所示。

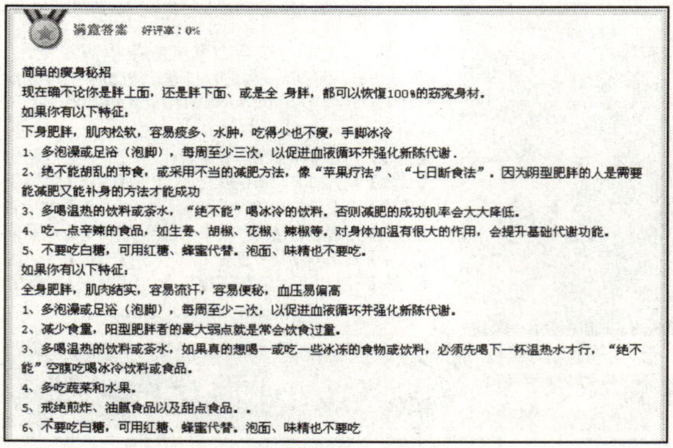
满意答案　好评率：0%

简单的瘦身秘招
现在确不论你是胖上面，还是胖下面、或是全 身胖，都可以恢复100%的窈窕身材。
如果你有以下特征：
下身肥胖，肌肉松软，容易疲多、水肿，吃得少也不瘦，手脚冰冷
1、多泡澡或足浴（泡脚），每周至少三次，以促进血液循环并强化新陈代谢.
2、绝不能胡乱的节食，或采用不当的减肥方法，像“苹果疗法”、“七日断食法”. 因为阴型肥胖的人是需要能减肥又能补身的方法才能成功
3、多喝温热的饮料或茶水，“绝不能”喝冰冷的饮料. 否则减肥的成功机率会大大降低.
4、吃一点辛辣的食品，如生姜、胡椒、花椒、辣椒等. 对身体加温有很大的作用，会提升基础代谢功能.
5、不要吃白糖，可用红糖、蜂蜜代替. 泡面、味精也不要吃.
如果你有以下特征：
全身肥胖，肌肉结实，容易流汗，容易便秘，血压易偏高
1、多泡澡或足浴（泡脚），每周至少二次，以促进血液循环并强化新陈代谢.
2、减少食量，阳型肥胖者的最大弱点就是常会饮食过量.
3、多喝温热的饮料或茶水，如果真的想喝一或吃一些冰冻的食物或饮料，必须先喝下一杯温热水才行，“绝不能”空腹吃喝冰冷饮料或食品.
4、多吃蔬菜和水果.
5、戒绝煎炸、油腻食品以及甜点食品. .
6、不要吃白糖，可用红糖、蜂蜜代替. 泡面、味精也不要吃

图 6.6　相关页面 A

第三个也是广告页不能用，但是第四个就是一个非常专业的论述文章，同样可以引用。你可以把所有的内容复制粘贴到你的记事本里，统一进行修改，如图 6.7 所示。

节食不但不能减肥，反而会使体重增加

因为人们在开始减肥时，会以为体重的减少是由于消耗了体内的脂肪，不影响身体的新陈代谢。其实不是的。人们在节食时，身体的第一个反应是从立即可得的能源处获得能量，这种立即可得的能源贮备在糖元里，而非脂肪里。也就是说刚开始节食的时候，体重的减少主要是消耗掉了糖元，只有当身体适应了规定的饮食后，它才开始消耗脂肪和肌肉。而缺少运动的减肥者，消耗掉的将会是肌肉，而不是脂肪。可见，靠节食减肥并能持之以恒的人，体重减少的既有脂肪，也有糖元、水和肌肉。

对于那写久坐不动的人，节食减肥后身体会开始变得虚弱。在规定饮食期一过，脂肪迅速地死灰复燃，所以在很短的时间内，胖子便一个个"重新崛起"，甚至可能创下自己体重的新记录。

不仅如此，当身体适应了节食的状态后，就会提高对能量的利用效率，降低新陈代谢率，从而使再次减肥更加困难重重。

节食的人虽然有可能在短时间内减掉部分体重，但减肥效果往往不能持久。因此，与其节食减肥，不如常年遵守合理健康的饮食习惯，经常锻炼身体。

图 6.7　相关页面 B

把两篇文章结合一下，文字修改得活泼一点，再配上旺旺表情和精美的美女做瑜伽的图片，就是一个很好的帖子。但是千万不要在文章中配上你产品的图片，除非你是在允许发广告的版块，不然淘宝会认为你是在发广告贴，从而删除这个帖子。

3．如何修改别人的帖子，做植入式软广告

如果你的帖子写得很好，吸引了很多人浏览，但是却很少有人因此而去你的店铺，不能带来实际的流量那也是徒劳的。而矛盾的是，淘宝社区又严令禁止发广告帖，所以你就必须要对你的帖子进行一些植入式的软广告的操作。

所谓植入式广告的意思就是在你的帖子里以非常隐蔽的方式，暗示你的潜在客户，让他们自动点开你的店铺，但是他们却感觉不出来这是个广告。

一般那些写自己的淘宝故事的帖子都属于植入式广告，他们会假装"无意中"在故事里透露自己店铺的一些经营情况。

比如有一个帖子叫做"女研究生的网络情缘和淘宝故事"，帖子在一开始就为自己的店铺做了广告，比如"昨天，我的店铺升了 5 钻，用了 8 个月的时间，2009 年年底，我被评为'全国大学生创业大赛十强奖'，我的博客也在阿里博客的首页置顶，从 2009 年年底到现在，店铺的生意一直还不错，我们原本几个人的团队也在不断地增加新的成员，大家都忙得不亦乐乎，干劲十足。"如图 6.8 所示。

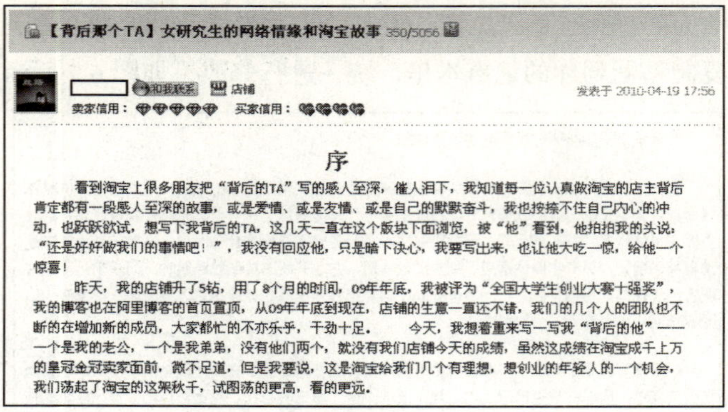
【背后那个TA】女研究生的网络情缘和淘宝故事 350/5056

和我联系 店铺 发表于 2010-04-19 17:56

卖家信用： 买家信用：

序

看到淘宝上很多朋友把“背后的TA”写的感人至深，催人泪下，我知道每一位认真做淘宝的店主背后肯定都有一段感人至深的故事，或是爱情、或是友情、或是自己的默默奋斗，我也按捺不住自己内心的冲动，也跃跃欲试，想写下我背后的TA，这几天一直在这个版块下面浏览，被“他”看到，他拍拍我的头说：“还是好好做我们的事情吧！”，我没有回应他，只是暗下决心，我要写出来，也让他大吃一惊，给他一个惊喜！

昨天，我的店铺升了5钻，用了8个月的时间，09年年底，我被评为“全国大学生创业大赛十强奖”，我的博客也在阿里博客的首页置顶，从09年年底到现在，店铺的生意一直还不错，我们的几个人的团队也不断的在增加新的成员，大家都忙的不亦乐乎，干劲十足。　　今天，我想着重来写一写我“背后的他”——一个是我的老公，一个是我弟弟，没有他们两个，就没有我们店铺今天的成绩，虽然这成绩在淘宝成千上万的皇冠金冠卖家面前，微不足道，但是我要说，这是淘宝给我们几个有理想，想创业的年轻人的一个机会，我们荡起了淘宝的这架秋千，试图荡的更高，看的更远。

图 6.8　植入式广告 A

卖家此文写得真诚感人，最后还贴出了自己的结婚照，这种帖子是非常容易加精的。由于卖家在帖子中很自然地加入了自己的店铺介绍。所以，不管故事是否真实，最终的目的是达到了，这个帖子的流量转化率非常高。

还有那些教淘宝经验的帖子，帖子标题够劲爆。文中有店主的照片、店铺的宝贝的销量截图、宝贝评价截图以及经验分享。店主穿着自己店里的衣服的照片，天衣无缝地结合着店铺经营经验分享。此帖大部分都是广告，但是你根本看不出这是一个广告帖，相反还觉得会学到很多经验。这是笔者看过的把植入性广告做得最好的一个帖子，如图 6.9 所示。

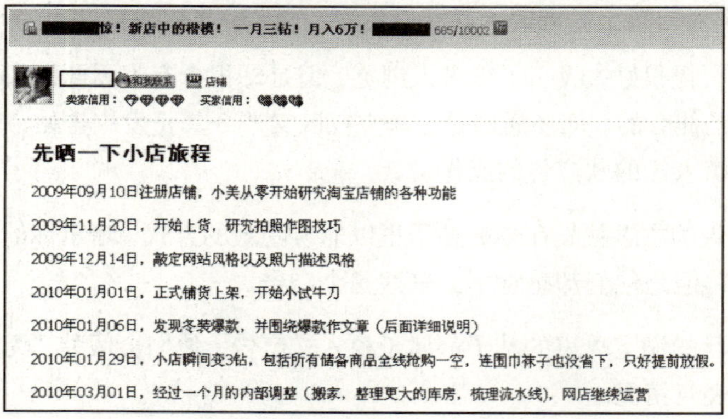
[redacted]惊！新店中的楷模！ 一月三钻！月入6万！[redacted] 685/10002

和我联系 店铺

卖家信用： 买家信用：

先晒一下小店旅程

2009年09月10日注册店铺，小美从零开始研究淘宝店铺的各种功能

2009年11月20日，开始上货，研究拍照作图技巧

2009年12月14日，敲定网站风格以及照片描述风格

2010年01月01日，正式铺货上架，开始小试牛刀

2010年01月06日，发现冬装爆款，并围绕爆款作文章（后面详细说明）

2010年01月29日，小店瞬间变3钻，包括所有储备商品全线抢购一空，连围巾袜子也没省下，只好提前放假。

2010年03月01日，经过一个月的内部调整（搬家，整理更大的库房，梳理流水线），网店继续运营

图 6.9　植入式广告 B

这种帖子的转化率也是非常高的，但是对这个帖子感兴趣的一般都是卖家，他们会对这类帖子的广告性质比较敏感，一般不会轻易地去你的店铺。并且因为想要学习，或者是好奇，进去了，购买的概率也不大。但是能够获得流量，提高店铺宝贝的人气排名，那就已经达到效果了。

6.3　论坛发帖推广秘诀

学会了写精华帖之后，还需要学会如何利用它们。这就好比，你现在手里有一把好刀，但是要想称霸江湖，还需要好的武功去把它发挥到极致才行。

6.3.1　如何高效地在淘宝论坛发帖，推广你的主推产品

淘宝的社区论坛里有自己的规则，其中有明规则也有潜规则，有很多技巧如果别人不告诉你，你是永远不会知道的。

- 首先你需要在发表帖子的时候找对版面，只有选择了正确的发表版面才能让潜在客户更准确地找到自己所关注的帖子。如果你选择的发帖版面不对，别说帖子不会加精，就算是最基本的流量也会非常少，如图 6.10 所示。

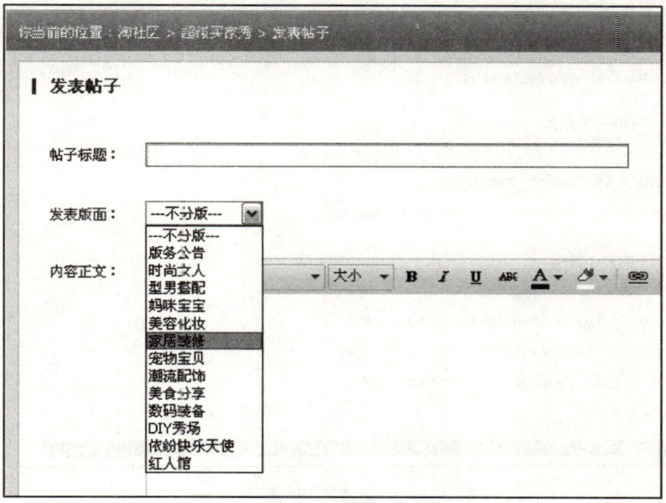

图 6.10　发表版面

- 和网站的站长版主们搞好关系。如果你发了一个帖子觉得比较好，不妨就直接推荐给版主们。要知道版主们每天都很忙，这么多帖子他们看不过来，所以自荐这个方法是很好的。这个方法笔者已经用过多次，屡试不爽。他们的旺旺 24 小时都显示在社区版块的右上方，你随时都可以把帖子发给他们，让他们单独帮你看看你这个帖子是否有资格获得加精甚至置顶的机会，他们有这个权利，并且不会吝啬看你帖子一眼，如图 6.11 所示。

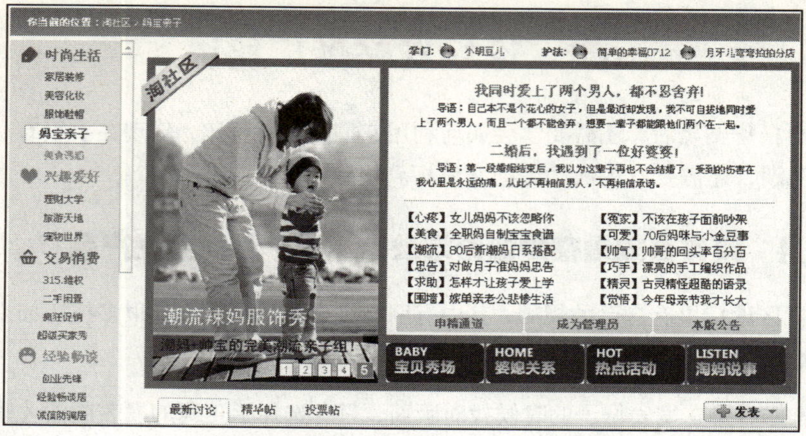

图 6.11　护法、掌门的旺旺号

- 你也可以自己申请当管理员，加入一些特殊的群，这些群一般都掌握着一些特殊的权力，能够让你的帖子优先获得加精的机会，如图 6.12 所示。

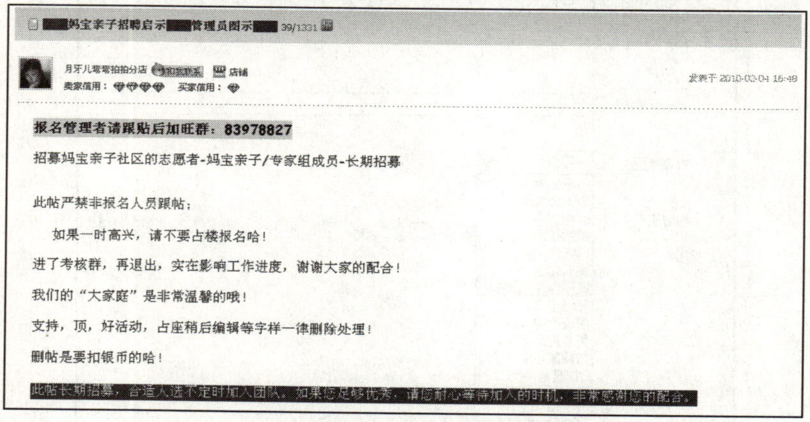

[redacted]妈宝亲子招聘启示[redacted]管理员图示[redacted] 39/1331

月牙儿弯弯拍拍分店 和我联系 店铺

卖家信用： 买家信用：

发表于 2010-03-04 16:48

报名管理者请跟贴后加旺群：83978827

招募妈宝亲子社区的志愿者-妈宝亲子/专家组成员-长期招募

此帖严禁非报名人员跟帖：

如果一时高兴，请不要占楼报名哈！

进了考核群，再退出，实在影响工作进度，谢谢大家的配合！

我们的“大家庭”是非常温馨的哦！

支持，顶，好活动，占座稍后编辑等字样一律删除处理！

删帖是要扣银币的哈！

此帖长期招募，合适人选不定时加入团队。如果您足够优秀，请您耐心等待加入的时机，非常感谢您的配合。

图 6.12　管理员申请专用贴

- 在最好的时间段发帖。一天中最好的发帖时间有两个：第一个是在中午的 12：00—13：30 半之间；第二个是晚上 18:30—22:00 这个时间。因为这两个时段社区的流量最高，你在这两个时间段发帖，回帖率一般都是比较高的。在时间上，你还需要特别注意在节假日发帖。

6.3.2 如何在外部论坛找到属于自己的金矿

由于淘宝社区规则的限制，现在在淘宝内部的社区直接推广自己的产品是越来越难了。然而互联网上并不是只有淘宝社区一家论坛而已。

现在互联网上有一群人，号称是“败家一族”，他们对网购疯狂地痴迷，一天不在网上买点东西就不舒服。因此，为了满足这类人的需求，很多类似的淘宝购物网站、团购网站就孕育而生。

事实上，大部分的淘宝卖家都没有意识到，在外部论坛中他们会有很大的推广空间。只要找到合适的论坛，合适的人群，那么推广效果将会比在淘宝社区推广要好得多。那么我们如何找到合适的外部论坛呢？

- 找到5个最大的淘宝购物论坛。
- 找到5个最大的团购论坛。
- 找到 5 个最大的行业论坛。（如果你是卖表的，那就专门找关于表的最好的论坛。如果是卖服装的，那就找最好的服装行业的论坛。）

下面以团购论坛为例，首先进入百度，搜索关键字“团购论坛”，在搜索结果中，单击排名第一位的“TOGO论坛”，如图6.13所示。

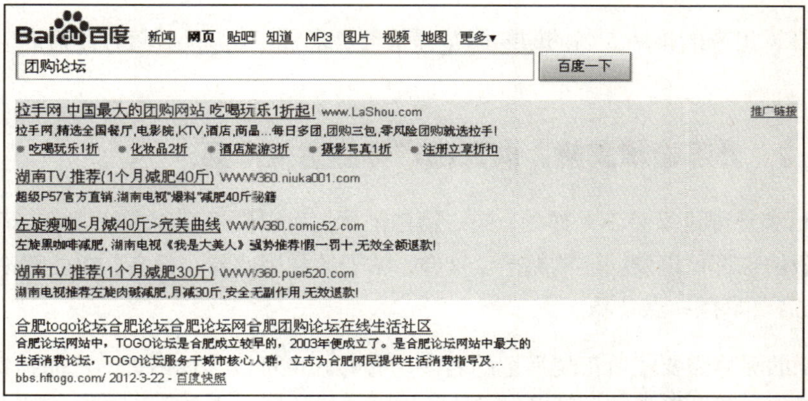

图 6.13　百度搜索

这个论坛的流量和管理还是很不错的。我们找到“网购乐翻天”版块，单击“网店专区”，如图6.14所示。

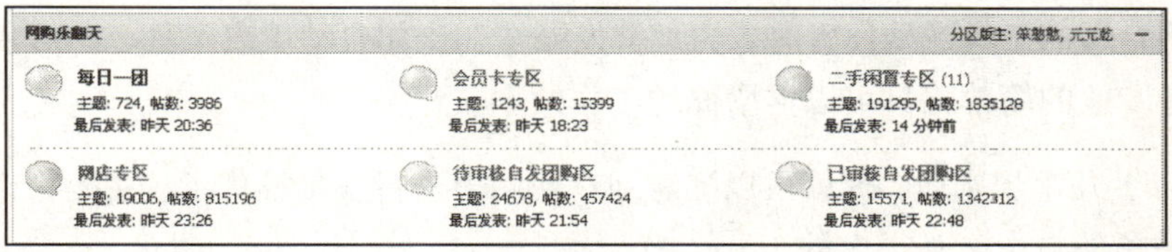

图 6.14　“网购乐翻天”板块

你可以看到，这里绝大部分都是广告型的帖子，但是流量却非常高，这说明来这个版块的都是潜在买家。他们是对网络购物非常痴迷的一群人，所以向他们促销产品自然是更容易，如图 6.15 所示。

版块主题			
【喜德盛，永久专卖】永久特价山地车隆重上市 ...2 3 4 5 6 .. 64	老李 2007-7-24	637 52840	宇闻爱木偶 昨天 23:26
合团给力-第5代左旋到货啦！客户近500人啦！格妈左旋老团正在进行时（附照片对 ...2 3 4 5 6 .. 1062	anmy11564 2010-4-15	10610 77359	anmy11564 昨天 21:54
◆★零食坚果★◆市内满49元免费送货上门！徽常健康美味，乐享悠然生活！ ...2 3 4 5 6 .. 448	砀山黄桃 2010-10-17	4476 32933	砀山黄桃 昨天 21:22
猫猫商行的儿童学习灯 ...2	猫猫商行 2011-5-4	12 558	猫猫商行 昨天 21:18
公告:[使用技巧] 关于网店专区推广宝贝发布的方法，不明白的请看这里！ New	元元乾 2012-3-23	0 24	元元乾 昨天 21:11
优惠供应居家好帮手：外贸内销真空压缩袋（众多新款已上架，因销售火爆部分规格售缺） ...2 3 4 5 6 .. 71	ahshjj749 2009-12-18	701 24877	ahshjj749 昨天 20:57
内蒙古超厚护膝式羊毛裤 ...2	renxuanshu 2012-2-15	14 250	renxuanshu 昨天 20:47
冬靴雪地靴女靴女鞋，合肥本地大优惠！楼主含泪描述自己的开店史！ ...2 3 4 5 6 .. 30	momode520 2009-12-9	299 9004	momode520 昨天 20:36
[redacted]宁国山核桃/山核桃仁新年不打烊/三家直营店/月销万斤 ...2 3 4 5 6 .. 141	宁国土特产 2010-1-18	1409 27129	宁国土特产 昨天 18:19
质量最好的环保！草莓购物袋。超市9元。团价3.5元！ ...2 3 4 5 6 .. 16	小圆子咸 2011-10-16	157 2044	小圆子咸 昨天 18:15

图 6.15　论坛目标版块

把百度搜索出来的排前 5 名的团购网站都整理出来，供我们日后随时促销推广自己的产品和店铺用。

6.3.3　外部论坛发帖，疯狂推广你的主推产品

淘宝论坛和外部论坛是不一样的，同一篇帖子我们可以发送到很多论坛中，而且同一个论坛中的不同版块也都可以发同样的帖子。这样，帖子的利用率就非常高。在外部论坛发帖不能“蛮”发，也需要掌握一点技巧。

- 论坛的昵称需要注册正规易记的名字，有时候也可以和你销售的产品挂钩。
- 个性签名要言简意赅。可以加上你的淘宝站的地址，或者你的淘宝关联博客地址，广告性不要太强。
- 文章最后一定要鼓励客户们去转载你的帖子，比如加上一些版权说明等。
- 你可以在帖子中适当插入一两个超级链接，链接到你的淘宝网站。
- 使用合适的工具帮助你省时省力地群发帖子，比如自动填表工具、BBS 帖子精灵等。这些专业的简单工具可以倍增你的工作效率。

掌握了以上几个规则后，你就可以随意地在网站上进行发帖推广了。在购物论坛、团购论坛中，你的帖子的自由度是很大的。

以6.3.2节团购论坛"TOGO论坛——网购乐翻天"中的"网店专区"的其中一个帖子为例（如图6.15所示），这个标题叫做"品牌代购满50元免费送货"的帖子有8000多的浏览量，如果成交的转化率为百分之一的话，那么这个帖子就给卖家带来了80多笔业务。如果每笔业务赚20元，那么卖家因为这一个帖子就至少赚了1600元，如图6.16所示。

图6.16 论坛广告帖A

在这个广告文案中，卖家像写日记一样把自己每日店里的内部的运作像记流水账一样记录下来。这种方式非常好，既让你的潜在客户们对你和你的店铺更加了解，也因为文字的真诚，更加深了他们对你的信任，如图6.17所示。

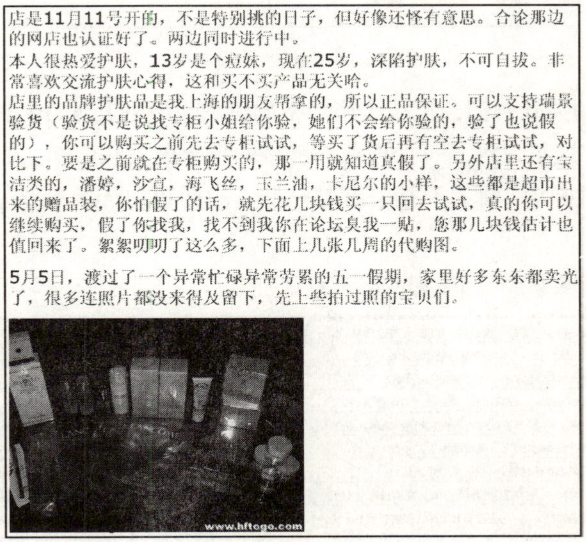
店是11月11号开的，不是特别挑的日子，但好像还怪有意思。合论那边的网店也认证好了。两边同时进行中。

本人很热爱护肤，13岁是个痘妹，现在25岁，深陷护肤，不可自拔。非常喜欢交流护肤心得，这和买不买产品无关哈。

店里的品牌护肤品是我上海的朋友帮拿的，所以正品保证。可以支持瑞景验货（验货不是说找专柜小姐给你验，她们不会给你验的，验了也说假的），你可以购买之前先去专柜试试，等买了货后再有空去专柜试试，对比下。要是之前就在专柜购买的，那一用就知道真假了。另外店里还有宝洁类的，潘婷，沙宣，海飞丝，玉兰油，卡尼尔的小样，这些都是超市出来的赠品装，你怕假了的话，就先花几块钱买一只回去试试，真的你可以继续购买，假了你找我，找不到我你在论坛臭我一贴，您那几块钱估计也值回来了。絮絮叨叨了这么多，下面上几张几周的代购图。

5月5日，渡过了一个异常忙碌异常劳累的五一假期，家里好多东东都卖光了，很多连照片都没来得及留下，先上些拍过照的宝贝们。

图6.17 论坛广告帖B

事实上，你能够发这样肆无忌惮地发广告帖，这一切都源自于找对了论坛。我们需要把有限的时间用在做最有效率的事情上。如果想做广告，那么就去做吧。

6.3.4 论坛发帖推广中的关联营销，帖多力量大

在本书第 5 章介绍过如何在宝贝描述页面和分类页面中进行关联营销的方法，这个方法可以集合所有店铺中的宝贝，集中推广其中几个最好的宝贝，效果非常好。事实上，这样的营销方法在论坛发帖推广中，也同样适用。

作者曾经在淘宝社区的经验畅谈居发过一个连载性质的帖子。通过这个例子，可以看出在论坛发帖推广中，关联营销的重要作用。

在这个帖子的标题中，你可以看到一些 6.2.2 节中关于标题的撰写技巧的应用，由于是连载的帖子，因此更容易加精。此贴在当时还置顶了四天，引起了不小的轰动，一共有 17097 个淘宝会员打开浏览过我的帖子，如图 6.18 所示。

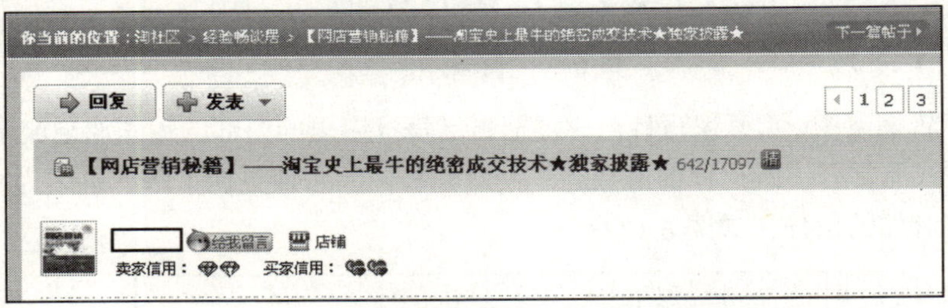

图 6.18　精华置顶帖

现在，你可以借助关联营销，把一个精华帖的流量发散到其他 10 多个普通的帖子中去。为此，在帖子的末尾，这里设计了一个连载的链接的集合做关联营销。如果你的网页编辑技术不行或者是嫌这样做太麻烦，那么直接复制粘贴帖子的标题和链接地址过来也完全可以，如图 6.19 所示。

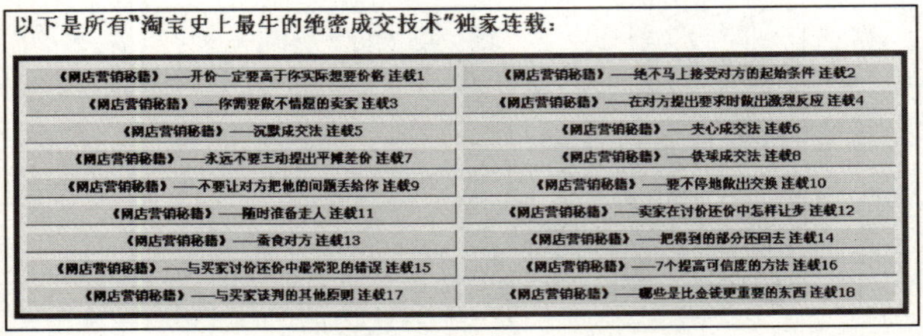

图 6.19　关联营销 A

当然，在这 10 多个连载的帖子中，同样也有互相的关联营销链接，就像蜘蛛网一样牢牢地网住你的流量，不让他们跑掉，如图 6.20 所示。

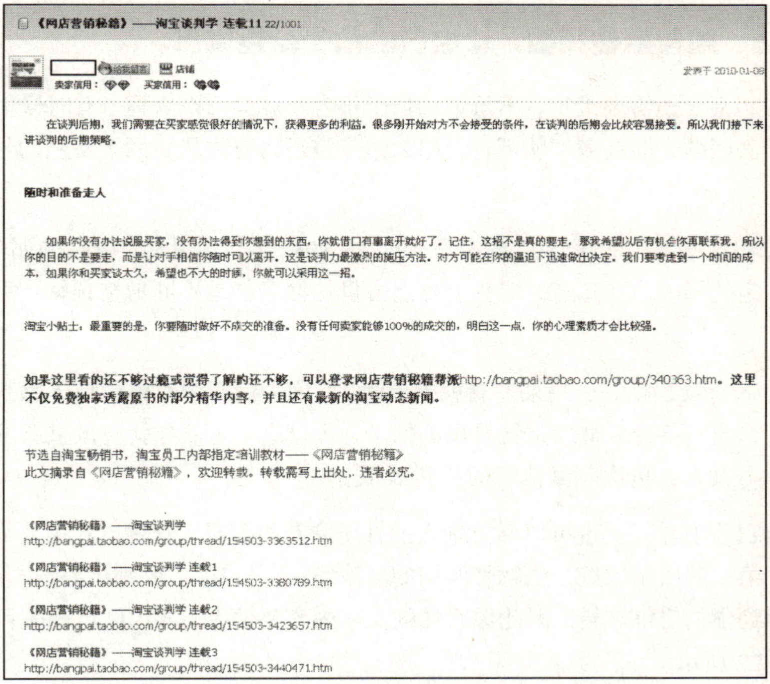

《网店营销秘籍》——淘宝谈判学 连载11 22/1001

店铺　发表于 2010-01-08

卖家信用：　买家信用：

在谈判后期，我们需要在买家感觉很好的情况下，获得更多的利益。很多刚开始对方不会接受的条件，在谈判的后期会比较容易接受。所以我们接下来讲谈判的后期策略。

随时和准备走人

如果你没有办法说服买家，没有办法得到你想到的东西，你就借口有事离开就好了。记住，这招不是真的要走，那我希望以后有机会你再联系我。所以你的目的不是要走，而是让对手相信你随时可以离开。这是谈判力最激烈的施压方法。对方可能在你的逼迫下迅速做出决定。我们要考虑到一个时间的成本，如果你和买家谈太久，希望也不大的时候，你就可以采用这一招。

淘宝小贴士：最重要的是，你要随时做好不成交的准备。没有任何卖家能够100%的成交的，明白这一点，你的心理素质才会比较强。

如果这里看的还不够过瘾或觉得了解的还不够，可以登录网店营销秘籍帮派http://bangpai.taobao.com/group/340363.htm。**这里不仅免费独家透露原书的部分精华内容，并且还有最新的淘宝动态新闻。**

节选自淘宝畅销书，淘宝员工内部指定培训教材——《网店营销秘籍》
此文摘录自《网店营销秘籍》，欢迎转载。转载需写上出处，违者必究。

《网店营销秘籍》——淘宝谈判学
http://bangpai.taobao.com/group/thread/154503-3363512.htm

《网店营销秘籍》——淘宝谈判学 连载1
http://bangpai.taobao.com/group/thread/154503-3380789.htm

《网店营销秘籍》——淘宝谈判学 连载2
http://bangpai.taobao.com/group/thread/154503-3423657.htm

《网店营销秘籍》——淘宝谈判学 连载3
http://bangpai.taobao.com/group/thread/154503-3440471.htm

图 6.20　关联营销 B

虽然连载的那些帖子大部分都没有加精，但是参与了这次关联营销的每一个帖子的浏览量最终都能够达到 1000 左右，与普通的精华帖的流量不相上下，如图 6.21 所示。

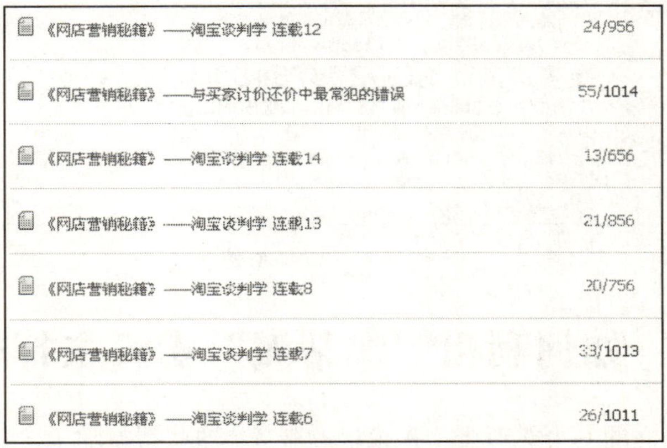

《网店营销秘籍》——淘宝谈判学 连载12	24/956
《网店营销秘籍》——与买家讨价还价中最常犯的错误	55/1014
《网店营销秘籍》——淘宝谈判学 连载14	13/656
《网店营销秘籍》——淘宝谈判学 连载13	21/856
《网店营销秘籍》——淘宝谈判学 连载8	20/756
《网店营销秘籍》——淘宝谈判学 连载7	33/1013
《网店营销秘籍》——淘宝谈判学 连载6	26/1011

图 6.21　关联营销的效果

此帖发布好几个月后一直还在不断地带来流量。由此可以看出，论坛发帖中的关联营销在汇聚流量方面的作用是巨大的。

6.3.5 如何回帖顶帖，让自己的帖子永远火暴

发了帖子以后，还需要维护，不然你的帖子很容易就会石沉大海。有时候你可以用自己发帖的那个账号去回帖，但是多了就不行，那么你应该还需要注册一两个备用的号，专门用来回帖顶帖。

你可以先用这些备用的账号去顶帖子，进行一些引导，再用发主题帖的那个账号去回复，时间需要有一定的间隔。要知道，那些上万点击量的帖子都是不断地被顶帖、不断地在首页显示才获得的。

一般这样的持续顶帖一个星期左右就差不多了，因为论坛中对你的帖子感兴趣的人大部分都已经看过了，他们不会再继续重复看你的帖子，所以这个时候你就应该重新发另一个类型的帖子，又吸引一批人，再次刺激他们的消费欲望。

如果你自己没有帖子，也可以回复别人的帖子来获得流量。这种方式需要你眼疾手快，尽量抢到第一、第二的回帖位置，也就是所谓的“沙发”、“板凳”。要别出心裁，给人印象深刻，让人忍不住想到你的店铺转转。因此你回帖的文字内容要偏大，要用红色等醒目的颜色来吸引眼球，如图 6.22 所示。

所以，只要用心地回帖顶帖，你的论坛推广效果一定会成倍提高。

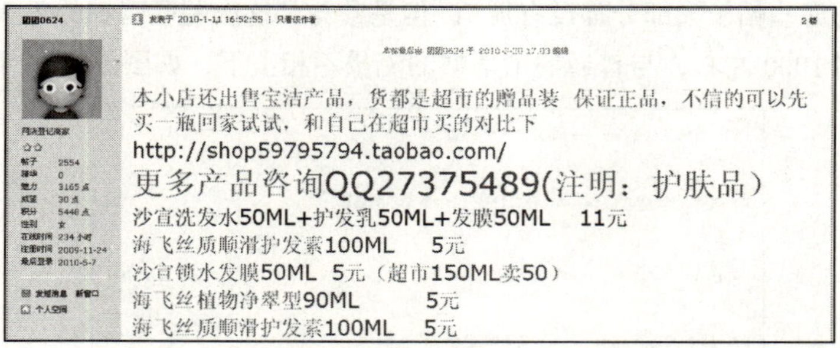
发表于 2010-1-11 16:52:55 | 只看该作者
2楼
本小店还出售宝洁产品，货都是超市的赠品装 保证正品，不信的可以先买一瓶回家试试，和自己在超市买的对比下
http://shop59795794.taobao.com/
更多产品咨询QQ27375489(注明：护肤品）
沙宣洗发水50ML+护发乳50ML+发膜50ML 11元
海飞丝质顺滑护发素100ML 5元
沙宣锁水发膜50ML 5元（超市150ML卖50）
海飞丝植物净翠型90ML 5元
海飞丝质顺滑护发素100ML 5元

图 6.22 回帖顶帖

6.4 如何利用“淘帮派”卖疯主打产品

淘帮派是淘宝创立的一个类似于个人论坛的服务。这些帮派除了少数官方创立的以外，绝大部分都是淘宝卖家自己建立的，就好像古代武侠里的门派一样，个人占领山头自成一派。整

个帮派的运作和加入的会员都由自己来管理，不同的是，没有什么森严的门规，你既可以自己建立帮派，也可以加入别人的帮派。

淘宝通过这样的方法，让千千万万的淘友，按照自己的兴趣喜好自发地聚集在一起。他们互相管理，互相扶植，逐渐形成了一个小社会。你只要在其中找到合适的帮派，长期经营下去，也能获得非常好的营销效果。

淘帮派的地址是 http://bangpai.taobao.com，直接把地址输入浏览器，再单击回车键，即可打开，如图 6.23 所示。

图 6.23 “淘帮派”主页

6.4.1 “淘帮派”比淘宝社区好在哪里

之前介绍过在淘宝社区发帖的一些好处和方法，事实上，如果你在最有名的帮派中多发帖，尤其是发精华帖，将会获得很多意想不到的好处。

- 首先，在淘帮派中发帖可以有机会免费获得广告位，利用这些广告位你可以很轻松地促销自己的主打产品。这些广告位要么出现在置顶的帖子中，要么出现在帮派的首页顶部，如图 6.24 所示。
- 淘帮派不像淘宝社区，在这里可以随便发广告。但是由于几千人的帮派就已经属于大帮派了，所以，在这里发广告帖的劣势是单个帖子的流量比较低，实际效果要差一些，如图 6.25 所示。

图 6.24 淘帮派首页中的广告位

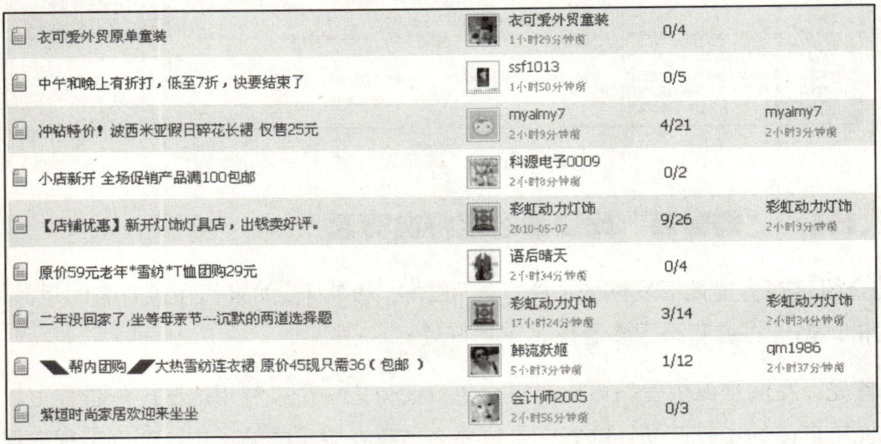

图 6.25 淘帮派中的广告帖

- 事实上，做活动最多的就是淘帮派了。你可以积极参加这些活动，尤其是那几个大帮派做的一些活动效果很好。比如促销帮的互刷收藏的活动、一元拍秒杀活动、试用包邮活动、回帖折扣活动、联合促销活动等，如图 6.26 所示。

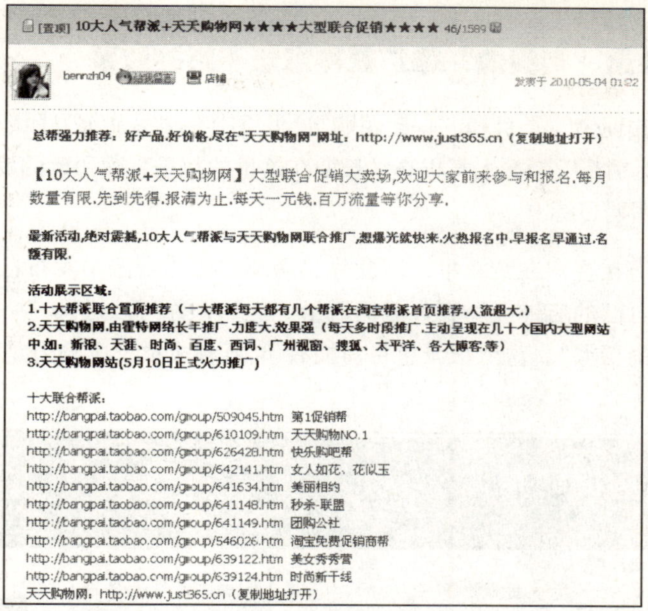

[置顶] 10大人气帮派+天天购物网★★★★大型联合促销★★★★ 46/1589

bennzh04 店铺 发表于 2010-05-04 01:22

总帮强力推荐：好产品.好价格.尽在"天天购物网"网址：http://www.just365.cn（复制地址打开）

【10大人气帮派+天天购物网】大型联合促销大卖场,欢迎大家前来参与和报名.每月数量有限.先到先得.报满为止.每天一元钱.百万流量等你分享.

最新活动,绝对震撼,10大人气帮派与天天购物网联合推广,想爆光就快来.火热报名中.早报名早通过.名额有限.

活动展示区域：
1.十大帮派联合置顶推荐（一大帮派每天都有几个帮派在淘宝帮派首页推荐.人流超大.）
2.天天购物网.由霍特网络长年推广.力度大.效果强（每天多时段推广.主动呈现在几十个国内大型网站中.如：新浪、天涯、时尚、百度、西祠、广州视窗、搜狐、太平洋、各大博客.等）
3.天天购物网站(5月10日正式火力推广)

十大联合帮派：
http://bangpai.taobao.com/group/509045.htm 第1促销帮
http://bangpai.taobao.com/group/610109.htm 天天购物NO.1
http://bangpai.taobao.com/group/626428.htm 快乐购吧帮
http://bangpai.taobao.com/group/642141.htm 女人如花、花似玉
http://bangpai.taobao.com/group/641634.htm 美丽相约
http://bangpai.taobao.com/group/641148.htm 秒杀-联盟
http://bangpai.taobao.com/group/641149.htm 团购公社
http://bangpai.taobao.com/group/546026.htm 淘宝免费促销商帮
http://bangpai.taobao.com/group/639122.htm 美女秀秀营
http://bangpai.taobao.com/group/639124.htm 时尚新干线
天天购物网：http://www.just365.cn（复制地址打开）

图 6.26　联合促销活动

● 发帖参加活动还可以拿大奖，除了获得帮派广告位以外，还有机会获得实物的奖品，如图 6.27 所示。

活动奖品：
一等奖2名：由韩佳人正品服饰店 提供【Se7enteen】韩国cherrykok新款蝴蝶结气质背心裙 一件

【Se7enteen】韩国直供现货~必备款！蝴蝶结蓬蓬网纱小短裙 一件

图 6.27　实物奖品

6.4.2 使用“淘团购”推广获得意想不到的效果

帮派里的“折扣促销”类目和“一起团购” 类目中有很多能够发团购促销活动的帮派。比如“乐淘淘团购促销帮”帮派人气很高，长期在这里的都是喜欢团购的发烧友，他们经常会在这里寻找自己的团购目标。

由于有大量的潜在客户在帮派中，因此你只需要在团购帮派中发布自己的团购活动，就可以在短时间内为自己的店铺吸引到大量的流量。比如，你可以进入“一起团购”类目，打开其中的“团购促销帮派”。这个帮派里目前拥有 4 万多成员，影响力是很大的，如图 6.28 所示。

图 6.28 团购促销帮派

在帮派的置顶帖中，你可以找到征集促销商家的帖子，去报名参加团购活动，如图 6.29 所示。

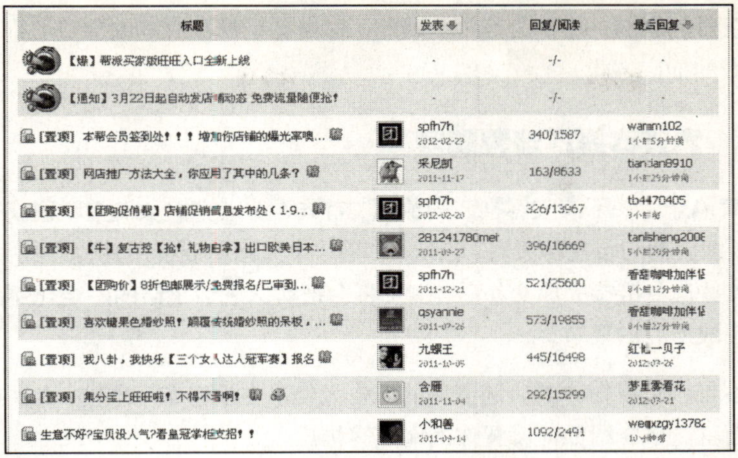

图 6.29　淘团购商家征集

在店铺促销信息发布处，把你的促销信息按照格式要求发布在这里，你的申请被批准以后，将会在团购活动帖子中占据一个席位，并获得此团购活动的大力推荐，如图 6.30 所示。

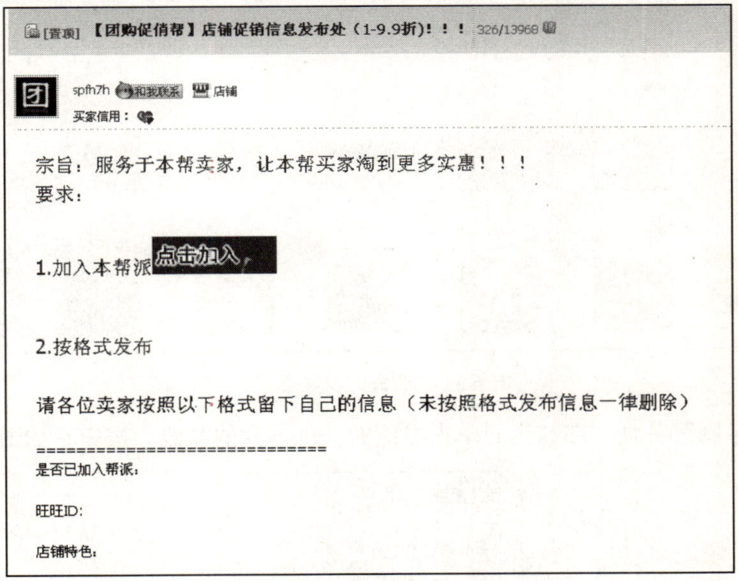

图 6.30　促销信息发布

6.5　不花钱也能做广告的淘宝客推广

淘宝客是一个非常好的推广工具，它是一种按照成交后才来支付佣金报酬计费，所以你只需要拿出额外获得利润的一小部分即可。因此，这也算是没有成本的免费的推广模式，也是每个店铺都必须做的推广方式。

6.5.1 淘宝客推广流程解密

在这里先简单介绍一下淘宝客推广的流程：首先，淘宝客们从淘宝联盟获得卖家设置的推广商品的链接，然后他们会在聊天室、论坛、博客、个人网站或使用其他方式帮淘宝卖家推广。买家通过点击这些广告链接完成交易后，淘宝将会把卖家之前承诺的一定比例的佣金直接转给淘宝客，最终完成所有的环节。

使用淘宝客推广可以使你的店铺宝贝的广告无处不在地遍布互联网，大大拓宽了你的潜在客户人群。下面就简单介绍如何设置你的淘宝客推广。

首先，登录进入淘宝后台，单击“营销中心”栏中的“我要推广”，进入推广服务页面。单击“淘宝客推广”图标按钮进入，如图 6.31 所示。

图 6.31　单击“我要推广”

进入到淘宝联盟首页，在这里，单击右侧的“进入我的联盟”按钮，如图 6.32 所示。

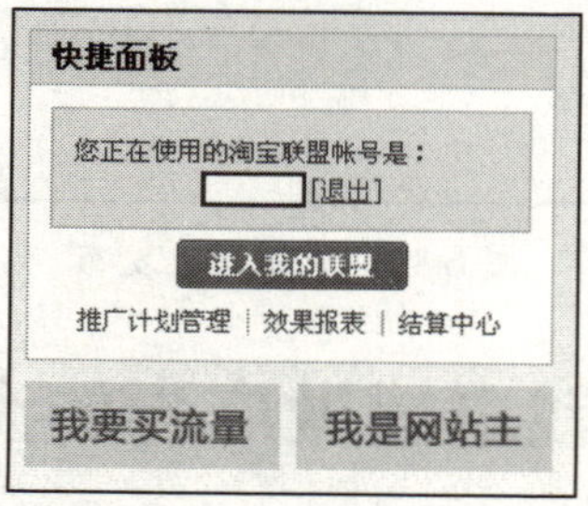

图 6.32　淘宝联盟首页

进入到淘宝联盟自己账号的后台之后，你就可以开始建立自己的推广计划了。首先应该在页面左上角确定你选择的是“广告主”的模式。然后在这个模式下，单击“求推广”，进入到推广计划管理页面。单击“新建定向推广计划”按钮，如图 6.33 所示。

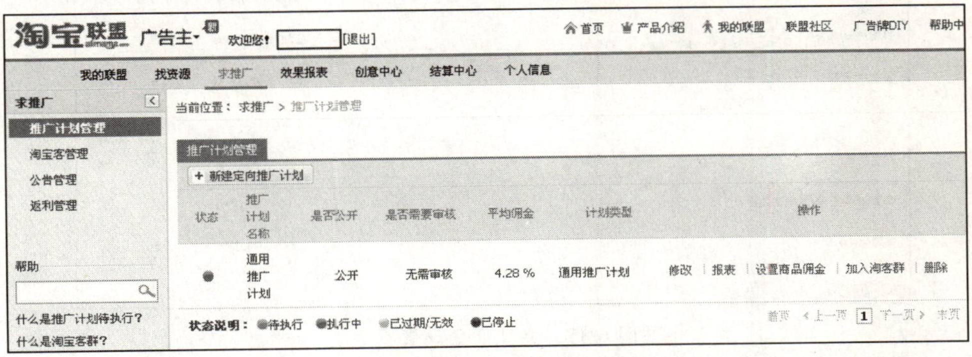

图 6.33　“求推广”页面

在新建定向推广计划页面中，按要求设置好你的计划名称、是否公开、审核方式、说明以及起始日期等。完成后单击“下一步类目佣金设置”按钮，如图 6.34 所示。

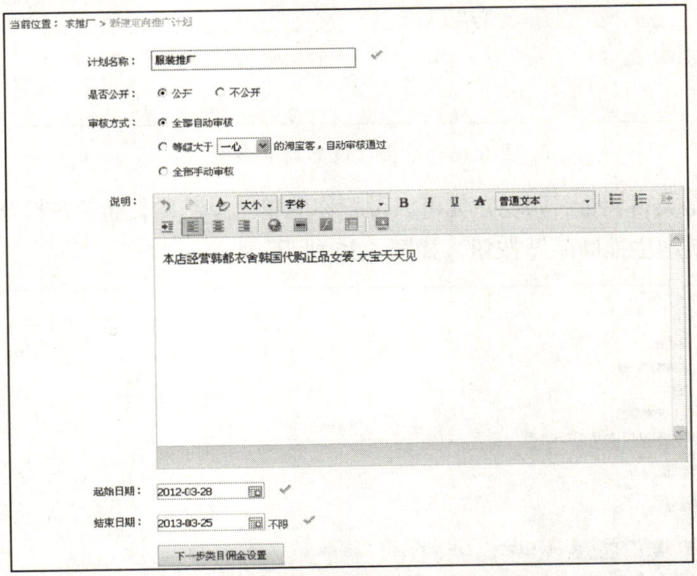

图 6.34　新建定向推广计划

接下来，你需要设置你店铺所有产品的佣金比率。根据不同类目的产品，你可以设置不同的佣金比率。一般佣金比率是限制在 1.5%~90%，而“女装/女士精品”类目中的产品，佣金是限制在 5% ~ 90%之间的。你可以在此区间内任意设置自己愿意付出的佣金。完成后，单击左下角的"保存"按钮，如图 6.35 所示。

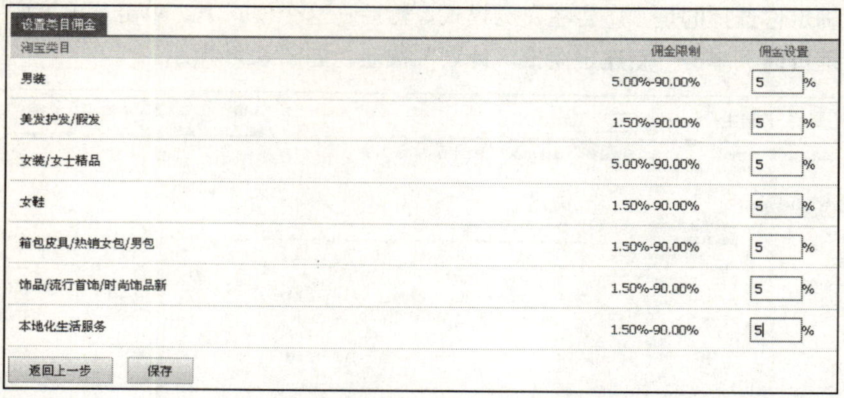

图 6.35　类目佣金设置页面

现在，你的推广计划就设置完成了。完成了推广计划的设置之后，你还需要设置你的推广单品，单击"设置商品佣金"按钮，如图 6.36 所示。

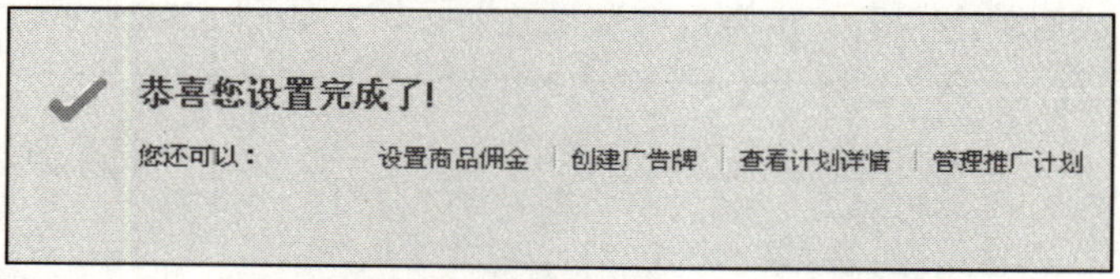

图 6.36　单击"设置商品佣金"

刚才设置的是类目佣金，而现在你可以设置你的单个单品的佣金。在打开的商品佣金设置页面中，单击"新增主推商品"按钮，如图 6.37 所示。

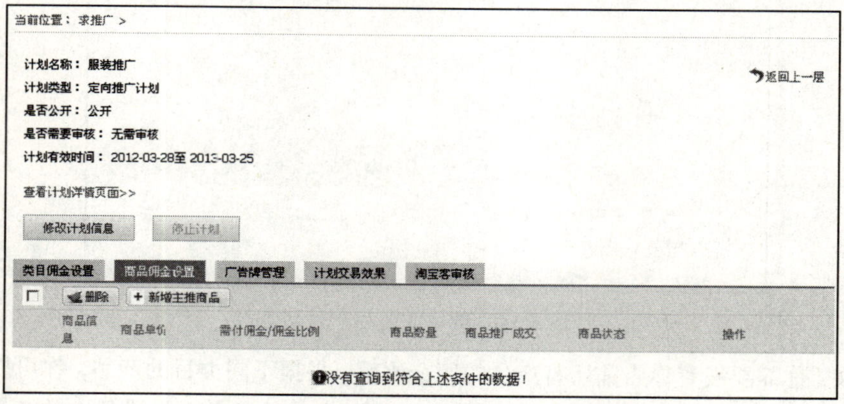

图 6.37　单击"新增主推商品"按钮

一个店铺的单品可以单独设置 30 件，你可以把店里热卖的商品推上去，提高佣金比率。设置好这个部分以后，淘宝客们才能看到你的推广单品，而店铺的其他产品他们是看不到的。在你打算推广的单品前面打上勾，完成要主推的商品的选择后，单击“下一步设置商品佣金”按钮，如图 6.38 所示。

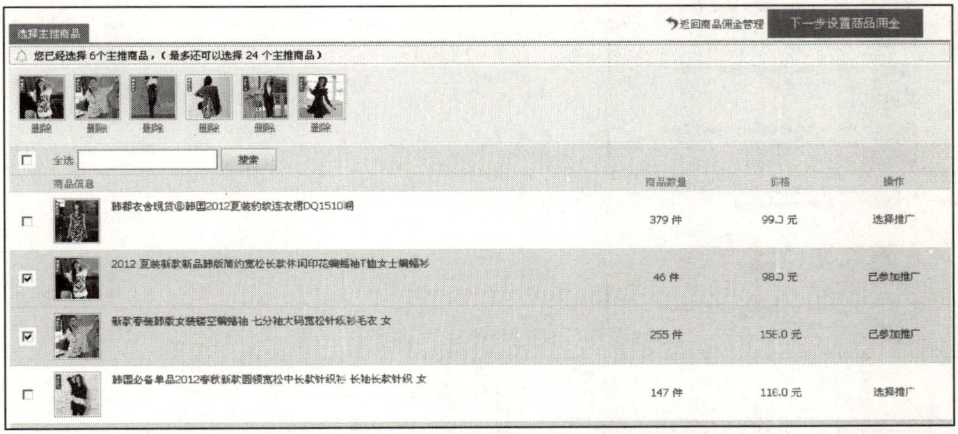

图 6.38 选择主推商品页面

在打开的佣金比率设置页面中，根据实际情况分别输入每个宝贝的佣金额度，这些特别推广的宝贝可以适当把佣金设高一些。完成后单击右上角的“完成/保存”按钮，如图 6.39 所示。

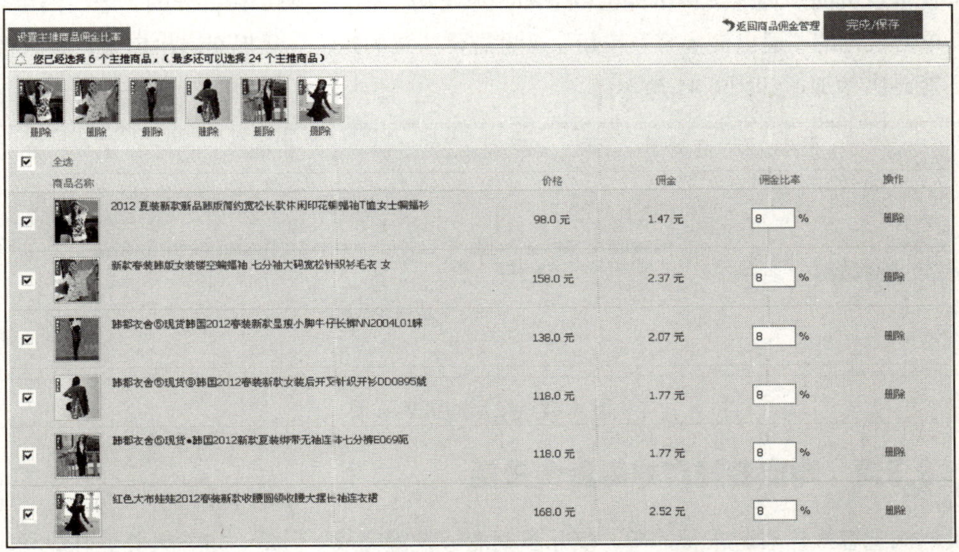

图 6.39 佣金比率设置页面

最后系统自动进入到主推商品管理页面。在这里你可以看到所有已经设置好的推广宝贝，如果觉得产品选择或者佣金比率设置得不合适，你还可以做删除和修改的操作，如图 6.40 所示。

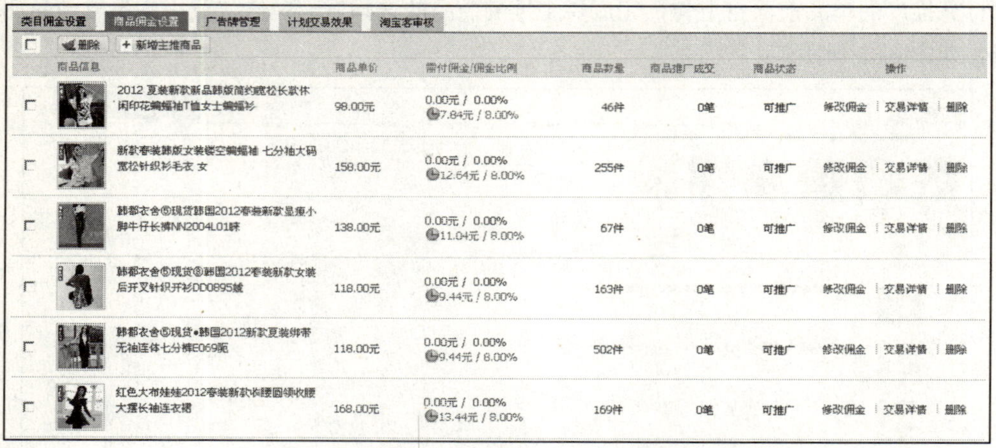

图 6.40 管理主推商品页面

你还可以单击"计划交易效果"，进入到交易查询页面，实时地查询你淘宝客的推广成交状况。

如果你不想做淘宝客推广了，也可以直接退出此服务。单击最右边的"个人信息"按钮，进入个人信息页面。再继续单击此栏目下的"退出淘宝客"按钮。在打开的"退出淘宝客"页面中，单击灰色的"退出淘宝客"按钮。这里需要注意的是，一旦提交退出申请，卖家将在 15 天内不能再次参加，如图 6.41 所示。

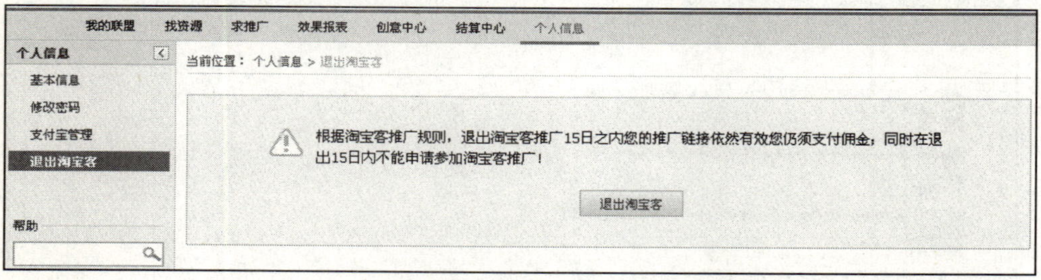

图 6.41 退出淘宝客页面

6.5.2 淘宝客推广中的黄金法则

虽然淘宝客推广看起来很简单，仅几步就能够设置完成。但是，如果想要更好地利用这个工具来为你的店铺创造更高效益的话，那么在推广过程中还要遵守以下几个推广的法则。

1．集中推广最好的几个宝贝

不要推广那些你卖不出去的产品，如果你的产品一点销量都没有，就算你设置再高的佣金也很难让人有兴趣推广。推广那些热销品不但可以吸引更多的淘宝客推广你的店铺，还有更重要的一点是可以积累销量。在淘宝中也有所谓的马太效应，也就是说强者越强、弱者越弱。如果你产品的销量已经非常好，那么接下来的情况一定会是好上加好。

2．经常整理已经推广的宝贝

在做淘宝客推广的时候，你还需要每隔一段时间就去整理一下已经推广的商品。已经不再出售的宝贝要及时更新，并且根据推广效果和季节周期等因素随时进行调整。

3．宣传你的淘宝客推广服务

使用淘宝客推广的卖家非常多，你的产品如何在众多的推广宝贝中脱颖而出是非常重要的。当然如果你只是设置好推广的那几个产品就撒手不管的话，也会带来一些成交量，但是想要有更好的效果的话，还需要多宣传自己。因为就算你的产品质量非常好，销量也非常好，佣金比率也设得非常高，但是没有人知道也是没有用的。

究竟如何做才能让更多的淘宝客知道呢？你可以发宣传帖去招募淘宝客，首选淘宝联盟社区，首先登录进入到淘宝联盟社区首页 http://club.alimama.com，如图 6.42 所示。

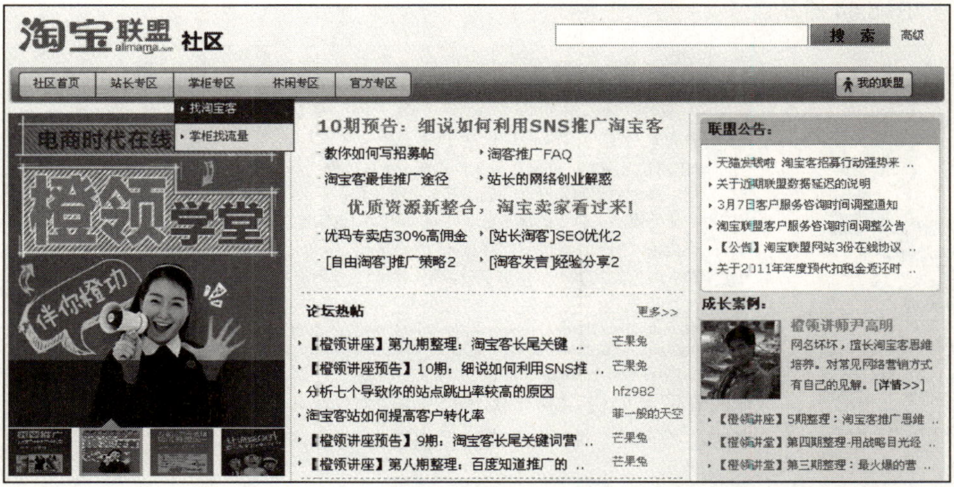

图 6.42　淘宝联盟社区

现在进入到淘宝客推广区，你可以看到很多的招募淘宝客的广告帖。在这里，广告帖是被允许的。所以，你就可以在这里发宣传帖开始推广了，如图 6.43 所示。

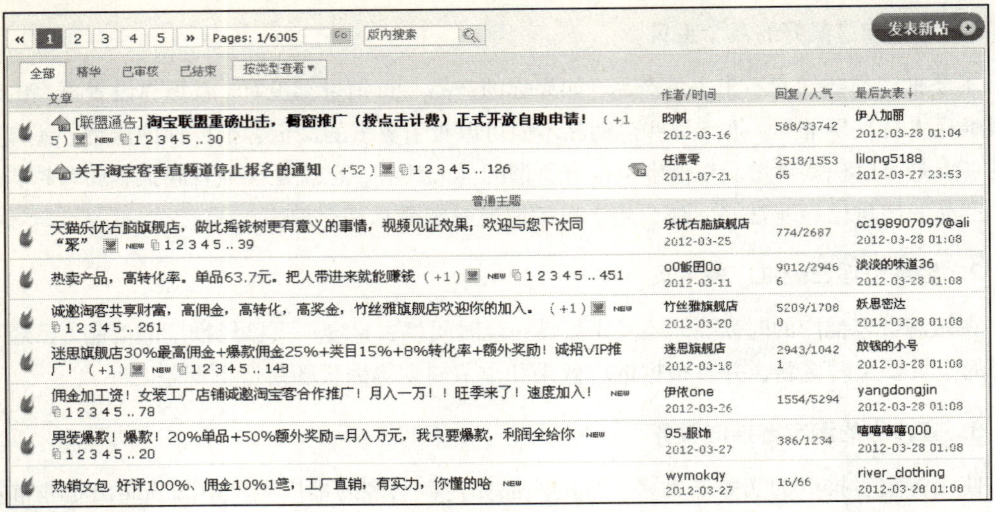
« 1 2 3 4 5 » Pages: 1/6305 Go 版内搜索
发表新帖
全部 精华 已审核 已结束 按类型查看▼
文章
作者/时间
回复/人气
最后发表
[联盟通告] 淘宝联盟重磅出击，橱窗推广（按点击计费）正式开放自助申请！（+15）1 2 3 4 5 .. 30
昀帆 2012-03-16 588/33742 伊人加丽 2012-03-28 01:04
关于淘宝客垂直频道停止报名的通知（+52）1 2 3 4 5 .. 126
任谦零 2011-07-21 2518/155365 lilong5188 2012-03-27 23:53
普通主题
天猫乐优右脑旗舰店，做比摇钱树更有意义的事情，视频见证效果；欢迎与您下次同“聚” 1 2 3 4 5 .. 39
乐优右脑旗舰店 2012-03-25 774/2687 cc198907097@ali 2012-03-28 01:08
热卖产品，高转化率。单品63.7元。把人带进来就能赚钱（+1）1 2 3 4 5 .. 451
o0饭团0o 2012-03-11 9012/29466 淡淡的味道36 2012-03-28 01:08
诚邀淘客共享财富，高佣金，高转化，高奖金，竹丝雅旗舰店欢迎你的加入。（+1）1 2 3 4 5 .. 261
竹丝雅旗舰店 2012-03-20 5209/17080 妖思密达 2012-03-28 01:08
迷思旗舰店30%最高佣金+爆款佣金25%+类目15%+8%转化率+额外奖励！诚招VIP推广！（+1）1 2 3 4 5 .. 143
迷思旗舰店 2012-03-18 2943/10421 放钱的小号 2012-03-28 01:08
佣金加工资！女装工厂店铺诚邀淘宝客合作推广！月入一万！！旺季来了！速度加入！1 2 3 4 5 .. 78
伊依one 2012-03-26 1554/5294 yangdongjin 2012-03-28 01:08
男装爆款！爆款！20%单品+50%额外奖励=月入万元，我只要爆款，利润全给你 1 2 3 4 5 .. 20
95-服饰 2012-03-27 386/1234 嘻嘻嘻嘻000 2012-03-28 01:08
热销女包 好评100%、佣金10%1笔，工厂直销，有实力，你懂的哈
wymokqy 2012-03-27 16/66 river_clothing 2012-03-28 01:08

图 6.43　淘宝客推广区

在这里发帖的时候，你需要在标题和宝贝详情中使用一些吸引人的文字来让更多的淘宝客关注。帖子需要突出产品的优势和信誉，重点强调热卖程度和佣金比率的巨大优势等。在后期，如果你的淘宝客推广已经做得有声有色了，还可以贴上推广效果截图。给淘宝客们一个更直观的感觉，增强他们的行动力。或者还可以根据自己产品的特点撰写帖子，更多关于写宣传帖的方法，如图 6.44 所示。

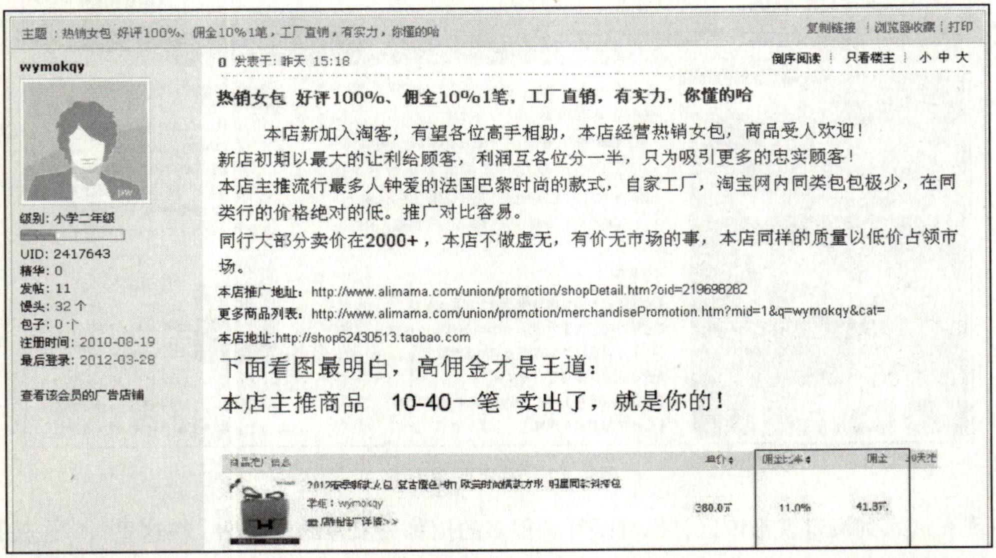
主题：热销女包 好评100%、佣金10%1笔，工厂直销，有实力，你懂的哈
复制链接 | 浏览器收藏 | 打印
wymokqy
0 发表于：昨天 15:18
倒序阅读 | 只看楼主 | 小 中 大
热销女包 好评100%、佣金10%1笔，工厂直销，有实力，你懂的哈
本店新加入淘客，有望各位高手相助，本店经营热销女包，商品受人欢迎！
新店初期以最大的让利给顾客，利润互各位分一半，只为吸引更多的忠实顾客！
本店主推流行最多人钟爱的法国巴黎时尚的款式，自家工厂，淘宝网内同类包包极少，在同类行的价格绝对的低。推广对比容易。
同行大部分卖价在2000+，本店不做虚无，有价无市场的事，本店同样的质量以低价占领市场。
本店推广地址：http://www.alimama.com/union/promotion/shopDetail.htm?oid=219698282
更多商品列表：http://www.alimama.com/union/promotion/merchandisePromotion.htm?mid=1&q=wymokqy&cat=
本店地址:http://shop62430513.taobao.com
下面看图最明白，高佣金才是王道：
本店主推商品　10-40一笔　卖出了，就是你的！
级别：小学二年级
UID: 2417643
精华：0
发帖：11
馒头：32 个
包子：0 个
注册时间：2010-08-19
最后登录：2012-03-28
查看该会员的广告店铺
380.0元
11.0%
41.8元

图 6.44　宣传帖

4．给予淘宝客们额外的奖金、奖品

对于那些推广做得好的淘宝客们，你还可以给他们制定一些额外的激励机制，让他们长期保持高昂的斗志，更加努力地为你工作。比如，推广你产品的淘宝客们将你的产品推广到一定的销量之后，你可以给予额外奖励现金或者特别的奖品。

6.6　如何利用博客吸引流量——留住客户的秘密

什么是博客呢？根据百度百科的解释：博客是一种通常由个人管理、不定期张贴新的文章的网站。一个典型的博客结合了文字、图像、其他博客或网站的链接，及其他与主题相关的媒体，能够让读者以互动的方式留下意见，是许多博客的重要因素。

博客是一种以内容为主的媒介形式，能让外界知道自己的网店在想什么。与其他主要沟通工具一样，可以增进店铺的营运能力，最终创造出全新的事业成长机会。

有条件的卖家会制作自己的网站，作为宣传的主页。而相比网站的呆板、正统的印象，博客能增加亲切感，建立一个与用户更加直接的互动沟通渠道，走近消费者，增加相互间的信任。相信在不久的将来，博客将会完全取代典型的企业网站，成为网店对外宣传沟通的主要媒介。

6.6.1　网店博客与众不同的重要意义

现在博客已经成为了社会媒体网络的一部分，可以实现很多功能。博客是沟通工具、营销技巧、聆听的渠道，以及直接与全球客户进行一对一互动的方法。你可以通过博客，了解客户与非客户群体成员对自己店铺经营的看法和意见；也可以利用客户向客户传递业务信息，并从客户那里获得实时的反馈，这对于淘宝网店来说是无法做到的。

事实上，很多大牌的淘宝网店店主已经意识到博客的重要性，并且开通了自己的博客服务，比如在淘宝信誉度排名第一的柠檬绿茶的网店就在阿里巴巴博客 http://blog.china.alibaba.com 中，开通了自己的官方博客，如图 6.45 所示。

柠檬绿茶一开始是希望通过博客与客户建立起一个沟通的渠道，但没想到最终还吸引了各行各业的专业人士、媒体等各个群体的关注。现在，博客已经成为柠檬绿茶网店传递信息的一个重要的渠道。

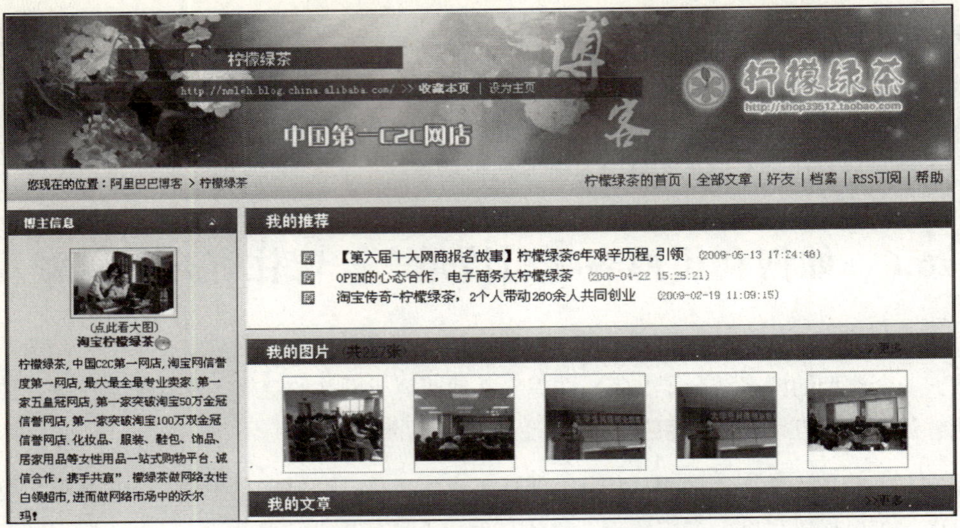
柠檬绿茶
http://nmlch.blog.china.alibaba.com/ >> 收藏本页 | 设为主页
博客
柠檬绿茶
http://shop39512.taobao.com
中国第一C2C网店
您现在的位置：阿里巴巴博客 > 柠檬绿茶
柠檬绿茶的首页 | 全部文章 | 好友 | 档案 | RSS订阅 | 帮助
博主信息
(点此看大图)
淘宝柠檬绿茶
柠檬绿茶，中国C2C第一网店，淘宝网信誉度第一网店，最大最全最专业卖家，第一家五皇冠网店，第一家突破淘宝50万金冠信誉网店，第一家突破淘宝100万双金冠信誉网店，化妆品、服装、鞋包、饰品、居家用品等女性用品一站式购物平台，诚信合作，携手共赢”，檬绿茶做网络女性白领超市，进而做网络市场中的沃尔玛！
我的推荐
【第六届十大网商报名故事】柠檬绿茶6年艰辛历程，引领 (2009-05-13 17:24:48)
OPEN的心态合作，电子商务大柠檬绿茶 (2009-04-22 15:25:21)
淘宝传奇-柠檬绿茶，2个人带动260余人共同创业 (2009-02-19 11:09:15)
我的图片
我的文章

图 6.45　柠檬绿茶官方博客

当然，如果你的店铺不出名，可能不会这么容易达到这么好的效果，但是它的好处却是实实在在的，它的重要意义如下。

- 可以与客户直接互动，及时获得产品相关的反馈。在进货前，把产品放上去供大家评论，择优选择。客户永远比你更了解业务。
- 博客可以营造出一个空间让客户可以抒发他们的真实想法，让你的店铺同真实的人建立并维持一个良好的、更进一步的关系。
- 如果想知道你的新产品为什么销量不高，你也可以直接上博客询问客户，他们会很诚实地告诉你。
- 通过博客你可以告诉客户你在做什么，并了解他们在想什么。
- 你可以通过博客为客户提供坚实的优质客户体验，让他们从单纯的消费者变成店铺和产品的推广大使。
- 可以营造优质的客户体验，改变客户对你的店铺的态度。满意的客户还会口口相传，为你带来更多的业务。
- 你也可以搜集更多客户关心的产品的最新信息，塑造自己的专家地位，极大地增加客户的信赖感。
- 在博客中，你可以聊一些产品的使用技巧、新闻、店铺的最新动态等一些轻松的话题。你可以利用博客无限散发店铺或者个人的魅力，把自己或者店铺本身打造得具有品牌效应。

- 你也可以通过博客，宣传店铺的文化和理念，获得更多的价值认同感。

6.6.2 经营人气博客的八大秘诀

有很多人认为经营博客只需要在上面发表文章就可以了，他们经营博客都是根据自己的猜测和个人经验做出自己的判断，但他们的想法很有可能都是错误的。以下是笔者个人认为成功经营人气博客的八大秘诀。

- 你需要将热情投入这个工作，因为热情是有感染力的。如果你自己都不喜欢自己博客上写的东西，那么就很难对此投入太多的热情，所以你要写你真正感兴趣的问题。
- 你需要利用提问投票、或者做活动等方式，让客户们热烈讨论，并且最终解决他们的一些问题。
- 你需要时常更新你的博客，时常更新不但可以增加搜索引擎收录你博客文章的几率，提高博客在搜索结果中的排名，还能够牢牢抓住客户，因为人们都喜欢新鲜内容。
- 你需要为自己的博客建立大量的友情链接。你链接的博客越好，你的客户对你的博客就越重视，如图 6.46 所示。

图 6.46 博客友情链接

- 不要掩饰你自己就是店主的身份，你需要真实地把自己表达出来，并且把自己诚实守信等优秀的品格特点融入进去，形成自己的个人品牌，从而达到宣传店铺经营理念的目的。

- 使用 RSS 订阅器。RSS 阅读器是一种不用打开网页就可以第一时间阅读自己个性定制的商业信息、博客日志或者新闻的一种工具。使用订阅器的目的是要降低取得你博客文章信息的门槛，给你的客户提供便利，如图 6.47 所示。

图 6.47　博客 RSS 订阅器

- 如果你店铺有一定的实力，那么也可以利用病毒式营销主办一些活动。比如，以客户为核心的事件，或是采取奖励或比赛的方式，鼓励客户将信息口耳相传。通过媒体的报道、赞助活动及交互式网站也可以帮助增加曝光率。
- 你需要使用优秀的博客平台，比如新浪博客、搜狐博客、和讯博客、阿里巴巴博客、网易博客等。这些博客平台权重都很高，在上面发表文章更容易被搜索引擎收录。

6.6.3　你的博客如何吸引外部免费流量

由于博客也是网站，而衡量网站的好坏也有一定的标准。衡量博客成长与成效的标准之一就是看流量的多少，即访客数目。柠檬绿茶的博客建立两年，只用了 158 篇文章，积累了 40 多万的访问量，这些都是巨大的财富，如图 6.48 所示。

图 6.48　柠檬绿茶官方博客流量显示

流量越多，表示交流的人数和次数就越多，那么效果也就越好。因此，如何才能大幅提高自己博客的流量是每个店主必须要了解的。

一般博客的流量都来自于其他网站或者博客的链接、搜索引擎以及一般的营销渠道。接下来就介绍一些如何吸引外部流量的重要技巧。

- 搜索引擎的优化技巧。对于一个正常经营的博客而言，它的流量大概有 20%来自于其他的博客，40%来自老客户，40%来自于搜索引擎的搜索。如何提高你的博客对于搜索引擎的"友好"程度，则需要做到，多发表原创的文章、多放一些链接链回到自己的博客首页、多重复关键词等。
- 你必须在每篇文章的最后，提供相关文章的链接来积累流量，让新访客可以很方便地深入探索你的博客。
- 在其他博客留言。如果你能够在别的博客上多多留言，当别的博主或者浏览者看到后，就有可能访问你的博客。当然，留言也不能随便留，你的文字要有吸引力，并且要切合你的店铺经营范围，因为你需要吸引有质量的流量。

- 撰写有创意的标题更容易获得博客圈的推荐，并且更容易吸引客户点击浏览，如图 6.49 所示。

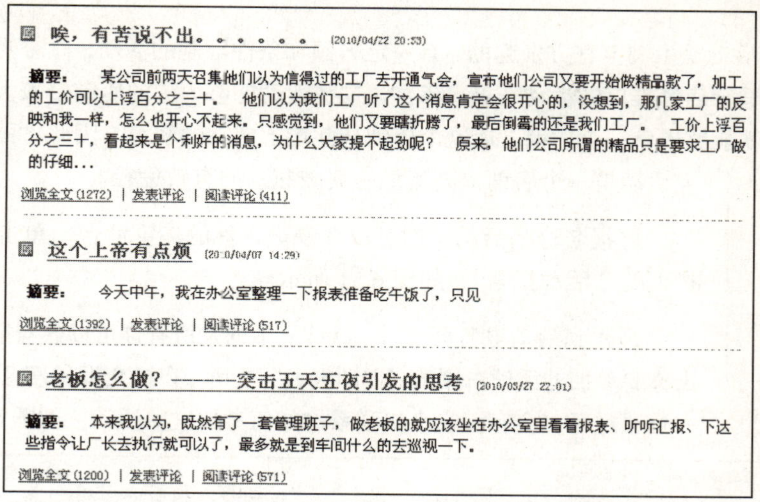
唉，有苦说不出。。。。。。 (2010/04/22 20:53)

摘要：　某公司前两天召集他们以为信得过的工厂去开通气会，宣布他们公司又要开始做精品款了，加工的工价可以上浮百分之三十。　他们以为我们工厂听了这个消息肯定会很开心的，没想到，那几家工厂的反映和我一样，怎么也开心不起来。只感觉到，他们又要瞎折腾了，最后倒霉的还是我们工厂。　工价上浮百分之三十，看起来是个利好的消息，为什么大家提不起劲呢？　原来，他们公司所谓的精品只是要求工厂做的仔细...

浏览全文(1272) | 发表评论 | 阅读评论(411)

这个上帝有点烦 (2010/04/07 14:29)

摘要：　今天中午，我在办公室整理一下报表准备吃午饭了，只见

浏览全文(1392) | 发表评论 | 阅读评论(517)

老板怎么做？-------突击五天五夜引发的思考 (2010/03/27 22:01)

摘要：　本来我以为，既然有了一套管理班子，做老板的就应该坐在办公室里看看报表、听听汇报、下达些指令让厂长去执行就可以了，最多就是到车间什么的去巡视一下。

浏览全文(1200) | 发表评论 | 阅读评论(571)

图 6.49　有创意的标题

- 多联系一些有一定流量的博客，和他们互相做博客链接。这样可以分享各自的客户，给你带来不同的客户流量。
- 你需要发挥单次访问的最大效用。也就是说，提高客户的回访量，或者是转到你淘宝店铺的转化率，这就需要你写好软文。比如，把自己的店铺地址写在文章后面等，如图 6.50 所示。

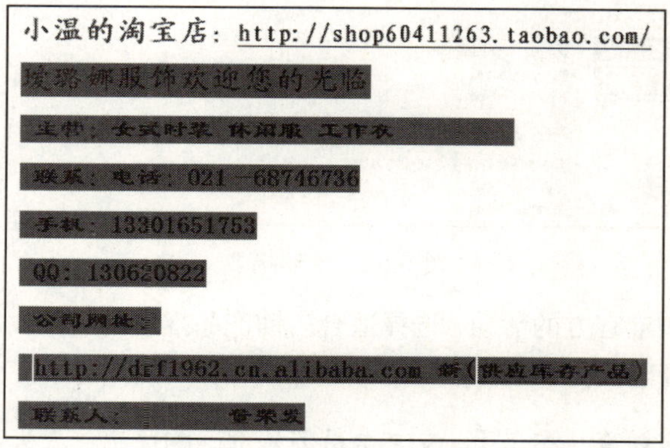
小温的淘宝店：http://shop60411263.taobao.com/

[redacted]

图 6.50　文案广告链接

- 你也可以开设多个博客，增加自己同一篇文章的浏览量。如果这样做的话，你最好不要都开在同一个博客平台上。

6.7 积极参加卖家活动引疯狂订单

淘宝卖家活动是由淘宝官方发起的、有一定名额和条件限制的活动，你需要根据自己的产品类别来选择适合店铺推广的活动来报名参加。这些活动能够为你的店铺带来大量流量，有时候，一个活动就能够成就一个店铺，让这个店铺从此走上成功的轨道。因此，积极参加各种淘宝活动是一个店铺提高流量、突破瓶颈的有效途径。

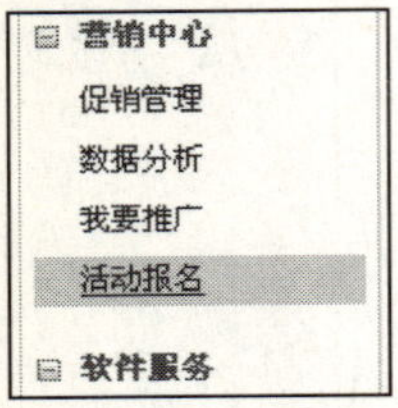

图 6.51 淘宝后台

要报名这些活动，你可以登录进入你的淘宝后台，单击"营销中心"栏下的"活动报名"，如图 6.51 所示。

进入到活动报名页面后，默认显示的是所有你可以参与报名的活动。单击你要参加的活动右侧的"立即报名"按钮。在提交报名信息后，等待审核。一旦通过后，会有淘宝小二联系你如何参加这些活动，如图 6.52 所示。

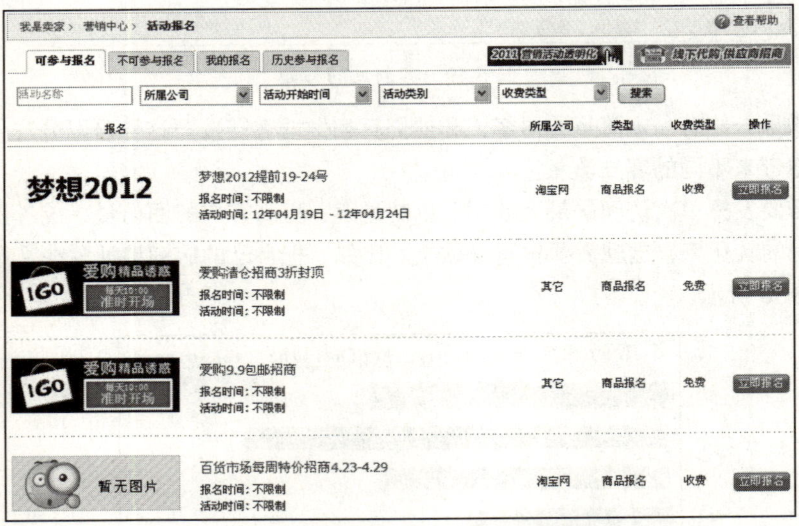

图 6.52 活动报名

你需要随时关注淘宝官方的活动，选择适合店铺产品推广的活动，并利用全部力量集中做好活动推广，带来流量增长。

淘宝活动一般有聚划算、淘金币、VIP 会员俱乐部、购优惠、天天特价、淘宝天下等。由于活动太多，在这里以淘宝试用中心为例来做一个说明。

淘宝试用中心（http://try.taobao.com）是一个提供你的产品给消费者试用的平台。通过让有较大影响力的试用达人免费试用并且反馈使用心得来吸引目标客户，达到推广传播你的产品的目的，如图 6.53 所示。

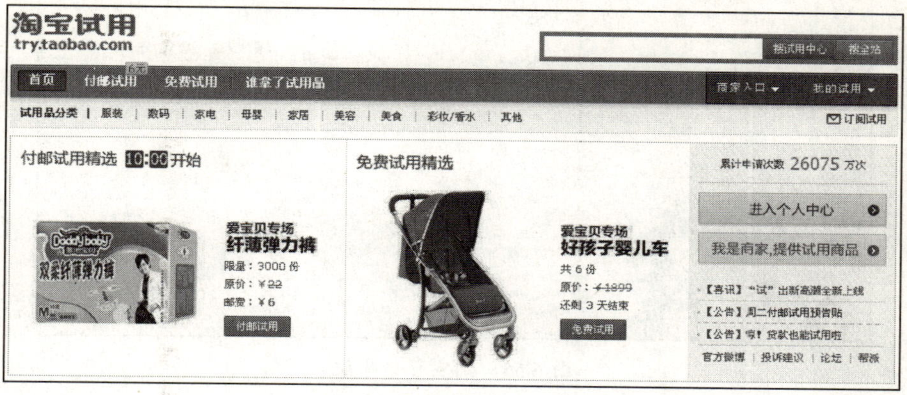

图 6.53　试用中心

淘宝试用活动的参与流程一般是这样的：首先你需要填写使用商家报名表并且发送试用产品接受小二审核。淘宝小二审核通过后，你就可以上架试用产品开始活动了，一般申请人数会在 1～2 万之间，这么多的申请人数也会给你的店铺带来一定的流量和成交。

在试用活动结束后，淘宝小二会帮你审核合适的人选来领取你的试用产品。这时候你就需要尽快联系试用客户，给他们发送试用产品。收到试用产品的淘友将会在一定时间内提交试用报告。通过这些试用报告的分享和转发，你的宝贝将会获得更多二次营销的效果，如图 6.54 所示。

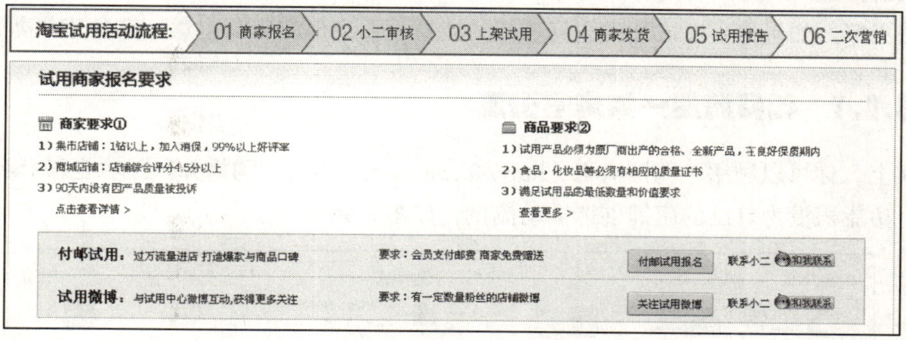

图 6.54　活动流程

为了让卖家能准确报名各类营销活动，及时掌握淘宝营销资源，淘宝专门有一个淘宝营销导航站点 http://daohang.taobao.com，如图 6.55 所示。

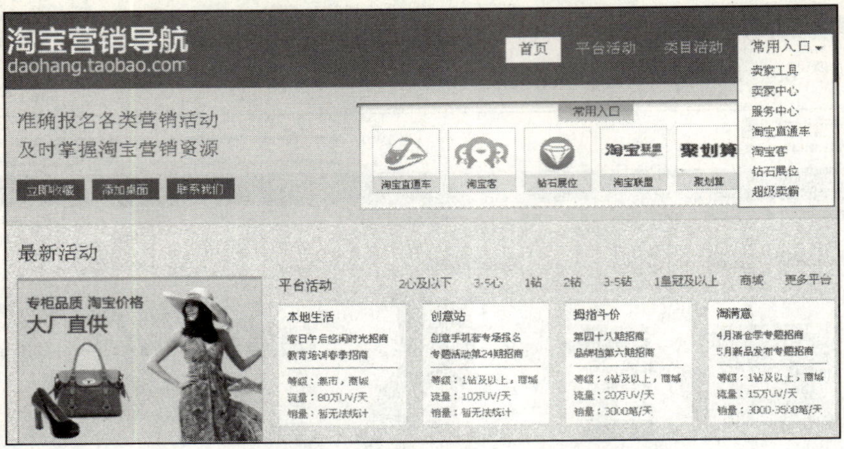

图 6.55 淘宝营销导航

在这里还要提一下关于参加聚划算团购的问题。一般上聚划算都是不带赢利的，折扣很低，一般都是 3、4 折，还包邮。这样的折扣，一般店铺是没法达到的。而且你还需要缴纳几万甚至几十万的保证金，这对于普通卖家也是承担不起的。当然，如果你资金量足够的话，可以尝试。

6.8 鲜为人知的流量聚宝盆

一淘网（http://www.etao.com）是淘宝网推出的一个立足于淘宝以及全网的购物平台，提供购买决策，让买家更快地找到物美价廉的商品的导购咨询搜索网站。这里聚集着大量有着各种需求的买家。如果你可以成功吸引到这里的流量，那么你的店铺生意一定会节节高升。

6.8.1 如何利用一淘淘吧引流

事实上，你可以利用一淘网淘吧（http://8.etao.com）中的“购物分享”功能和求购的“求购问答”功能积极为自己的店铺创造被动流量，如图 6.56 所示。

图 6.56 一淘网首页

淘吧是淘宝 2011 年并入一淘网的一个业务，参考模板就是百度贴吧。不同的是，吧主可以通过经营在淘吧内的淘宝客广告获取收入。

在淘吧中，你可以发帖也可以回帖。由于淘吧是刚建立的，各方面机制还不是很成熟，在这里发帖一般是不会被删除的。因此，假如你是卖“杰克琼斯”品牌服装的，那么你可以按如下方式来推广。

首先打开一淘的淘吧首页，登录你其中一个账号，在搜索框输入“杰克琼斯”，然后单击旁边的“搜索”按钮，如图 6.57 所示。

图 6.57　淘吧搜索

在搜索结果页面中，你可以看到很多相关的淘吧帖子，你还可以看到很多代购的帖子，这些就是广告。你可以仿造这些帖子去发布自己的广告。如果你发布的帖子能够加精置顶的话，那是最有效的，如图 6.58 所示。

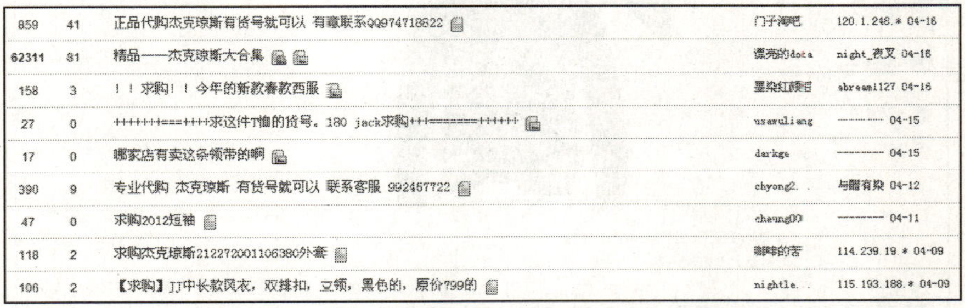

859	41	正品代购杰克琼斯有货号就可以 有意联系QQ974718822	门子淘吧	120.1.248.* 04-16
62311	81	精品——杰克琼斯大合集	漂亮的dota	night_夜叉 04-16
158	3	！！求购！！今年的新款春款西服	墨染红颜田	abreami127 04-16
27	0	++++++===++++求这件T恤的货号。180 jack求购+++========++++++	usawuliang	-------- 04-15
17	0	哪家店有卖这条领带的啊	darkge	-------- 04-15
390	9	专业代购 杰克琼斯 有货号就可以 联系客服 992457722	chyong2..	与醋有染 04-12
47	0	求购2012短袖	cheung00	-------- 04-11
118	2	求购杰克琼斯212272001106380外套	咖啡的苦	114.239.19.* 04-09
106	2	【求购】JJ中长款风衣，双排扣，立领，黑色的，原价799的	nightle..	115.193.188.* 04-09

图 6.58　淘吧帖子

看其中一个帖子的最终推广效果，这样获得的客户流量是非常精准的，如图 6.59 所示。

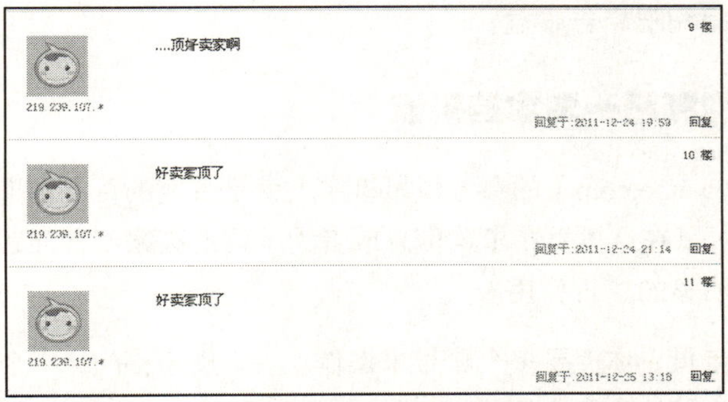

图 6.59　淘吧推广效果

你也会搜索到很多求购的帖子，回复这些求购帖也可以增加推广机会。打开其中一个求购帖，然后单击右上角的“快速回复”按钮，如图 6.60 所示。

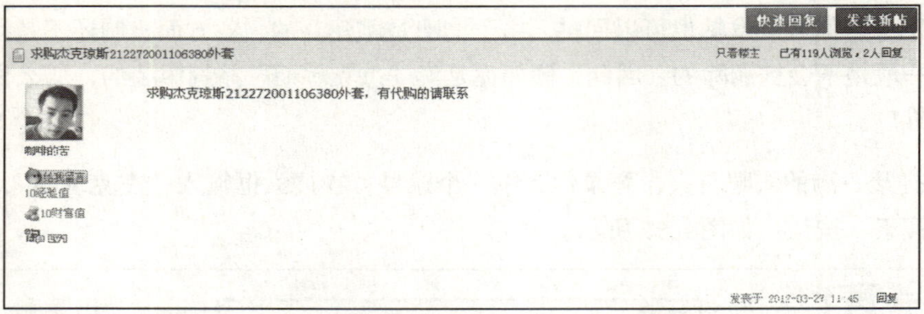

图 6.60　淘吧回帖

然后把你自己店铺中的宝贝图片和宝贝链接发上去，如果发帖者或者看到此回复的人认可你的产品，那么他们就会去你的店铺中购买，如图 6.61 所示。

图 6.61　回帖推广成功

通过在淘吧发帖回帖，你可以在这里慢慢积累人气和流量。当然你也可以自建淘吧，抢建关键词淘吧，同时获得淘吧广告收益。

6.8.2　如何利用一淘求购引流

一淘求购（http://q.etao.com）的参考模板事实上就是百度的百度知道和腾讯的搜搜问问。不同的是，用户不仅可以在这里发布求购信息或者为求购的买家回答问题，还可以在回答中插入推荐商品，具有更明显的广告作用。

使用求购来推广宝贝，你需要多个账号来操作。一个用来提问，一个用来回答。这里还是以销售“杰克琼斯”产品的卖家为例。

首先打开一淘的求购首页，登录你其中一个账号。单击页面中的“我要提问”按钮，如图 6.62 所示。

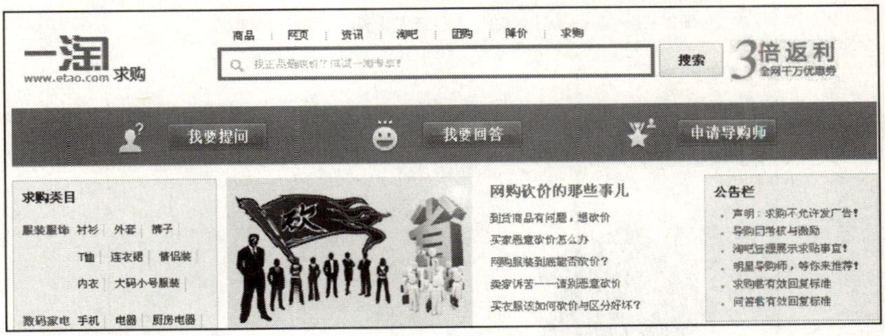

图 6.62　一淘求购首页

在提问页面中发布求购信息，提一个与你的“杰克琼斯”产品相关的问题，让别人帮你推荐一款产品。完成后单击“发布问题”按钮，完成问题的发布，如图 6.63 所示。

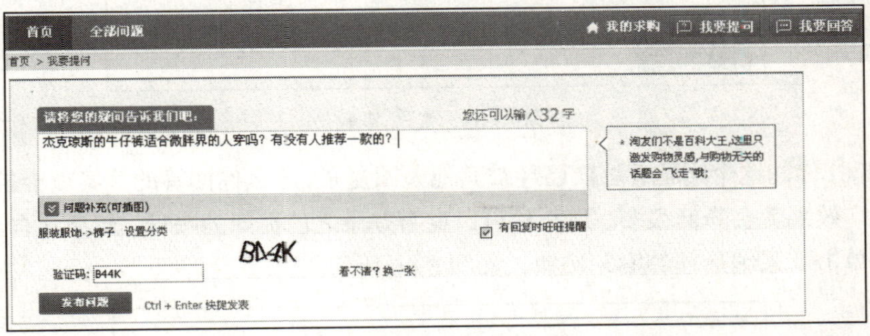

图 6.63　发布问题

接着用另外一个账号登录，然后回答你刚才提出的问题。在回答问题后，单击“插入推荐商品”，把你要推广的自己店铺的商品链接复制到这里来，然后单击“确认”按钮，如图 6.64 所示。

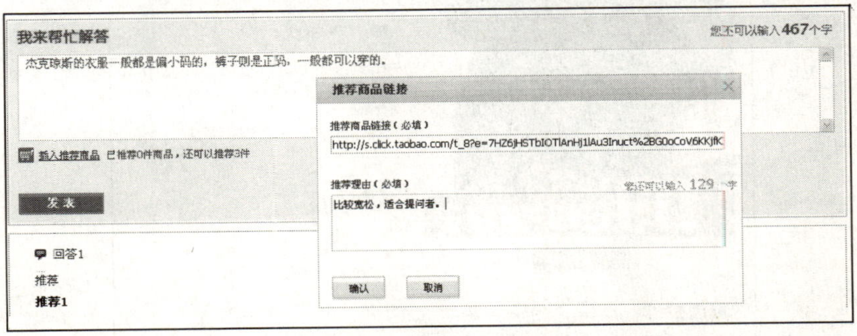

图 6.64　插入商品链接

在推荐商品的链接插入之后，单击“发表”按钮，完成问题的回答，如图 6.65 所示。

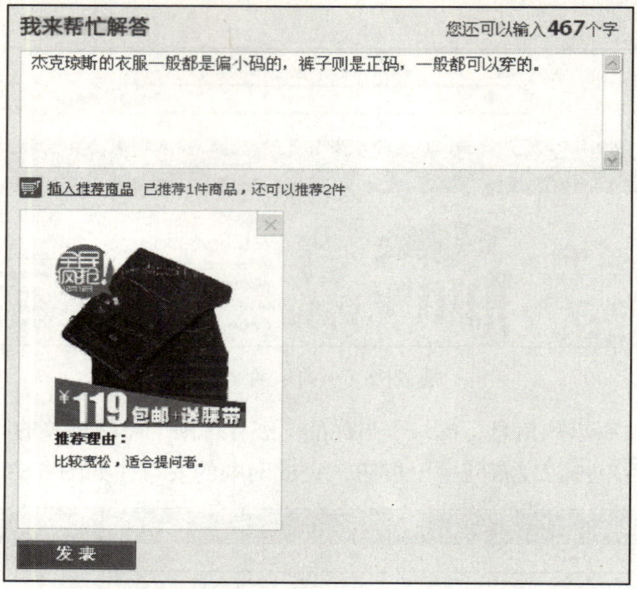

图 6.65 发表答案

在这中间，你的这个问题有可能已经被其他人回复了，那么你回答的答案就会排在第二位。这样你的推广效果就会降低很多。那么你可以重新登录之前提问的账号，然后在自己回答的那个答案中，单击“采纳最佳答案”按钮，如图 6.66 所示。

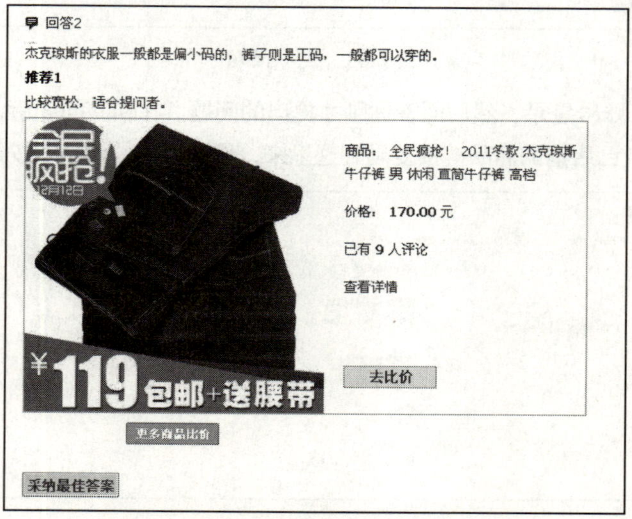

图 6.66 采纳最佳答案

现在你的宝贝已经排在第一位了，是不是很简单呢？在采纳最佳答案之后，这个问题就不能够再被其他人回答了，如图 6.67 所示。

杰克琼斯的牛仔裤适合微胖界的人穿吗？有没有人推荐一款的？
已有2人回复 | 浏览次数:31次
提问者：tch003　提问时间：2011-12-27 23:00
最佳答案
杰克琼斯的衣服一般都是偏小码的，裤子则是正码，一般都可以穿的。
推荐1
比较宽松，适合提问者。
12月12日
¥119包邮+送腰带
更多商品比价

图 6.67　最终效果

只要使用这种方法，多多发问和回答问题，你就可以在短时间内为自己的宝贝制造很多免费广告，带来大量精准流量。并且由于是“第三方”做的推荐，因此这些流量的成交转化率也会更高。

6.9　网商也能做微博营销

目前微博已经是世界上最为流行的信息传播发布工具。2012 年最新统计，目前中国微博人口已经达到 3 亿。也就是说：13 亿中每 4 个人就有一个使用微博。如果你拥有了一个大量粉丝听众的微博，你将更容易建立店铺个人品牌，更容易把宝贝推广销售出去，随着粉丝的增加，你将拥有无限的可能性。

6.9.1　如何让微博像磁铁一样吸引大量粉丝

开通和应用微博都非常简单，而大部分卖家最关心的问题莫过于如何快速增加粉丝。只有一个人在那自言自语的微博是没有任何效果的，因此这一节就来教大家如何能够快速地增加和吸引大量粉丝的秘诀。

- 做微博营销，首先最重要的就是完善你的微博资料，使用你的店铺名做你的微博名，用店铺 LOGO 做你的微博头像，店铺介绍也就是你的微博介绍，把店铺地址区类内容都填上去，尽量要详细准确。包括个人标签，它能自定义描述你店铺的经营范围、客户类型、产品的关键词等，让更多人找到你，让你找到更多同类，如图 6.68 所示。

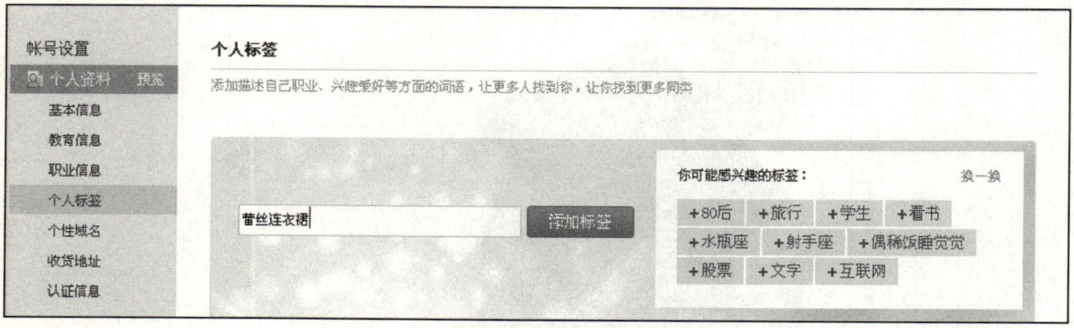

图 6.68　个人标签添加

- 加入更多的微博群，在人数多的微博群发微博是一个很好的展示自己的渠道，在这里发布一些自己店铺的信息和相关产品的观点也会得到其他人的关注。
- 主动关注和你店铺定位人群相似的群体。当你关注别人的时候，别人也会有更大的机会关注你。当你关注人数达到极限之后，再取消关注，重复关注新的朋友。当然，新浪微博对每天的关注数和取消关注数也是有限制的。
- 微博内容一定要有创意，可以发布一些行业新闻，然后可以加一些类似调侃的看法。同时微博内容一定要带上图片，这样才能吸引别人注意，最好能够在图片上加上自己店铺的水印。
- 可以转发一些质量和人气比较高的微博，然后吸引别人转发。但尽量不要让转发的比例超过所有微博的 70%。
- 经常访问别人的微博，@别人，这样你的活跃度会很高，也会让你获得更多展示的机会。当然你在使用@功能的时候，不要一次@过多的人，也不要过于频繁，一般一、两个即可。
- 多参与一些热门话题的讨论，使用#xx 话题#功能发出你个人与众不同的观点。这样也能够让更多人看到你。如何知道微博中有哪些热门话题呢？你可以进入新浪微博话题榜 http://weibo.com/pub/topic，这里会有近期最热门的事件、关注焦点、热门话题等，如图 6.69 所示。

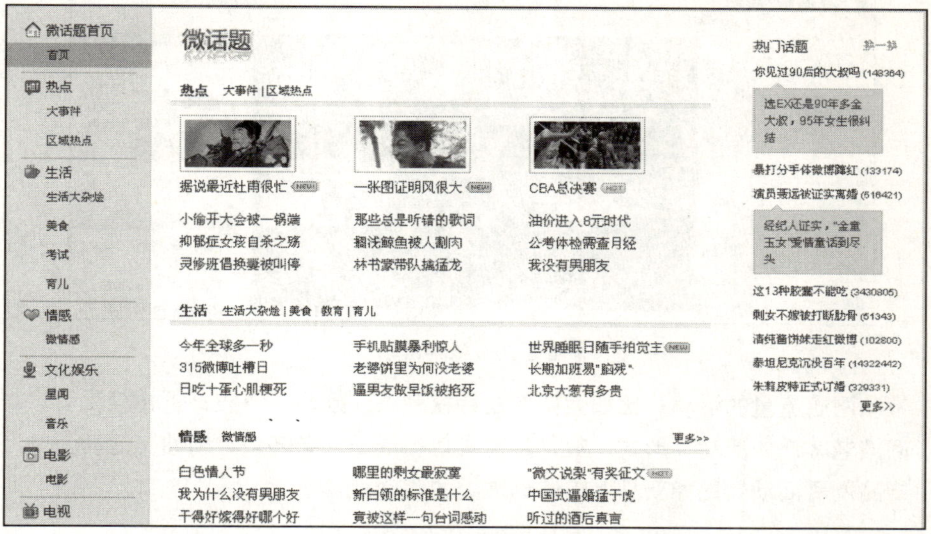

图 6.69 新浪微博话题榜

- 在新浪微博里有一个默认的规则。也就是说，如果你刚发了一条微博，那么你便会获得官方短暂的推荐时间，通常是推荐给新注册的用户。你需要好好利用这个时间，把握好更新微博的时间。在 11:30—13:30、16:30—18:00、20:00—22:00 这些时间段发微博和新注册的用户偏多。同时你需要把你的微博内容平均分布，不能每天集中在一个时间点发微博。由于你不可能 24 小时挂在微博上面，因此，你可以通过一些微博小工具来定时发布你的微博。

你还可以通过 QQ 等即时聊天工具来群发宣传自己的微博。特别是 QQ 还可以加入一些微博互粉的群，互相关注对方的效果也是不错的。

6.9.2 微博活动让口碑传遍四方

在有了粉丝之后，你还需要把微博的人气和活跃度炒作起来。你要策划一些有意义的活动，让粉丝们参与进来，并且大量分享传播出去。一般活动有以下几种形式。

- 一种是吸引新粉丝的活动，形式一般是有奖转发、砸金蛋、大转盘等。
- 增加口碑效应的活动：一些征集类活动，比如淘宝知名老牌店铺“七格格”的官方微博中的晒照片之类的活动等，如图 6.70 所示。

图 6.70 微博活动

- 带动网店流量的活动，比如微博网友特权秒杀、抢购、节假日折扣等活动。
- 回馈老客户的活动，形式一般是定期竞猜类活动、老客户定期抽奖活动。
- 产品调研活动：比如新品上市评选之类的活动。

同时，在做微博活动要注意以下几点。

- 你设计的这个活动要易于传播，增加活动的可参与性，最好是能够结合时下热点事件和话题等。
- 要注意活动吸引来的受众人群一定要是自己的目标人群，不然最终效果会大打折扣。
- 活动奖品要体现企业或者品牌元素。
- 把你微博的活动和淘宝店铺中的活动结合起来，互相进行串联，充分利用双方的流量。

在活动进行完成后，你需要对新增粉丝进行后期维护和巩固。以便于日后对他们分别进行管理和促销。

6.9.3 微博营销常规武器谱

为了方便管理微博粉丝，以及掌握微博内部互动的情况，我们可以结合使用一些免费的工具，这些工具能够节约大量卖家的时间和精力，是微博营销的必备武器。

内容库。微博内容库：内容比较多。

皮皮时光机：管理比较方便。

微博段子：支持微博内容抓取。

粉丝分析。微数据：新浪自带的分析工具，够权威。

微博粉丝分析：比新浪的更详细。

微博分析家：全面，详细。

内容分析。微博风云：数据全面详细。

微博引爆点：可进行单条传播分析。

综合管理：孔明社交管理。

众趣。

定时发布。皮皮时光机：体验最好，问题最少。

享拍微博通：多平台定时。

这些工具都可以在百度或者谷歌中搜索到，一部分可以直接通过微博“应用”来搜索找到并且使用，如图 6.71 所示。

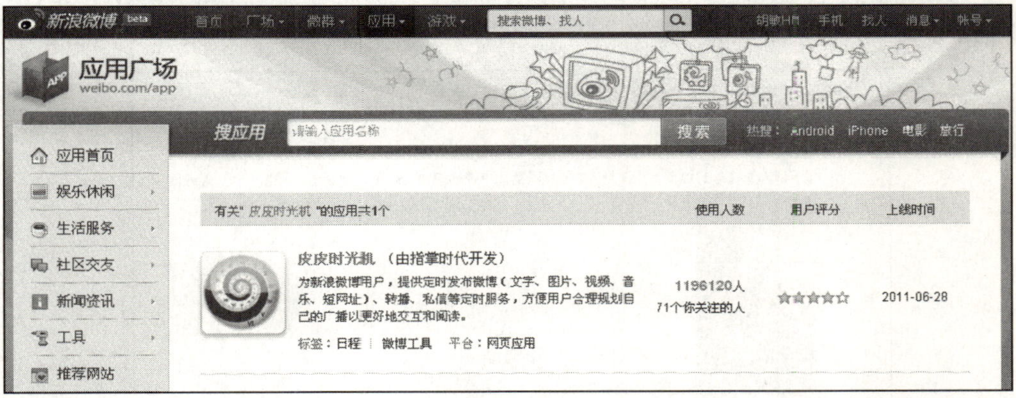

图 6.71　微博应用

6.9.4　购物分享类社交网站的引流技术

淘宝内部的淘宝哇哦和蘑菇街、美丽说等都是购物分享类社交网站，也可以综合运用一下。像这样的平台都是需要用心经营的，乱发垃圾信息的话效果不大，流量也不会多。用心去分享和评论，从而让你获取更多粉丝才是重点。

这里以蘑菇街 http://www.mogujie.com 为例，登录进入你的蘑菇街发表分享。蘑菇街支持淘宝、拍拍、当当等购物网站的商品链接，你可以通过文字介绍，分享商品从而为自己的淘宝店铺获得免费流量，如图 6.72 所示。

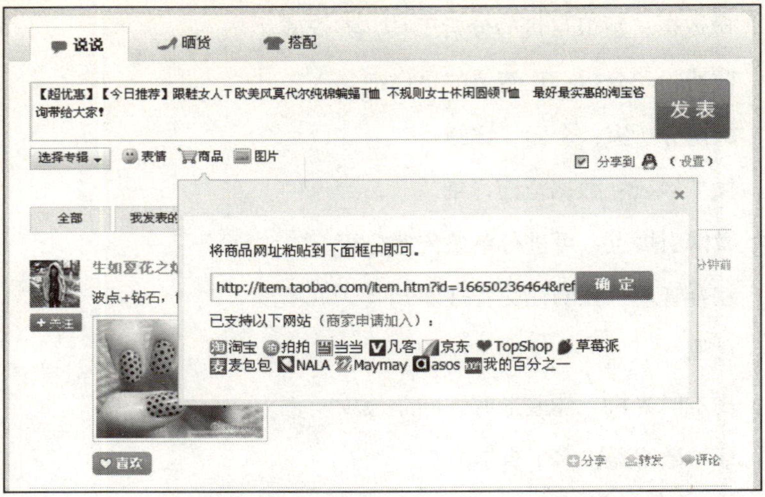

图 6.72 蘑菇街

在商品分享发布成功后，可以看到你的分享内容，还能显示宝贝主图。喜欢你的推荐的人可以直接单击“去店铺看详情”按钮，即可打开宝贝页面，如图 6.73 所示。

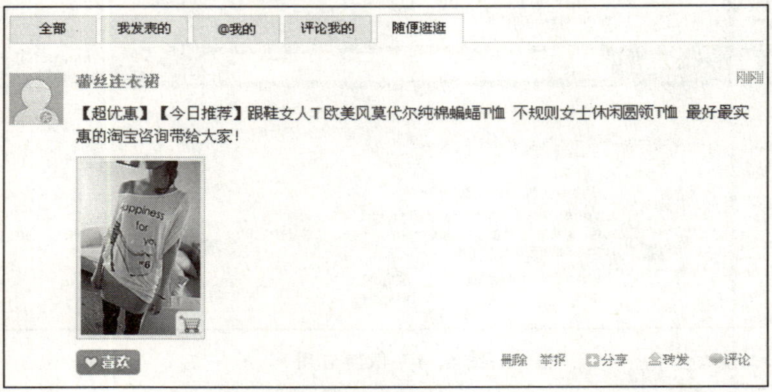

图 6.73 宝贝页面

蘑菇街的定位是时尚流行社区，这里有几百万网友在这里交流时尚、购物的话题，相互分享、相互帮助。因此，你在这里首要的目标是把自己打造成为时尚达人，尽量吸引到更多的粉丝。当你的信誉和影响力上去之后，你介绍的产品才更有可能被网友们所接受，从而成交产品。

6.10 “掌柜说”也有大流量

淘宝掌柜说是根据目前流行的微博而建立的专为淘宝卖家量身定制的社会化交流营销平台。

在这里卖家可以随时更新店铺信息动态，与店铺粉丝及时交流，建立朋友式的信赖关系，从而培养稳固长久的顾客群体，构建自己的客户管理体系。可以通过买家的分享行为、活动参与行为等进行口碑营销从而达到自我营销的目的，不仅节省营销成本，同时可以最直接、最便捷、最有效、最广泛地与买家沟通，获取最真实的信息。“掌柜说”营销一般是用来做口碑和品牌经营的。但如果你有好的创意和技巧并且肯花时间经营，也能够为你的店铺获得比较多的流量和新订单。

6.10.1　如何使用“掌柜说”做精准营销

掌柜说可以作为店铺引流、活动推广、粉丝运营的工具。通过“掌柜说”可以积累自己的重视产品和品牌理念的客户，为市场推广和品牌运营带来帮助。

掌柜说可以把收藏用户都转为自己的粉丝，从而能方便统一的进行精准营销。通过掌柜说，你可以主控性的传播自己的品牌、文化、价值，以及更多的商品信息。而不是盲目的等待收藏者的再次到来。

淘宝网同时提供 1 亿粉丝的曝光机会给到各家掌柜。在你的“掌柜说”达到了一定条件后即可升级。升级之后，你的店铺收藏用户都是你的粉丝，同时还能汇总店铺粉丝的到店行为，进行“掌柜说”产品运营效果同业对比。这是升级后淘宝卖家的“掌柜说”首页，如图 6.74 所示。

图 6.74　升级后的淘宝“掌柜说”首页

店招位置可以放置店铺 LOGO，进行一个形象的宣传。“掌柜说”名称可以自己设定。右侧是掌柜信息。发布区就是买家投稿、提问、留言的区域。

如何把你的“掌柜说”和淘宝店铺结合起来发挥功效呢？你可以在店铺装修的时候，把你的“掌柜说”功能模块添加到淘宝首页中去。

首先，登录进入自己的店铺首页，进入装修模式，然后单击左侧栏底部的“在此处添加新模块”按钮，如图 6.75 所示。

更多
在此处添加新模块

图 6.75　店铺装修模式

在弹出的“添加模块”对话框中的基础模块部分，选择单击“关注掌柜说”右侧的“添加”按钮，如图 6.76 所示。

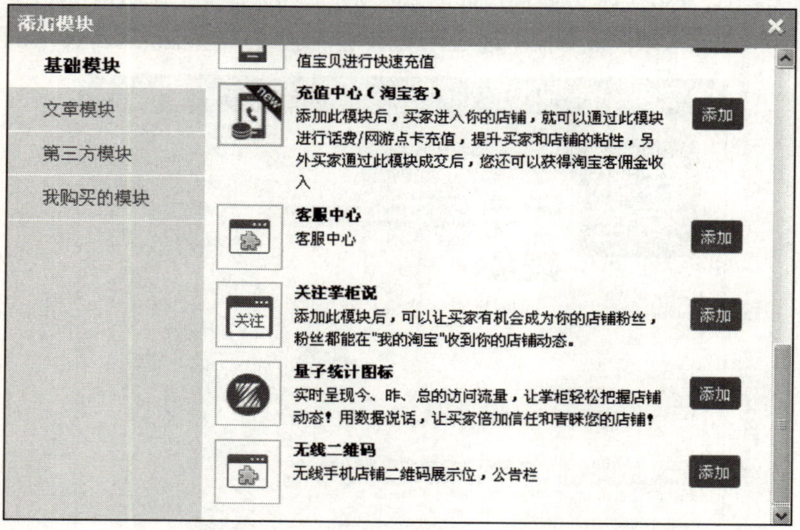
添加模块
基础模块
文章模块
第三方模块
我购买的模块
值宝贝进行快速充值
充值中心（淘宝客）
添加此模块后，买家进入你的店铺，就可以通过此模块进行话费/网游点卡充值，提升买家和店铺的粘性，另外买家通过此模块成交后，您还可以获得淘宝客佣金收入
添加
客服中心
客服中心
添加
关注掌柜说
添加此模块后，可以让买家有机会成为你的店铺粉丝，粉丝都能在"我的淘宝"收到你的店铺动态。
关注
添加
量子统计图标
实时呈现今、昨、总的访问流量，让掌柜轻松把握店铺动态！用数据说话，让买家倍加信任和青睐您的店铺！
添加
无线二维码
无线手机店铺二维码展示位，公告栏
添加

图 6.76　“添加模块”对话框

完成功能模块的添加之后，单击“发布”完成“掌柜说”模块的添加，添加后可以在你店铺首页左侧看到初始的样子。由于还没有发表言论，默认就是一张广告图片，单击此图片，进入到你的“掌柜说”首页，在文字框中，输入自己想要表达的文字或者图片，然后单击“发表”按钮，如图 6.77 所示。

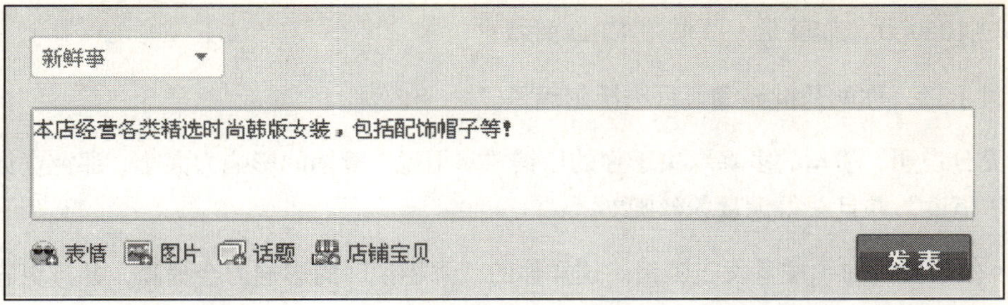

图 6.77　“掌柜说”首页

现在可以看到，你发表的文字已经显示在首页你的“掌柜说”功能模块中了，如图 6.78 所示。

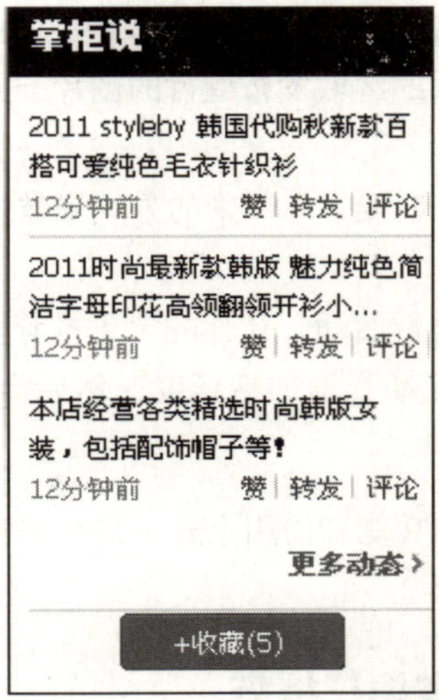

图 6.78　最终显示状态

你也许在淘宝论坛中听过这样一个段子：

“如果你的‘掌柜说’粉丝超过 100，你的店铺就是个乡村小卖部；

超过 1000，你就是个城郊便利店；

超过 1 万，你就是义乌小商品城里的一个摊位；

超过 10 万，你就是一个三线城市的百货商店；

超过 100 万，你就是二线城市的大卖场；

超过 1000 万，你就是一线城市 CBD 商城；

超过 1 亿，你就是世界零售巨头沃尔玛了。"

这充分说明，粉丝的多寡取决于你的店铺"掌柜说"营销的影响力大小，那究竟如何经营你的"掌柜说"并且获得大量粉丝呢？

- 你需要按时、按量发布叽歪。这样你的"掌柜说"的影响力会提高，并且更容易获得升级的机会。
- 经常使用"宝贝链接"按钮推荐宝贝，这样把店铺宝贝和你的"掌柜说"结合起来，提高宝贝点击次数。
- 掌柜们可以多多鼓励自己的粉丝把优质的内容发布在这里，比如宝贝分享、试用心得等，因为粉丝留言的内容是可以转发到"掌柜说"的页面的。
- 在店铺中各个流量比较大的区域发布醒目的图片，告知你的买家们，让他们去"收藏"你的"掌柜说"。
- 在你做各种各样的活动的时候，以奖励的方式来鼓励买家们"收藏"你的"掌柜说"，成为你的粉丝。
- 定期组织已有的粉丝们进行活动，让你的宝贝推荐与互动活动相结合。
- 经常回复粉丝，与粉丝互动，增加活跃度，然后借你的粉丝们的口碑吸引更多人关注你。

虽然目前淘宝的"掌柜说"在功能和使用上还不是很完善，但和微博类似的模式绝对是未来淘宝发展的重点。

6.10.2 社交网站群发推广技巧

淘宝还提供很方便的小工具，能够让你把你店铺中的商品信息一键发布到你的所有社交网站中去，从而，大大节省你的时间和精力。

首先在你的淘宝后台，单击"账号管理"按钮。然后继续单击账号管理页面中的"分享绑定"。进入到"绑定管理"后，你可以看到这里已经默认显示了一些社交网站，你可以把你的淘宝店铺与这些社交网站一一绑定，这样你就可以把你店铺中的信息分享给你的这些相应网站中的朋友们，如图 6.79 所示。

这需要你在这些社交网站中首先有一个账号，然后把一个个网站绑定之后，你就可以发布信息了，如图 6.80 所示。

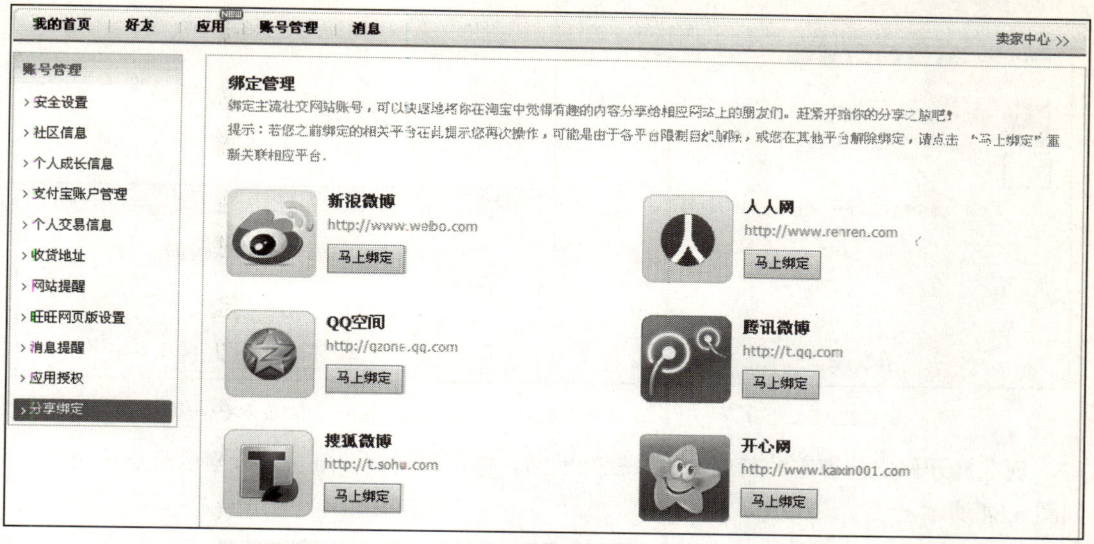

图 6.79　绑定管理

如何发布你的店铺信息呢？进入到你的淘宝店铺首页，单击页面右下方的“分享给好友”按钮，如图 6.81 所示。

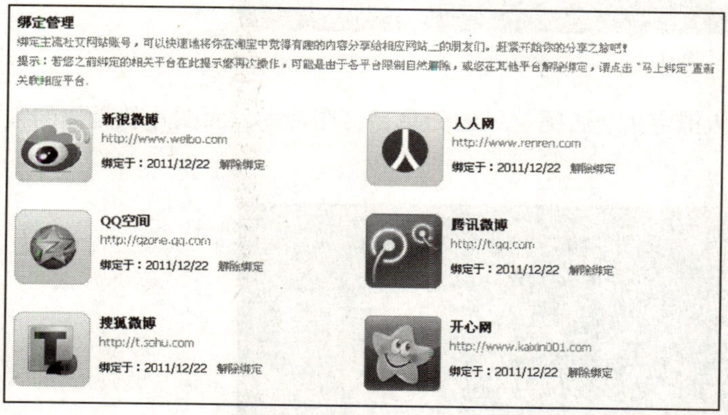

图 6.80　绑定各个网站账号

图 6.81　分享给好友

在打开弹出的“分享给好友”页面中，你可以看到你的分享内容，继续单击下方的“立即分享”按钮，如图 6.82 所示。

系统会立刻提示你信息分享已经成功，如图 6.83 所示。

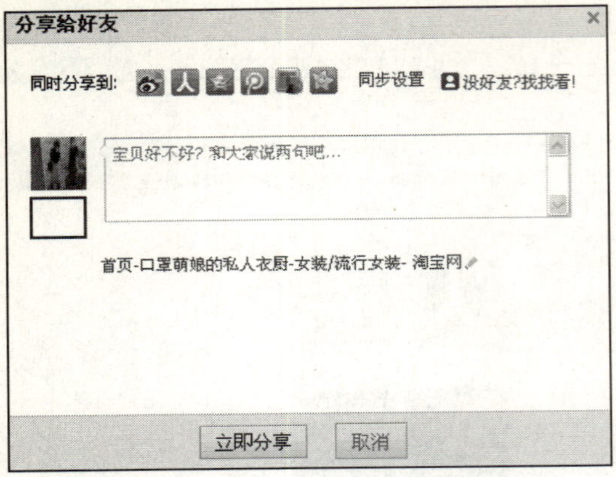

图 6.82　立即分享

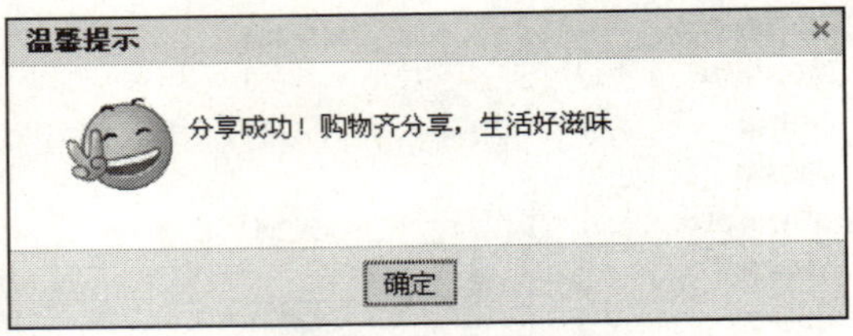

图 6.83　信息分享成功

现在打开你之前绑定的其中的一个社交网站，你可以看到，刚才的分享已经显示出来了，如图 6.84 所示。

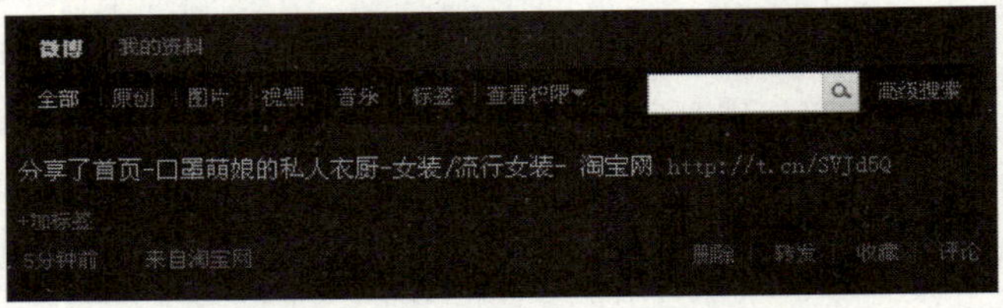

图 6.84　分享绑定

除了店铺，你也可以分享你的店铺宝贝，店铺宝贝的分享是带图片的，而图片就是你的宝贝主图，如图 6.85 所示。

图 6.85　店铺宝贝

6.10.3　最新“机构说”活动免费抢流量

淘宝“机构说”是淘宝官方及合作伙伴（类似天天特价、VIP 俱乐部、全球购、店铺街等特色频道）的官方“掌柜说”，他们会去招商，然后发布一些活动信息、导购咨询、商品推荐等信息。对于中小卖家来说，大活动可能上不了，但是这样的活动，能上的几率还是很大的。“掌柜说”机构有很多，比如图 6.85 所示的“白菜包子”，是个专门卖包包的“机构说”，目前粉丝已经有 14 万，都是有购包意向的买家。只要上了这个“掌柜说”的页面，带来的直接成交的流量也是不少的。

图 6.86　白菜包子

对于卖家来说，卖家可以通过参加这些“机构说”的活动，以比较低的折扣将自己宝贝的促销信息发布到“机构说”这一平台，让更多的买家来购买自己的宝贝。而如何找到这些活动去报名呢？

你可以去帮派中，找到一个叫做“SNS 资源联盟”的帮派。在这里会不定期的提供一些免费的“机构说”招商活动让卖家参与，如图 6.87 所示。

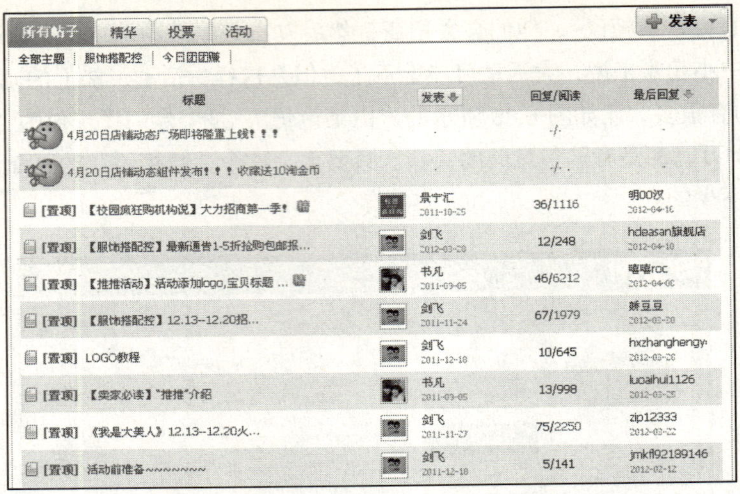
所有帖子
精华
投票
活动
发表
全部主题
服饰搭配控
今日团团赚
标题
发表
回复/阅读
最后回复
4月20日店铺动态广场即将隆重上线！！！
4月20日店铺动态组件发布！！！收藏送10淘金币
[置顶] 【校园疯狂购机构说】大力招商第一季！
[置顶] 【服饰搭配控】最新通告1-5折抢购包邮报...
[置顶] 【推推活动】活动添加logo,宝贝标题 ...
[置顶] 【服饰搭配控】12.13--12.20招...
[置顶] LOGO教程
[置顶] 【卖家必读】“推推”介绍
[置顶] 《我是大美人》12.13--12.20火...
[置顶] 活动前准备~~~~~~~~
景宇汇 2011-10-25 36/1116
剑飞 2012-03-28 12/248
书凡 2011-09-05 46/6212
剑飞 2011-11-24 67/1979
剑飞 2011-12-18 10/645
书凡 2011-09-05 13/998
剑飞 2011-11-27 75/2250
剑飞 2011-12-18 5/141
hdeasan旗舰店
嘻嘻roc
娇豆豆
hxzhanghengy
luoaihui1126
zip12333
jmkfl92189146

图 6.87　SNS 资源联盟

进入到首页置顶中的“服饰搭配控”的一个帖子。报名这个活动没什么门槛，只要你有符合这上面提到的一些简单要求的宝贝就可以拿来报名，这对于小卖家来说是非常有益的活动，如图 6.88 所示。

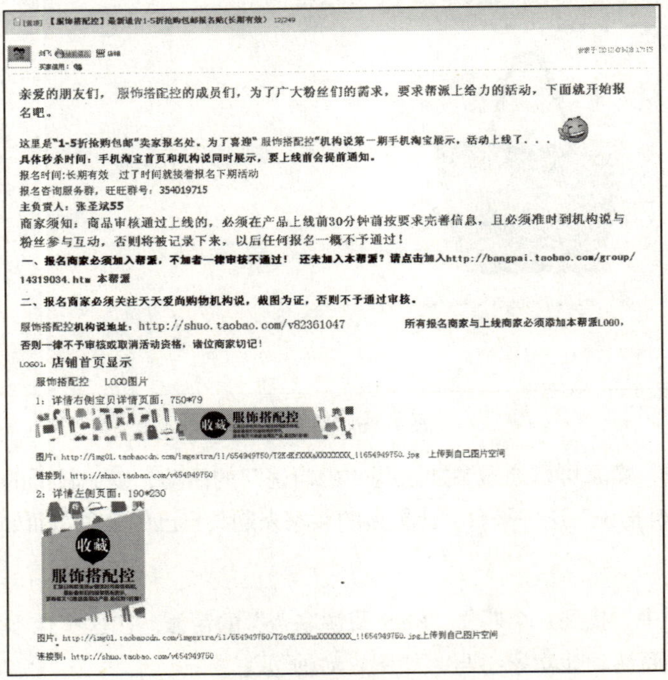
亲爱的朋友们，服饰搭配控的成员们，为了广大粉丝们的需求，要求帮派上给力的活动，下面就开始报名吧。
这里是“1-5折抢购包邮”卖家报名处。为了喜迎“服饰搭配控”机构说第一期手机淘宝展示，活动上线了. . .
具体秒杀时间：手机淘宝首页和机构说同时展示，要上线前会提前通知。
报名时间:长期有效　过了时间就接着报名下期活动
报名咨询服务群，旺旺群号：354019715
主负责人：张圣斌55
商家须知：商品审核通过上线的，必须在产品上线前30分钟前按要求完善信息，且必须准时到机构说与粉丝参与互动，否则将被记录下来，以后任何报名一概不予通过！
一、报名商家必须加入帮派，不加者一律审核不通过！　还未加入本帮派？请点击加入http://bangpai.taobao.com/group/14319034.htm 本帮派
二、报名商家必须关注天天爱尚购物机构说，截图为证，否则不予通过审核。
服饰搭配控机构说地址：http://shuo.taobao.com/v82361047
所有报名商家与上线商家必须添加本帮派LOGO，否则一律不予审核或取消活动资格，请位商家切记！
LOGO1：店铺首页显示
服饰搭配控　LOGO图片
1：详情右侧宝贝详情页面：750*79
收藏
服饰搭配控
上传到自己图片空间
链接到：http://shuo.taobao.com/v654949750
2：详情左侧页面：190*230
收藏
服饰搭配控
上传到自己图片空间
链接到：http://shuo.taobao.com/v654949750

图 6.88　服饰搭配控

如果你的宝贝通过了审核，那么你的这个宝贝链接将会展示在《我是大美人》的这个“机构说”里面。这个“机构说”目前也有 14 万粉丝，只要上了这里，就可以被这么多的粉丝们免费转发以及收藏，给自己的店铺带来大量流量和成交，如图 6.89 所示。

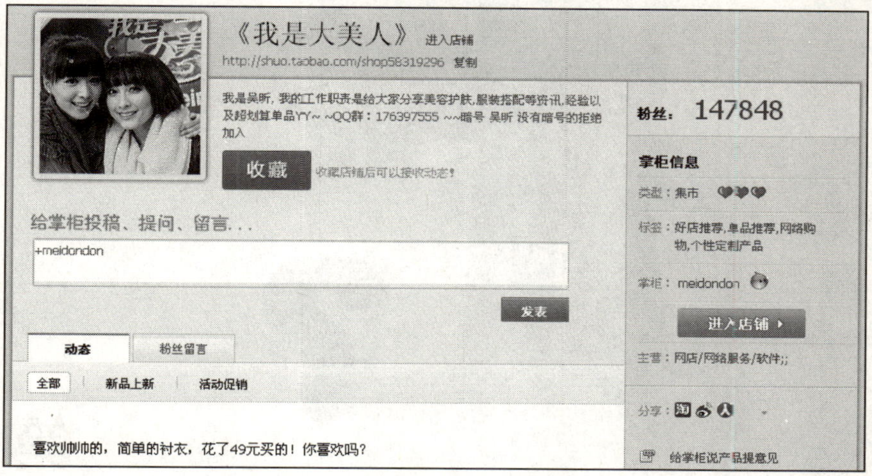

图 6.89 《我是大美人》

目前，淘宝的“机构说”活动还处在起步阶段。对于中小卖家来说，趁现在门槛还比较低，抓住淘宝的趋势和机会也许就是你店铺未来成功的关键。

第 7 章 旺店后期策略和秘诀

高手引航

上一章讲过，在旺店的中期由于买家资金不够，经验也不够老道，为了没有风险地获得更多的发展，通过免费的店铺推广方式也可以获得更多的发展。然而在旺店的后期，由于各方面的成熟，订单也越来越多。这个时候，你会感觉越来越忙，越来越没有时间去做推广。你现在需要的是用一种方式，高效率地完成之前占用了大量时间的推广工作。由于你的生意已经在一个比较稳定的阶段，如果想要获得更进一步的突破，你也需要换一种更高级的方式。

在店铺的推广营销方面，淘宝提供了很多收费的工具供卖家选择使用。这些工具非常方便、效果很好。设置一次以后就可以一天 24 小时为你工作，等于是你雇佣的业务员。在这一章里，笔者将告诉你如何让这些业务员更卖力地为你工作。

7.1　开店后期店铺定位策略

进入淘宝店铺经营的后期，你需要想办法保持高速度的发展。由于店铺流量开始稳定，在产品和业务增多以后，你就不需要再辛苦自己亲自去做推销工作了。你需要全面提升各方面自动的硬件配套，利用之前积累的资金开始增速发展。

如果想要把自己的店铺经营自动化，你就需要配置各类方便的工具服务。由于都是需要花费金钱的推广活动，那么你就需要谨慎小心，制定完整的适合自己店铺和产品的营销方案，一步步地实现自己的经营目标。

目前，淘宝各种收费的营销工具可大致分为两个部分：一个是推广的服务，用来吸引流量，提高成交的数量，包括钻石展位、淘宝直通车、超级卖霸等；另外一个是促销的服务，这些工具能够帮助提高流量的成交率和单笔成交金额，包括满就送、搭配套餐、限时打折等。通过多个营销工具的组合使用，产生 1+1 大于 2 的效果，将推广活动的作用和价值最大化。

最后，你还需要对你的这些经营措施进行有效地监控分析，及时取消效果不明显的服务，加大投资效果好的服务。通过不断优化自己的营销措施，慢慢为自己的店铺形成一套成熟的有针对性的经营方法，打造一个高效自动化的“赚钱机器”。

7.2　通往大卖家之路的必备重型武器

在淘宝刚开始发展的时候，我们也许可以不靠其他的辅助工具，就可以获得很好的成绩。然而，现在已经步入了大淘宝时代，整个市场的竞争将愈加激烈，并且好的会更好，差的会更差，出现更加明显的两极分化现象。如何才能在竞争中脱颖而出，超越对手呢？这就需要我们使用更多更好的装备来武装自己。

目前，淘宝给我们提供了很多特别有效的营销工具，而其中最好的莫过于淘宝直通车竞价营销工具了。这也是目前绝大部分的大卖家都在使用的一个工具，因为它能够切实带来流量和成交，并且你能够马上看到效果，而且门槛也不高，不论你的信誉等级和经营状况如何，每个店铺都可以使用它。因此，这可算是通往大卖家之路的必备重型武器。

7.2.1　为什么要使用淘宝直通车

根据淘宝的官方解释，淘宝直通车是淘宝为专职淘宝卖家量身定制的按点击付费的效果营销工具，为你实现宝贝的精准推广。首先来看看淘宝直通车这个强大的工具到底是以怎样的原理和形式来为你的店铺服务的。

淘宝直通车是根据宝贝设置的关键词来进行排名展示，然后按照点击进行扣费。当你使用淘宝直通车推广某个宝贝的时候，先为此宝贝设置相应的关键词和推广展示标题。当买家在淘宝输入你设置的关键词搜索产品或根据宝贝分类进行搜索时，就会在搜索结果页面中看到推广中的宝贝的展示广告，如图 7.1 所示。

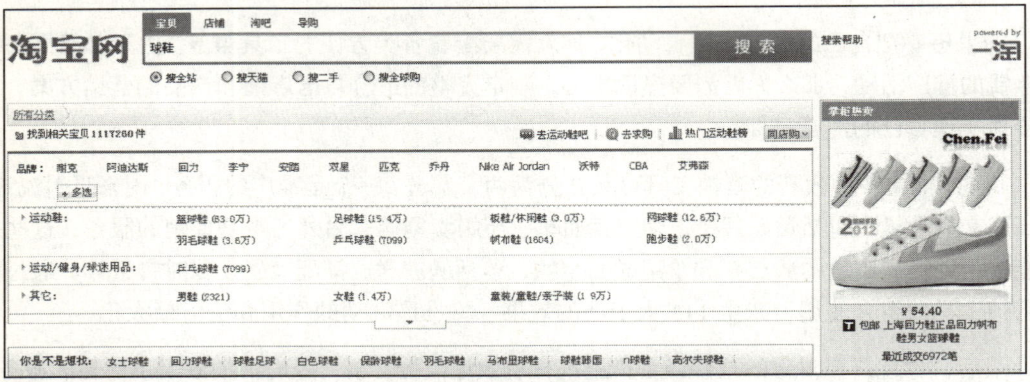

图 7.1　淘宝直通车展示 A

不但在搜索结果页面中的右侧有广告展示，网页的下方也有，并且在淘宝首页、各频道和社区的热卖单品活动、促销专享活动中也能够获得展示机会，如图 7.2 所示。

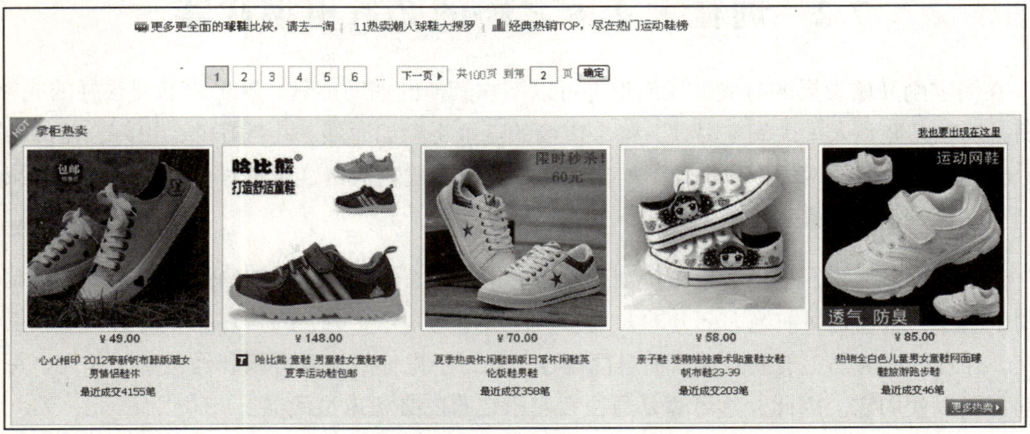

图 7.2　淘宝直通车展示 B

直通车的宝贝会在搜索结果页面中一页展示 13 个，右侧 8 个，下方 5 个。

使用淘宝直通车相对于其他推广方式的优势如下。

- 你获得的客户都将是非常有意向的准客户，所以他们更容易成交。并且你还将获得这些优质客户的会员数据。
- 你店铺的流量将可以通过淘宝直通车获得持续的提升。整个店铺人气上去以后，就会产生连锁反应，各方面的机会就会接踵而来。
- 最后一个优势就是所有直通车卖家将可以免费参加直通车培训，第一时间获得淘宝直通车行业资讯，并且有机会获得直通车小二的专属服务。

使用淘宝直通车的获利都是实实在在的，这也是为什么这么多大卖家都使用这个工具，并且很多小卖家想要快速成为大卖家，也不惜血本，加大此服务投资的原因。

7.2.2　如何做好精心的筹划和准备

由于做淘宝直通车是一个比较耗费金钱的推广模式，为了不让我们花的钱白白浪费掉，所以我们需要做一个比较详细的计划，来指导我们接下来的操作。

首先，你需要在计划中，确定你的推广金额，也就是说，你打算用于推广的投资金额是多少钱。这一点是非常重要的，因为你需要有一个资金的预算，来平衡你未来的开支。如果到时候你在推广中投入的钱太多，导致资金链断裂，最后连进货的钱都没了，那就得不偿失了。

其次你需要明确你的这次推广活动想要达到的目标是什么。店铺销售额能有多少的增长，能额外带来多少的利润等。如果没有达到，是否是需要放弃，或者是及时地做出设置方面的调整，这都是需要考虑的地方。

最后，还需要知道你这次推广活动持续的时间，知道了时间，你就可以很从容地做一个时间管理。把工作具体到每一天的操作，包括每一天分配多少金额用做推广费用等。

以上是一个大方向的计划，在具体的落实措施中，你还需要做好以下几个准备工作。

- 首先要选定几个店铺里已经热销的好评如潮的人气宝贝：此宝贝必须要有一定的销售记录，并且客户评价反应都比较好。
- 如果需要同时推广多个产品，那么你需要挑选不同种类的产品进行推广，以免造成产品互相“打架”的情况。
- 你需要充分地做好推广宝贝的宝贝描述，宝贝图片一定要精美，文字要吸引人。
- 也许点击进来的客户不一定喜欢你的这个产品，所以你必须要在这个产品中做好关联营销，让他们能够通过这一次的点击，看到你店铺里其他更多的产品，充分放大推广的功效。
- 准备好充足的货源，不要出现产品终于热销，而你却没货了的尴尬情况。

7.2.3 如何购买并初识你的武器

首先，登录进入到淘宝后台，单击“营销中心”下的“我要推广”，进入到淘宝营销入口页面。单击“常用链接”部分中的“淘宝直通车”按钮，如图 7.3 所示。

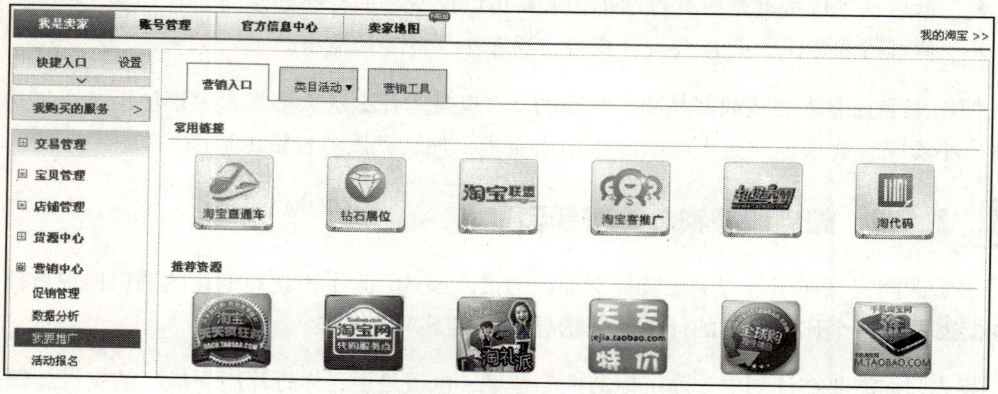

我是卖家
账号管理
官方信息中心
卖家地图
我的淘宝 >>
快捷入口
设置
我购买的服务
交易管理
宝贝管理
店铺管理
货源中心
营销中心
促销管理
数据分析
我要推广
活动报名
营销入口
类目活动
营销工具
常用链接
淘宝直通车
钻石展位
淘宝联盟
淘宝客推广
淘代码
推荐资源
淘宝网
天天
tejia.taobao.com
特价
M.TAOBAO.COM

图 7.3 淘宝营销入口页面

然后进入到淘宝直通车软件服务协议页面，这里都是一些具体的协议内容。忽略它，直接单击页面底部的“接受协议”按钮，如图 7.4 所示。

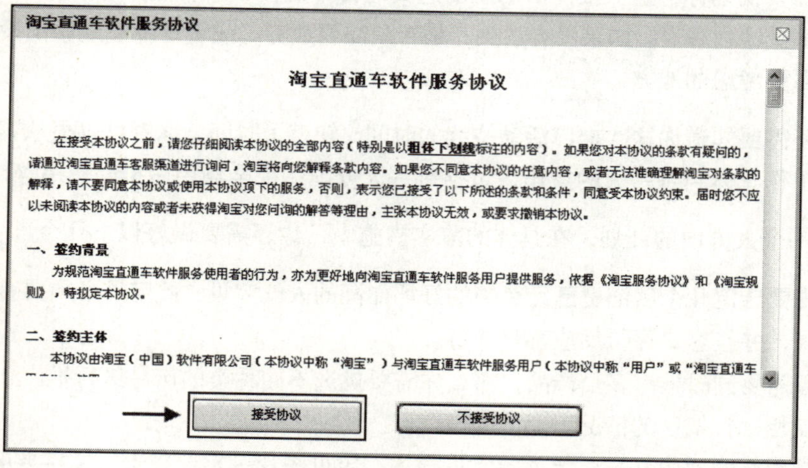

淘宝直通车软件服务协议
淘宝直通车软件服务协议
在接受本协议之前，请您仔细阅读本协议的全部内容（特别是以粗体下划线标注的内容）。如果您对本协议的条款有疑问的，请通过淘宝直通车客服渠道进行询问，淘宝将向您解释条款内容。如果您不同意本协议的任意内容，或者无法准确理解淘宝对条款的解释，请不要同意本协议或使用本协议项下的服务，否则，表示您已接受了以下所述的条款和条件，同意受本协议约束。届时您不应以未阅读本协议的内容或者未获得淘宝对您问询的解答等理由，主张本协议无效，或要求撤销本协议。
一、签约背景
为规范淘宝直通车软件服务使用者的行为，亦为更好地向淘宝直通车软件服务用户提供服务，依据《淘宝服务协议》和《淘宝规则》，特拟定本协议。
二、签约主体
本协议由淘宝（中国）软件有限公司（本协议中称“淘宝”）与淘宝直通车软件服务用户（本协议中称“用户”或“淘宝直通车
接受协议
不接受协议

图 7.4 淘宝直通车软件服务协议页面

接下来会弹出一个对话框，提示你淘宝直通车服务申请提交成功，单击“确定”按钮，如图 7.5 所示。

Microsoft Internet Explorer
提交成功！
确定

图 7.5 提交成功

现在就进入到淘宝直通车的主界面了。使用淘宝直通车的费用是直接从直通车你的个人专属账户里扣除的，如果你账户里面没有钱的话，就不能够使用这项服务。因此，你现在要做的就是为你的账户里充值，单击页面右侧的“立即充值”按钮，如图 7.6 所示。

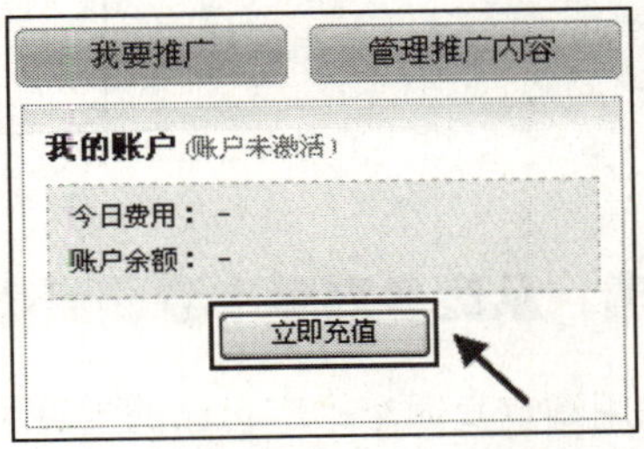
我要推广
管理推广内容
我的账户（账户未激活）
今日费用：－
账户余额：－
立即充值

图 7.6 淘宝直通车主界面

由于你是首次充值，因此你的充值最低金额为 500 元。以后的充值，最低金额额度会降到 200 元。因此，在打开的充值页面中，我们默认选择 500 元，然后单击“立即充值”按钮，如图 7.7 所示。

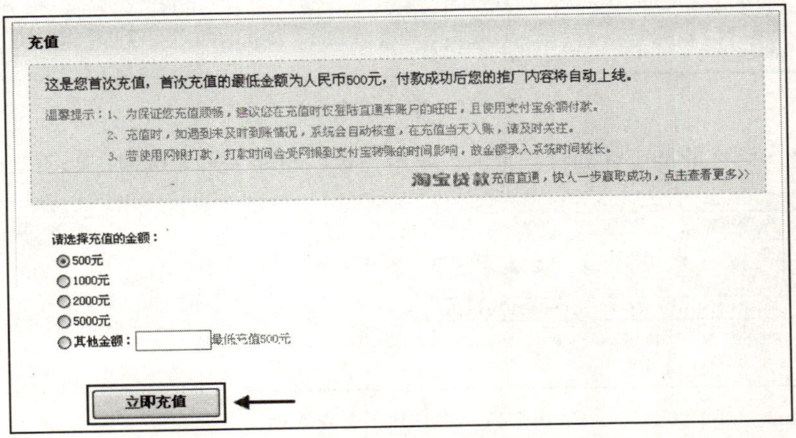
充值
这是您首次充值，首次充值的最低金额为人民币500元，付款成功后您的推广内容将自动上线。
温馨提示：1、为保证您充值顺畅，建议您在充值时仅登陆直通车账户的旺旺，且使用支付宝余额付款。
2、充值时，如遇到未及时到账情况，系统会自动核查，在充值当天入账，请及时关注。
3、若使用网银打款，打款时间会受网银到支付宝转账的时间影响，故金额录入系统时间较长。
淘宝贷款充值直通，快人一步赢取成功，点击查看更多>>
请选择充值的金额：
500元
1000元
2000元
5000元
其他金额：
最低充值500元
立即充值

图 7.7 充值页面

进入到支付宝账户付款页面，输入支付宝账户名、支付密码以及验证码，单击“用支付宝账户付款”按钮，完成整个推广费支付流程，如图 7.8 所示。

完成充值之后，直通车的主界面会显示出你的充值金额。这表示现在你就可以开始你的直通车精准营销之旅了，如图 7.9 所示。

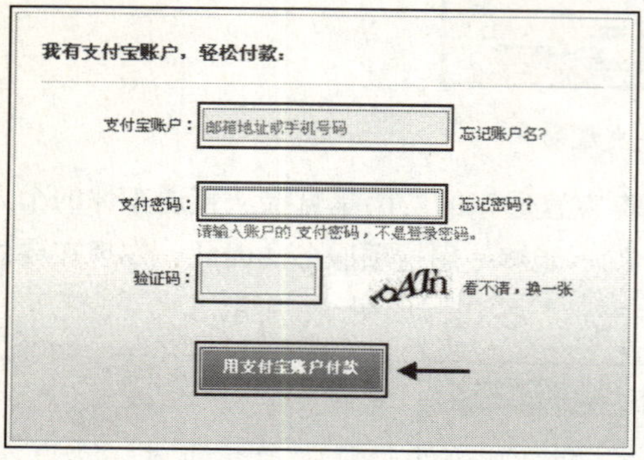

图 7.8　支付页面

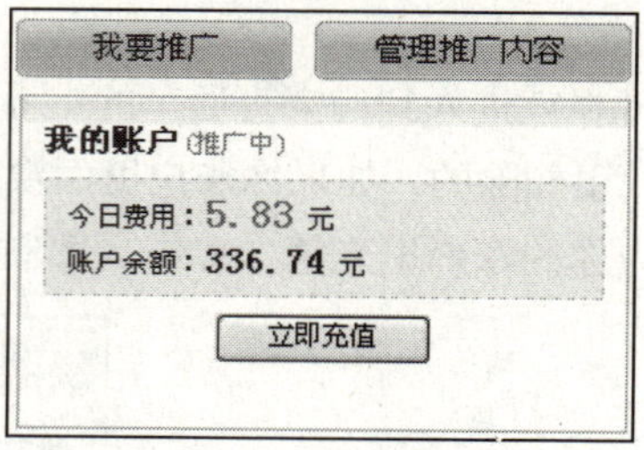

图 7.9　充值完成

7.2.4　如何吸引点击，从竞争对手中脱颖而出

接下来你就可以正式开始使用淘宝直通车推广自己的宝贝了。首先登录进入到你的淘宝直通车首页，然后在“我的推广计划”版块中，找到默认推广计划，单击此推广计划右侧的黄色“打开”按钮，如图 7.10 所示。

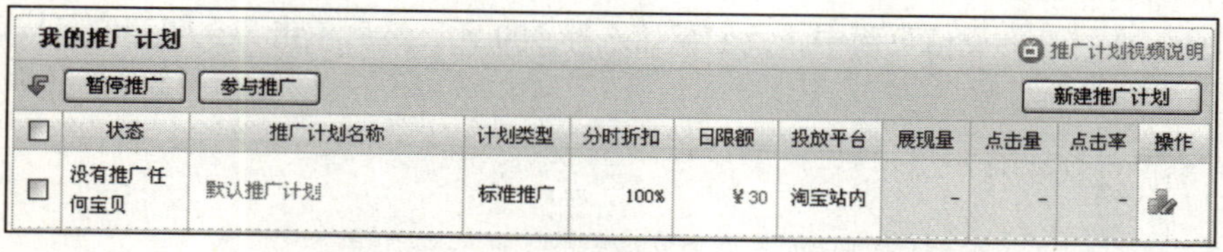

图 7.10　默认推广计划

接下来进入到你的推广计划管理页面，单击“推广新的宝贝”按钮，如图 7.11 所示。

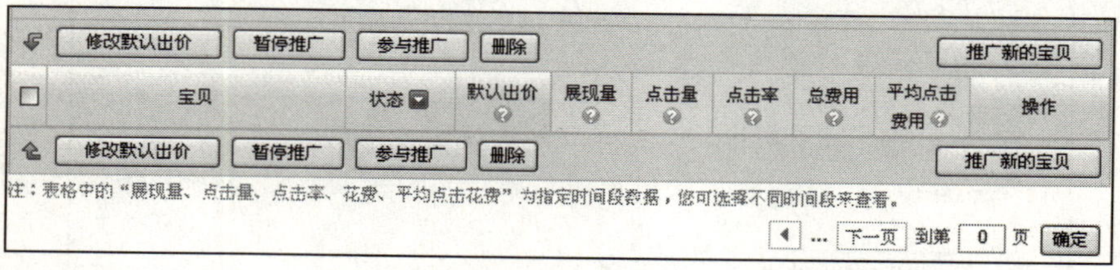

图 7.11　推广计划管理页面

在选择宝贝页面中，选择你店铺里最有优势的宝贝，比如当季热卖、累计信誉度高、销量高的宝贝。如果宝贝太多，你可以通过搜索宝贝标题的方式来找到你要推广的宝贝，选择单击此宝贝右侧的“推广”按钮，如图 7.12 所示。

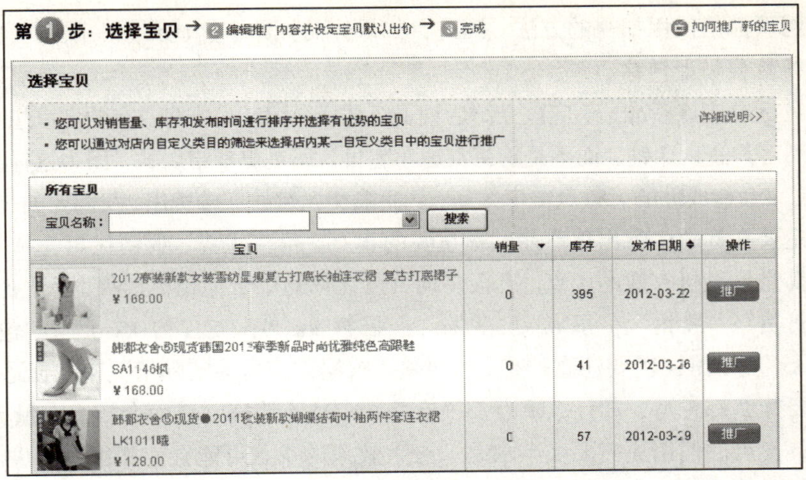

图 7.12　推广新宝贝

现在进入到编写推广内容页面，你可以从“创意图片”中任意选择一张作为广告图片。宝贝主图最好是正方形，宝贝应该在画面中间，宝贝图片应该吸引人点击，如图 7.13 所示。

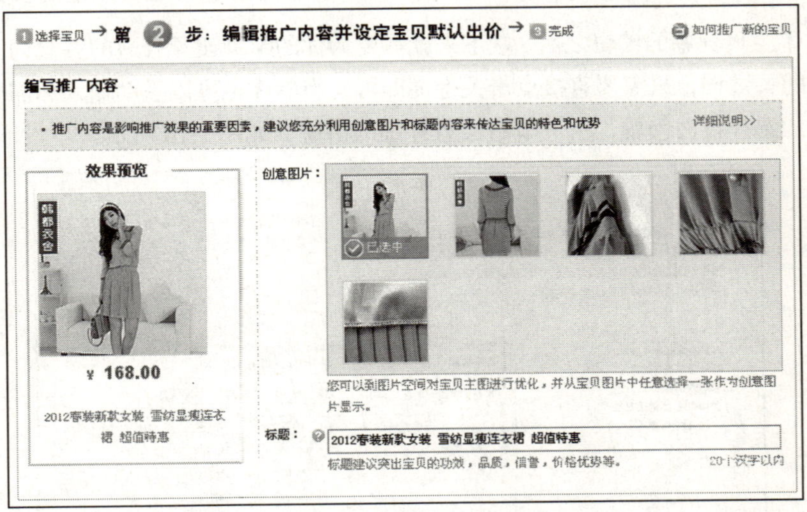

图 7.13　推广内容页面

直通车推广宝贝的标题也非常重要，你的标题不得超过 20 个字。为了让你的直通车广告吸引更多人点击，请一定要修改你的标题，同时要注意以下 5 点。

● 你的宝贝标题需要简洁明了、主次分明并注意断句。适当使用标点符号或空格来断句，这样会让标题读起来更通顺，更有条理，让买家阅读起来更加方便。在淘宝，买家浏览网页都是使用扫视的方法。因此，如果你的标题不能让买家一眼看明白，那么他的视线就会马上转移。

- 宝贝标题应该精准，不应该介绍店铺，而是只介绍产品本身。有的卖家想要使用直通车吸引客户进入店铺，而不是购买直通车宝贝，那是非常错误的，因为这样没有针对性的推广，会造成你的无效点击率太高，从而浪费大量的广告费用，我们要的是精准的流量。
- 一定要在标题中突出你产品的最重要的卖点。价格优势、促销优惠、品质或品牌保证等都是最直接有效的卖点。有很多词可以让你的广告标题更加吸引人，比如：“正品”、“行货”、“特价”、“皇冠”、“钻石”、“已售 xx 件”、“仅售 xx 元”、“包邮”、“买 xx 送 xx”等词汇。需要注意的是，你必须要根据你店里的实际情况来选择适合自己的词，不要什么都想写，却什么重点都没有，卖点也不明确，反而会招来大量无效点击。当然，卖点的使用还需要实事求是，夸大效果的卖点可能会使你得不偿失。
- 如果你的宝贝没有特别突出的优势的话，千万不要在标题上填写那些能让买家轻松搜索到同类产品的关键词。
- 标题里面不得含有非法的字符。在标题和关键词中，不能出现带有“水货、高仿、精仿、超 A、无效退款”等这类字样，否则你的推广会被处理，严重的会被冻结资金。

在完成了宝贝标题的编辑之后，接下来就需要为你的宝贝设置合适的关键词了。你可以使用系统推荐的关键词，只需要直接点击关键词即可。当然你也可以手动输入你需要的关键词。关于关键词的选择技巧问题，下一节将会有详细的讲解，如图 7.14 所示。

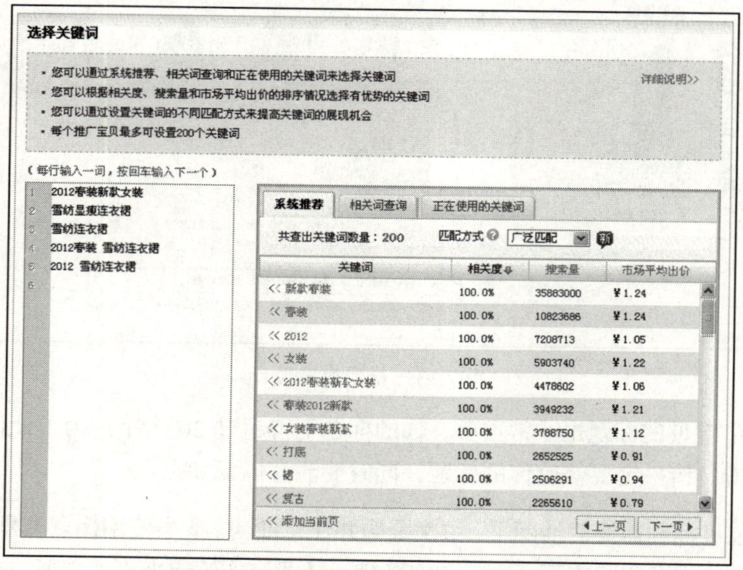

图 7.14 选择关键词

类目出价是当买家通过点击宝贝分类去搜索时，在直通车展示位上点击宝贝，你愿意支付的最高点击价格，本书建议没有多少推广资金的小卖家慎用此类目出价，如图 7.15 所示。

图 7.15　类目出价

默认出价是指你的宝贝每次被点击时，你愿意支付的最高金额。这里的出价是针对该宝贝下已设置的关键词和类目进行统一出价。你可以在推广完成后，单独设置单个关键词或者类目的出价。完成所有推广内容的设置后，单击“下一步，完成”按钮，如图 7.16 所示。

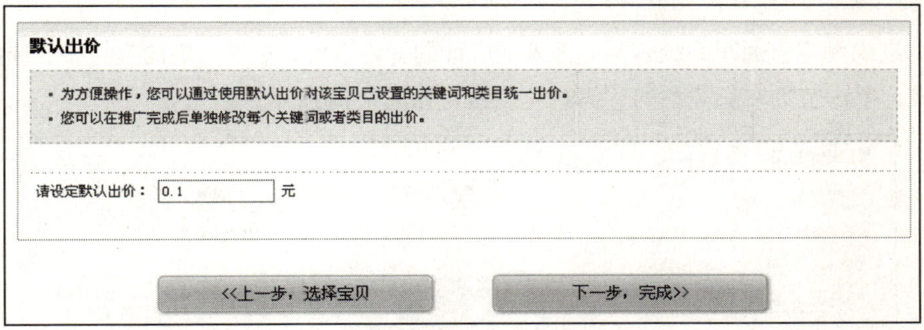

图 7.16　默认出价

最后可以看到，你的广告推广计划已经设置成功了。你可以单击“再推广一个宝贝”来继续添加你的直通车广告，也可以单击“管理页面”，继续优化你的直通车广告计划内容，如图 7.17 所示。

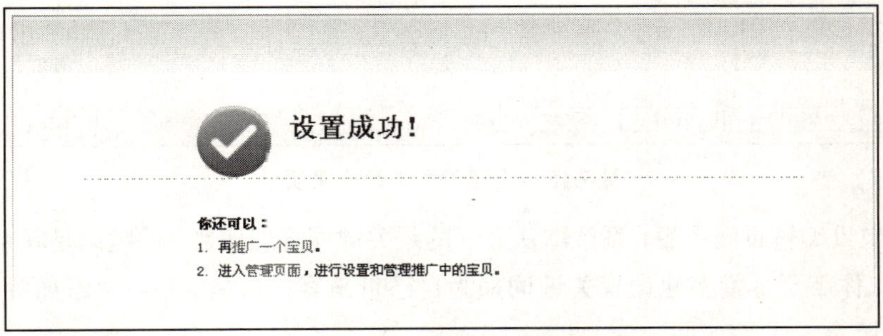

图 7.17　设置成功

7.2.5 教你如何寻找直通车精准流量

完成新宝贝的推广之后，你还需要更好地设置你的宝贝，这包括添加新的关键词以及修改关键词的出价等，这关系到你的直通车广告带来的流量是否精准这个重要问题。

在这里首先要介绍一下在淘宝直通车中的关键词是什么？它其实是你在淘宝直通车系统中设置的和宝贝相关的一个搜索关键词，关键词中不限定要设置标题中有的词。

关键词的设置是为了让买家能够找到你的宝贝。它的原理是，只有当买家搜索的关键词和你设置的关键词一模一样的时候，你的直通车宝贝才有机会展示在他们面前。

当买家通过搜索某个关键词，看到并点击了你的直通车推广的宝贝之后，你的直通车账户将会被扣除相应的费用。这个扣费小于等于你设置的此关键词的出价。

现在进入淘宝直通车系统首页，进入推广计划管理页面，在推广中的宝贝中，选择你要推广的宝贝，单击宝贝右侧黄色的“编辑”按钮，如图 7.18 所示。

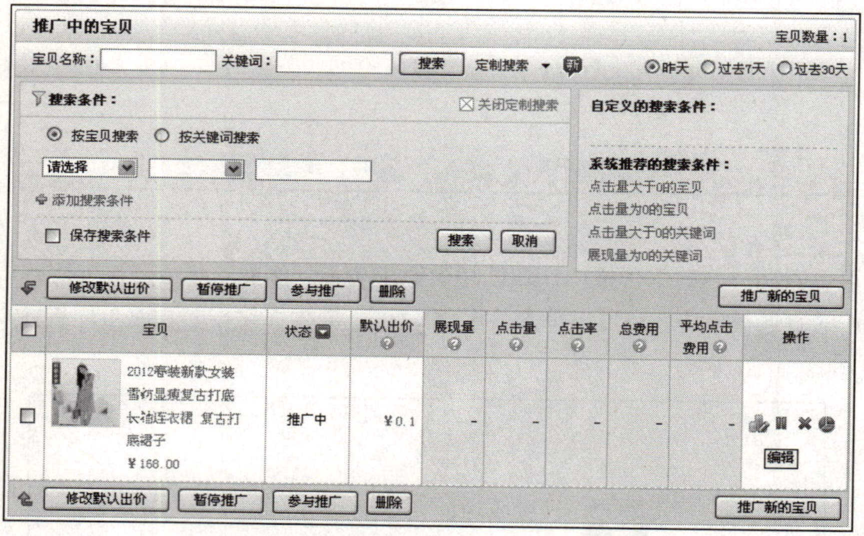

图 7.18 管理推广中的宝贝页面

进入到宝贝编辑页面中后，系统默认显示的是关键词管理项目。关键词是联系买家和卖家的桥梁，因此你需要尽量多地设置关键词来为自己带来客户流量。单击“添加关键词”按钮，如图 7.19 所示。

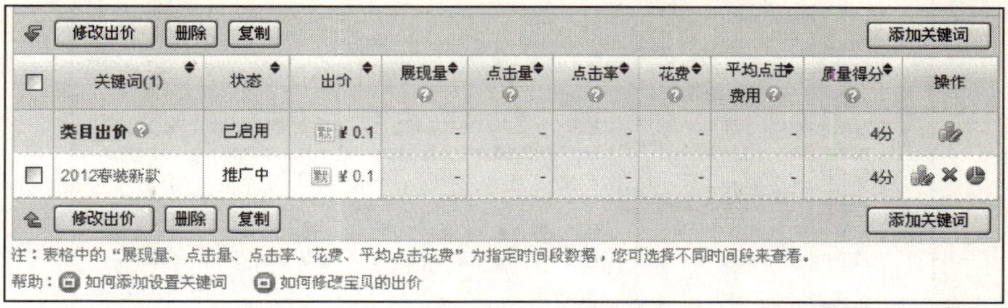

图 7.19　宝贝编辑页面

系统弹出“添加关键词”页面，你可以在这里很轻松地为自己的直通车宝贝添加各类关键词，如图 7.20 所示。

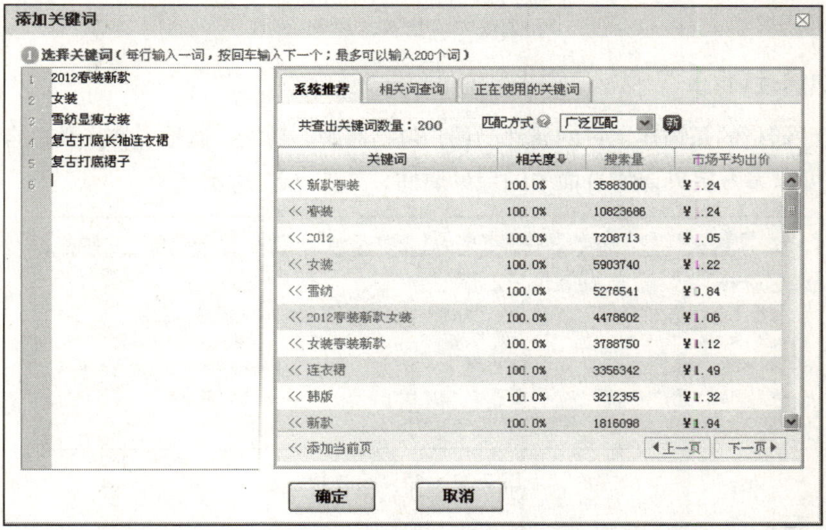

图 7.20　添加关键词页面

选择和设置关键词需要站在买家的角度去思考，去研究你的买家，他们想要买到你的产品，会搜索什么样的关键词。每个买家有不同的搜索习惯，那么他们搜索的关键词也会不同。那么买家究竟会搜索什么样的关键词呢？

1. 宝贝名称词

宝贝名称词就是你卖的产品的最基本名称，比如“衬衫”、“衬衫裙”等，淘宝首页类目中的词都是宝贝名称词，如图 7.21 所示。

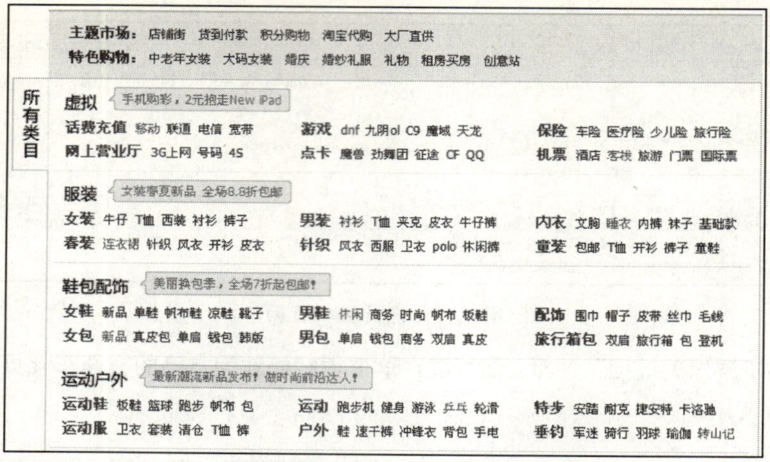

图 7.21 宝贝名称词

2．宝贝属性词

宝贝属性词指的是描述宝贝的属性的词，包括品牌、功能、质地、特征及适合人群等，关于这部分你可以参考宝贝详情页面中的宝贝属性，如图 7.22 所示。

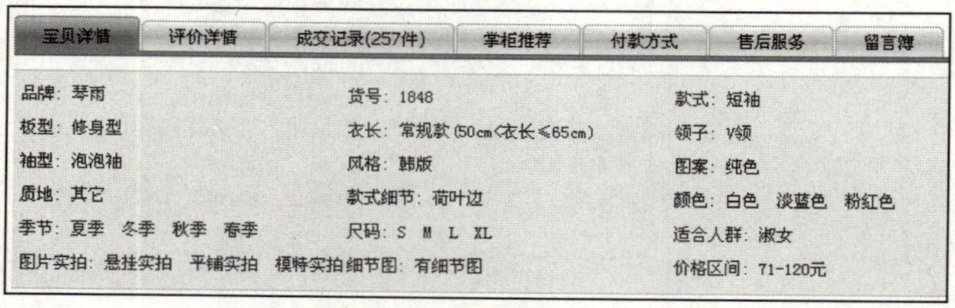

图 7.22 宝贝属性词

3．组合词

关键词也可以是几个词语组合在一起的词，比如“名称词+属性词”或者“属性词+属性词”。很多买家为了更精确地找到自己想要的宝贝，就会使用组合词的方式来搜索。

4．其他

还有一些既非名称词又非属性词的关键词，由于买家固有的搜索习惯及网络语言的特点造成的一些词语，也会是买家在搜索时选择的词语。

淘宝直通车的关键词设置上限达到 200 个。在设置直通车宝贝的关键词时，你需要设置尽量多的关键词，这样才能够覆盖到足够多的买家。为了找到更好的关键词，我们需要借助一些有效的方法，来拓宽思路，找到最好的关键词。

5. 淘宝首页

在淘宝首页的搜索栏中输入你直通车宝贝的名称词，可以看到下拉菜单中会自动列举出一系列相关词，这些相关词都是很好的直通车关键词，如图 7.23 所示。

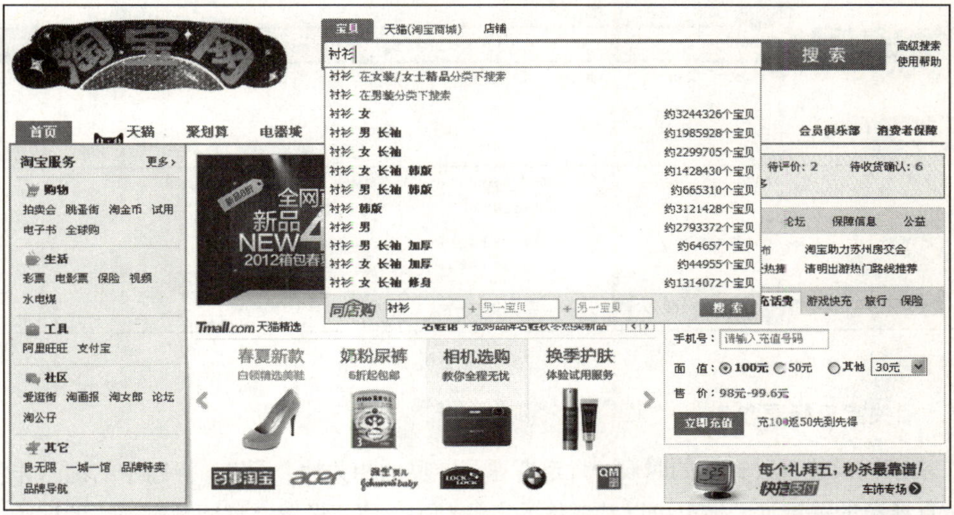

图 7.23　淘宝首页搜索栏 A

你也可以使用属性词或者组合词来获得更精准、组合更复杂的关键词，如图 7.24 所示。

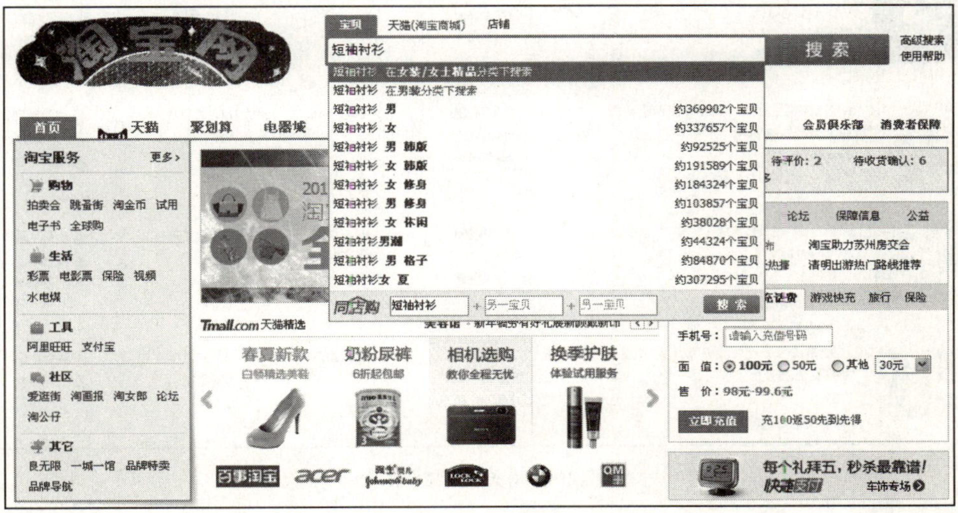

图 7.24　淘宝首页搜索栏 B

6. 淘宝类目词和属性词

单击淘宝首页的类目，你可以打开包括了淘宝类目词和属性词的页面。在这里可以找到很多可用做关键词的词语。下面的“你是不是想找：”中，也会列出一些很好用的关键词，如图 7.25 所示。

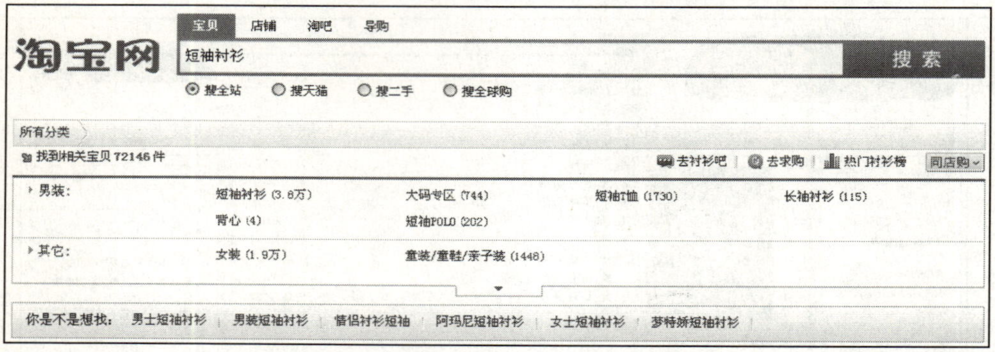

图 7.25 淘宝类目词

7. 相关宝贝标题参考

在卖家们设置宝贝标题的时候，肯定考虑了宝贝的相关性，所以，标题中的词语非常适合用来做直通车的关键词。你也可以参考你的竞争对手，他们设置宝贝标题时使用的词语，如图 7.26 所示。

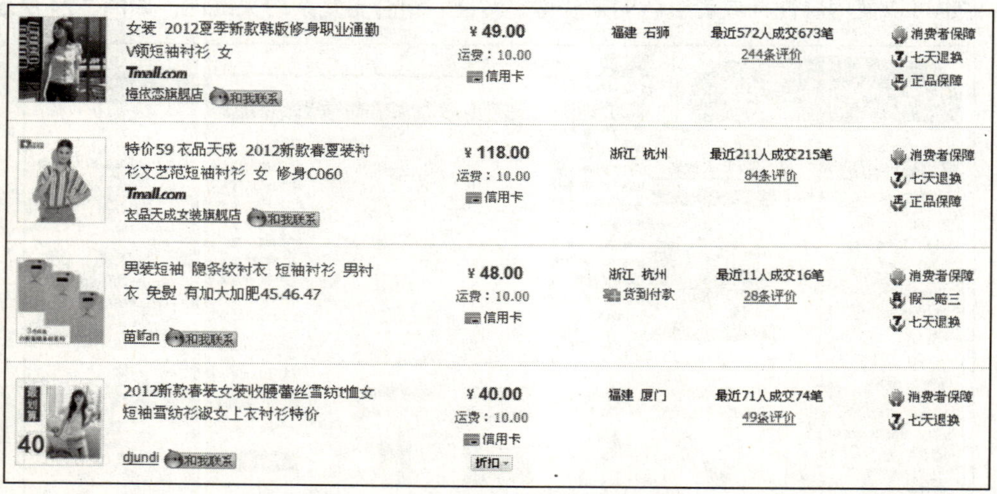

图 7.26 相关宝贝搜索结果

8．直通车系统推荐

你也可以在添加关键词页面中，使用直通车系统推荐的关键词，并且按照相关度和搜索量查询不同程度的关键词。系统默认关键词是按照相关度从高到低排列，你也可以按照搜索量、市场平均出价排列，你可以直接单击添加这些关键词，如图 7.27 所示。

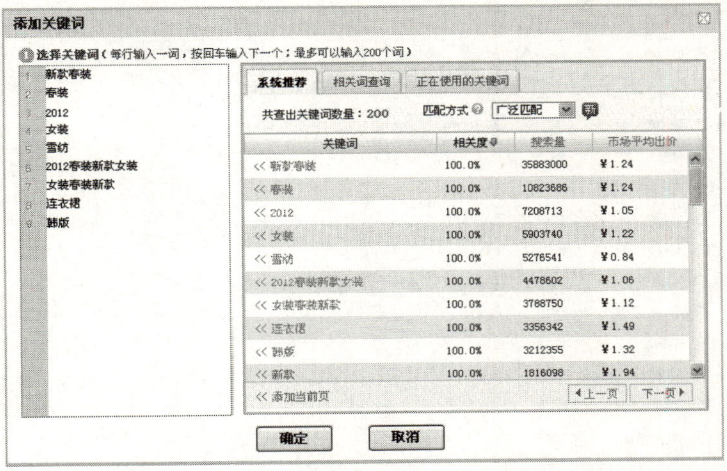

图 7.27　直通车系统推荐关键词

9．直通车相关词查询

在添加关键词页面中，单击“相关词查询”按钮，可以进入直通车相关词查询页面。在这里，你可以输入任意相关词，然后单击“相关词查询”，查询到更多相关词，如图 7.28 所示。

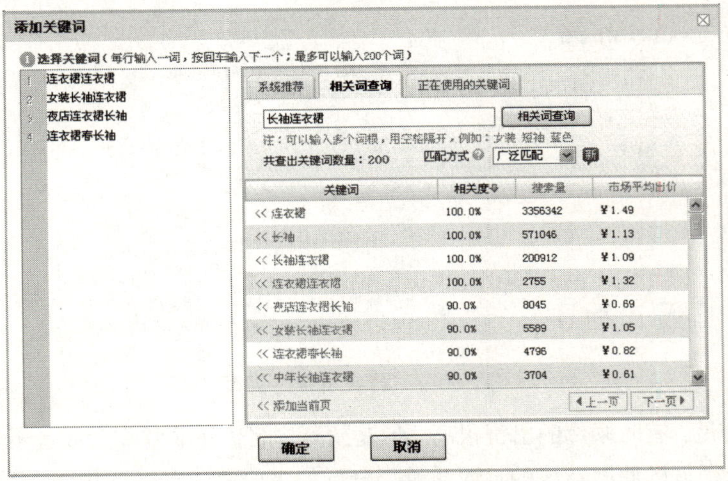

图 7.28　直通车相关词查询

直通车真正的效果是为了给自己的店铺带来流量，而如何才能花更少的钱带来更多的流量呢？这就涉及如何修改出价的问题。

在淘宝直通车，如果你想要修改单个关键词的出价，可以进入关键词管理页面中，单击你要修改的关键词右侧的“修改出价”按钮，如图 7.29 所示。

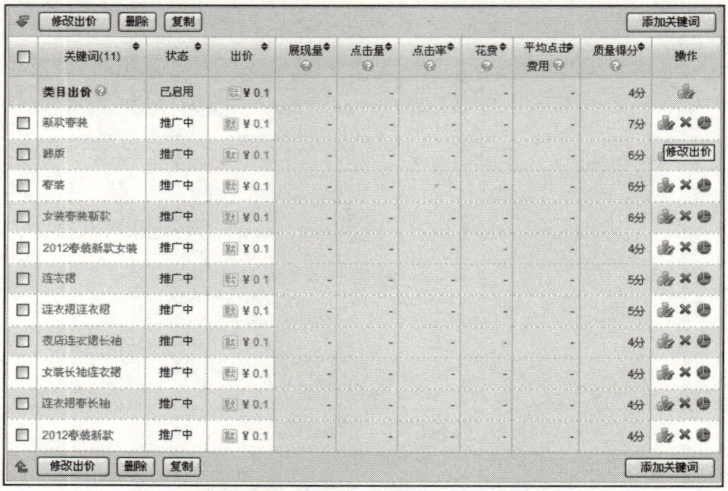

	关键词(11)	状态	出价	展现量	点击量	点击率	花费	平均点击费用	质量得分	操作
	类目出价	已启用	¥0.1	-	-	-	-	-	4分	
	新款春装	推广中	¥0.1	-	-	-	-	-	7分	
	韩版	推广中	¥0.1	-	-	-	-	-	6分	修改出价
	春装	推广中	¥0.1	-	-	-	-	-	6分	
	女装春装新款	推广中	¥0.1	-	-	-	-	-	6分	
	2012春装新款女装	推广中	¥0.1	-	-	-	-	-	4分	
	连衣裙	推广中	¥0.1	-	-	-	-	-	5分	
	连衣裙连衣裙	推广中	¥0.1	-	-	-	-	-	5分	
	夜店连衣裙长袖	推广中	¥0.1	-	-	-	-	-	4分	
	女装长袖连衣裙	推广中	¥0.1	-	-	-	-	-	4分	
	连衣裙春长袖	推广中	¥0.1	-	-	-	-	-	4分	
	2012春装新款	推广中	¥0.1	-	-	-	-	-	4分	

图 7.29　关键词管理页面

在新打开的“修改出价”页面中，你可以自定义修改出价。设定好出价后，还可以单击旁边的“预测”按钮，计算在此出价中，关键词每天的预计点击量、花费和展示排名情况。你也可以拖动右侧的拉条，很直观地看到出价和排名的变化，如图 7.30 所示。

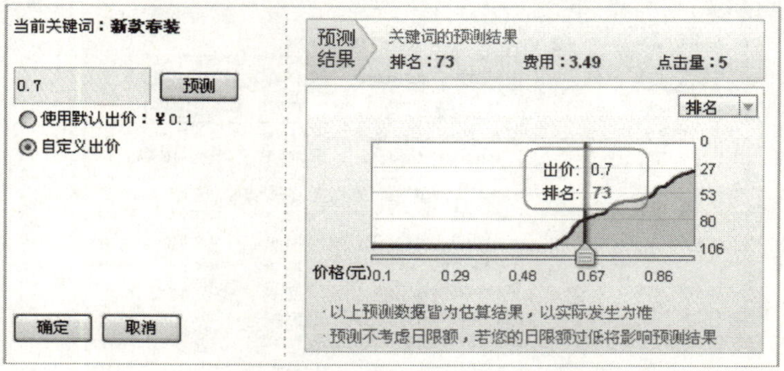

图 7.30　“修改出价”页面

需要注意的是，有时候你的出价很高，但是预测排名仍然非常靠后或者干脆没有排名。这是因为质量得分很低的原因造成的，而质量得分低的主要原因有以下几个。

- 第一、可能你的宝贝放错了类目。比如你的宝贝是手表类产品，设置的是正确的关键词“女表”、“名牌表”等，但宝贝类目却放在手机类目下。
- 第二、你设置的关键词和类目没有相关性，也就是说，你的宝贝是手机类的产品，应放置在手机类目下，却设置关键词“手表”、“女表”等。
- 第三，在短期内改动投放平台、时段地域、关键词和类目出价或默认出价，也会影响预测的结果。
- 第四、关键词与推广标题和宝贝标题符合度不高，被搜索的几率不大，被点击的概率也就越小，那么排名也会很低。
- 第五、你的宝贝属性没有填写完整，造成很多关键词没有在你的宝贝属性中出现过，自然也就无法获得很高的质量得分。

在淘宝直通车中，你可以单个修改出价，也可以批量修改出价。首先在“关键词管理”页面中，勾选你要批量修改的关键词。选择好后，单击页面左下角的“修改出价”按钮，如图 7.31 所示。

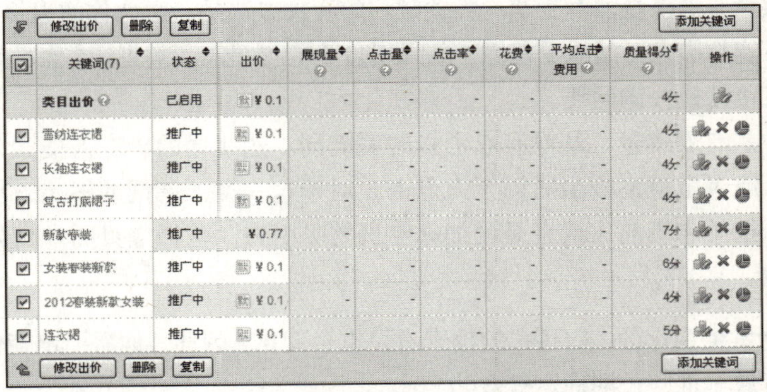
修改出价　删除　复制　添加关键词

	关键词(7)	状态	出价	展现量	点击量	点击率	花费	平均点击费用	质量得分	操作
	类目出价	已启用	¥ 0.1	-	-	-	-	-	4分	
☑	蕾纺连衣裙	推广中	¥ 0.1	-	-	-	-	-	4分	
☑	长袖连衣裙	推广中	¥ 0.1	-	-	-	-	-	4分	
☑	复古打底裙子	推广中	¥ 0.1	-	-	-	-	-	4分	
☑	新款春装	推广中	¥ 0.77	-	-	-	-	-	7分	
☑	女装春装新款	推广中	¥ 0.1	-	-	-	-	-	6分	
☑	2012春装新款女装	推广中	¥ 0.1	-	-	-	-	-	4分	
☑	连衣裙	推广中	¥ 0.1	-	-	-	-	-	5分	

修改出价　删除　复制　添加关键词

图 7.31　“关键词管理”页面

在“批量修改出价”页面中，你可以直接一个个修改关键词的出价，也可以批量设置同样的价格。只要修改好第一个关键词出价，然后单击“使用相同出价”，那么所有选择的关键词出价都会变成第一个关键词的出价，如图 7.32 所示。

不管是逐个修改出价，还是批量修改出价，都是直通车关键词管理操作不可缺少的一环。

在直通车推广中，你可能经常会遇到这样的问题，你添加了很多的关键词，但是点击量却很少。事实上你缺少了其中很重要的一个环节，那就是优化关键词。那么如何优化你的关键词，让更多的关键词被买家点击到呢？

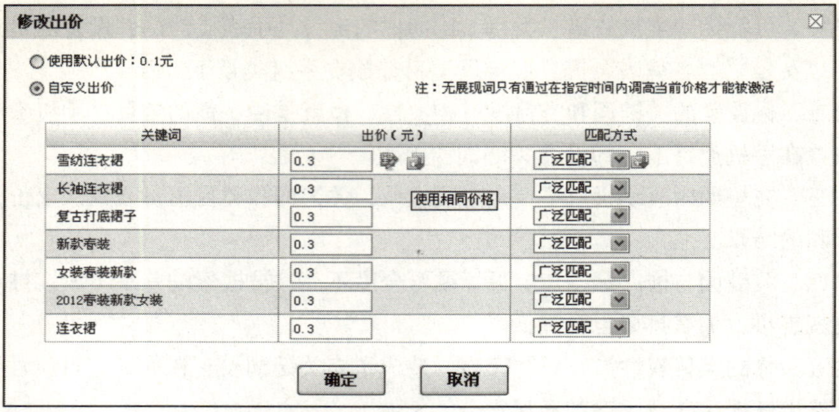

图 7.32 “批量修改出价”页面

在这里，你可以把有问题的关键词分为两种。

- 一种是无展现量，无点击量的关键词。可能因为排名靠后，或者非常冷门、无人搜索才导致没有点击量。对于这一类关键词的解决方法是，微调你的出价，把排名靠前，但是不能超出自己的承受范围。如果出价不能再提高而关键词依然没有点击量，那么你就直接替换关键词吧。
- 另一种是有展现量，却没有点击量的关键词。这些词的确有人搜索，但是因为排名靠后，或者宝贝不吸引人而无人点击。对于这一类关键词的解决方法是，微调你的出价，把排名靠前，或者是增加你宝贝的吸引力，包括宝贝图片的处理和宝贝标题的修改。

市场是不断发生变化的，而买家的搜索习惯也会变化。因此，你需要定期优化你的关键词才能保证你的直通车推广长期稳定有效。

7.2.6 如何整体提升直通车使用效果的绝招

在完成了关键词的选择和出价以及类目出价以后，单个直通车宝贝的推广设置就基本完成了。但是要想整体提升整个直通车广告的效果的话，还需要各方面配套的工具和方法来完善。

1．有效使用各类报表

使用报表可以随时直观地检验我们的推广效果。淘宝直通车为我们提供了很多种数据分析服务，包括账户报表、宝贝报表、关键词报表、时段报表、地域报表及平台报表。通过对各类数据的分析，你可以及时了解到自己推广设置的不足之处并加以改正和弥补，如图 7.33 所示。

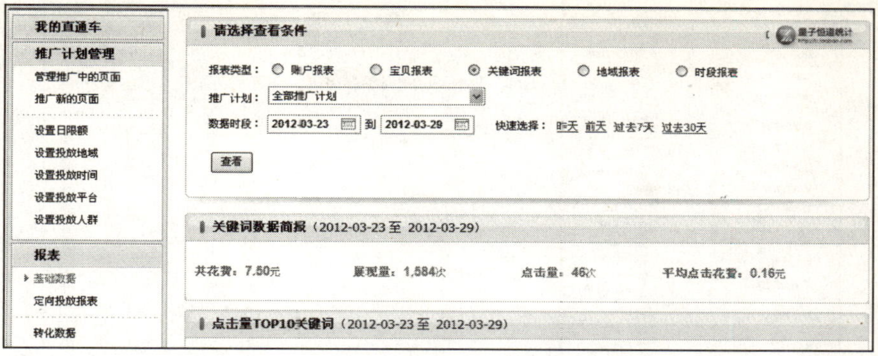

图 7.33　关键词报表页面

2. 设置日限额、地域、时间及投放平台

为了更方便和精准的操作，淘宝直通车还提供了很多智能设定的工具。日限额是你对你的直通车账户设置的每天最高限额，系统默认的日限额是最低每天 30 元。每天结算的时间是 24 点，当你的今日花费达到日限额时，宝贝就会停止做推广。因为淘宝是隔段时间刷新你的使用费用的，所以有时候会出现显示的单日推广费用超出你设置的额度。如超过最高限额，淘宝将在凌晨后返还。刚开始的时候，也不要设置太高的额度，默认 30 元即可。当然你也可以选择智能化均匀投放的方式，这种方式是根据淘宝流量变化及你的日限额，系统会在设置的投放时间内均匀展现你的推广，如图 7.34 所示。

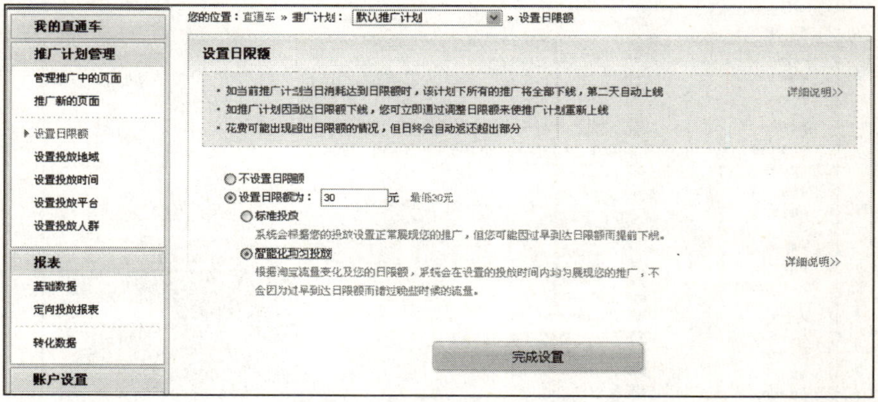

图 7.34　日限额设置页面

你还可以使用设置投放地域这个功能，让固定地域内的买家才能看到你推广的宝贝信息，不在地域投放内的买家则看不到。你可以根据自己的物流情况或者流量来源，自行定义适合店铺定位的投放地域内容。这对一些地域性比较强的宝贝特别适用，如图 7.35 所示。

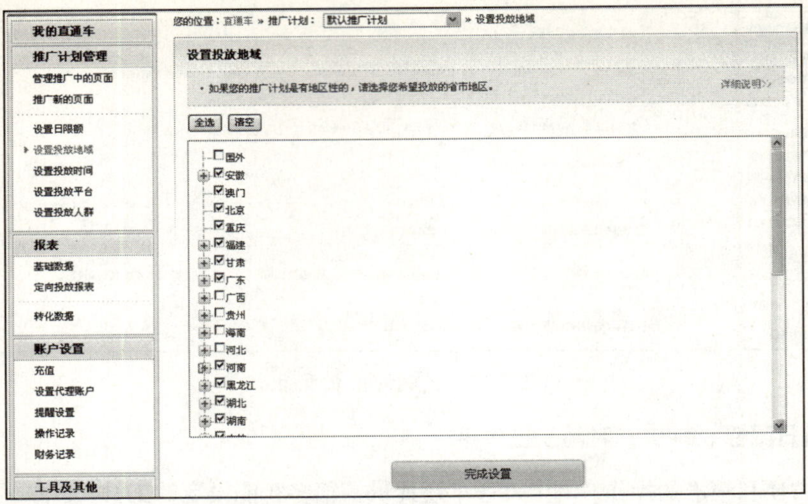

图 7.35　投放地域设置页面

投放时间是指在你设置的特定投放时间内，你的宝贝才在淘宝网做推广。如果不在投放时间内，你的宝贝将无法展示。淘宝三个流量高峰期是 10:00—12:00，14:00—17:00，19:00—23:00，你可以以这个数据为标准进行设置。你也可以使用系统推荐的行业模板时间，它是根据每个行业的特性来设定的高流量时间段。时间段投放的最小单位是半小时，你可以预设一周的投放时间，如图 7.36 所示。

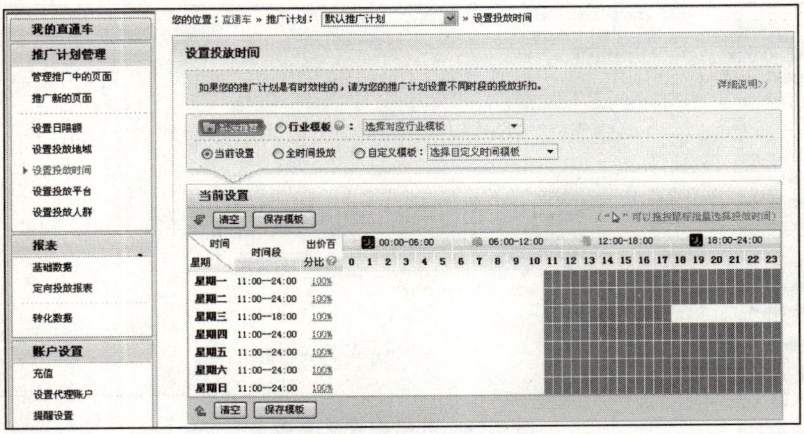

图 7.36　投放时间设置页面

淘宝直通车目前投放平台分为：淘宝站内和淘宝站外，淘宝站内指淘宝网投放，是必选的投放平台。淘宝站外指跟淘宝网合作的推广网站，在这里投放的广告价格会低一些，但效果也差。一般推荐使用淘宝平台就够了。定向推广是淘宝利用自己庞大的数据库，通过多维度人群定向技术，锁定你的目标客户，并将你的推广信息展现在目标客户浏览的网页上。一般是展示在旺旺买家版每日焦点—热卖、我的淘宝—已买到的宝贝、已买到的宝贝—物流详情页、收藏列表页、淘宝资讯页面等。这类流量转化率比较低，一般不建议小卖家使用，如图 7.37 所示。

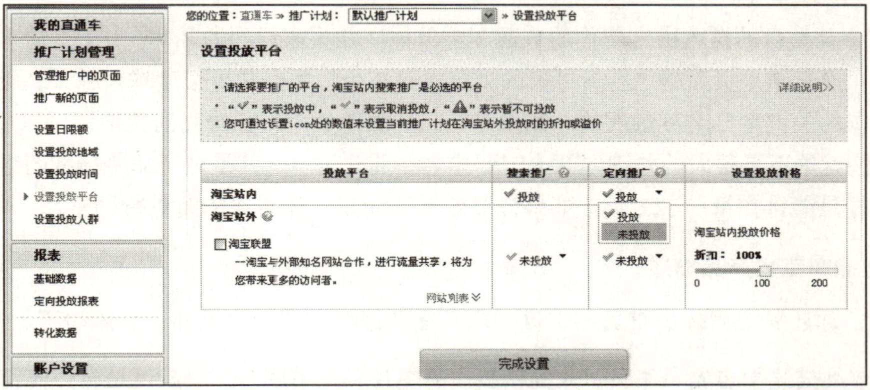

图 7.37　投放平台设置页面

3．关键词查询功能

单击直通车首页导航栏中的“工具及其他”栏下的“关键词查询”按钮，进入投放关键词查询页面。你可以使用这个功能查询到关键词的最近一周搜索次数、平均点击单价以及设置了该关键词并且是在系统最精准类目下的宝贝列表。你还可以通过关键词查询工具来查询你的这个宝贝关键词所在的最优先的类目，然后修改宝贝类目属性来提高关键词的质量得分。如图 7.38 所示。

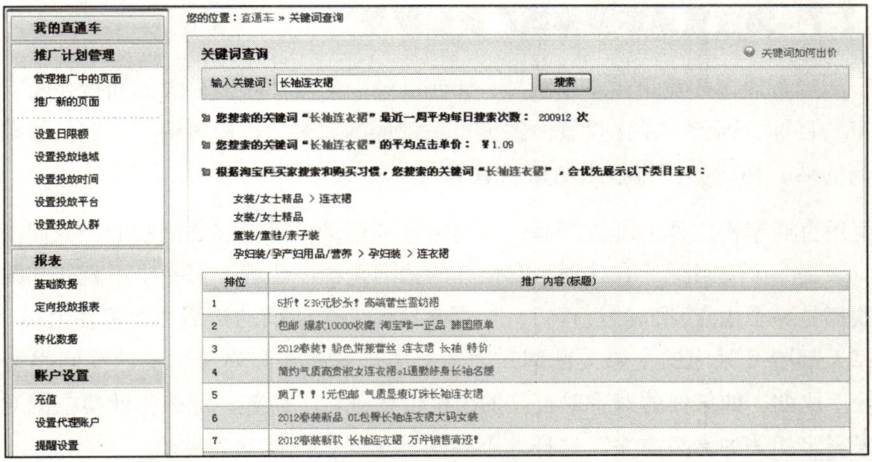

图 7.38　关键词查询功能

关键词查询功能查询的结果是实时数据，所有在投放时间投放区域相关类目的关键词排名都可以实时查询到。

4. 巧妙设计关键字排名

关键字及类目的排名决定着你的直通车宝贝被潜在买家看到的几率。由于直通车宝贝推广的特性是：搜索结果页面越往后，买家的浏览次数越少，并且减少幅度越来越大。所以你一定要把直通车的关键字排名尽量靠前。如果是热门的、竞争大、花费高的关键词可以适当排后。但是，那些竞争不是很大的关键词就一定要排名在前几页，尤其是对于那些精准的组合关键词来说，最好是能排在第一、二页。如果最终效果不满意，还需要随时进行调整。

5. 直通车宝贝产品描述

最后，你还需要对你的直通车宝贝的产品描述做更多的优化设计，具体如下。

- 宝贝描述中多放一些吸引人的精美产品图片和细节图片，尽量延长客户停留在你页面的时间。
- 做好宝贝描述的关联营销，相对于别的普通的宝贝可以适当多增加一些，这样可以把每次点击的效用最大化。
- 详细介绍你的宝贝的卖点，适当介绍你店铺的优势，多给客户几个选择和你交易、而不是和别人交易的理由。
- 多设计一些促销的活动，在提高宝贝吸引力的同时，把店铺里其他宝贝也推销出去。比如，打包销售、价格对比、搭配销售、限时促销等。

7.2.7 淘宝直通车整体推广优势策略

目前，淘宝直通车的竞争越来越激烈，如何以最少的投资获得最大的回报是所有使用淘宝直通车卖家的目标，因此，在你投放你的宝贝关键词的时候，也应该讲究一定的策略。如果策略使用得当的话，你将会获得事半功倍的效果。

- 使用直通车推广你的爆款产品，提高流量和销量，以形成长期效应。我们使用直通车应该是一个有目标、有计划、有预算的精准化推广流程。每一个用直通车推出来的爆款都是一个由点到面的过程，一个爆款成就一个店铺的神话每天都在上演。
- 每天都要盯紧你的主要关键词，因为直通车就是在和你身边的这些同类型宝贝在比较。比如，如果你的对手对自己的出价价格进行了调整，那么你就要根据对手的行动来制定相关的调整方案，这样才不会受制于人，化被动为主动。

- 还有就是要把推广标题写得足够吸引人，尤其是要强调宝贝的特点和优点。在广告心理学上，人类会对数字产生敏感和注视，所以在标题中加一些数字更有助于突出卖点。标题尽量不要做成是关键词的堆砌，而应该适当加一些煽动词和一些口号，来吸引潜在买家点击。宝贝图片一定要尽量突出，你可以通过加红色边框或突出整体颜色的方式来达到目的。而由于标题中的字数限制，把更多的煽动性的文字加入到图片中去，则是提高买家点击率的很好的补充策略。
- 做直通车推广要一步一步的往上走，而不是一口吃成个胖子。也就是说，你需要看清楚竞争形势再决定自己的推广策略。如果你的销量、成交率等没有优化到一定的程度的时候，占据前面的位置就是送羊入虎口。因为你身边的这几个同类型的宝贝各方面都比你的宝贝有优势，买家肯定是不会选择你的宝贝的，而你的广告点击的费用又非常高。因此，这是最差的直通车策略。因此，在销量小，竞争力不强的初期阶段，应该尽量用价格低的精准词来做竞价，而热门词只能作为辅助。
- 经常性的进行关键词的排查。在推广的过程中，通过对数据的分析，不断地去除与产品关联性较差的关键词、点击率过低的关键词和质量得分过低的关键词。在去除的同时不断地添加一些新的关键词，来不断的筛选出优质的关键词，提高这些关键词排名，然后持续优化，以获取更多的点击，增加直通车产出比。
- 不要强行抢占那些竞争力非常大的热门词排名第一位的位置。因为我们要把自己的亏损降到最低，如果直接出到前三名，那么我们肯定敌不过已经长期霸占前三位的老店铺。而且第一位的宝贝很容易被盯上，作为首要攻击目标。由于淘宝直通车的点击价格是按照后一位的出价来决定的。因此，只要排在第二位的人大幅提高自己的出价，那么排在第一位的就会付出更多的代价。因此，正确的方法是遵循一个循序渐进的过程，通过从第一页的底层一步一步地提升自己，同时耐心地等待对手犯错误来达到瓦解对手的目的。
- 当你推广多个宝贝的时候，尽量推广不同类目的宝贝，这样可以让顾客在不同的类目都可以搜索到你的店铺，增加流量，并且避免造成自己的产品互相“打架”的情况。
- 一定要尽可能多的在推广宝贝的宝贝描述页面展示店铺其他宝贝。因为这些流量都是你花了钱的，所以我们要尽量让你的潜在买家看到更多的你店里的类似的宝贝。买家都是很懒的，不要期望每个买家都会主动打开你的店铺首页。

刚开始的时候，直通车是比较难做的，大家要有耐心。只要该做的工作都做好了，效果就会慢慢展现出来。等人气和销量都做上去以后，直通车会越做越简单，最后简单到只用充钱就行了。

7.2.8 靠淘宝直通车走向成功的卖家们

靠淘宝直通车走向成功的卖家非常多，你只要稍微留意一下就可以找出很多。很多大卖家在谈起自己成功的经历时，都不约而同地谈到了淘宝直通车的重要作用。因此，现在这里就单独举两个比较典型的例子。

首先，搜索关键词“诺基亚”，在搜索结果中，单击排在第三位的直通车广告。此款诺基亚手机别看价格这么低，利润绝对是有保证的。因为，只要你搜索同类产品就可以发现，在淘宝上，比这个价格更低的同款手机比比皆是，如图 7.39 所示。

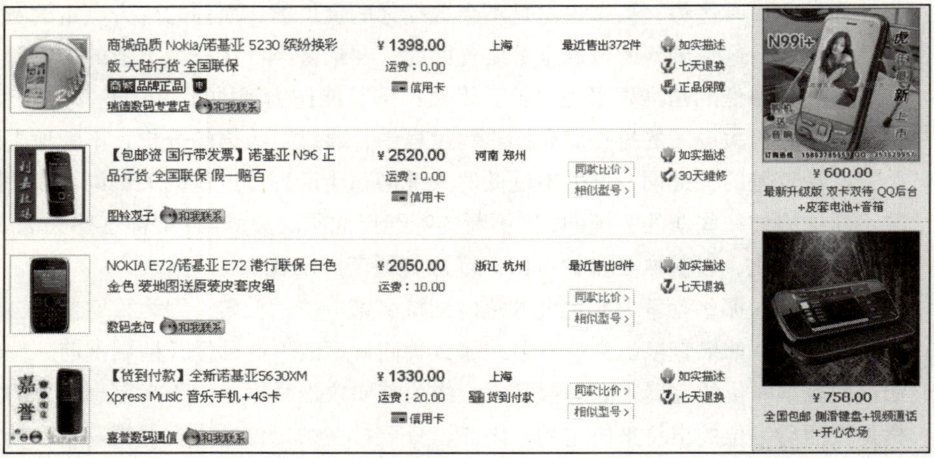

图 7.39　关键词“诺基亚”搜索结果页面

在打开的宝贝详情页面中可以看到，直通车的推广为卖家在 30 天内带来了 672 次成交，6711 次单品的收藏量也让此宝贝人气排名大大提升。由于宝贝浏览次数在宝贝做过编辑或定期上下架后浏览量会清零，所以在这里不作为数据分析的参考指标。

卖家对此产品还使用了淘宝提供的商家促销工具，促销内容为：单笔订单满 1000 元将额外赠送“三层屏保”以及免运费。这个做法能够提高单笔交易的金额，如图 7.40 所示。

通过卖家店铺信用评价的分析可知，在 1931 个成交中，只有 48%的成交是实物交易。也就是说，对方只有 900 多个交易是通过销售手机而来的，而其他的交易都是手机充值服务。从这里可以看出，直通车宝贝直接带来的将近 700 的交易量，对于卖家店铺的发展的重要作用，如图 7.41 所示。

图 7.40　宝贝详情页面

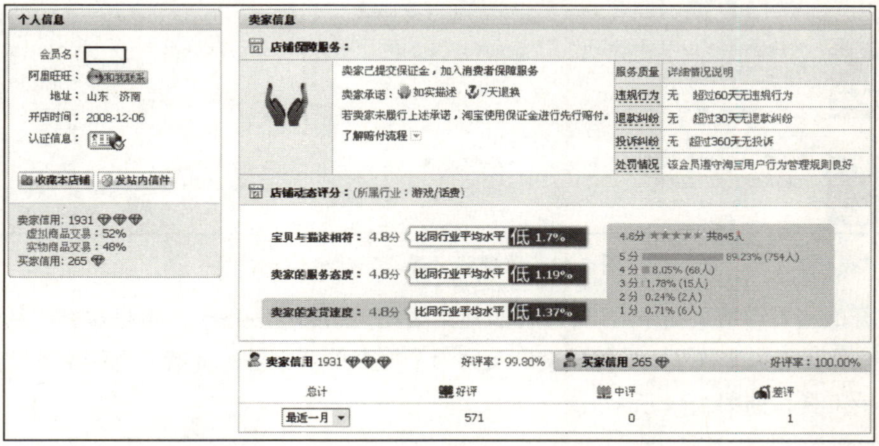

图 7.41　信用评价页面

值得一提的是，卖家在宝贝描述中宣称“凡购买手机 24 小时内确认好评的，将免费获得 20 元的充值话费”，这是比较吸引人的一点。由于手机类产品是产生问题比较多的宝贝，因此此类卖家的好评率一般都不会很高。但是，卖家很聪明地通过这种让利的方式，轻松获得了很高的好评率，这对宝贝的持续热销和店铺未来的经营都起到很好的促进作用，如图 7.42 所示。

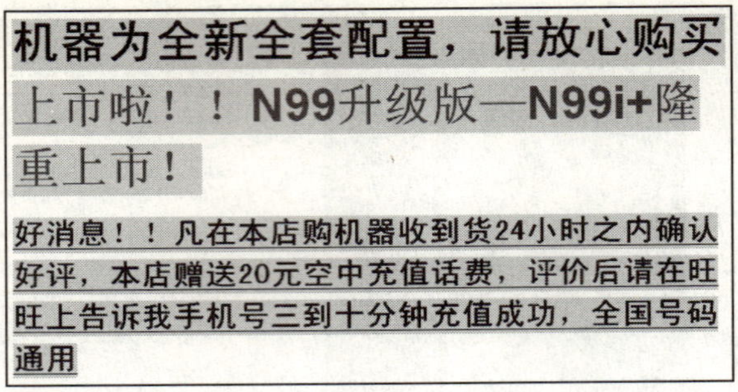

图 7.42　宝贝描述

美中不足的是，此直通车宝贝的关联营销做得还不够。因此，它对于店铺里其他产品的销量带动不够大。

现在婴幼儿类产品是非常热销的一个类别，相关的关键词每天都有大量的搜索量。当你搜索关键词“婴儿”，你会查找到很多这一类型的宝贝。单击第一页排在第 5 位的一个直通车宝贝，如图 7.43 所示。

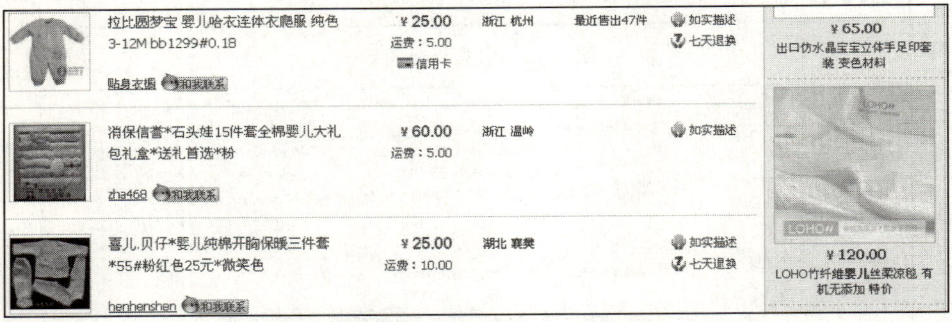

图 7.43　关键词“婴儿”搜索结果

在打开的宝贝详情页面中可以看到，虽然给婴儿使用的这种毯子并不是这类产品中最热销的，但是依然为卖家带来了 83 件成交。卖家为了提高单笔交易的金额，也使用了“满就送”的淘宝促销工具，如图 7.44 所示。

在宝贝描述页面中，卖家使用了同类宝贝推荐的关联营销策略，带动了其他产品的消费。通过宝贝的价格对比，告诉买家产品的价值，并且提醒买家，如果收藏店铺，还有额外的小礼物赠送，这也给店铺带来了更多的人气排名和曝光度，如图 7.45 所示。

淘宝直通车是一种长线投资，也许卖家在刚开始一段时间的使用效果并没有达到自己的预期。但是，只要依照本书所教的方法，积极实践，总结经验，踏踏实实地用心做，店铺的生意一定会迈上一个新的高度。

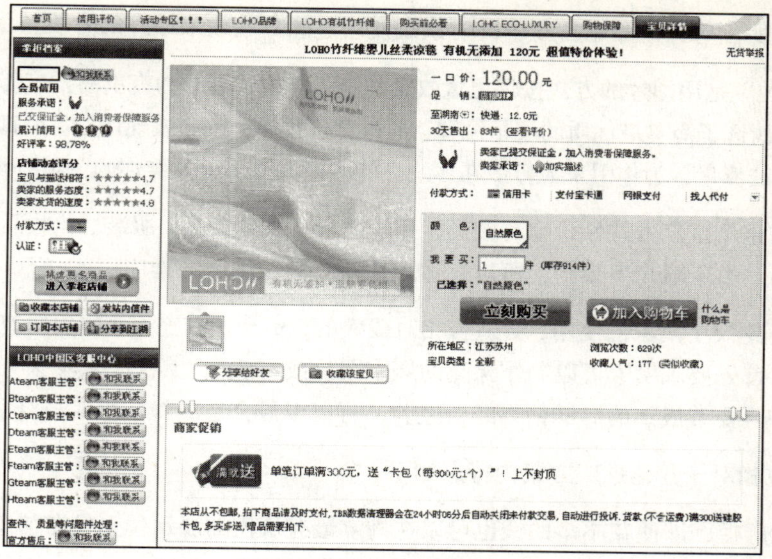

图 7.44　宝贝详情页面

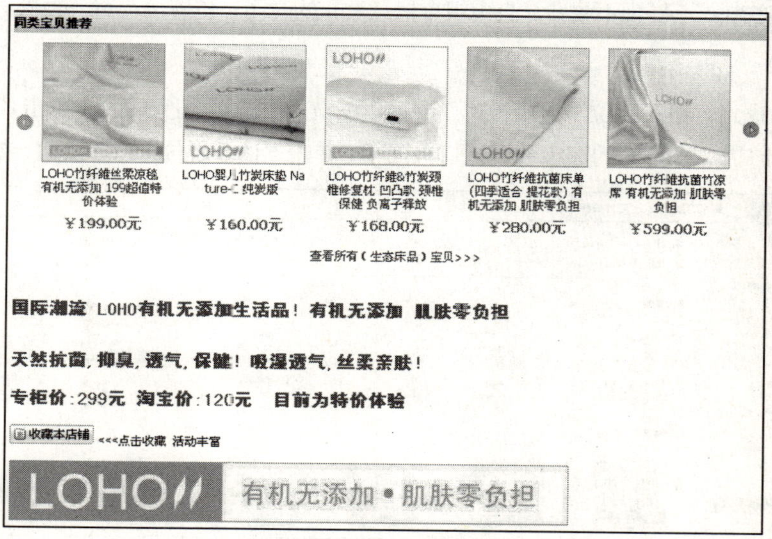

图 7.45　宝贝描述

7.3　钻石展位广告实操真经

淘宝直通车的使用是让店铺的流量有一个长期而整体的提高，而我们还需要其他武器来做一些集中大量的推广。淘宝给我们提供了"钻石展位"这个实用的工具。由于这是店铺产品促销的一部分，所以每当产品销售旺季的时候是使用这些方法效果最好的时段。

“钻石展位”是用图片的方式按曝光量收费的广告形式，是专为有更高推广需求的卖家量身定制的产品。精选了淘宝最优质的展示位置，通过竞价排序，按照展现计费。最直接的效果是提升店铺和宝贝的流量，为你引来大量潜在客户。能不能成交那就要看你的宝贝有没有吸引力了。

钻石展位这个推广方式性价比比较高，一般适合日常消费品、服装、化妆品等人们比较普遍需要的产品。由于曝光率很高，所以还适合那些店铺、品牌的推广。

此工具不建议小卖家们使用，更适合相对成熟的，资金比较充裕，想要快速突破瓶颈的卖家。因为，它首先要求卖家可以制作漂亮的展示图片或 Flash；其次要求卖家有活动、促销等发布意识，并且要有成熟的店铺销售经营经验，可以以最合适的噱头推广最合适的产品。

钻石展位相对于其他推广方式的特点如下。

- 超低门槛：即使花不多的钱也可以在淘宝最有价值的展示位上发布信息。
- 超炫展现：展现形式更绚丽，展现位置更大，展现效果更好。
- 超优产出：不展现不收费。自由组合信息发布的时间、位置、花费，轻松达到最优异的投产比。

在哪里能找到“钻石展位”这个推广工具呢？首先登录进入淘宝后台，单击“营销中心”栏目下的“我要推广”，在打开的淘宝营销入口页面中，单击“钻石展位”图标按钮，如图 7.46 所示。

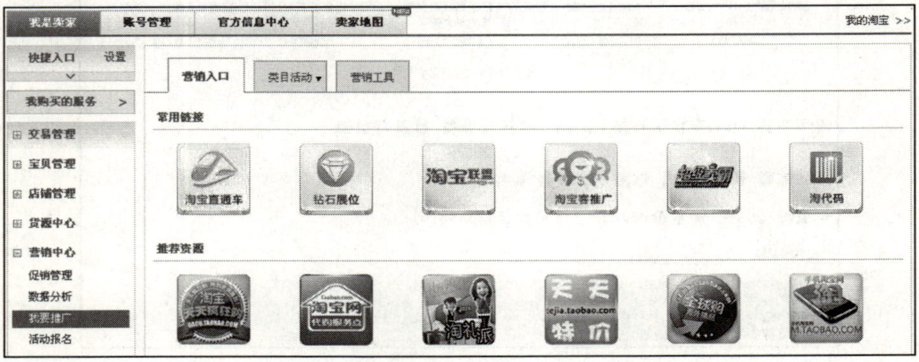

图 7.46　淘宝后台

现在你就已经进入到了你的钻石展位后台了。在这里可以很直观地看到账户信息、公告、各项数据及展示位推荐等。你需要充值以后才能参加出价，完成广告投放计划，如图 7.47 所示。

如果你想要查看更多的展示位，单击“展示位资源”按钮，进入到展示位资源列表页面。这里显示的是所有可以参加的钻石展位活动，你在淘宝上看到的大多数的图片位置都属于钻石展位。单击你想要加入的推广展示位的“展位示意图”或者“参加出价”，就可以查看该展示位的详细信息，如图 7.48 所示。

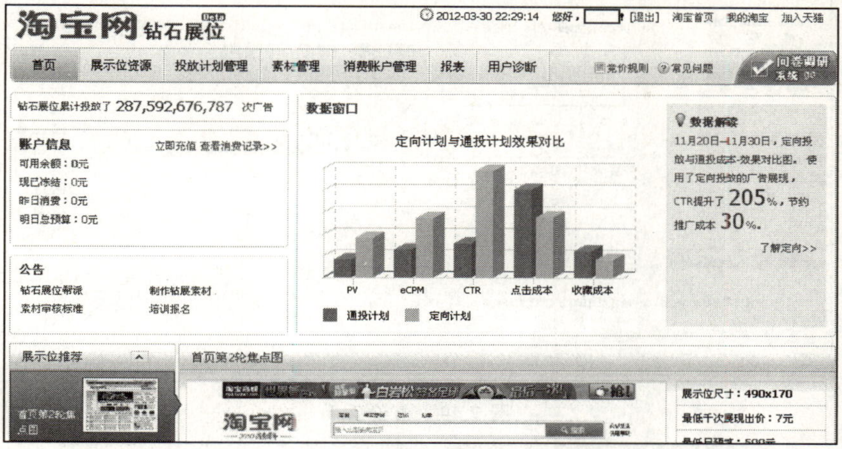

图 7.47　钻石展位首页

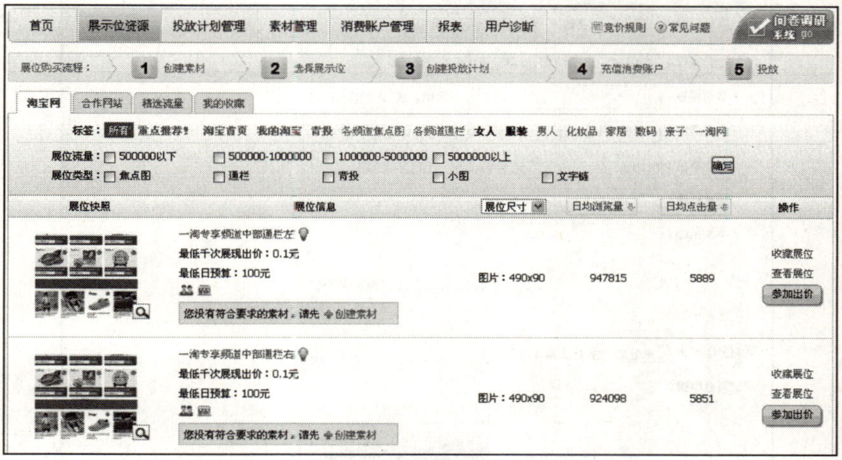

图 7.48　展示位资源页面

在出价页面中可以看到该展示位的各项信息，包括当前竞价情况、每日总展现量等。你首先需要添加符合此展示位尺寸的素材，素材必须通过审核才能竞价此展示位，单击页面下方的“创建素材”按钮，显示出价页面，如图 7.49 所示。

在弹出的创建素材框中，你需要选择素材类型、尺寸，填写素材名称、推广宝贝链接及上传素材，完成后，单击底部的“保存”按钮，如图 7.50 所示。

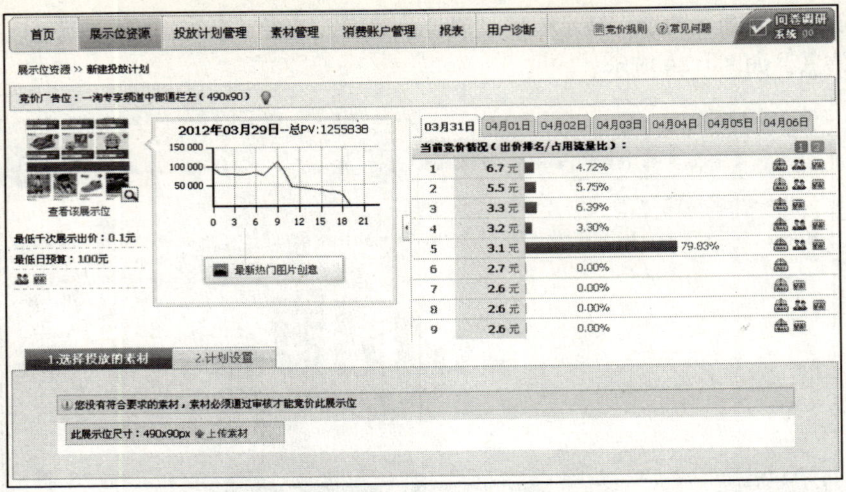

图 7.49 出价页面

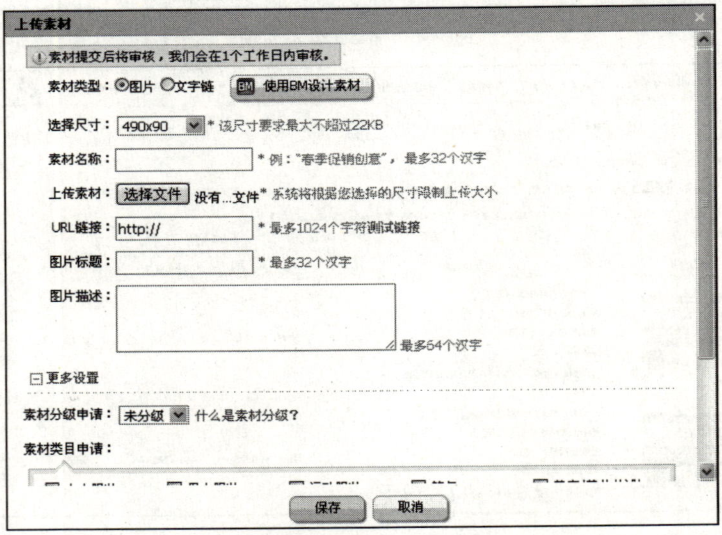

图 7.50 创建素材框

钻石展位不仅支持图片格式，还支持 Gif、Flash 等动态格式。你可以把自己的展示图片做得非常漂亮，同时钻石展位的尺寸都比较大，冲击力强，可以最大限度地吸引买家进入你的店铺。你也可以单击“素材管理”按钮，去创建素材，如图 7.51 所示。

制作好展示图片并且通过审核之后，就可以对你喜欢的展示位置的某个时间段的“千人展示成本”的单价进行自由出价了。价格高的卖家的推广信息将被优先展示。钻石展位的竞价时间段单位为 1 小时，也就是说你竞拍的实际上是某个位置某个小时内的发布权。你也可以直接单击“投放计划管理”，进行出价的管理，如图 7.52 所示。

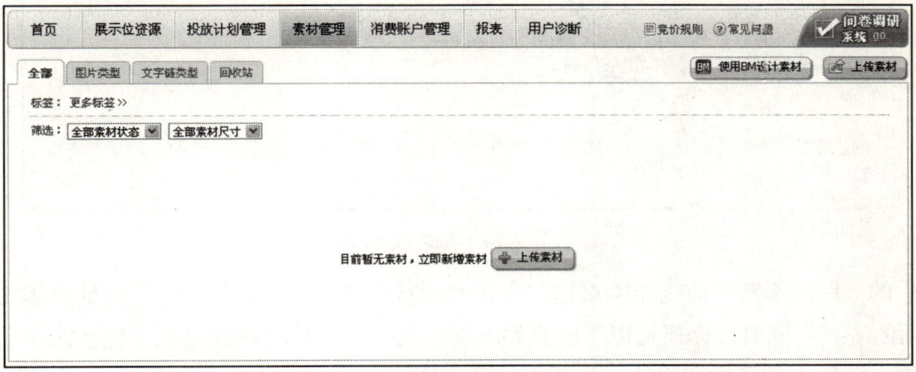

图 7.51　素材管理页面

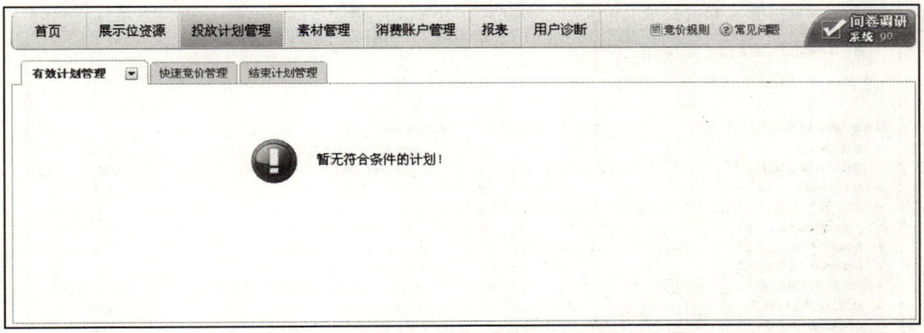

图 7.52　投放计划管理页面

如果你想要为你的账户充值，也可以单击顶部导航栏中的“消费账户管理”按钮，进入充值页面。再直接单击“充值”按钮，进入支付页面，输入支付密码即可完成支付，如图 7.53 所示。

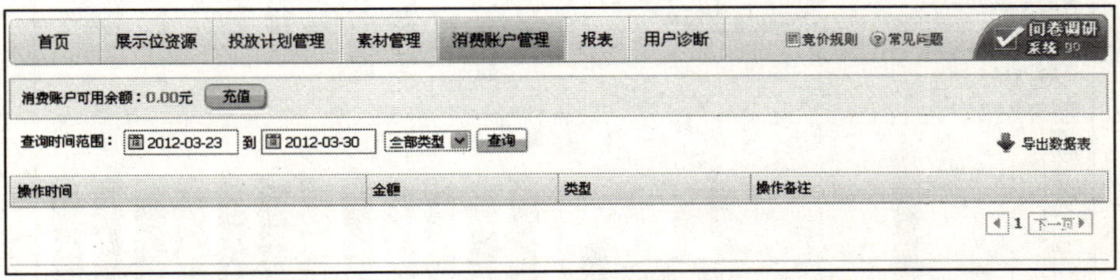

图 7.53　消费账户管理页面

单击导航栏中的“报表”按钮进入到报表查询页面，在这里可以查询一段时间内的日消耗报表，如图 7.54 所示。

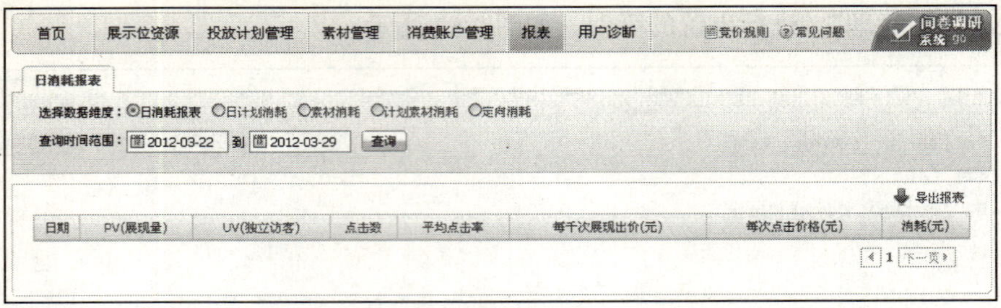

图 7.54 报表页面

最后的“用户诊断”功能能够对你的广告使用状况进行评分，并且对广告的整体投放进行一个全面的统计。同时，你还可以了解到钻石展位的一个整体的投放情况，包括流量最大的十个广告位、性价比最高的广告位、投放额以及预算的占比等，如图 7.55 所示。

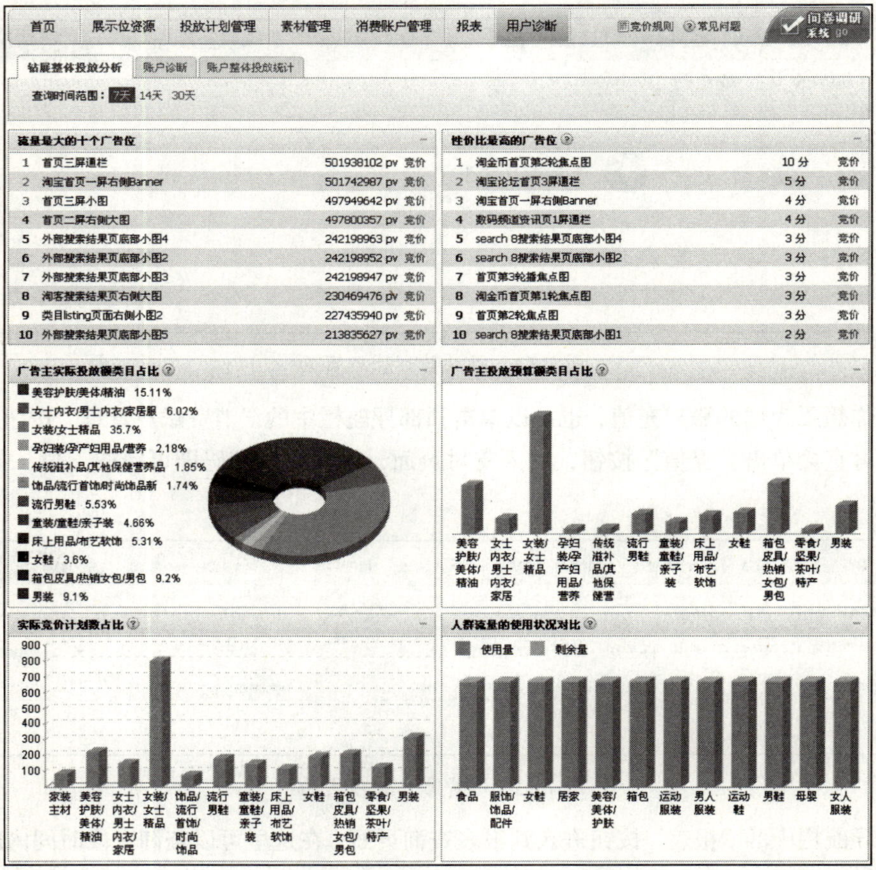

图 7.55 用户诊断页面

使用钻石展位最关键的是图片创意和出价，做好这两点才能用最少的投资换来更多的流量。

7.4　如何轻松提高客户的单次购买金额

淘宝除了提供收费的店铺推广工具外，还提供了很多促销工具，包括“满就送”、“搭配套餐”、“限时打折”、“店铺优惠券”等。使用这些方法可以轻松有效地提高客户的单次购买金额，并且将获得更多淘宝频道的推荐机会。因此，这也是大卖家们提高店铺销售额普遍使用的服务。

7.4.1　如何订购开通各类促销工具

虽然这些工具很好，但都是淘宝提供的有偿服务。因此，如果想要使用这些工具，首先要知道如何订购开通这些服务。

首先登录进入到淘宝后台，单击“营销中心”栏目下的“促销管理”按钮，进入到淘宝促销管理页面。单击“满就送”服务版块中的“马上订购”按钮，直接进入订购页面，如图 7.56 所示。

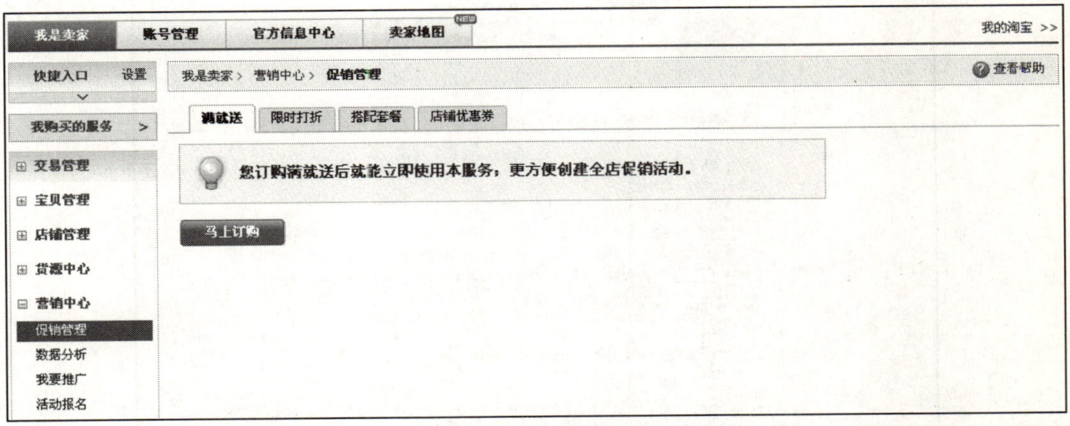

图 7.56　促销管理页面

在打开的服务订购页面，有所有需要订购的服务的列表，单击“满就送”服务版块右侧的“立即订购”按钮，如图 7.57 所示。

进入到服务订购信息页面，在这里有订购服务的名称、期限、支付金额等信息。选择需要订购的期限，单击底部的“付款”按钮，如图 7.58 所示。

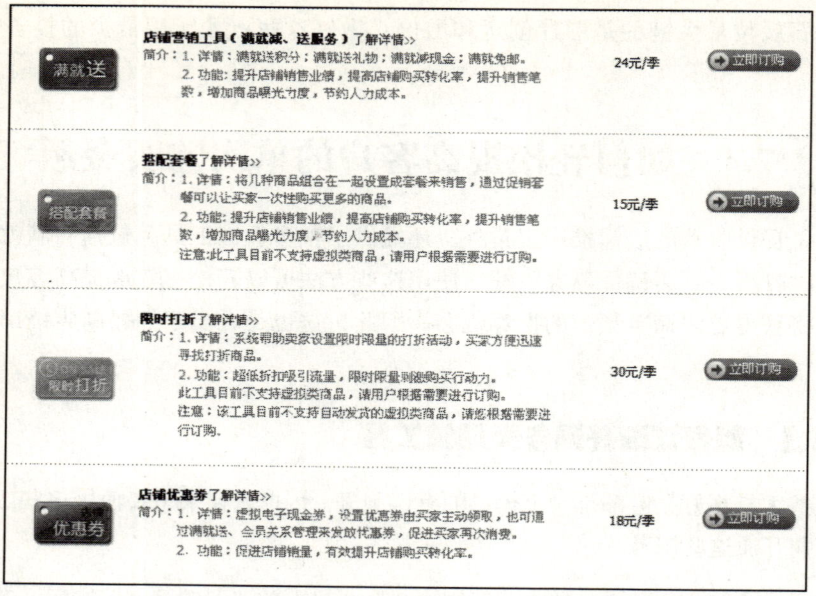

满就送
店铺营销工具（满就减、送服务）了解详情>>
简介：1. 详情：满就送积分；满就送礼物；满就减现金；满就免邮。
2. 功能：提升店铺销售业绩，提高店铺购买转化率，提升销售笔数，增加商品曝光力度，节约人力成本。
24元/季
立即订购
搭配套餐
搭配套餐了解详情>>
简介：1. 详情：将几种商品组合在一起设置成套餐来销售，通过促销套餐可以让买家一次性购买更多的商品。
2. 功能：提升店铺销售业绩，提高店铺购买转化率，提升销售笔数，增加商品曝光力度，节约人力成本。
注意:此工具目前不支持虚拟类商品，请用户根据需要进行订购。
15元/季
立即订购
限时打折
限时打折了解详情>>
简介：1. 详情：系统帮助卖家设置限时限量的打折活动，买家方便迅速寻找打折商品。
2. 功能：超低折扣吸引流量，限时限量刺激购买行动力。
此工具目前不支持虚拟类商品，请用户根据需要进行订购。
注意：该工具目前不支持自动发货的虚拟类商品，请您根据需要进行订购。
30元/季
立即订购
店铺优惠券
店铺优惠券了解详情>>
简介：1. 详情：虚拟电子现金券，设置优惠券由买家主动领取，也可通过满就送、会员关系管理来发放优惠券，促进买家再次消费。
2. 功能：促进店铺销量，有效提升店铺购买转化率。
18元/季
立即订购

图 7.57 软件服务订购中心

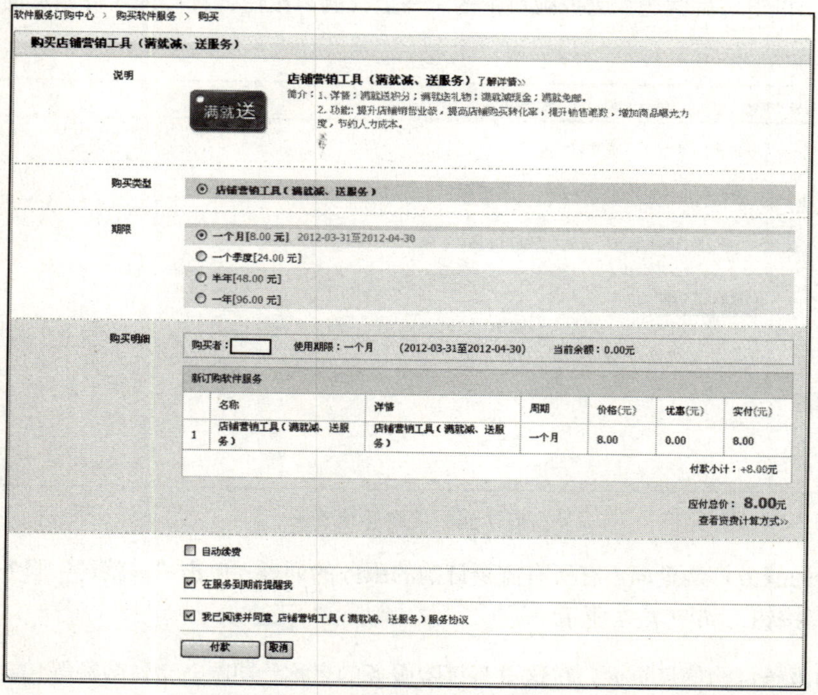

软件服务订购中心 > 购买软件服务 > 购买
购买店铺营销工具（满就减、送服务）
说明
满就送
店铺营销工具（满就减、送服务）了解详情>>
简介：1. 详情：满就送积分；满就送礼物；满就减现金；满就免邮。
2. 功能：提升店铺销售业绩，提高店铺购买转化率，提升销售笔数，增加商品曝光力度，节约人力成本。
购买类型
店铺营销工具（满就减、送服务）
期限
一个月[8.00 元] 2012-03-31至2012-04-30
一个季度[24.00 元]
半年[48.00 元]
一年[96.00 元]
购买明细
购买者：
使用期限：一个月 (2012-03-31至2012-04-30)
当前余额：0.00元
新订购软件服务
名称 详情 周期 价格(元) 优惠(元) 实付(元)
1 店铺营销工具（满就减、送服务） 店铺营销工具（满就减、送服务） 一个月 8.00 0.00 8.00
付款小计：+8.00元
应付总价：8.00元
查看资费计算方式>>
自动续费
在服务到期前提醒我
我已阅读并同意 店铺营销工具（满就减、送服务）服务协议
付款
取消

图 7.58 服务订购信息页面

最后进入到付款页面使用支付宝完成支付之后，页面会转入到付款成功页面，并且你的阿里旺旺聊天工具也会弹出系统消息，提示你已经成功缴纳店铺营销工具（“满就送”服务）服务费，如图 7.59 所示。

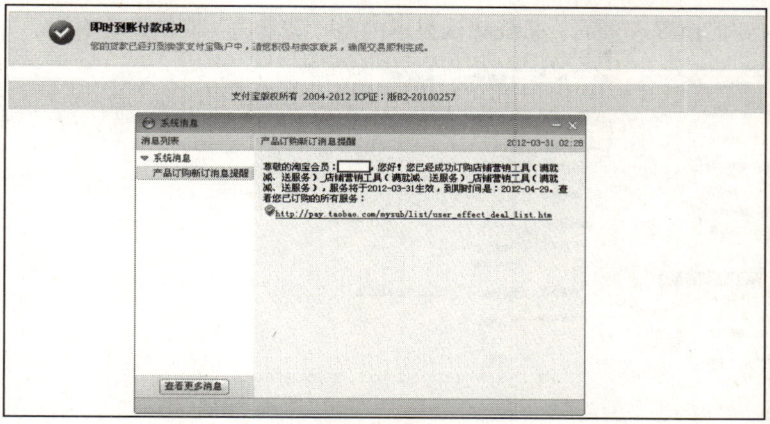

图 7.59　订购成功确认

回到软件服务订购中心可以看到，系统提示此软件服务已经订购成功，并且包含软件服务的名称、订购时间、期限和订购价格等信息，如图 7.60 所示。

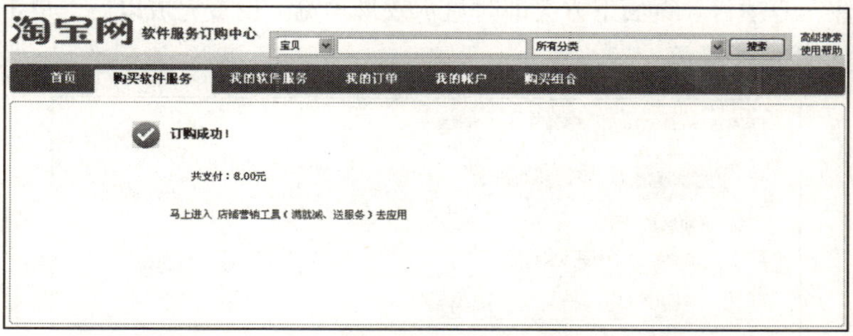

图 7.60　软件服务订购成功页面

以上是“满就送”服务的订购过程的介绍，同样“搭配套餐”和“限时打折”这两个服务的订购开通也都可以按照这个流程进行。

7.4.2　如何省时省力地制作专业促销优惠广告

“满就送”促销服务是淘宝基于旺铺的，为广大卖家推出的一个非常实用的店铺促销工具。只需简单几步，就能制作出非常专业优质的促销广告。

店铺使用“满就送”促销工具，可以提高店铺销售转化率（更多客户购买），提升个单单价（购买更多），提升流量。淘宝还会做一些大型的“满就送”活动推广，参与“满就送”就有机会上淘宝推荐。

使用“满就送”促销服务，首先需要登录进入淘宝后台，单击“营销中心”栏目下的“促销管理”，进入到促销管理页面。系统默认显示的是“满就送”促销设置页面，如图 7.61 所示。

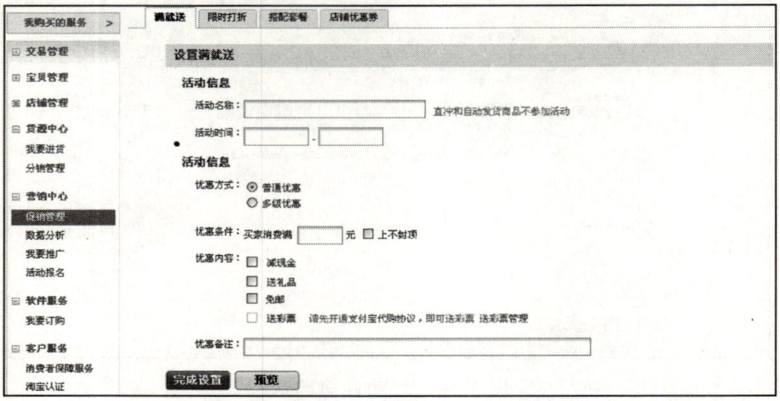

图 7.61　“满就送”促销设置页面

在“满就送”设置页面中，你需要填写“活动名称”、“优惠条件”、“优惠内容”、“活动时间”、“活动备注”等项目。页面下方会即时显示效果预览。设置完成以后，单击底部的“完成设置”按钮，如图 7.62 所示。

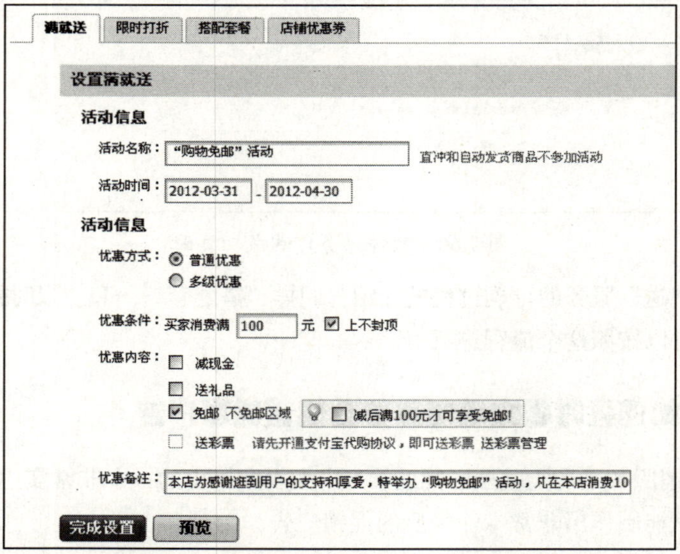

图 7.62　“满就送”设置页面

“满就送”促销工具设置完成后进入到“满就送”设置完成页面，在这里你可以看到已经编辑好的所有促销信息，以及最终预览效果。如果你想要更改其中的信息，则单击“更改设置”按钮，回到“满就送”设置页面，重新编辑。你也可以单击“取消优惠”按钮，彻底取消此服务，如图 7.63 所示。

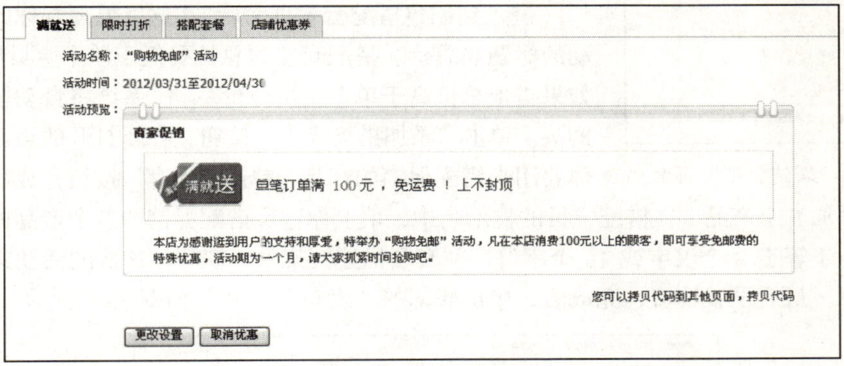
满就送
限时打折
搭配套餐
店铺优惠券
活动名称：“购物免邮”活动
活动时间：2012/03/31至2012/04/30
活动预览：
商家促销
满就送
单笔订单满 100 元，免运费！上不封顶
本店为感谢逛到用户的支持和厚爱，特举办“购物免邮”活动，凡在本店消费100元以上的顾客，即可享受免邮费的特殊优惠，活动期为一个月，请大家抓紧时间抢购吧。
您可以拷贝代码到其他页面，拷贝代码
更改设置
取消优惠

图 7.63　“满就送”设置完成页面

现在单击打开你店铺中的任意一个宝贝，在宝贝详情页面都可以看到“满就送”促销工具已经生效，如图 7.64 所示。

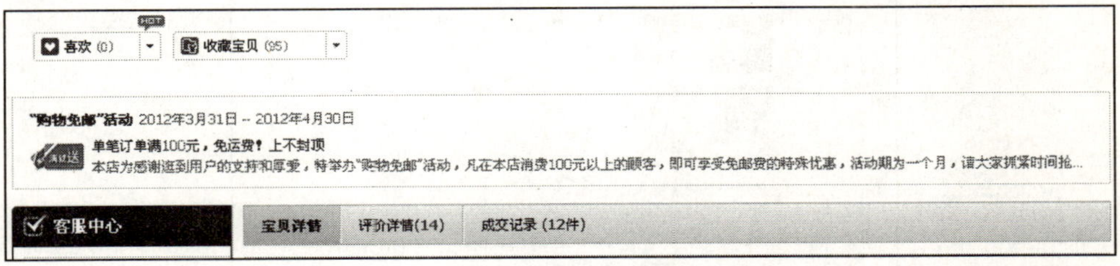
HOT
喜欢 (0)
收藏宝贝 (95)
“购物免邮”活动 2012年3月31日 -- 2012年4月30日
单笔订单满100元，免运费！上不封顶
本店为感谢逛到用户的支持和厚爱，特举办“购物免邮”活动，凡在本店消费100元以上的顾客，即可享受免邮费的特殊优惠，活动期为一个月，请大家抓紧时间抢...
客服中心
宝贝详情
评价详情(14)
成交记录 (12件)

图 7.64　宝贝详情页面

“满就送”促销工具目前有 3 种优惠内容可供选择，包括“减现金”、“送礼品”和“免邮”。你可以根据自己店铺的实际情况单独使用其中一项，或者选择提供多项优惠。

7.4.3　搭配捆绑销售的妙处

套餐搭配促销服务也是基于淘宝旺铺功能的一项新的店铺营销工具。卖家需要先成功订购旺铺，然后才能对商品设置搭配套餐。

搭配套餐促销是能够将几种类似或者互补的商品组合在一起，以更优惠的价格设置成套餐来销售的工具。卖家可以通过对商品设置促销套餐让买家一次性购买更多的商品，并且能够增加店铺和宝贝更多曝光的机会。

要使用"搭配套餐"促销服务，首先进入到"促销管理"页面，然后单击菜单栏中的"搭配套餐"按钮，进入到搭配套餐设置页面。现在由于还没有设置搭配套餐活动，因此没有任何搭配套餐活动服务显示。继续单击"创建搭配套餐"按钮，如图 7.65 所示。

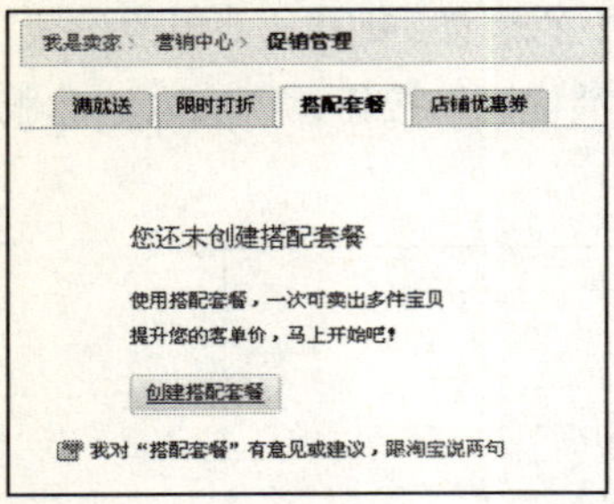

图 7.65　"促销管理"页面

进入到创建搭配套餐页面后，在这里填写好你此次套餐活动的标题和总价。搭配套餐的总价要低于单个宝贝原价总和。如果搭配总价高于单个宝贝原价总和，系统将自动按原价总和购买。单击"添加搭配宝贝"按钮，在新打开的页面中，选择你要用来搭配促销的产品，单击"保存"按钮完成添加，一次最多可以添加 5 个产品。在搭配宝贝的显示名中，填上你这次搭配促销的各个产品的简称，显示名必须小于等于 8 个汉字或 16 个字符。在套餐描述框架中，填写你这次的活动主旨、折扣力度等信息。最后设置物流，完成后，单击底部的"发布"按钮，如图 7.66 所示。

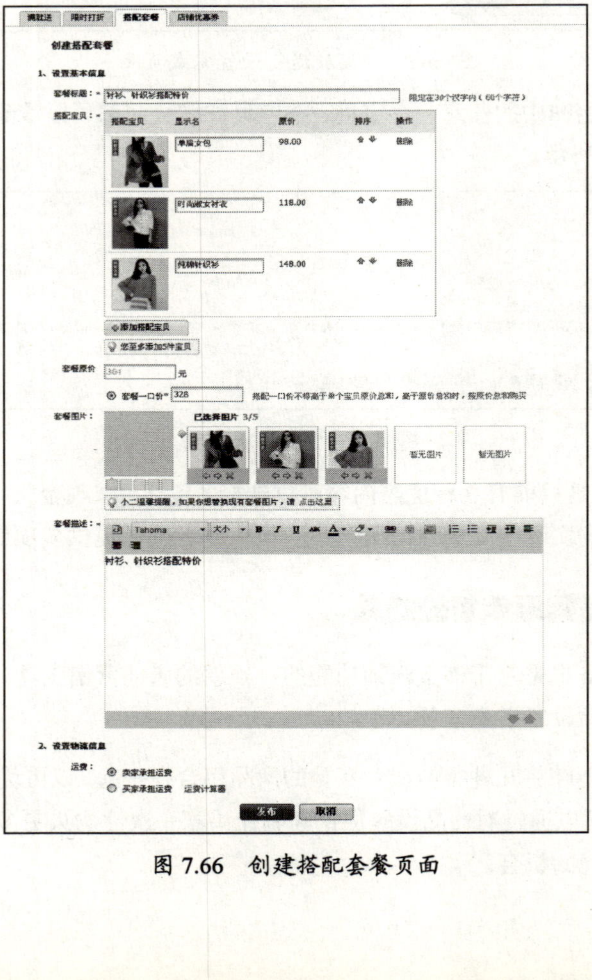

图 7.66　创建搭配套餐页面

系统转回到搭配套餐首页，页面显示“您的搭配套餐已经发布成功”，说明这一次的搭配套餐活动就已经创建完成了。活动会显示在此页面中，你可以查看、重新编辑，以及删除此活动。如图 7.67 所示。

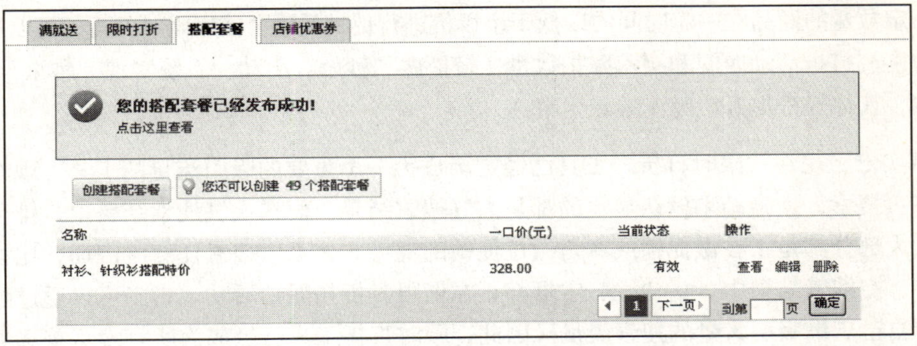

图 7.67　搭配套餐首页

单击“查看”按钮，在打开的页面中就可以看到此次搭配套餐优惠活动已经显示出来了。卖家使用搭配套餐促销服务，最多可以设置 50 个搭配促销套餐，如图 7.68 所示。

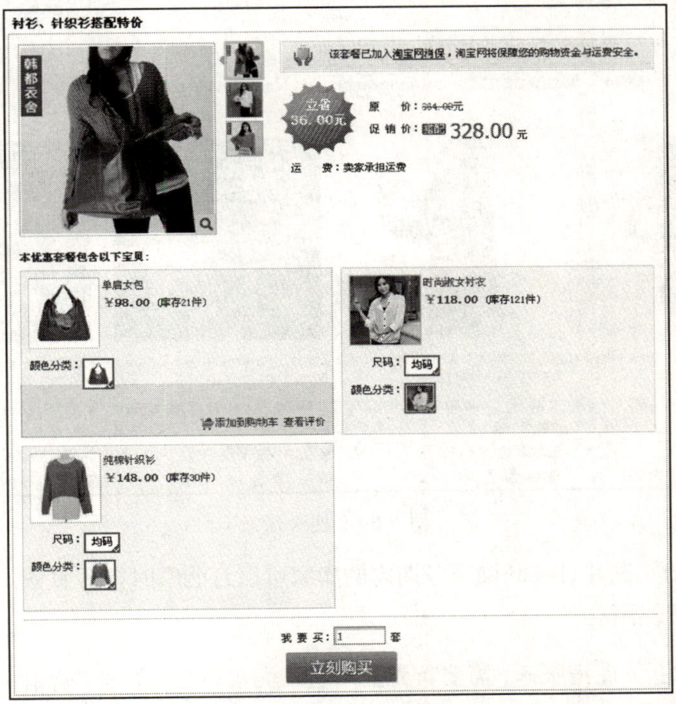

图 7.68　宝贝详情页面

7.4.4 成功卖家不得不做的“秒杀”活动

限时打折是淘宝提供给卖家的一种店铺促销工具，订购了此工具的卖家可以在自己店铺中选择一定数量的商品在一定时间内以低于市场价进行促销活动。使用限时打折，可以自行设置折扣力度、打折活动时间和买家限拍数量，轻松做“秒杀”活动。系统实现“秒杀”，降低人力成本，让你轻松提升店铺流量转化率。

事实上，现在“限时打折”工具已经逐渐成为一个重要的吸引流量的工具。现在只要在淘宝首页搜索，搜索结果默认显示的都是人气搜索结果。而在人气搜索结果中，排名在前面的宝贝大部分都是正在做促销或者是做过促销的宝贝。你可以搜索任意关键词，比如关键词“女装”，在搜索结果中，1、2、4 宝贝都正在做限时折扣促销活动。卖家可以通过限时折扣活动为自己店铺吸引大量的搜索流量。因此，限时打折工具已经成为所有卖家首选必备的流量武器，如图 7.69 所示。

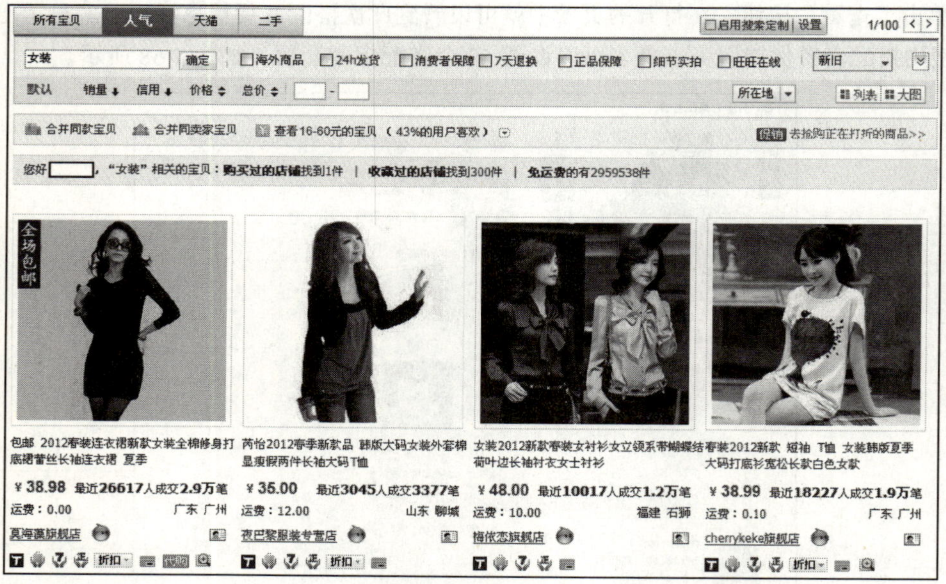

图 7.69 搜索结果

订购了旺铺的卖家并且在旺铺服务期内的卖家可以订购限时打折服务，跟信用等级无关，商城卖家可以免费使用。

使用“限时打折”促销服务，需要首先登录进入淘宝后台，单击“营销中心”栏目下的“促销管理”，进入到促销管理页面。单击“限时打折”按钮，进入到促销管理页面。继续单击“创建活动”按钮，如图 7.70 所示。

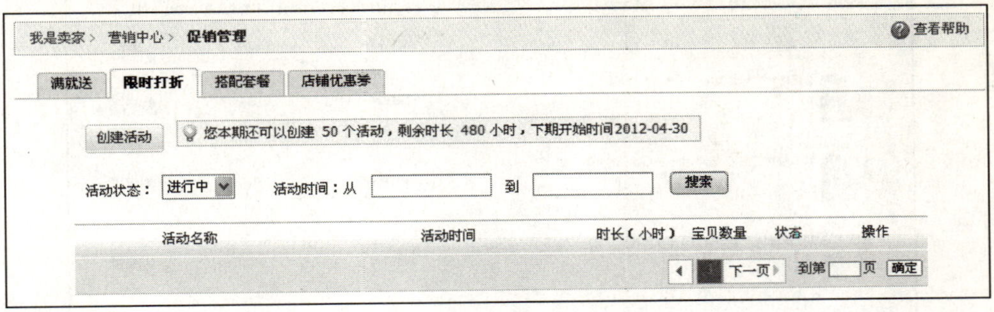

图 7.70　促销管理页面

在“限时打折”活动创建页面中，第一步你需要设置促销的时段。订购此服务后，从订购之日起往后 1 个月内，每次活动时间不能超过 240 小时且不能少于 3 小时。单次活动时间不到商品已经拍完而结束的，不返还时间。完成时间段的设置后，单击“确定”按钮，如图 7.71 所示。

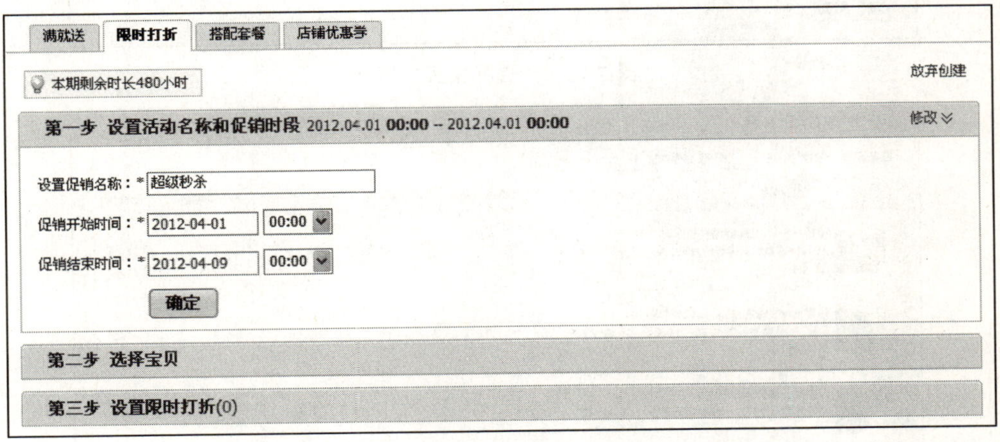

图 7.71　“限时打折”活动创建页面

现在直接进入第二步选择宝贝的设置，单击你需要参加限时打折的宝贝右侧的“参加打折”按钮完成促销宝贝的添加。单个活动一次最多只能选择 20 件，而一个宝贝只能添加到一个活动中，且商品的在架时间要大于活动时间。完成促销宝贝的添加后，单击下方的“完成选择”按钮，如图 7.72 所示。

促销宝贝添加完成后，进入到第三步设置限时打折页面。在这里你可以设置刚才选择的宝贝的折扣度和每人限购数。完成设置后，单击底部的“完成创建”按钮，如图 7.73 所示。

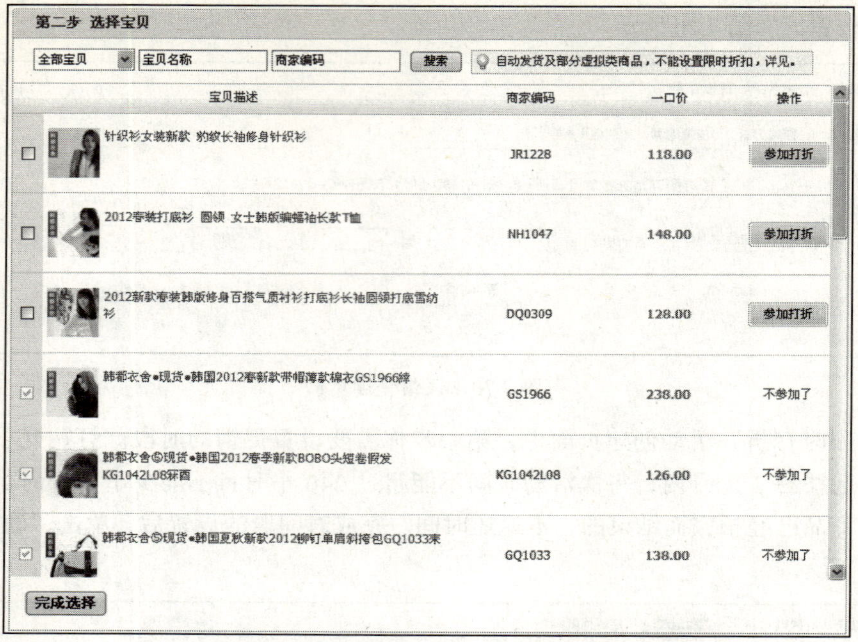

图 7.72 “选择宝贝”页面

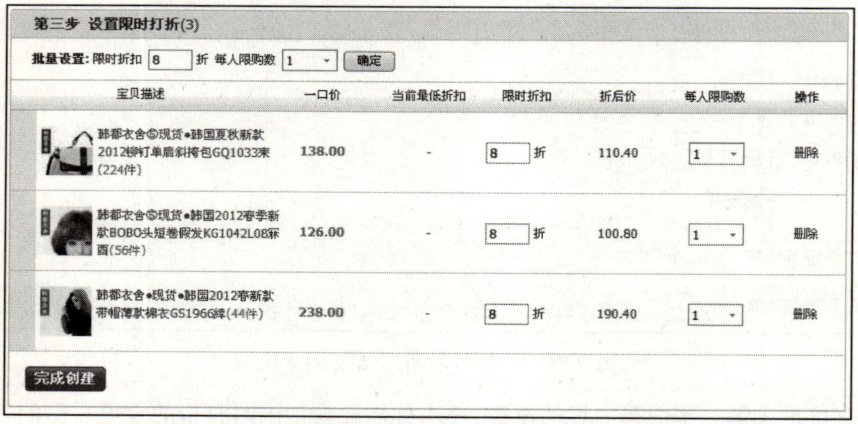

图 7.73 折扣设置页面

完成“限时打折”活动的创建后，回到限时打折页面，可以看到刚才设置的“限时打折”活动已经出现在这里了。活动发布后，在活动期内，卖家不可以修改活动开始时间和结束时间，其他参数可以修改。你可以设置多个限时打折活动，但是最多只能有 1 个活动正在进行当中，如图 7.74 所示。

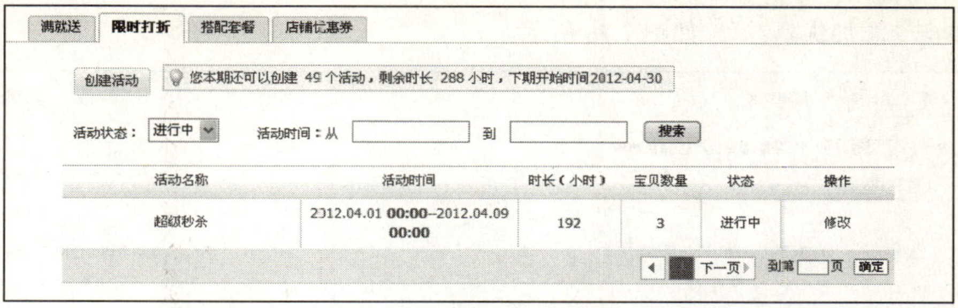

图 7.74　限时打折页面

现在单击打开你店铺中刚才设置参加了限时打折活动的宝贝。在宝贝详情页面可以看到“限时打折”促销工具已经生效了，如图 7.75 所示。

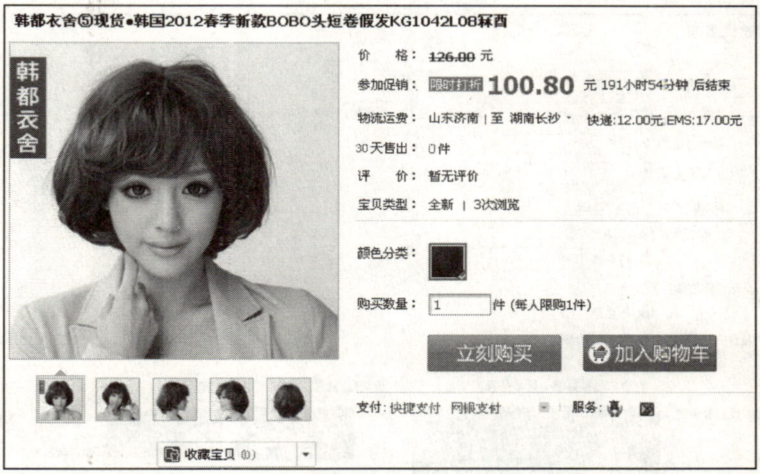

图 7.75　限时打折页面

7.4.5　轻松玩转店铺优惠券

店铺优惠券是一种虚拟的电子券，卖家可以在不用充值现金的前提下针对新客户或者不同等级会员发放不同面额的店铺优惠券。优惠券的促销模式对于线下的实体店铺来说已经用得很普遍了。而在淘宝中，同样也应该是每个卖家吸引客户、维护和促销老买家的必备选择。

店铺优惠券的功能点主要体现在两大方面，即通过满就送和会员关系管理来维护老客户并通过创建店铺优惠券买家领取功能主动营销新客户。

使用“店铺优惠券”促销服务，首先需要登录进入淘宝后台，单击“营销中心”栏目下的“促销管理”，进入到促销管理页面。单击“店铺优惠券”按钮，进入到店铺优惠券管理页面，最后再单击“添加优惠券”，如图 7.76 所示。

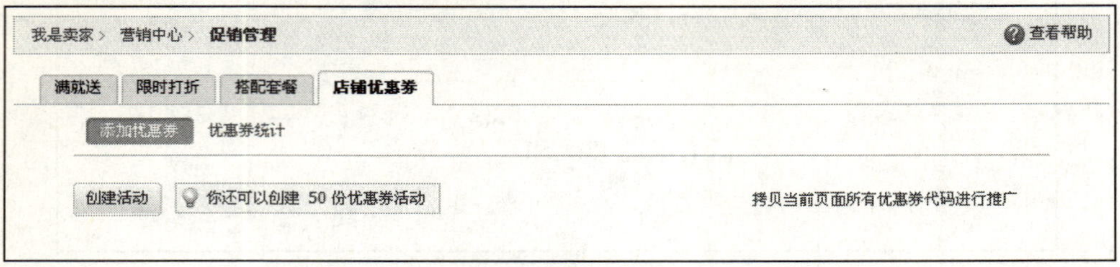

图 7.76　店铺优惠券管理页面

现在进入到优惠券创建页面，选择你的优惠券的面额、生效时间段、总领用量等。完成后，单击底部的“确认”按钮，如图 7.77 所示。

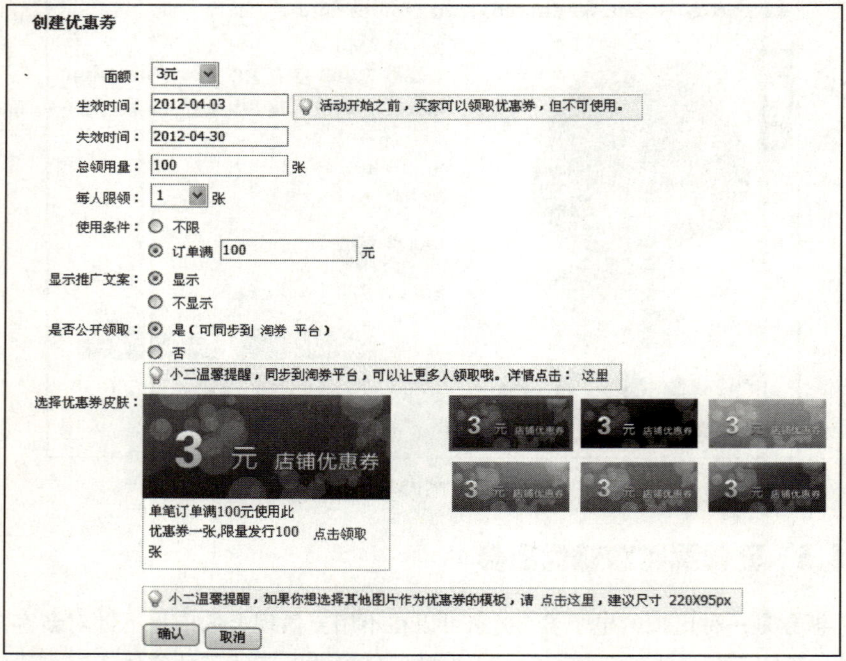

图 7.77　优惠券创建页面

完成优惠券的创建之后，页面自动会显示出这个优惠券的信息。复制这个优惠券的代码就可以在任意支持此代码的地方进行推广，如图 7.78 所示。

单击“优惠券统计”按钮，在这里你可以查询你的优惠券的领取推广情况，如图 7.79 所示。

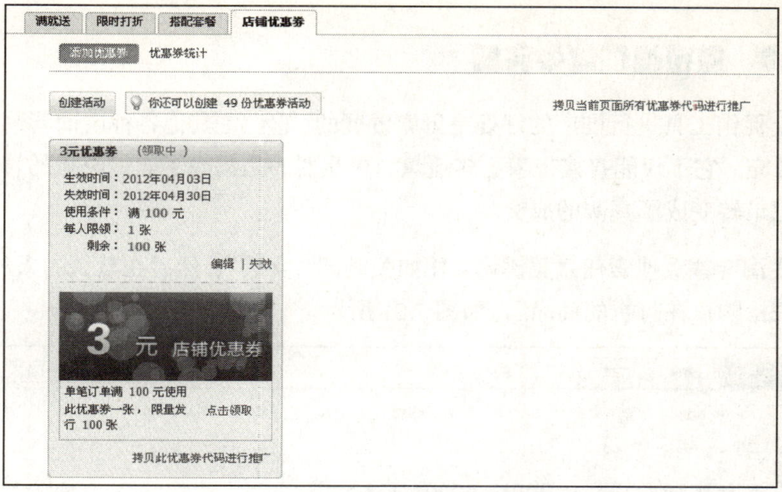

图 7.78　优惠券创建完成

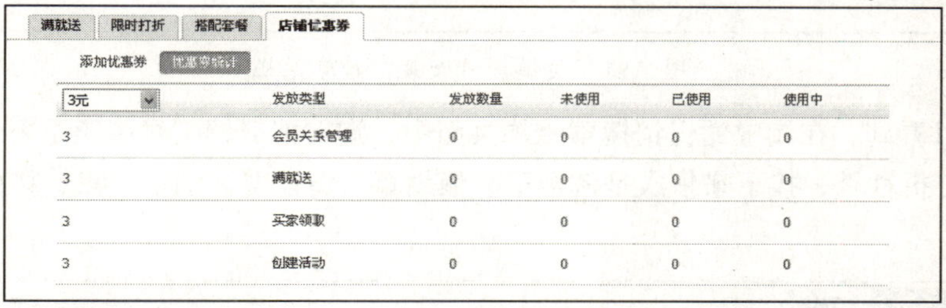

3元	发放类型	发放数量	未使用	已使用	使用中
3	会员关系管理	0	0	0	0
3	满就送	0	0	0	0
3	买家领取	0	0	0	0
3	创建活动	0	0	0	0

图 7.79　优惠券统计

使用优惠券工具还能够额外增加来自独立网站的流量。淘宝对于使用了优惠券的卖家店铺专门开辟了一个新的网站——淘券 http://taoquan.taobao.com。所有买家都可以在这里领券，领完以后，就可以去你店铺消费时使用这些优惠券，如图 7.80 所示。

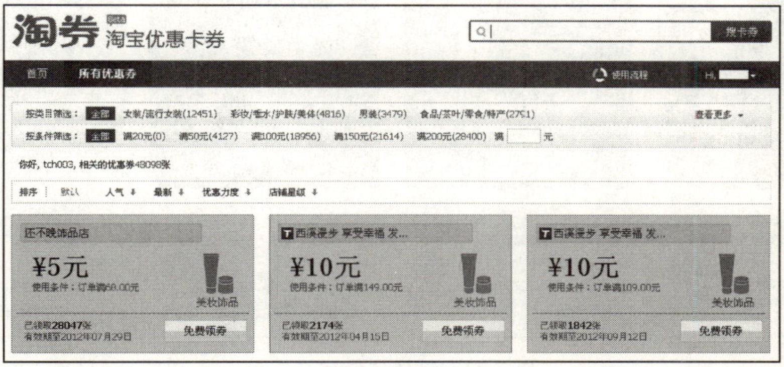

图 7.80　“淘券”首页

7.4.6 促销推广效果实例

使用淘宝促销工具进行推广的好处是毋庸置疑的。它们是其他各种店铺营销推广吸引流量活动的必要补充。它不仅能直接带来更多流量，更重要的是提高了店铺流量的转化率，把更多的虚拟流量记录转变成了真实的成交。

你可以在淘宝首页搜索任意关键词，比如关键词“女装”，然后在默认的人气搜索结果中，继续单击“去抢购正在打折的商品”，如图 7.81 所示。

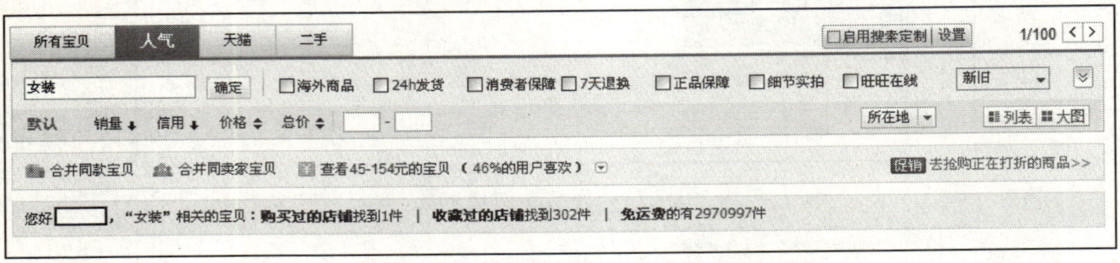

图 7.81 关键词“女装”搜索结果

我们可以看到，在淘宝的促销搜索结果页面中，淘宝把促销工具按照重要性依次排列。第一位就是打折秒杀，接下来依次是淘金币、聚划算、免运费、VIP 优惠、搭配减价，如图 7.82 所示。

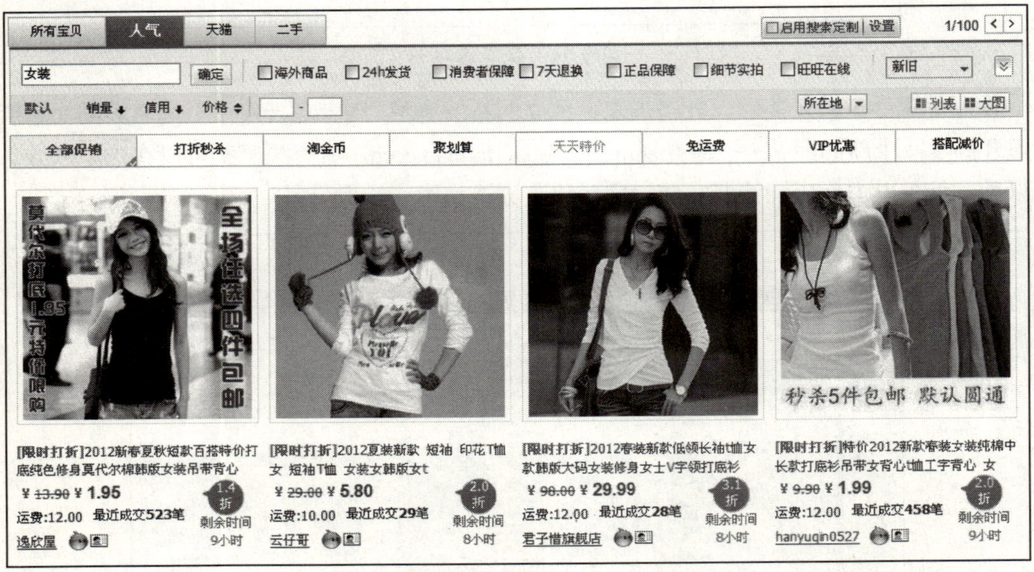

图 7.82 促销搜索结构页面

随便打开其中一个使用了促销工具的宝贝。从月销量中可以看到，此宝贝以每天一万件的速度在进行销售。此宝贝把原价开的很高，然后折扣打到了 3 折。巨大的落差激起了买家极大的购物欲望。有了这样一个价格的对比，就会让人觉得占到了便宜。而限时折扣时间的限制人为地造成了一个紧迫感，更容易激发潜在客户的购买冲动，促使买家更快的下决定。

同时，它通过“搭配套餐”工具的使用，让店铺的另外同类的四个宝贝也一同获得更多的流量和销量。而搭配减价宝贝也是可以在促销搜索结果页面中搜索到的。最后还通过“满就送”组合促销，为店铺做宣传，起到 1+1>2 的效果，如图 7.83 所示。

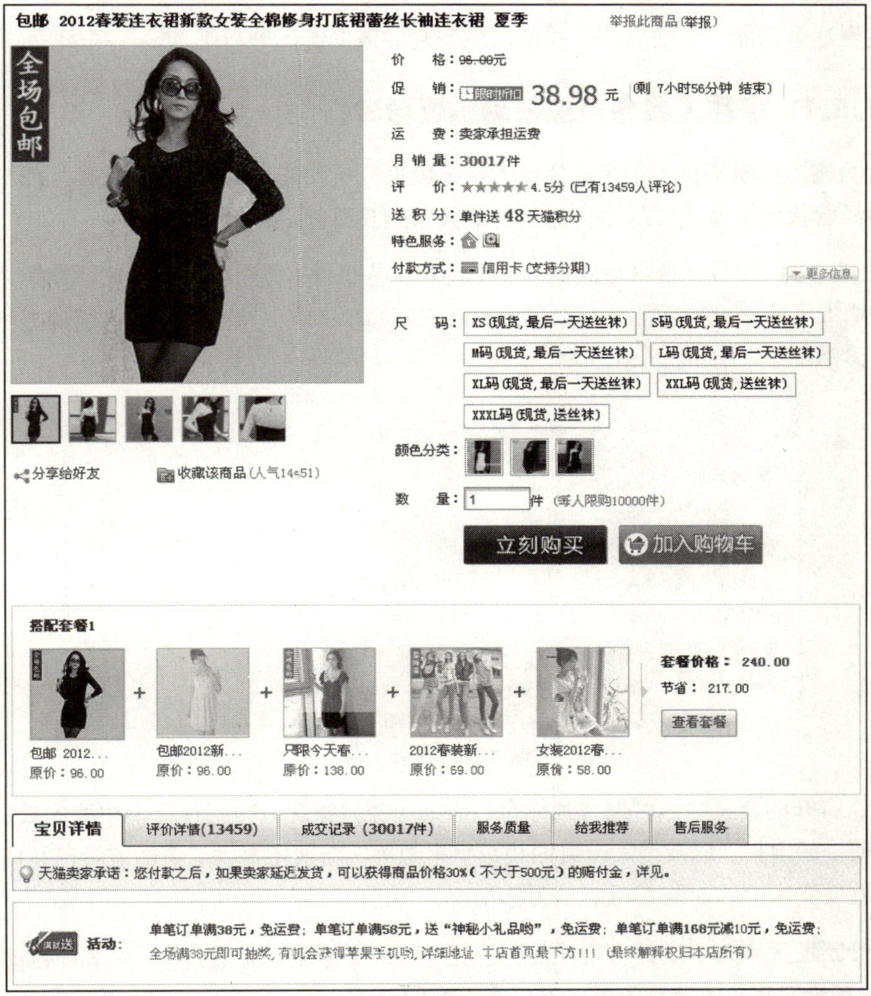

图 7.83　促销实例

7.5 如何监控分析店铺经营推广效果

除了不断地进行各种营销方法的使用和测试外，你还需要一个依据来判断到底哪个方法更适合你，能给你带来最大的效益。这就需要数据统计分析来完成这个工作，然后精选出效果最好的两三个方法之后，还应该利用数据分析来不断完善，使其效果越来越好。

事实上，通过各项数据的精准分析可以用来指导你店铺经营的方方面面，包括产品的定价、宝贝标题的设计、营销方案的制订和修改、推广效果的检测与完善等。对此，淘宝提供了很多工具来实现这个功能，下面介绍一些使用最普遍的数据统计分析工具。

7.5.1 多重工具免费进行店铺运营分析

淘宝为淘宝卖家提供了很多店铺经营状况数据分析功能。你可以通过这些功能很方便地了解店铺的经营状况。最重要的是，这些店铺数据的获得都是免费的。

2012 年 3 月 27 日，搜索诊断助手 3.0 版本震撼登场，更全的搜索排序数据第一次彻底曝光，同时增加了店铺自检功能，首页界面更加友好。单击个人淘宝后台中“店铺提醒”版块中的“搜索诊断助手”，如图 7.84 所示。

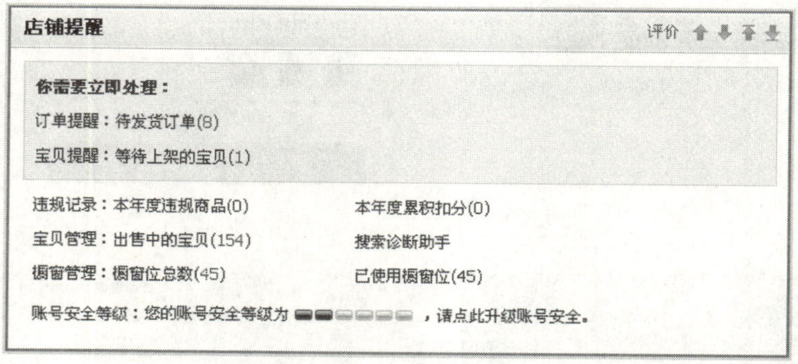

图 7.84　店铺提醒

在默认打开的首页中你可以看到你自己店铺的经营概况。包括你店铺中搜索量、点击量、销量排名前十的宝贝，以及搜索流量的关键字来源等。新版还提供了店铺流量以及搜索销量变化数据，方便卖家第一时间掌握店铺整体情况，如图 7.85 所示。

新版诊断助手增加了店铺自检功能，通过对店铺整体搜索流量分析，对店铺目前各项排序指标排查，帮助卖家了解店铺流量上升以及下降原因，并且给出对应建议，帮助改善店铺流量。卖家单击“店铺自检”按钮即可进入，如图 7.86 所示。

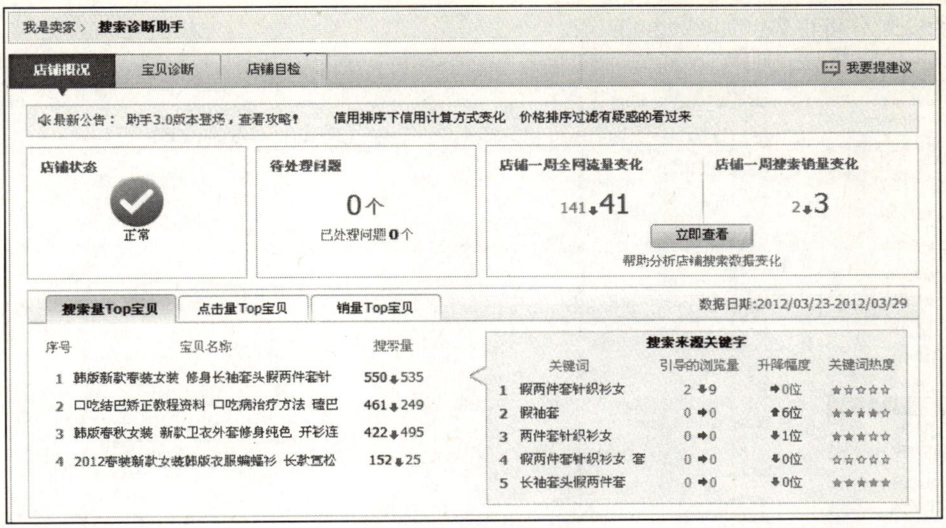

图 7.85　店铺概况

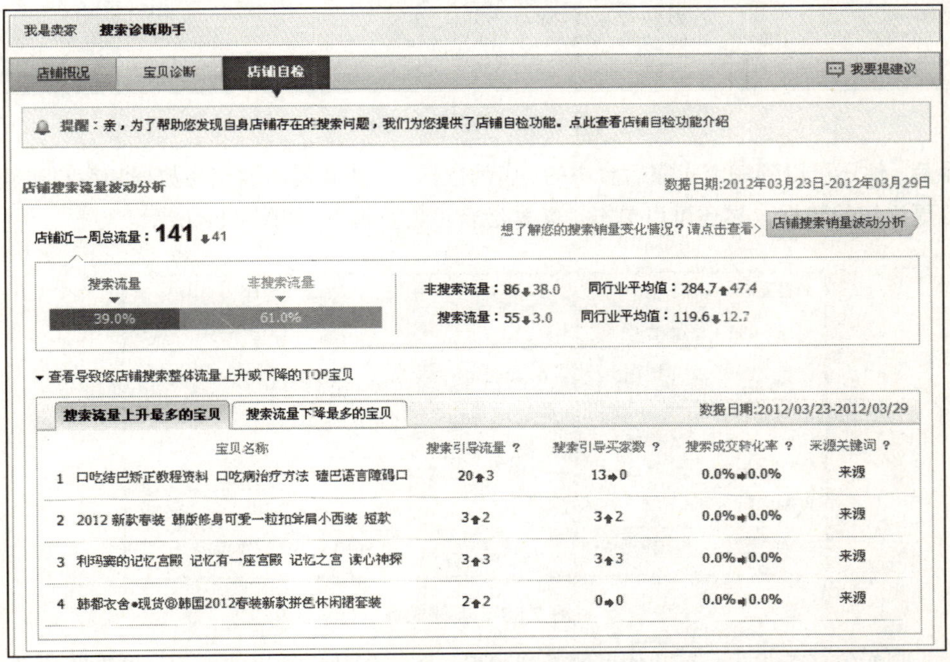

图 7.86　店铺自检

你也可以通过单击“营销中心”栏目下的“数据分析”进入到数据分析中心。在这里，淘宝免费提供基础的店铺数据统计，包括流量指标、转化率指标、客单价指标，同时还有店铺近

30 天的诊断分析报告，如图 7.87 所示。

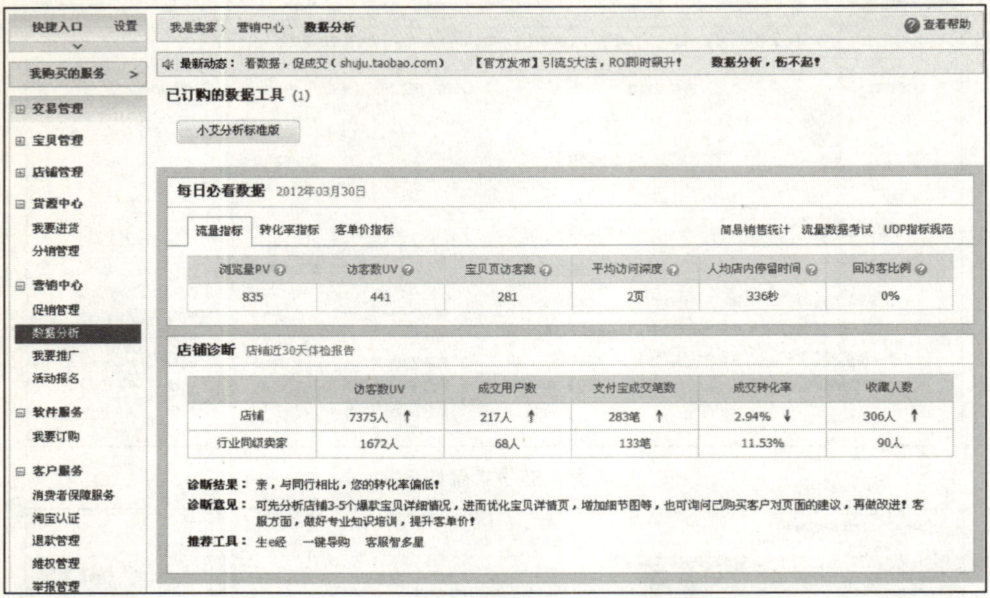

图 7.87 数据分析中心

最后，你还可以到淘宝卖家后台中的“店铺数据”版块查看店铺交易数据和客户访问数据。要获得更详细的数据，你还可以单击“卖家经营报告查询”，如图 7.88 所示。

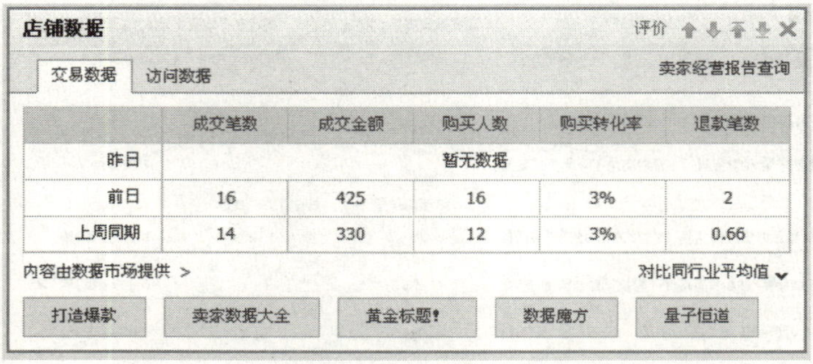

图 7.88 店铺数据

进入到卖家经营报告页面，你可以看到这里有很详细的店铺经营数据。最重要的是，这里还可以看到店铺经营的数据对比。你可以比一比你的店铺在整个行业中的位置，了解自己哪里不如竞争对手的地方，然后加以改进，如图 7.89 所示。

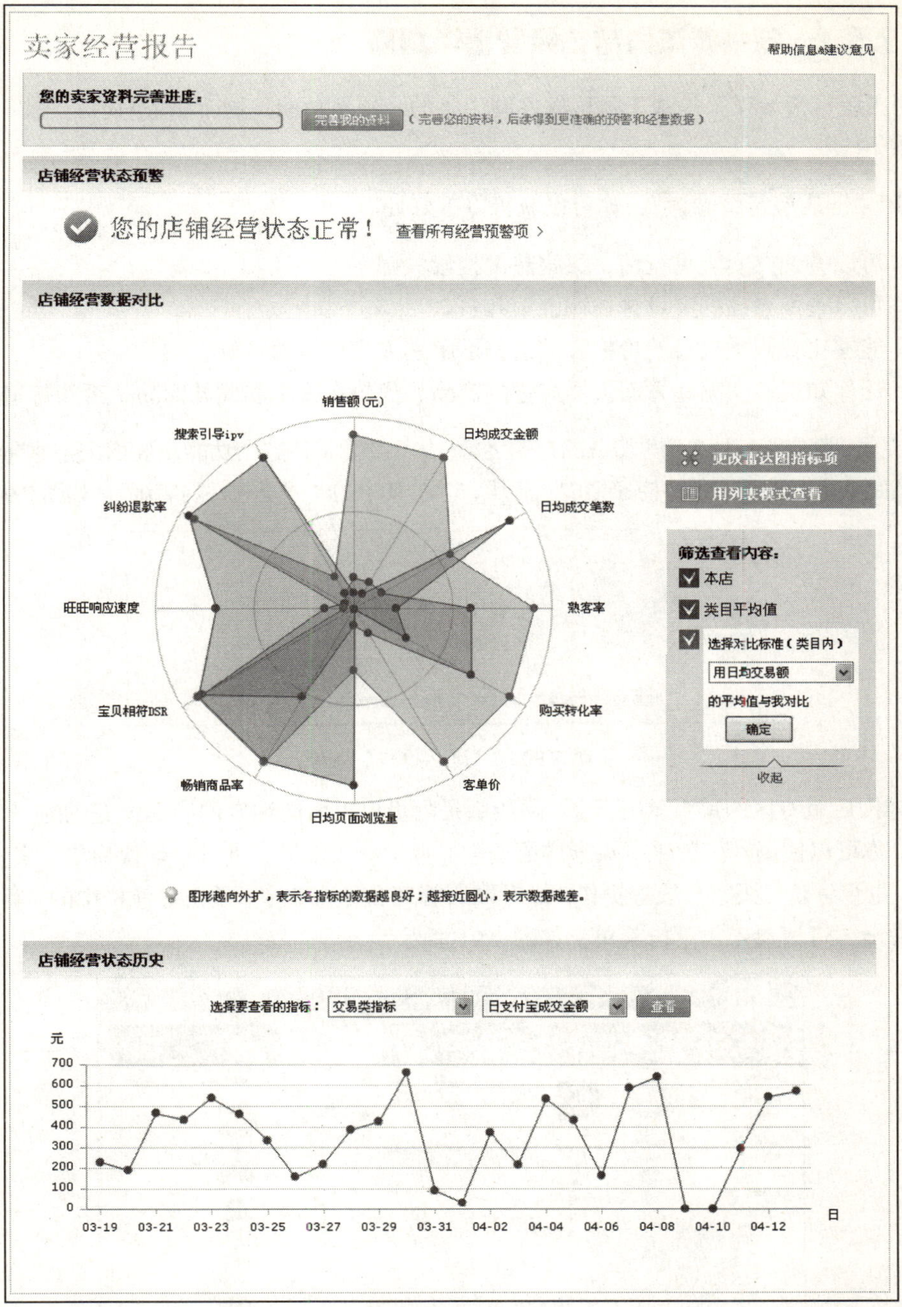

卖家经营报告
帮助信息&建议意见
您的卖家资料完善进度：
完善我的资料
（完善您的资料，后续得到更准确的预警和经营数据）
店铺经营状态预警
您的店铺经营状态正常！
查看所有经营预警项 ›
店铺经营数据对比
销售额(元)
日均成交金额
日均成交笔数
熟客率
购买转化率
客单价
日均页面浏览量
畅销商品率
宝贝相符DSR
旺旺响应速度
纠纷退款率
搜索引导ipv
更改雷达图指标项
用列表模式查看
筛选查看内容：
本店
类目平均值
选择对比标准（类目内）
用日均交易额
的平均值与我对比
确定
收起
图形越向外扩，表示各指标的数据越良好；越接近圆心，表示数据越差。
店铺经营状态历史
选择要查看的指标：
交易类指标
日支付宝成交金额
查看
元
700
600
500
400
300
200
100
0
03-19
03-21
03-23
03-25
03-27
03-29
03-31
04-02
04-04
04-06
04-08
04-10
04-12
日

图 7.89　卖家经营报告

7.5.2 行情参谋为店铺经营出谋划策

“网店版行情参谋”是基于阿里软件网店版的一项新功能，这个服务只有三星以上卖家才可开通使用。

使用“网店版行情参谋”，你可以获得以下好处。

- 可以查询热卖宝贝行情、买家热门搜索关键字。
- 可以查询自己的宝贝排在淘宝第几页。
- 能够比较同类宝贝的价格和销量，了解别人为什么卖得好。
- 让你知道该从哪些方面去推广你的商品、优势在哪里和此款商品是否能打造热卖。

在完成“网店版行情参谋”服务的订购之后，如果想要使用这个功能，你可以通过“淘宝后台”中心“我是卖家”首页中的“商家推广”版块，单击其中的“阿里软件网店版”，如图 7.90 所示。

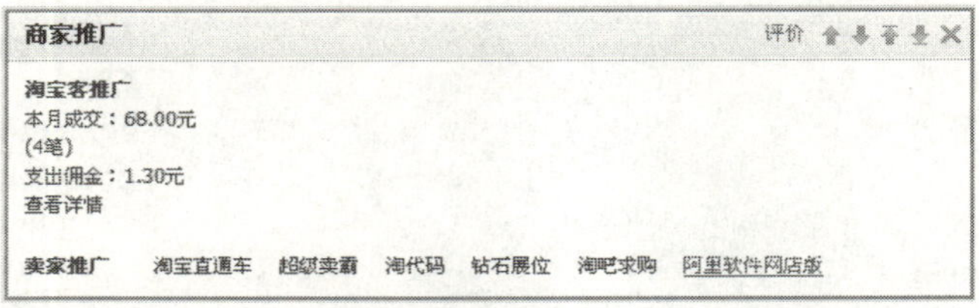

图 7.90　“商家推广”版块

这样网店版专区的首页就打开了。网店版是阿里巴巴面向淘宝网店卖家提供的一个在线管理软件。你可以使用网店版进行买家详情搜索、批量修改宝贝、批量打印快递单、发货单、库存管理、批量评价、买家分级等操作，提升网店管理和经营效率。单击导航栏中的“行情参谋”按钮，弹出“行情参谋”下拉菜单，如图 7.91 所示。

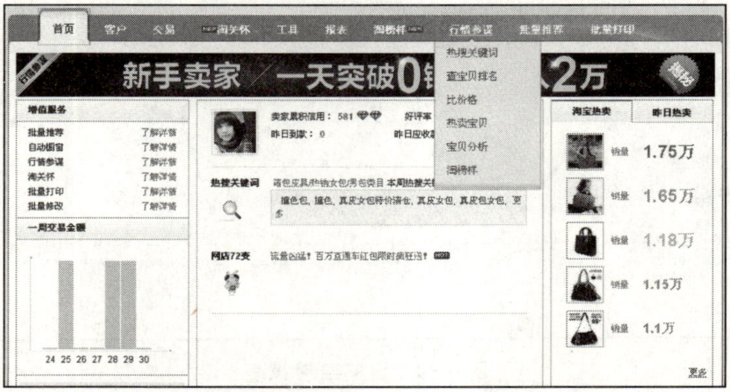

图 7.91　“行情参谋”下拉菜单

这样就进入到行情参谋的首页了，它有很多功能，包括：自己宝贝的搜索排名、热卖行情和热搜关键字查询。首先单击页面上方的“我的宝贝”，如图 7.92 所示。

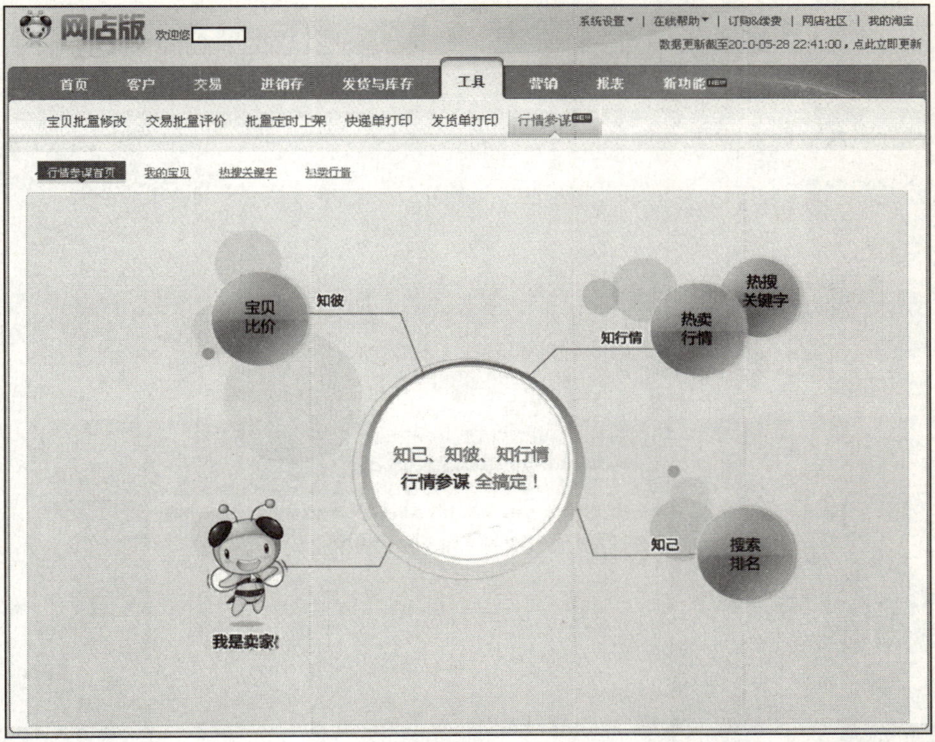

图 7.92　行情参谋首页

进入到“我的宝贝搜索排名”页面可以看到店铺所有宝贝的列表。在这里，你可以查询每个宝贝的类目排名情况，包括按下架时间排名、按流量排名和按价格排名这 3 种排名方式。

通过这个功能的使用，你可以知道你的宝贝在淘宝排名中排第几名，了解到哪些宝贝价格比你高卖的比你好，哪些卖家等级比你低卖的比你好等信息，如图 7.93 所示。

单击“热搜关键字”，可以进入到关键字参谋页面。首选选择你的店铺宝贝所在的类目，单击“查询”按钮。通过最终的查询结果可以搜索到这个类目中前 20 名最热门的关键字。同时你还能获得每个关键词人气最高的前 100 个宝贝的具体数据，如平均价格、最高和最低成交价、平均销售量等。

在搜索结果中还会列出排名前 20 的热销排行榜，你现在可以看到，目前正在热销一种负离子手表，只要两三元钱就可以买到，这在以前是很难很快注意到这些行情的变化的。因此，通过“热搜关键字”服务可以全面掌握热搜行情和宝贝命名，使你的推广更容易，如图 7.94 所示。

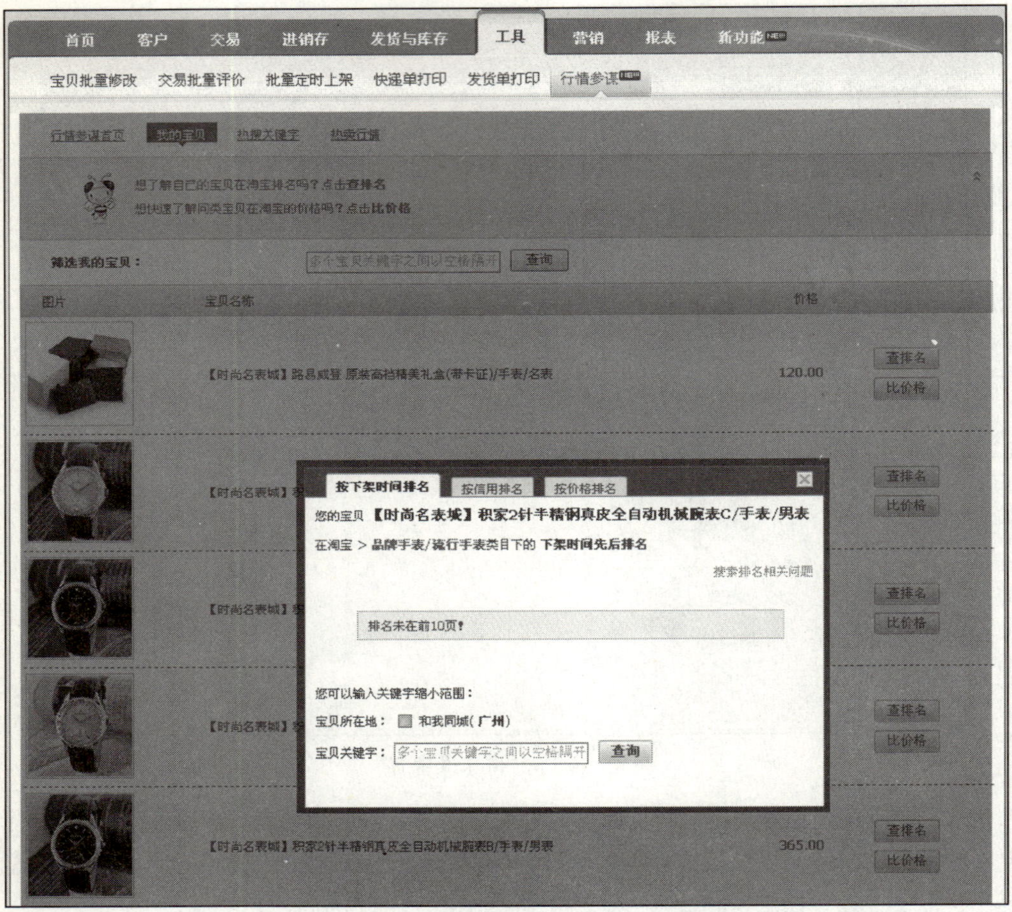

图 7.93　我的宝贝搜索排名

最后单击“热卖行情”进入到热卖行情查询页面，按步骤设置好宝贝类目、宝贝关键字和所在地区 3 个部分，如果你想要查询全国的数据，那么可以不选择所在地区项。完成所有操作后，单击“查询”按钮。

现在页面显示的是最近 30 天成交量前 100 的相关宝贝的所有数据，包括所有成交的平均价格、最热卖的地区、最热销的宝贝前 20 名的排行等。从这里你可以了解到，在某类目和关键字下的哪些宝贝最好卖，畅销宝贝在哪里卖的最好，具体价格、销量如何等情况，如图 7.95 所示。

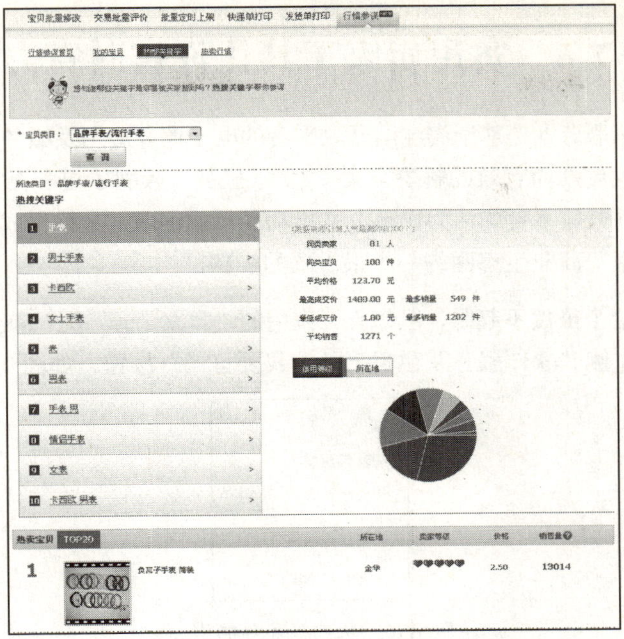

图 7.94　关键字参谋页面

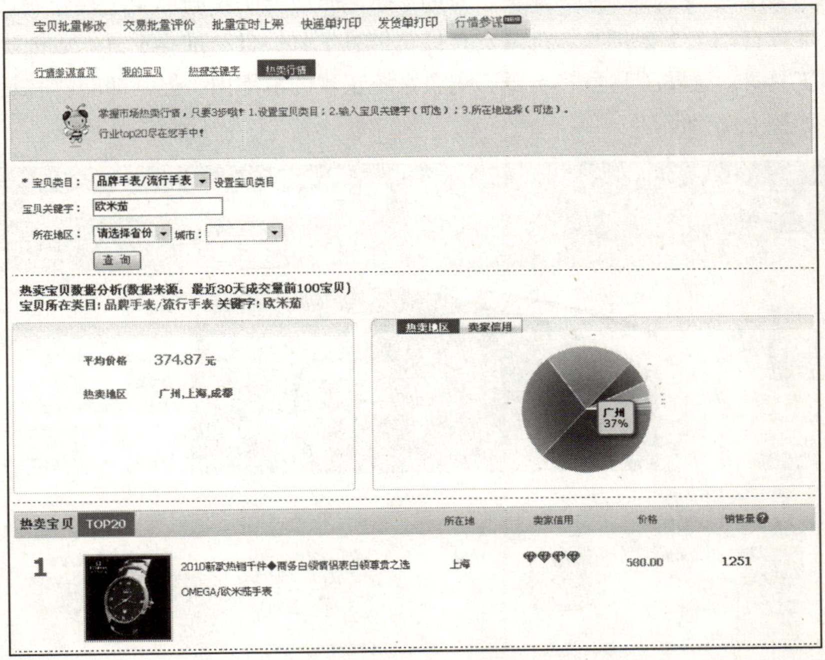

图 7.95　热卖行情查询页面

7.6 实用卖家工具让你省时省力

淘宝网的“卖家服务”是基于淘宝网开放平台的电子商务应用及服务商店，为淘宝网中的各类人群的需求提供创新而有效的解决方案。“卖家服务”吸引了更多淘宝以外的开发人员加入其中，实现淘宝网开放平台的活力循环，并推动各行业创新，最终促成新商业文明生态圈。它也是打造“大阿里”商业生态圈的一个很重要的步骤。

如何才能找到这个虽然不起眼，但却有大作用的“卖家服务”呢？首先登录进入到你的淘宝后台，然后单击左侧“软件服务”栏目下的“我要订购”按钮，如图 7.96 所示。

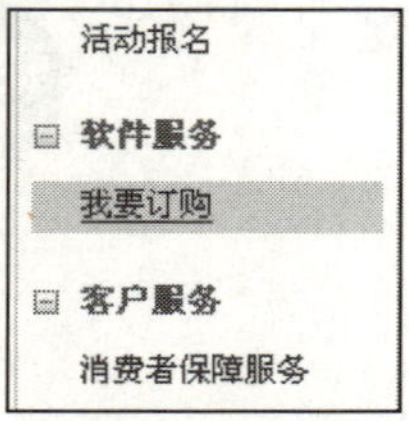

图 7.96 软件服务订购中心

现在就可以直接转入到“卖家服务”页面。这里有所有实用店铺小工具列表，里面有店铺分析工具、宝贝自动上下架工具、批量发布促销信息工具、自动推荐工具、店铺统计工具、推广代码制作工具等。这些工具虽然不属于淘宝系统正规的范围内，但是却能够有足以和其相媲美的功效，如图 7.97 所示。

图 7.97 卖家服务首页

在这里介绍其中一个比较常用的工具，名字叫做“超级店长”。你可以通过在搜索栏搜索此工具名，获得它的订购页面，如图 7.98 所示。

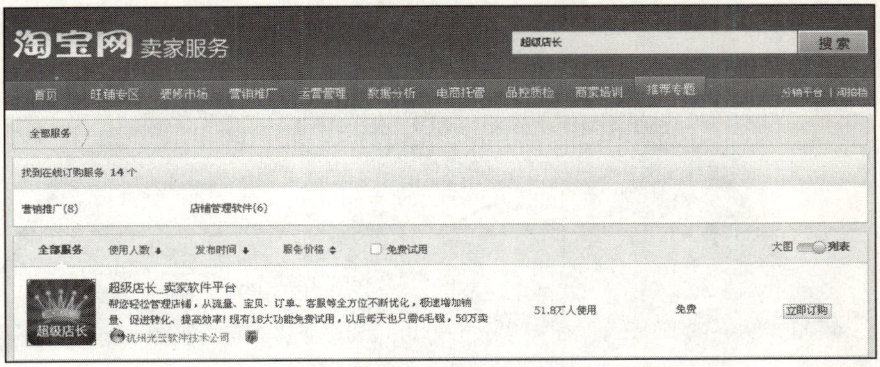

图 7.98　超级店长订购页面

此工具几乎能够提供所有卖家店铺管理营销的基本功能。它能够自动为你处理每天必需的工作，帮你轻松管理店铺，从流量、宝贝、订单、客服等全方位不断优化，极速增加销量、促进转化、提高效率。同时还有很多营销工具，包括宝贝推荐这个宝贝关联营销工具。通过使用这个工具，卖家可以轻松在宝贝描述里展示自己店铺中的其他宝贝。这样不仅能提高宝贝的浏览量，也能提高宝贝的成交量，特别适合那些正在做直通车推广的卖家，如图 7.99 所示。

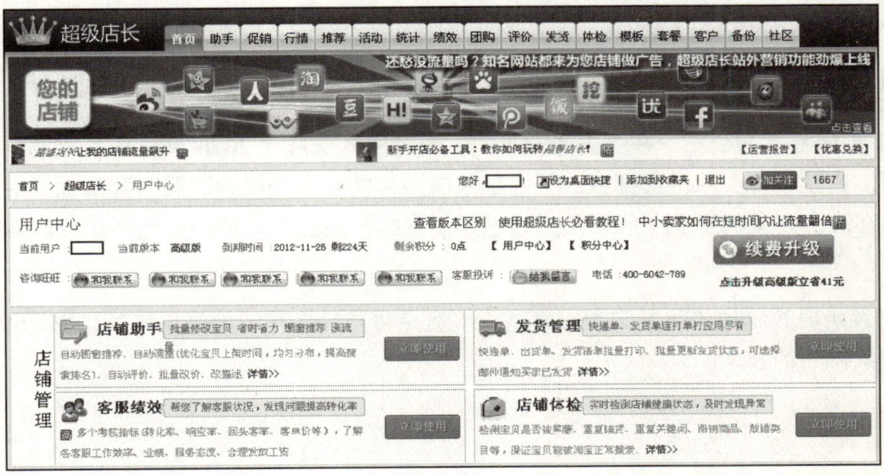

图 7.99　超级店长

当然“卖家服务”中还有很多其他功能的小工具，这些都能大大提升店铺的工作效率，变成全自动化的管理，同时也能增加店铺推广的途径，很好提升店铺营销的质量，获得更多成交量。

第 8 章 淘宝搜索排名规则解密及优化

高手引航

2011 年淘宝官方公布：在过去的一年中，淘宝搜索流量比 2010 年提升了 50%，而类目流量仅持平。也就是说，用淘宝搜索的买家越来越多，需要淘宝搜索流量的卖家也越来越多。因此，如何在淘宝海量的宝贝中脱颖而出，占据搜索结果的优势位置，是每个卖家都必须要掌握的技巧。

这一章所要教给你的就是淘宝搜索结果究竟是依照什么样的规则排序的，以及如何优化提升宝贝搜索排名的技术。

8.1　什么是淘宝搜索排名优化

要知道什么是淘宝搜索排名优化，首先要知道什么是淘宝搜索购物。我们知道，淘宝买家一般主要有两个途径来购买产品。一种是直接浏览淘宝网站中的页面以及通过各种广告进入卖家店铺内进行购买，这种是比较被动的消费方式，一般转化率比较低。还有一种是直接在淘宝搜索自己想要宝贝的关键字来寻找产品，这样获得的流量比较精准，转化率更高，而且买家消费欲望更强，这种买家购物的方式就是淘宝搜索购物，如图 8.1 所示。

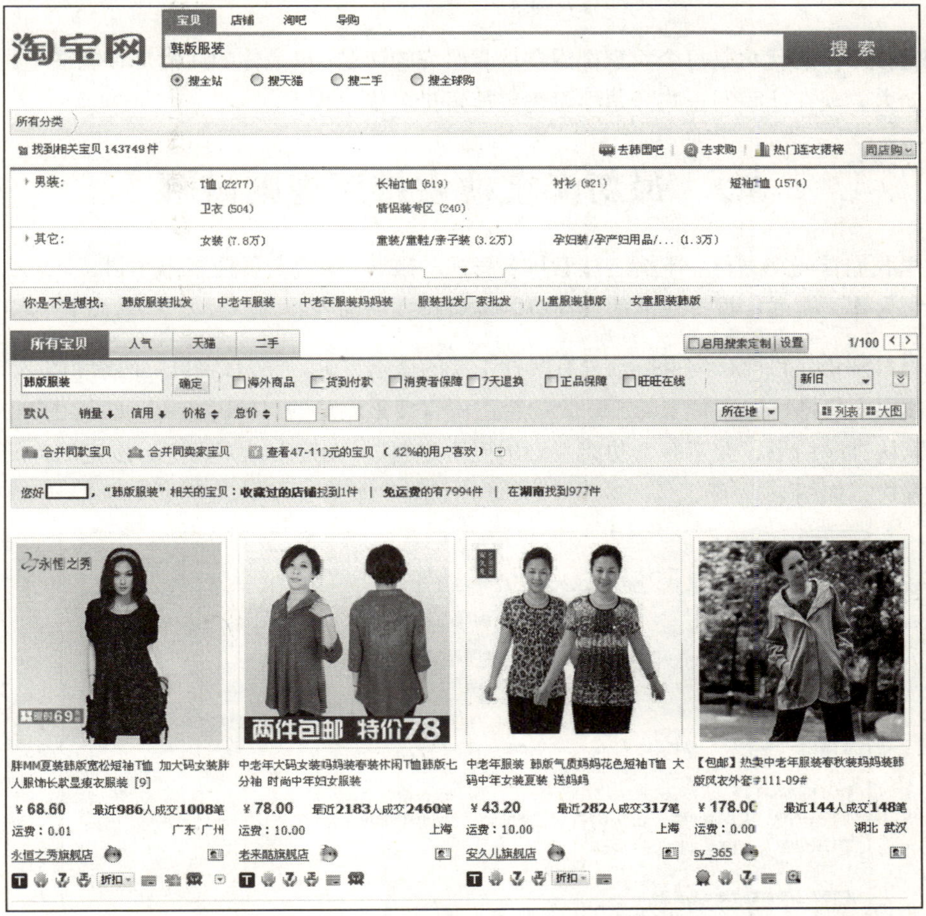

图 8.1　淘宝搜索

现在，我们知道，只要你的宝贝能更多的出现在淘宝的搜索结果中，并且排名尽量靠前，就能够获得更多的成交机会。而如何实现这个想法的技术，就是淘宝搜索排名优化。

淘宝搜索有很多方式，包括店铺搜索、商城搜索、宝贝搜索等。顾名思义，店铺搜索主要是搜索店铺，可以搜索店铺名称、店铺主营宝贝等。商城搜索主要是搜索商城内的商品。宝贝搜索则可以搜索所有商品，包括商城内的商品。本节讲的内容主要是针对宝贝搜索的，如图 8.2 所示。

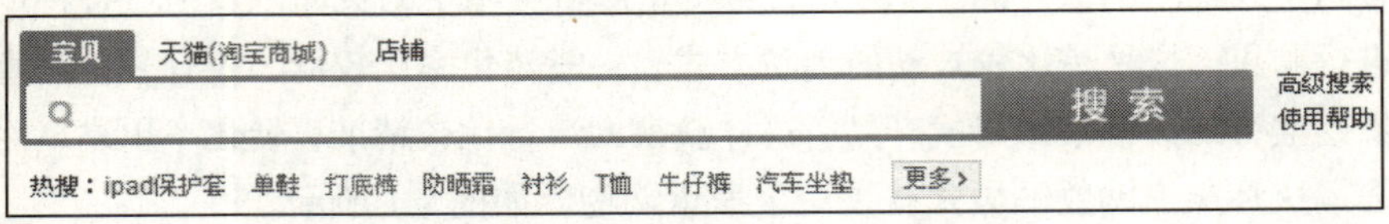

图 8.2　搜索宝贝

淘宝搜索排名优化是每个卖家都需要认真研究的课题，也是你的店铺是否能够平稳健康发展的原动力。现在让我们正式开始学习淘宝搜索排名优化技术。

8.2　最新淘宝搜索排序规则破解

这里我们首先来进行一下淘宝搜索排名算法的破解。淘宝宝贝搜索排序到底是怎么计算出来的呢？为什么有的宝贝排在前面，而有的宝贝排在后面呢？

大家都知道，目前在淘宝搜索中有两种主要的搜索方式，“所有宝贝”搜索和“人气宝贝”搜索。使用人气排序搜索带来的流量大约会占所有搜索流量的 10%~20%。如果用户希望固定自己的默认排序结果，搜索有个功能“启用搜索定制”，在搜索结果页上可以定制你希望的搜索结果方式，如图 8.3 所示。

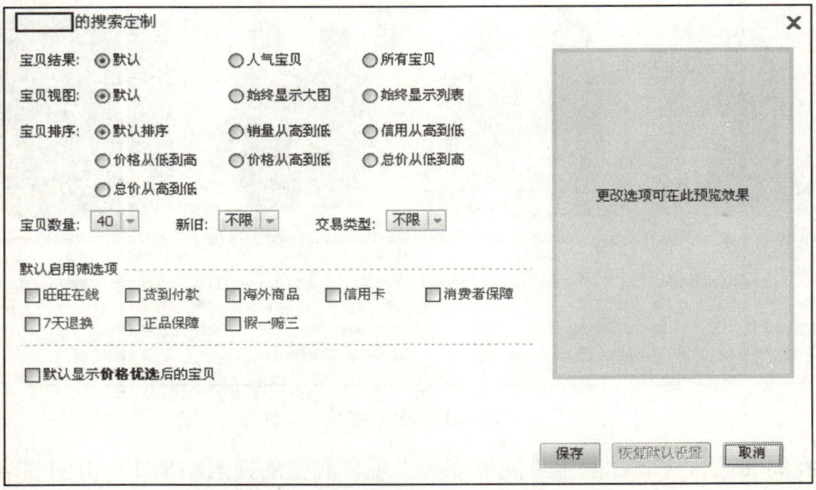

图 8.3　搜索定制

淘宝的搜索规则和普通的网页搜索规则是不同的。首先来看淘宝是依据什么为“所有宝贝”搜索结果排名的。

1.“所有宝贝”排序

“所有宝贝”排名有两个大的前提，那就是橱窗推荐和是否加入“消费者保障服务”。简单说来就是所有橱窗推荐的宝贝都会优先排在前面，而没有使用橱窗推荐的宝贝一定是排在有橱窗推荐的宝贝的后面；所有已加入“消费者保障服务”的店铺的宝贝都会优先排在前面，而没有加入“消费者保障服务”的店铺里的宝贝一定是排在已经加入“消费者保障服务”的店铺的宝贝的后面。在这样的大前提下，淘宝会按照下架时间剩余少的宝贝优先排在前面的原则进行排序。

一般宝贝的下架时间的周期为一个星期，也就是说，宝贝从上架到下架的时间为一个星期，而在这一个星期内，越到下架的时间，宝贝排名会越靠前。

同时，淘宝还会根据你店铺的综合权重来衡量你的宝贝排名。这个综合权重包括店铺权重和宝贝权重。这个部分对宝贝排名的影响没有宝贝下架时间那么大，但还是会对宝贝最终的排名有很大影响。

店铺权重包括：作弊程度、违规扣分数量、退款率、投诉率、卖家服务质量评分（包括动态评分、好评率、纠纷退款率、客服响应速度、投诉、顾客维权等）、好评率、旺旺响应时间、店铺收藏量、发货速度等项目。

宝贝权重包括：交易量、宝贝收藏量等。

在所有宝贝的搜索排序中，你需要优化的空间不大，只要把宝贝标题关键词和上架时间、橱窗推荐这几块做好就可以了。

2.“人气宝贝”排序

“所有宝贝”排序中，由于是根据在一定下架时间范围内按照店铺综合权重进行排序，时间因子权重大，几乎每分钟都在动态变化。就算是搜索结果数少的搜索词，30~60min 内排序也会有明显的变化，但人气排序的结果则相对稳定。

所谓人气排序，是指按照宝贝的受欢迎程度来排序。这个受欢迎的程度会依据很多的参考因素来进行衡量。淘宝通过一个模型公式来进行加权的计算，最终得出这么一个排序的结果，它和宝贝上下架的时间没有关系。这里就来介绍一下这些因素是什么。

- 交易量：销量某种程度直接反应了一个店铺和一个宝贝的受欢迎程度。销量中又分销售总量和交易笔数，都会做参考。人气分会参考最近 30 天的数据，还会根据时间的因素进行加权。商城的宝贝虽然详情页显示的销售量是累计的，但也只会计算最近 30 天的交易笔数。同时，通过聚划算等活动获得的销量，将不会计算在交易量的数据范围内。

- 转化率：是指 100 个客户看了你的宝贝以后，有多少个客户产生了购买的比例。淘宝可以跟踪到不同流量来源，转化率也是按照不同的来源进行计算，也会分不同的类目来计算权重，所有的宝贝都是按照宝贝所在行业内进行比较。
- 重复购买率：是指在你店铺重复购买的客户。回头客比例越高，表示你的宝贝质量越好、店铺服务越好，同时也说明你店铺客户转化率能力强。
- 支付宝使用率：也就是“实际使用支付宝的金额”/“买家拍下商品金额”的一个比率。“买家拍下的商品金额”包括：拍下不买的，重复拍下只买一次的，拍前还价后修改商品金额的，等等。以上因素都会增大公式中的分母，从而降低“支付宝使用率”。如果你店铺的支付宝使用率低于 50%的话，将会被淘宝处以封店的处罚。

除此之外，还有是否加入“消费者保障服务”、发货速度评分、服务态度评分、店铺好评率、卖家信用、橱窗推荐、宝贝浏览量等因素也会影响最终的排名。

最后还有一个规则就是：在“所有宝贝排序”和“人气宝贝排序”中，当你是按“列表视图”查询的时候，前两位一定是淘宝商城的宝贝。而当你是按“大图视图”查询的时候，前三位一定是淘宝商城的宝贝。接下来，所有的宝贝（包括淘宝商城的宝贝）才会按照之前讲的这些规则来进行排序，如图 8.4 所示。

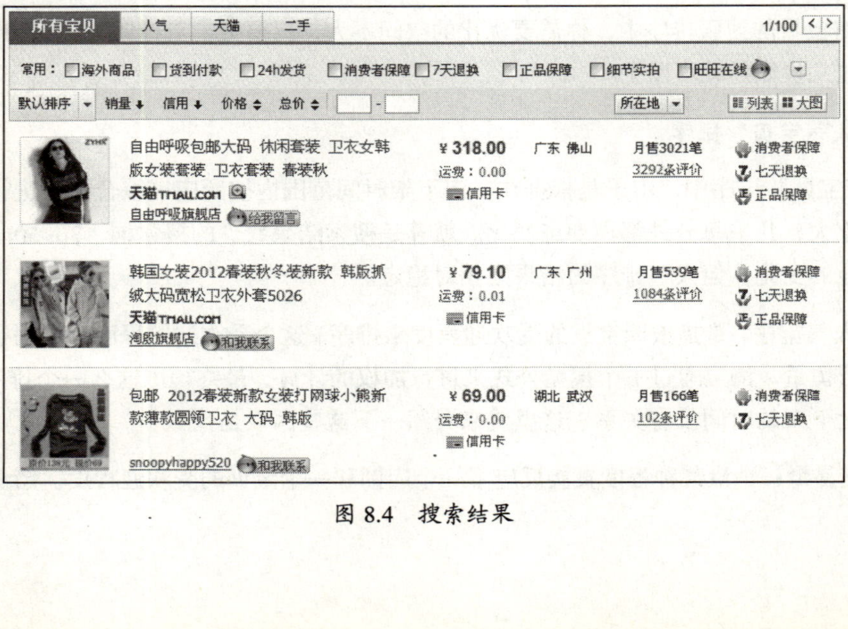

图 8.4 搜索结果

淘宝同时会将赠品、换购、无实际商品的专拍链接、代购服务费、定金等商品进行专门的处理。这类商品由于往往价格过低，会在价格排序下排名靠前，这种靠前的非正常商品对用户体验是种非常大的伤害。为了保证买家们能尽快地买到优质且正常的商品。它们将会在所有宝贝、人气宝贝排序模式下靠后展示．价格排序、销量排序、信用排序下默认不展示。但这类特殊商品的降权不会影响店铺其他商品的正常销售。

8.3　不得不知的淘宝相关性原则

大家知道，淘宝搜索是通过商品的标题和用户输入的关键字来进行匹配，从而得到搜索结果的。如果细心的话，你可能会发现，当你搜索“足球”这个关键字的时候，首先搜索出来的结果就是足球，而不是足球鞋，或者足球袜，这是为什么呢?

以前淘宝的搜索结果主要是依照剩余时间排序，对于宝贝的相关性不是很重视。而单纯通过标题匹配的方式，买家在搜索“足球”关键字的时候发现，很多不是“足球”的商品也出现在我们的搜索结果当中。当买家想要购买足球，而在结果中出现很多不符合买家意图的其他产品，比如足球鞋、足球队服等产品的话，就会造成很大的困扰。在这样的情况下，买家经常要翻很多页才能找到几件和自己想要找的东西一致的商品。这样就会大大影响到客户体验度，对最终成交造成妨碍。

因为这样的原因，淘宝为搜索结果在宝贝标题与用户查询词必须匹配的基础上，增加了一些相关性的计算原则。

什么是相关性原则呢？也就是说，淘宝会根据你搜索的关键字，来推断你要寻找的是什么宝贝，从而把那些最相关的宝贝的排名靠前。如果你搜索关键词“足球”，那么系统会默认运动产品类目靠前，然后对其他类目包含关键词“足球”的宝贝进行降权。这样，你在搜索“足球”的时候，排在前面的肯定就是你真正想要够买的足球这个产品。

宝贝的相关性是基础。如果相关性不好，再高的人气分，这个宝贝也不会排序靠前，或者根本没有展现的机会。决定相关性的因素有三个：类目属性、宝贝标题和搜索关键词。

相关性主要是表现在搜索关键词和宝贝标题的相关性上面，所以大家一定要重视标题。标题如何描述一方面会影响相关性，另一方面也会影响用户体验。如果你为了让宝贝被更多的买家搜索到，从而在标题中堆砌一堆关键词，这样是很容易被降权的，结果是得不偿失。

而搜索关键词和类目属性的相关性体现在，当买家在搜索的时候，已经有了较为明确的意图。例如，搜索“足球”，很明确是找足球，这时的结果会优先出来所有“运动/瑜伽/健身/球迷用品”类目下的“足球”类目宝贝。而足球服、足球球网、足球袜等类目宝贝就基本不会出现。所以一个宝贝的类目属性，很多时候会直接决定这个排序的位置。

通过淘宝直通车的关键词查询工具，你可以更明确的看到淘宝对于搜索关键词和类目属性关系的设定原则。在这里你可以看到，如果买家搜索“足球”这个关键词，淘宝会优先展示的类目属性排序情况，如图 8.5 所示。

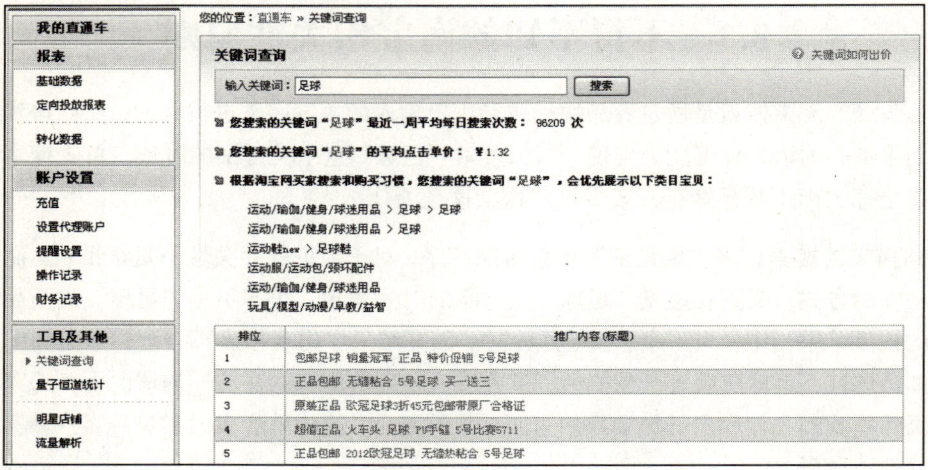

图 8.5　关键词与类目属性

所以，到了这里，大家可以发现，现在淘宝的排名规则已经很明显了，也就是说，如果你的宝贝没有作弊，相关性好，是在橱窗推荐里的，参加过消费者保障服务，那么淘宝搜索结果就会按照你的宝贝下架时间来排序。

8.4　淘宝搜索排名超级优化

对淘宝排名的规则和算法进行了充分的了解之后，接下来就是大家最关心的，如何进行优化的实际操作方法的介绍了。这里教你一步步的优化你店铺宝贝的淘宝搜索排名，并且告诉你优化过程中所有需要注意的事项以及误区。

8.4.1　实战七大步骤快速提升宝贝排名

1．要确保你的宝贝没有违规

如果你的宝贝有任何违规的操作，很容易会遭到淘宝的降权或者屏蔽，这样你的宝贝就完全不可能成为搜索流量的来源。当然，这不包括搞邮费补差价链接、专门批发链接等一些特殊情况，这对于店铺流量几乎没什么影响。关于宝贝违规的问题，8.4.3 节会有详细的介绍。

2．要确保你的类目和属性设置正确

由于相关性原则，淘宝会将与你宝贝关键词不相关的宝贝类目宝贝降权。因此你的类目属性一定要填写正确，并且尽量详细。这样才有利于淘宝搜索引擎的收录。据统计，淘宝目前有将近 10%的宝贝的类目设置有问题，如果你的类目设置正确，这就意味着你已经打败了 10%的竞争对手。

3．加入消保

消保是消费者保障服务的简称，加入这个服务你需要缴纳一定的保证金。根据你产品所在的类目不同，保证金的金额也有所不同。大部分类目默认排序对是否参加消保是很依赖的。如果你的店铺没有参加消保，这些商品肯定会排在参加消保商品的后面。淘宝搜索最直接的用户是消费者，为了保证消费者的利益，淘宝鼓励卖家参加消保，这是取得消费者信赖的必要手段。

4．调节橱窗推荐

淘宝的卖家橱窗推荐位根据卖家店铺信誉的不同而不同，信誉越高，推荐位越多，最多可以有 50 个推荐位。同时，如果你加入了消保的话，还可以在此基础上额外增加 5 个推荐位。在搜索结果中，被橱窗推荐了的宝贝是会被优先排序的，因此橱窗推荐位非常重要。你需要善于运用淘宝提供的工具，去推荐那些即将下架的宝贝，从而让你店铺里的宝贝始终能够在搜索中排名靠前。

5．调整宝贝发布时间

我们在前面已经知道，淘宝会根据宝贝的下架时间来进行排序。而那些即将下架的宝贝就会在搜索中排在前面。然而，如果你的宝贝都是在深夜没有什么人流量的时间下架的话，那么就算排在前面也不会有人看到你的宝贝。因此，控制你的宝贝的发布时间和发布间隔，选择流量高峰期进行发布，这样可以保证每个商品都有机会展现，这是搜索排序中一个比较重要的因素。

如何让你的宝贝在一天不同时间段都有展现呢？你可以选择在淘宝的交易高峰时间，或者说购买人群最多的时段上架宝贝。一般在一天之内有三个流量高峰期：早上 10:00—12:00；下午 3:00—5:00；晚上 8:00—10:00。一般周一到周五的人群比周末要多，周一的流量最多，而周末的流量最少。根据这个特点，你可以自行安排上架时间。当然，你也需要根据自己的在线时间来设置宝贝上架时间，否则买家想买也联系不到你。

同时，你也可以通过数据分析工具，来计算出自己的店铺流量高峰期，这样来配置自己的宝贝上架时间就更加精准和有针对性。但也不能因为某个时间段的流量高，而把所有的宝贝都放在那个时段上架。因为淘宝会限制每个店铺在一个时段首页中，最多只能显示两个单品，如果你把所有宝贝同时上架的话，你的宝贝展示机会将会非常少，如图 8.6 所示。

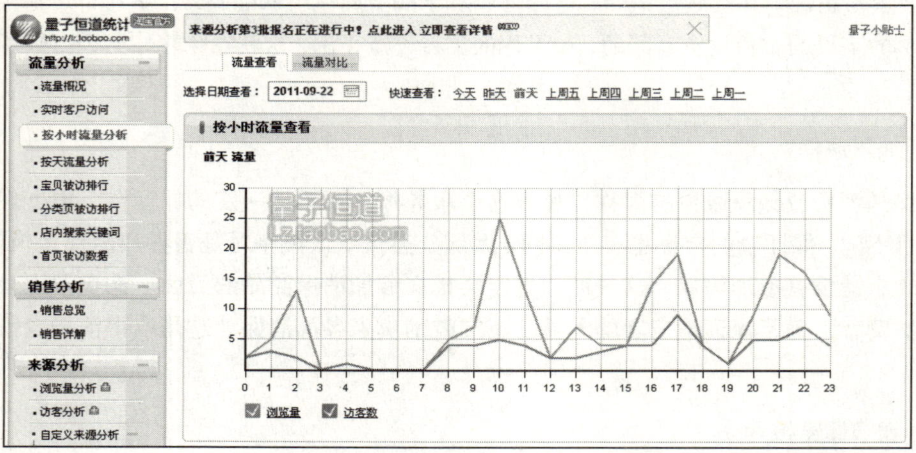

图 8.6　推荐位优化

关于橱窗推荐和宝贝发布，淘宝的卖家服务里面有一个很方便的优化工具，可以让你摆脱手动调整的烦恼，同时自动优化这两个部分的工作。

在淘宝卖家服务页面中，搜索“53 店铺优化专家”，然后订购（只需要 2.99 元/月）和应用此服务。进入到工具界面后，单击导航栏“优化”—“控制面板”。里面可以设置自动橱窗推荐即将下架宝贝和自定义调整宝贝上架时间，完全解放你的双手，如图 8.7 所示。

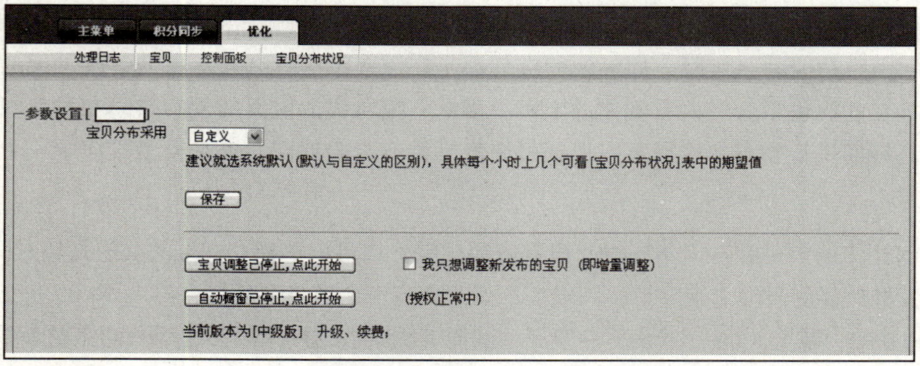

图 8.7　53 店铺优化专家界面

淘宝的卖家服务里面，还有很多类似这样的很方便的工具，卖家可以自行选择自己喜欢的工具。

6. 尽量多的开通附加服务

附加服务会在不同类目中对排序产生影响。比如，你是卖服装的，而“7 天退款”服务对服装类目的宝贝排序就很重要。因此，像“7 天退换”、“闪电发货”这些附加服务，能加入的就尽量加入。

7. 优化你的宝贝标题关键词

选择有一定流量的关键词，可以开通直通车账户，不一定要消耗里面的费用，里面有个关键词推荐工具，可以供选择关键词做参考。搜索结果页有“你是不是想找”的功能，太热门的关键词竞争太激烈，你可以选择这个功能推荐的关键词来做，如图 8.8 所示。

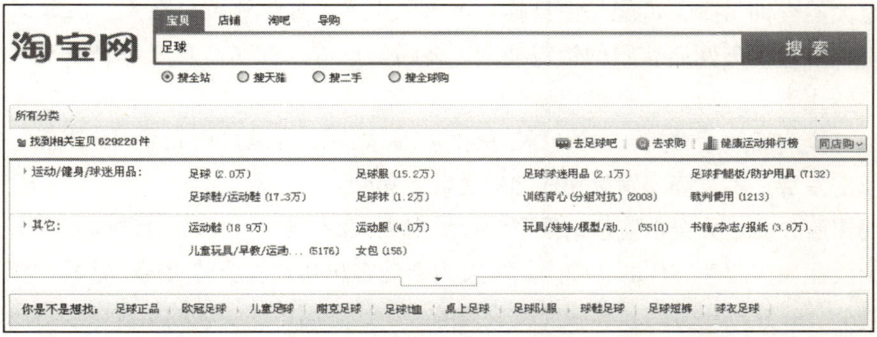

图 8.8　“你是不是想找”功能

8.4.2 人气宝贝排名优化

在完成了以上七步对淘宝搜索的所有宝贝排序的优化措施后，你还可以对你的人气宝贝的排序进行专门的优化。一个店铺的人气宝贝是非常重要的，它直接决定着你店铺生意的好坏。

- 为你人气宝贝适当做一些推广。推广方式包括收费的和免费的两种，收费的包括：直通车、淘宝客、钻石展位、阿里妈妈以及各类卖家服务的应用等；而免费推广方法包括：内外部论坛发帖，参加各类免费活动、掌柜说等。只要多花些精力，还是可以得到不少流量的。
- 必须使用橱窗推荐和掌柜推荐你店铺里的这些人气宝贝，让它们尽可能多的在各种地方获得展现。

- 产品交易方式尽量多的使用支付宝。从技术的角度讲，用支付宝成交，淘宝系统很容易跟踪。这样对积累人气分有好处。使用其他的方式交易，系统也能跟踪，但不一定那么全面。产品订单的价格不能修改过大，一般最好不要超过 85 折，不然对店铺影响会比较大，有些活动可能无法通过审核。
- 降低你的退款率和投诉率，如果发生了需要退款的情况，你可以使用其他方式比如支付宝直接转账的方式退款，然后让对方正常完成这个交易。
- 不要分散你的宝贝人气分。很多卖家为了增加曝光率，把同一个宝贝用不同的方式发布（颜色、型号不一样等），这样一方面可能会被识别为重复铺货，造成降权，同时也容易分散宝贝的人气分。
- 你必须提升你的客户转化率，如果浏览量很高，成交量很低的话，也会拉低你的人气分，从而降低你的宝贝排名。你需要每天关注你重点培养的人气宝贝，如果发现流量大但咨询量少，可能是宝贝描述不够吸引人。如果咨询量有了，但成交量低，也可以通过提高网店客服的销售能力，多做活动等来提高。总之，要想方设法提高客户转化率。
- 尽可能缩短拍发时间，在买家拍好你的产品之后，你就可以先输入你准备好的单号，单击发货。不要等到发货完成之后再输入单号。
- 卖家服务质量分会在搜索结果中的权重占更大的比例，所以，作为卖家需要把更多精力放在如何服务好你的客户上面，搜索会让客户找到优质的卖家。这其中包括服务质量分、旺旺响应时间和客服反映快慢等。在这方面，很多大的卖家由于客服人员管理的问题，也都做的不是很好，反而一些中小型卖家能够很好的执行，成为他们的一个店铺优势。
- 提高店铺动态评分和摆平中差评，对于这个未来在淘宝排名权重越来越高的因素来说，我们将会在后面的章节中详细讲解。
- 优化你的宝贝描述，添加更多相关的关键词。接下来，淘宝将会扩大搜索关键字的参考范围，包括宝贝详情页的关键词和宝贝属性的页面信息内容也都将有机会被搜索到。比如你产品的宝贝属性里有“纯棉”两个字，那么即使你的宝贝标题里没有这两个字，你的宝贝也将会被搜索“纯棉”时搜索到。

淘宝目前对于搜索流量还有一个特殊的机制，也就是说它会针对不同层级的卖家，进行比较。筛选出一部分在同一层级里面表现最好的卖家，给他们更多的流量。看其表现决定是否继续给流量，如果在这一段时间内表现不好了，那接下来就不特殊照顾了。举个例子来说，那就是对于都是 1 钻的卖家，这其中可能有几万个卖家。而在这几万个卖家中，肯定有那些从来没有作弊的，店铺服务质量分又很高的卖家。对于这部分卖家，淘宝会进行一些特殊的加权处理，让他们得到更多的免费流量。

这个机制目前是针对不同层级内部来进行比较的。也就是说，这对于 2 钻、3 钻、皇冠等同层级的卖家都是如此。如果你某段时间发现你的流量无端端的有了一些增长，一定要抓好机会好好经营，这样会得到淘宝的继续扶持。持续保持下去，你的店铺就会有一个光明的未来。

针对小卖家，淘宝还会根据你商品维护的勤勉程度，额外给予部分流量的奖励，从而把那些勤劳的小卖家扶持起来。比如你要对无成交的商品定期维护，每 15 天要更新一下你宝贝里没有带来流量的生僻标题或宝贝描述内容等。但是不能完全改成另外一个商品，不然会被淘宝处罚的。

事实上，淘宝所有的这些排名的规则其实就是逼迫所有的卖家本着服务好你的客户，把类目放置正确，标题写得标准易辨识，提高客户体验，用最自然的方式，对客户最公平的方式来把店铺搞好。只要你把你的客服服务这块做好了，让每个来你店铺的客户都能成为你的老顾客，那你的人气搜索排名自然就上去了。

8.4.3　排名优化中的注意事项详解

在做淘宝搜索排名优化的同时一定要注意不要作弊，不然你的宝贝会很容易被淘宝降权，这样就很得不偿失。尤其是你的人气宝贝被处罚的话，你的整个店的销量都会受到很大影响。被降权有很多原因，基本上所有不规范的操作都会被降权。例如：炒作信用、刷销量、故意堆砌关键词、广告商品、价格作弊、重复铺货、邮费虚假等。

目前这个搜索降权的部分主要由淘宝三个部门在处理。搜索部门：一般只针对“异常”的单一宝贝进行降权的处理，降权产生的影响一般会是 7 天到 30 天，网安部门：能够对违反淘宝规则的宝贝完全删除，并且可以进行店铺整体降权。运营部门：可以对严重违规的行为进行店铺降权直至关店处理。

淘宝搜索基本上是实时的，也就是说，你修改了宝贝，上传了宝贝或者宝贝下架了，会很快在搜索中反映出来。当系统识别出你的宝贝有问题之后就会立即采取降权措施，但惩罚力度不一样，降权时间根据作弊的不同严重程度而不同，一般你改正这些错误之后最早可在 5 天内结束降权。目前最长的降权时间是从最后一次不规范的操作开始计算，30 天左右结束降权。

被降权还有一种是连带惩罚。如果你整个店铺中被识别为作弊的商品过多，那么对整个店铺的商品都有影响，基本上你所有的商品都会被降权。比如那些信用炒作比较严重的店铺。当然你也可以选择把你的有问题的宝贝删除。这样的话就不会因为这些宝贝造成对其他宝贝的影响。

下面就详细讲讲常见的，具体什么样的操作会被淘宝认为作弊和违规，从而遭到被降权的处罚。

1．标题滥用关键字

为了使发布的商品引人注目，或为了增加买家更多的搜索到所发布的宝贝的机会，而在商品名称中滥用品牌名称或和本商品无关的字眼，扰乱淘宝网正常运营秩序，使消费者无法准确地找到需要的商品的行为，淘宝网会判定其相关商品为乱用关键字商品，从而立即降权。

相似标题（重复铺货，相似度高容易降权）、关键词堆砌（容易被降权）、广告词（和产品无关、其他的广告，如批发等字眼）、敏感词（如淘宝授权，淘宝推荐）、属性词（宝贝标题和类目属性不一致，比如，你宝贝标题是“足球服 国际米兰队服”，而类目选择的是“手表”类目）、特殊符号（会影响搜索引擎对你宝贝关键词的识别）。出现了这样的问题导致被降权的话，一般把标题修改正确就可以了。

2．类目放错

商品属性与发布商品所选择的属性或类目不一致，或将商品错误地放置在淘宝网推荐的各类目下，淘宝网判定为放错类目商品。通常的处理方式就是将商品重新放到正确的类目和属性中。

3．偷梁换柱

这种违规是指卖家为了累积销量或人气，修改原有的商品的标题、价格、图片、详情等，使之变成另外一种商品继续出售。这是一种严重炒作销量的行为，淘宝对于这种违规的处罚会非常严厉，一般这种宝贝建议尽量删除掉，以免影响店铺其他宝贝。

4．虚假交易

虚假交易，包括炒作信用和炒作销量。交易双方以一方或双方增加“会员积累信用”为目的或通过炒作商品销量提高商品人气而发布的商品，淘宝网就会判定为虚假交易。这也是淘宝严厉打击的行为之一，建议尽快删除这些虚假交易的商品。

5．重复铺货

完全相同的商品以及商品的重要属性完全相同的商品，只允许使用一种出售方式发布一次，违反以上规则，即可判定为重复发布，并在搜索结果中靠后展现或不展现。对于不同的商品，必须在商品的标题、描述、图片等方面体现商品的不同，否则也会被判定为重复铺货。这样的情况下，你必须删除这些重复的商品。

6．广告商品

商品描述不详细、无实际商品、仅提供发布者联系方式以及非商品信息的商品（住宅类商品除外），淘宝网判定为发布广告商品。如果遭到处罚，那么建议删除此宝贝。

7．价格不符

发布商品的定价不符合市场规律或所属行业标准的，滥用网络搜索方式实现其发布商品排名靠前，影响淘宝网正常运营秩序的。比如（包含但不仅限于如下情况："韩版服装 时尚连帽卫衣"，一口价 1 元，平邮 100 元），淘宝网会判定其相关商品为价格邮费不符商品。这种只要按照实际情况，将价格调整正确即可。同时，有些卖家会因为客户议价，或者是退换货补拍邮费的问题，将个别商品价格修改过低，导致系统默认是作弊，也会导致降权。

8．信息不符

定价不真实，标题、图片、价格、描述等前后不一致的情况就叫做信息不符。如果遇到处罚，只要修改过来就可以了。

所有卖家可以通过第 7 章我们介绍的淘宝后台的"搜索诊断助手"查询到所有自己店铺里面违规的宝贝。接下来我们看看淘宝是如何查到你的这些违规的宝贝的呢？

淘宝一般有两种方式可以监管这些违规行为，一种是机器排查，另一种是小二手工排查。但这并不能完全杜绝违规行为的发生。随着淘宝对客户体验的重视程度越来越高，对于这种违规行为的打击力度也会越来越大。

在 2011 年，淘宝又推出了一个反作弊举报系统，它主要是用户作弊信息搜集。通过全淘宝所有人的力量来对作弊严重的卖家给予全店铺搜索降权或屏蔽处理。通过该系统的举报信息搜集，优化作弊商品识别算法，净化淘宝搜索环境，从而给诚信经营的卖家一个更公平竞争的平台，给消费者更好的购物体验。这对于那些投机取巧的卖家来说，又是一个重大的打击，如图 8.9 所示。

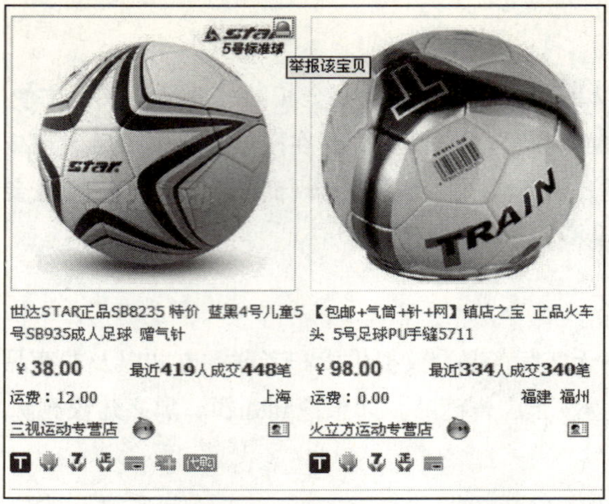

图 8.9 反作弊举报系统

你可以按类型分类举报这些宝贝，同时把你的举报理由填写上去。淘宝收到举报以后会有小二进行专门的处理，如图 8.10 所示。

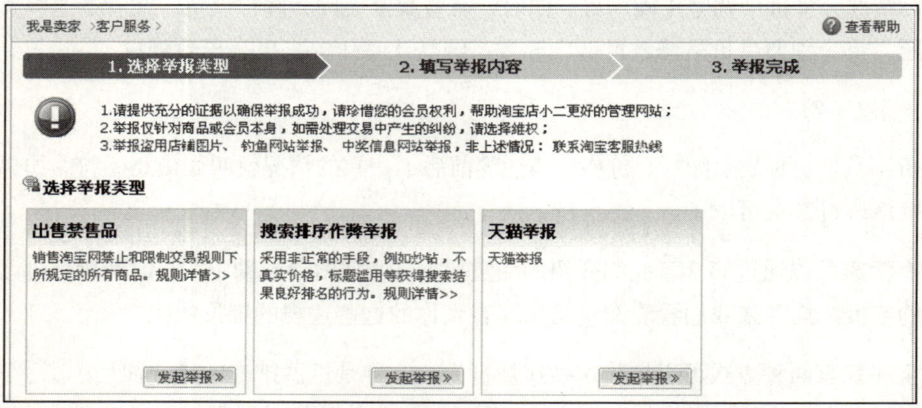

图 8.10 举报商品

淘宝的降权规则都是一视同仁的，如果你看到自己被处罚了，而别人没有被处罚，不要去羡慕对方或者责怪淘宝，夜路走多了总会碰到鬼的，现在只不过是没轮到对方而已。

不要抱着侥幸的心理去做这些违规的事情，淘宝机器排查系统一直在优化，同时人工排查也越来越多的介入进来。随着买家们对淘宝购物体验认识的提高，他们也会越来越多的加入到维护自身权益的工作中来。可能有的卖家觉得操作了一两次没有被处罚，可实际上你已经被发现了，只是没有到一定的限度，一旦触犯这个底线，淘宝机器人将会毫不留情的对你进行扣分、降权、封店等不同程度的处罚。而如果你的店铺一旦遭到处罚，之前积累的人气会遭到重创，很容易打击积极性，严重影响店铺发展。所以，认认真真地做好服务客户的工作，老老实实地按照淘宝的规则来行事，把精力花到那些真正能够带来利润的事情上面去，才是正途。

8.4.4 搜索排名优化的误区及策略

现在你已经对淘宝的搜索排名方面的知识有了一个深入的了解，并能够很系统地为自己的店铺和宝贝进行排名的优化。在最后，你还需要了解一下目前卖家们的一些普遍认识上的误区，以免自己多走弯路。一般来说，做淘宝搜索排名优化的卖家会有以下几个错误观点。

1. 淘宝搜索排名结果会倾向于大卖家

大卖家之所以得到更多的流量，就是因为他们产品更全面，更熟悉淘宝的搜索规则，做了更多的优化，更多的推广，客服做得更到位，老客户也更多。而中小卖家，商品数、经验相对少一些，自然得到的流量也少一些。大卖家店铺信誉的权重现在越来越低，而对于卖家店铺的动态评分的权重则越来越高。而买家是不会因为对方是大卖家就给更高的评分的。而淘宝也不会为那些大卖家做搜索排名结果上的倾斜的，就算是刚开张的店铺，你的宝贝也有可能排在搜索结果的前面。当然，由于客观上大卖家的产品销量大，本身权重就大，因此排在前面的几率也就越大。

2. 新上架的宝贝在人气排序中永远没机会

这是一个很典型的误区，大家都普遍认为，刚上架的宝贝由于没有任何参数可以计算，所以会在人气排名中排名靠后。事实上，淘宝对于那些新上架的宝贝，会有个默认的人气分，这个默认的人气分能够保证你新上架的宝贝也有可能获得一个比较好的排名。随着时间的推移，如果各个影响排名的参数没有任何提高，那么这个人气分还会下降。如何让买家能够方便地找到那些刚上市的新品也是目前淘宝正在竭力解决的一个问题，相信未来会有更好的措施出台。

3. 淘宝人气排名对淘宝直通车宝贝会优先

有的人会觉得做了淘宝直通车之后人气排名也会被淘宝优先排序，这也是非常错误的想法。人气排序和是否做淘宝直通车没有直接的关系，但如果你用直通车做了推广，销量、收藏、转化率等各个影响人气排名的因素都提升上去了，那么你的人气排名自然也会有所提升。只是这个提升结果和你做其他推广的结果是一样的。

4. 搜索中看不到的宝贝就是被屏蔽了

事实上，淘宝目前的搜索结果中每页只展示 40 个宝贝，总共可以查看 100 个页面，而如果你的宝贝排名在 4000 名以外的话，很明显就不会显示在搜索结果中。但这不表示你的宝贝就被屏蔽了。而有些卖家对于自己的宝贝在搜索结果中搜寻不到的疑问，除了被屏蔽了，也有可能是搜索结果过多从而被排除了。一般情况下，买家一般只会找搜索结果页面的 2～3 页就不会再找了，5～10 页以后的宝贝带来的流量会迅速下降到 0。绝大部分的流量在第 1 页就已经被瓜分完毕了。所以你需要想办法让自己的商品在同类关键词商品的排名中尽量往第 1 页搜索结果中靠拢。

5．多做活动可以快速提高人气排名

大家都知道淘宝的销量对宝贝的人气排序是很重要的。在以前，很多淘宝卖家通过做聚划算等活动，打造出超级爆款，然后再聚拢人气，把排名迅速做到前几位，从而成就整个店铺的崛起。然而现在淘宝已经不允许这样做了。从 2011 年 9 月份淘宝的新规可以了解到，“搜索结果页面”和“类目宝贝列表页面”中的“最近成交笔数”，将去掉“聚划算”、“淘金币”、“天天特价”、“试用中心”及淘宝官方活动期间的销量，并不计入搜索排序。折扣活动所产生的销量在搜索中的影响会比较低。销量排序中，是减去这些做了活动后的排序，包括做聚划算等活动所积累的销量。所以现在做这类的活动就不能再以提升搜索排名为目的去做了。

6．提高店铺和宝贝的收藏量可以提高搜索排名

很多人还在以以前的概念做搜索排名，比如刷淘宝宝贝的收藏等。但现在已经没有用了，在最新的宝贝排名中，收藏量将不作为考核参数。并且对刷流量和收藏等作弊的行为会有严厉的处罚。

7．提高店铺和宝贝的收藏量可以提高搜索排名

很多卖家对于客户体验很不重视，他们把所有的精力都花在了如何增加流量，如何增加销售上面。而这种忽视客户个人购物感觉的做法，在未来的成本会越来越高。淘宝最近已经出台的各项政策已经表明，他们会在接下来的工作中，加强监管卖家服务质量，在搜索、营销、培训等方面向重品质、重服务的卖家倾斜。淘宝将会根据店铺的好评率、宝贝与描述相符、卖家的服务态度、发货速度、退款率、纠纷退款率六个指标，结合各类目服务平均水平制定标准，让品质好、服务好、评价好的卖家获得更多展现店铺和宝贝的机会，如图 8.11 所示。

店铺动态评分 与同行业相比

描述相符：**5.0** - 高于 4.92823

服务质量：**5.0** - 高于 4.92233

发货速度：**5.0** - 高于 4.92525

图 8.11 店铺动态评分系统

淘宝同时也会加大对指标普遍低于平均水平的店铺的监控，这些店铺在搜索、营销等方面都将受到一定程度的限制。你的服务质量如何将会在很大程度上影响你店铺宝贝在搜索结果中的排序。

事实上，目前淘宝搜索这一块所有正在做的事情就是，促进卖家的各方面服务质量，提高客户在淘宝的购物体验，在这一过程中，淘宝也一定会鼓励和扶持品质好、服务好的诚信卖家，加强对低服务水平卖家的督促和监控，让淘宝这个平台能够有一个更好更光明的前程。随着网购市场的日益规范化，以后只有品质好、服务好的诚信卖家，才能在未来激烈的市场竞争中赢得主动。

第 9 章 如何保持长盛不衰的秘诀

高手引航

世界营销之神杰·亚伯拉罕曾经说过，企业获取利润的途径一共有 3 个。

1. 增加你的客户数量。

2. 增加你的每一笔成交的额度。

3. 增加老客户的购买次数。

在这 3 个方法中，第三个方法是成本最低，而效益最高的，并且能够源源不断地为你带来利润。所以，保持长盛不衰的唯一的途径就是重视老客户，培养这些客户对你的信赖，并且引导他们不断地购买你的产品。

9.1　身边未被挖掘的巨大宝藏

也许你现在还在不停烧钱，去吸引那些对你不熟悉的客户群。事实上，这没有什么不对，增加客户数量也是你获取利润的一个途径。但是现在淘宝市场竞争日趋激烈，争取新客户的难度和成本越来越大，而且你千万不要忽视一点，在你经营了一定的时间，并且信誉度也很高了之后，你已经拥有了大量的老客户，这是一笔巨大的宝贵的财富。

被誉为“现代营销学之父”的菲利普·科特勒曾经说过，“吸引一个新客户所耗费的成本大约相当于保持一个现有客户的 5 倍。”因为只有已经购买过的人才会在你店里重复消费。所以这类客户是你店里面最重要最有价值的资产，因为他们会持续不断地为你的店铺贡献他们的价值。

一个成熟的店铺，80%的利润都应该是由稳定而又忠诚的老客户带来的。从这就知道老客户的重要性。千万不要随随便便就让竞争对手把你的老客户给抢走。因为失去一个老客户对于你来说，损失是巨大的。

- 老客户相比于新客户来说，单次消费的额度更高。
- 开发新客户的成本远远大于维护老客户的成本。
- 老客户与新客户的互动能够给你带来更多的销售机会。
- 失去一名老客户会造成不好的连锁效应。
- 降低老客户的流失率能够大幅增加你的利润，美国营销学家赖克海德和萨瑟的理论甚至提出：每降低 5%的客户流失率，利润则会增加 25%~85%。

世界上最强悍的销售是，能把所有的产品卖给同一个人。如何最大限度地挖掘每个客户的最大价值是每个淘宝卖家必做的功课。

9.2　如何有效利用老客户增值

绝大部分的卖家从来不去花心思在他们的老客户上面，即使会这样做的人，也只是能赢得一小部分的回头客。其实他们完全可以做得更好，因为这一部分的潜力巨大。

是否能把客户变成回头客取决于你是否会花时间、精力和正确的提议去引导他们。有很多方法都可以做到这一点。

- 为你的老客户们提供一次优惠价格或者其他的激励方式来吸引他们再次和你做生意。这样做的目的是与客户建立一种亲密的关系。关注你周围的客户，寻找一切可能去做到这一点。如果你始终坚持为客户服务至上，让客户获益，不断为客户加强和创造更多的生活价值，而不仅仅是与他们做买卖，那么与客户建立亲密的关系就只是个时间问题。

- 做各种老客户的回馈活动，如果你愿意先回馈你的客户，那么你的客户也就会更加支持你。如果你愿意先为别人服务，后面你就一定有机会创造更多的财富，这是毋庸置疑的。
- 经过研究分析发现，在周刊、月刊、季刊、半年刊的杂志的客户中，周刊的客户比其他刊物的客户阅读他们的刊物更透彻，与刊物之间保持着更为紧密的联系。这表示你与你的客户交流越多，就越能与他们建立起信任关系，客户就越有可能进行有效购买。他们把你视为关心他们的朋友，愿意和你保持密切的关系。
- 让你的客户了解市场的最新动向，给他们提供更多的行业信息资讯，并且让他们有免费试用新产品的机会，提醒他们新市场的发展趋势，并提供机会让他们提前预订，这样做也可以增加销售。
- 想一想上一次你和你的客户进行私下交流是在什么时候？你可以找一位能言善辩的客服人员通过电话、旺旺或赠送礼物等方式去和老客户们沟通，告诉他们你是如何感激他们的，把你认为有价值的想法、资讯和建议同他们一起分享。你要让客户们知道你更关注的是他们自身利益而不仅仅是他们口袋里的钞票。

越是发自内心的关注客户的利益而不是你自身的利益，你和你的老客户之间的联系就越紧密。如果做到了这一点，你就一定能够轻松倍增店铺的业绩。

9.3 妙法加强客户忠诚度

现在你已经知道了老客户的重要性，那么如何才能更方便地维系你与客户的长期交易关系，牢固地留住你的老客户呢？

为解决这个问题，淘宝给卖家提供了一个很好的会员关系管理工具。它是一个帮助卖家管理自己会员的工具。通过会员关系管理工具，卖家可以充分了解自己会员的信息，加强自己店铺和会员之间的联系，提高会员忠诚度。

这种以会员卡为营销载体的营销模式在营销学中称为关系营销。卖家可以根据客户购买的金额和件数设置会员等级要求，同时设置不同等级会员对应的折扣。会员根据卖家设定的要求成为卖家会员后就获取了卖家店铺的会员卡。由于它所代表的关系链最牢固，所以能为卖家锁定大量的老客户。

这是项收费的服务，你需要开通订购才能够使用。首先登录进入到淘宝后台，单击“软件产品/服务”栏目下的“我要订购”，进入到服务订购页面。单击此页面中的“会员关系管理”，如图 9.1 所示。

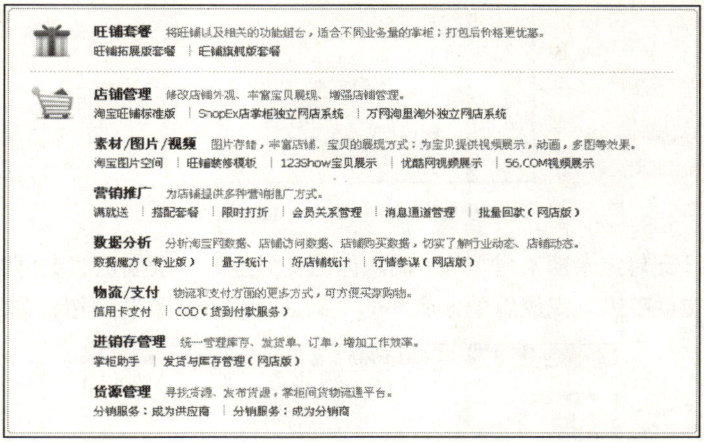

图 9.1　服务订购页面

然后进入到服务订购信息页面，在这里有订购服务的名称、期限、支付金额等信息。选择好需要订购的期限，单击底部的“付款”按钮，如图 9.2 所示。

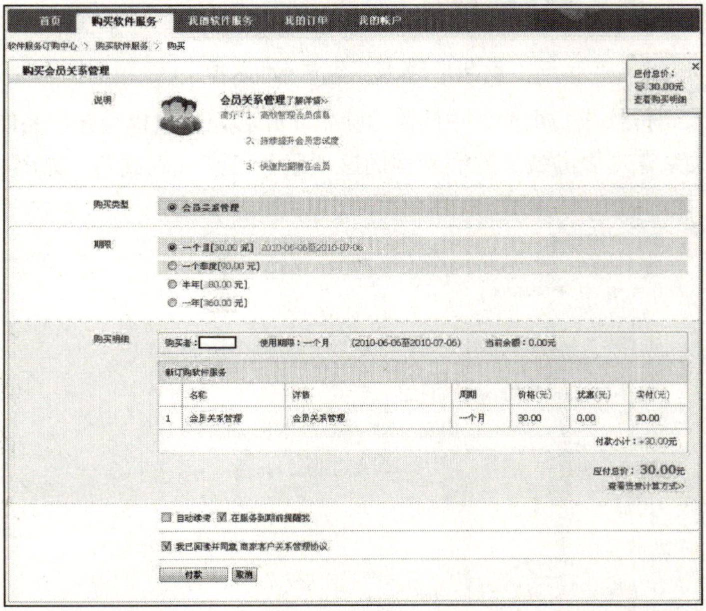

图 9.2　服务订购信息页面

页面随即弹出确认付款页面，在确认好付款信息之后，单击底部的“去支付宝付款”按钮，如图 9.3 所示。

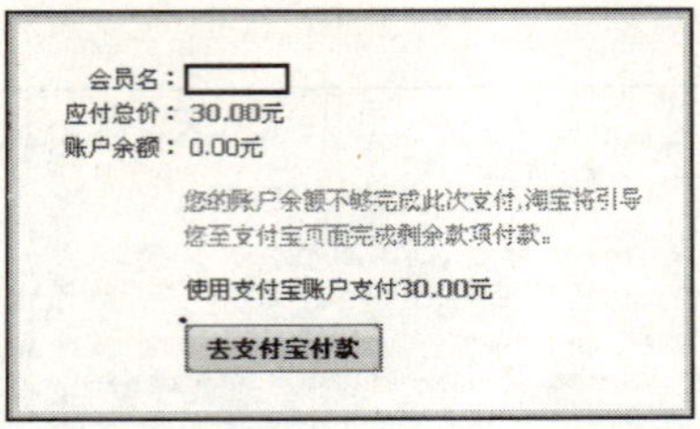

图 9.3　信息确认付款页面

现在已经打开支付宝余额支付页面，确认你的支付宝账户余额足够支付服务费用后，在支付密码框中输入支付密码。完成后单击底部的“确认无误，付款”按钮，如图 9.4 所示。

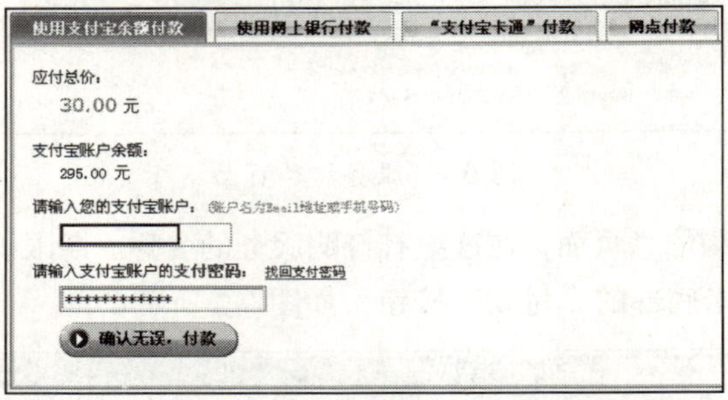

图 9.4　支付宝余额支付页面

页面最后转入到付款成功页面，并且你的阿里旺旺聊天工具也会弹出系统消息，提示你已经成功缴纳会员关系管理服务费，这表示你的这项服务已经订购成功，如图 9.5 所示。

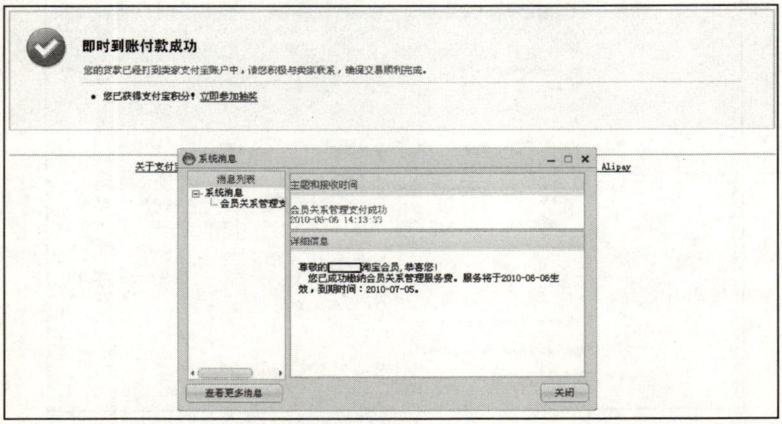

图 9.5　订购成功确认

订购成功之后就可以开始使用了。重新返回“淘宝后台”，单击“营销中心”栏下的“会员关系管理”，进入到会员关系管理页面。默认显示的是会员详情页面，这里有你所有买家的列表。你可以在这里通过不同的方式筛选出你想要找的会员，包括按照“会员昵称”、“会员级别”、“交易额度”、“交易时间”等方式。随意单击一个买家右侧的“会员资料”，如图 9.6 所示。

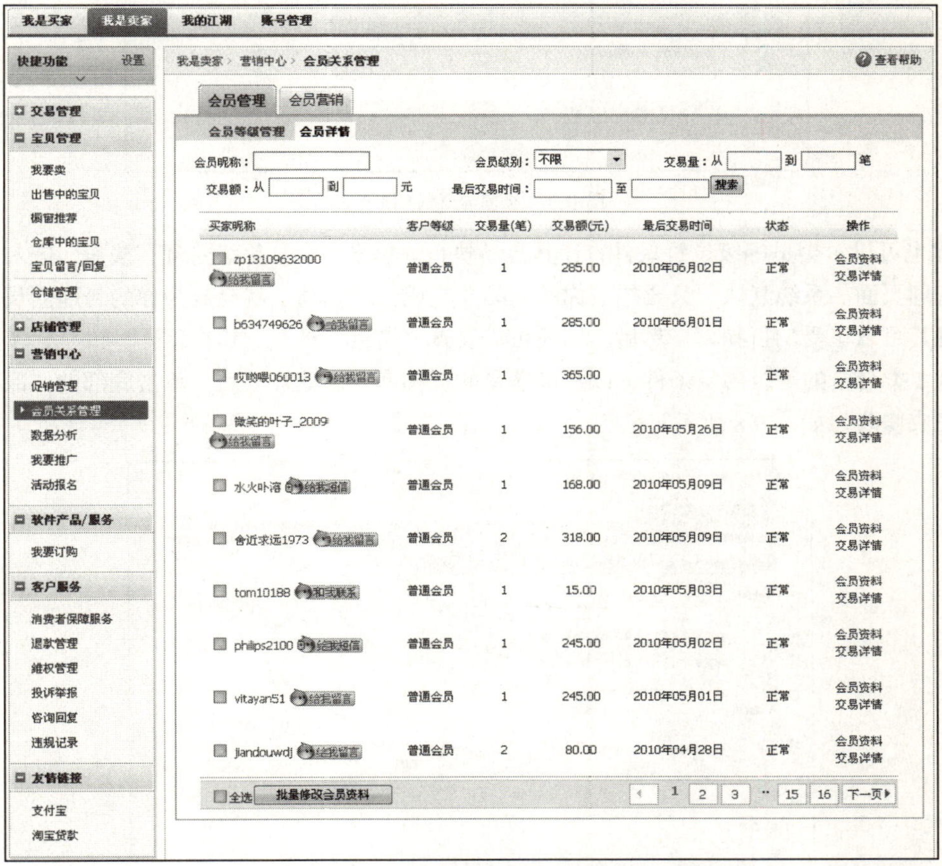

图 9.6　会员关系管理页面

进入会员资料详情页面后，在“会员等级”选择处可以手动升级此买家的级别。目前等级可以分为“普通会员”、“高级会员”、“VIP 会员”和“至尊 VIP 会员”4 个等级。在下面的“备注”框中可以输入该会员的一些特殊喜好或者要求，帮助你下次更好的服务此会员。全部设置好之后，单击底部的“保存”按钮完成修改，如图 9.7 所示。

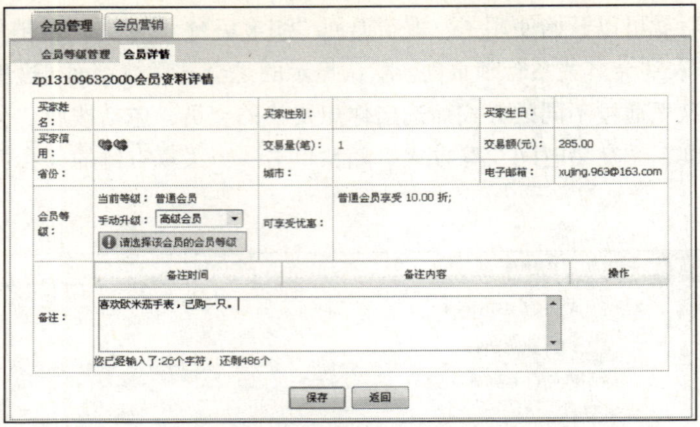

图 9.7 会员资料详情页面

你也可以对会员等级设置条件，让其自动执行。单击“会员等级管理”按钮，进入到会员等级管理页面。系统默认，只要拍下你的商品并完成付款，马上就会成为你的普通会员。你可以设置其可以享受的折扣率。然后，你还可以设置“高级会员”、“VIP 会员”和“至尊 VIP 会员”这 3 类会员的等级满足条件，以及可享受的折扣率，设置好之后，单击底部的“保存”按钮，完成修改，如图 9.8 所示。

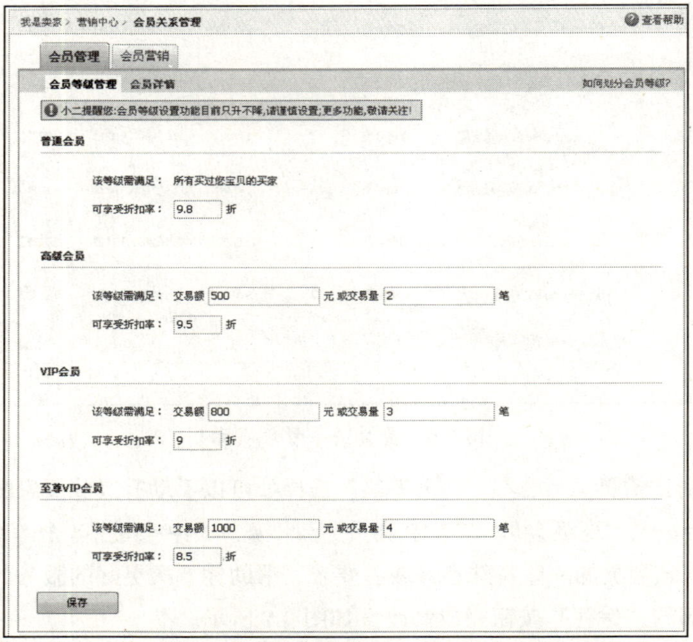

图 9.8 会员等级管理页面

客户都是比较健忘的，只要你一段时间不联系他们，他们就很容易忘记你。所以要想很好地维护客户关系，你还要时常和他们保持联络。在过年过节的时候就要给他们发些温馨的消息，或者通知他们参加一些店铺里的感恩赠送之类的活动等。

9.4　随时向你的客户进行促销

如果你已经成功冲冠，说明你三经为一万个左右的客户提供过优质的服务，你可以随时对你的客户进行促销。由于这些客户绝大部分都是对你的产品和服务已经产生了信任的客户，因此，促销的效果也会非常好。

在淘宝中，一般有 3 种自动群发促销广告信息的方式。

1．旺旺群发功能

首先你可以使用阿里旺旺客户沟通工具中的旺旺群发功能，这个功能能够在短时间内把促销广告发送到你所有的旺旺好友中去。

打开你的阿里旺旺客户沟通工具，选择你的所有好友中要发送信息的一个组群，单击右键，在下拉菜单中，单击“向组员群发消息”，如图 9.9 所示。

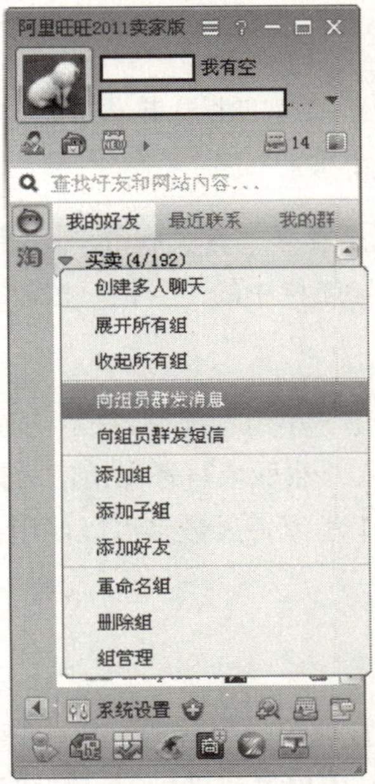

图 9.9　淘宝旺旺客户沟通工具

在打开的群发即时消息框中，把你设计的广告文案复制进去。如果你还想要添加其他组群的客户好友，还可以单击右上角的“选择其他好友”按钮，在弹出的“选择好友”框中，选择其他群组的好友，然后单击“添加”按钮完成添加。淘宝规定，单次发送客户数不得超过 200 个，不然就不能完成发送。设置好广告内容和发送客户群后，单击底部的“发送”按钮，即可完成促销广告的发布，如图 9.10 所示。

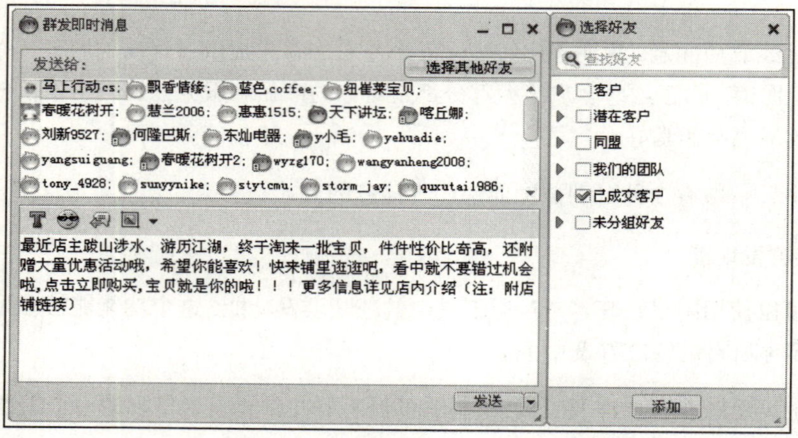

图 9.10　群发即时消息

2. 网店版消息群发

你还可以使用网店版的一个最新独特的消息群发功能，它可以通过发送站内信的方式，把你的广告发送到你的客户站内信箱中去。

首先登录淘宝后台，单击“我是卖家”首页底部“网店版专区”中的“点此进入”，进入到网店版首页。然后把鼠标移动到导航栏中的“营销”按钮上，在下拉菜单中，选择单击“消息群发”，如图 9.11 所示。

在打开的网店版消息群发页面中，单击“选择客户”按钮，选择好你想要发送的已成交客户。单次最多可以选择 50 个收件人。然后填写好促销信的标题和主要内容，单击底部的“发送”按钮，完成发送。淘宝规定每个卖家每天最多可以使用这个功能对外发送 100 条站内信，如图 9.12 所示。

3. 消息通道服务

消息通道服务是基于会员关系管理的一个营销工具。通过消息通道，你可以与会员关系管理工具里面管理的会员通过邮件、站内信形式进行不定时沟通，可以给他们发送促销信息，甚至促销活动页面，极大地缩短你和会员之间的距离。

图 9.11　网店版首页

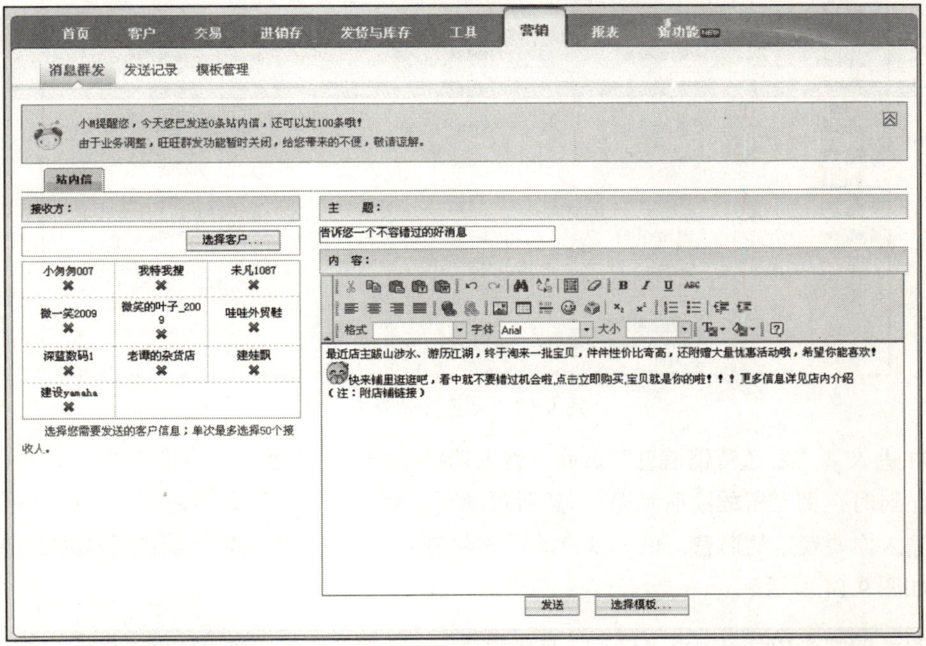

图 9.12　消息群发

消息通道需要卖家另行订购，按照之前介绍的“会员关系管理”服务订购的方式，可以完成“消息通道服务”的订购开通。消息通道目前按照 1000 封 20 元，2500 封 50 元 ，5000 封

100 元的标准收费。

完成订购后，重新返回“淘宝后台”，单击“营销中心”下的“会员关系管理”进入到会员关系管理页面。默认显示的是会员详情页面，继续单击旁边的“会员营销”按钮，进入到会员营销页面。选择需要发促销信息的目标会员，你可以按照会员昵称、交易额、交易量、会员等级进行筛选。选定需要发送的会员后，单击“发送 10 条营销信息”按钮，如图 9.13 所示。

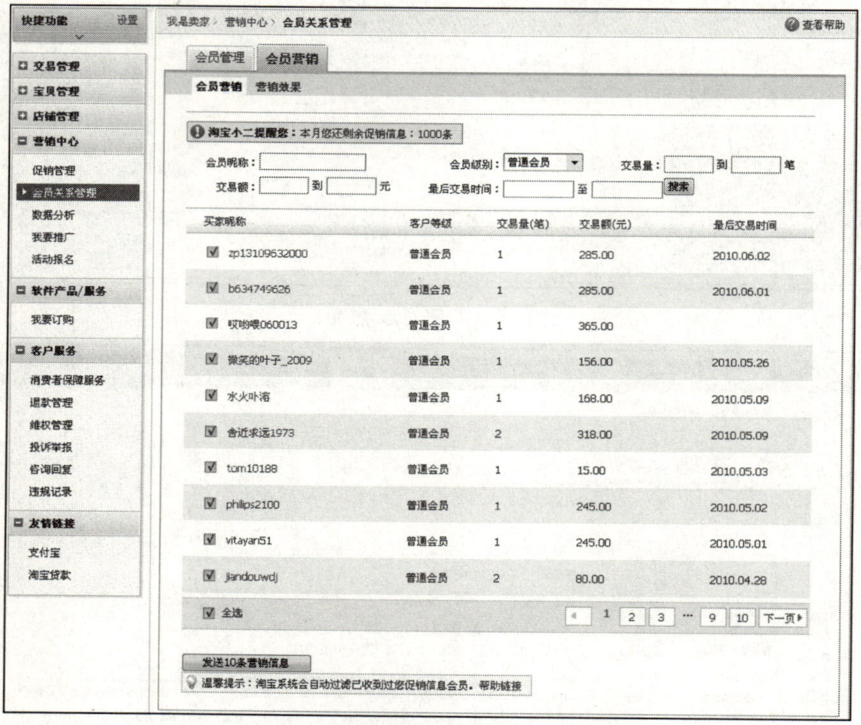

图 9.13　会员营销页面

现在进入到“发送营销信息”页面，首先选择你的消息通道、站内信或者 E-mail（E-mail 是会员注册时在淘宝留的注册邮箱）。然后再填写营销主题、编写营销内容，你可以在编辑框中直接输入你要发送的消息，也可以自动添加营销宝贝。单击编辑框下面的“添加营销宝贝”按钮，如图 9.14 所示。

在打开的“添加营销宝贝”框中，直接选择单击需要发送促销信息的商品名旁边的“插入”按钮，然后系统就会把此宝贝自动添加到编辑框中。你也可以自己用 HTML 编写代码，设置漂亮的营销活动页面发送给自己的会员。完成营销内容的编辑之后，单击“确定发送”按钮，如图 9.15 所示。

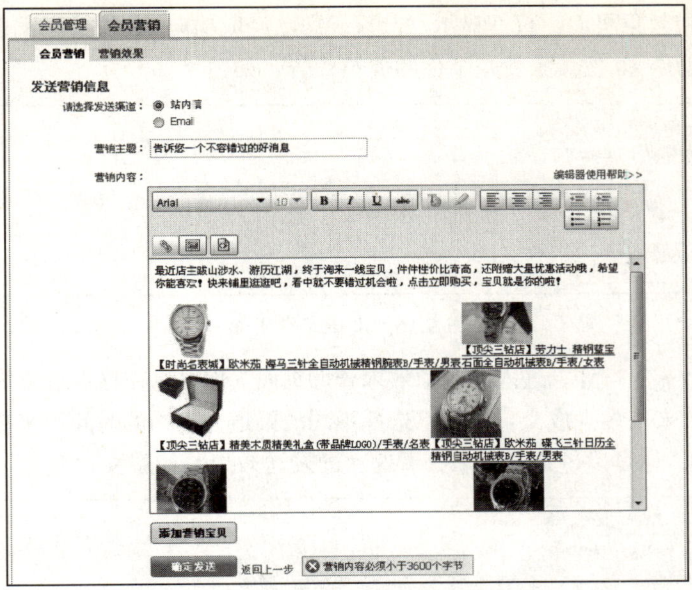

图 9.14　发送营销信息页面

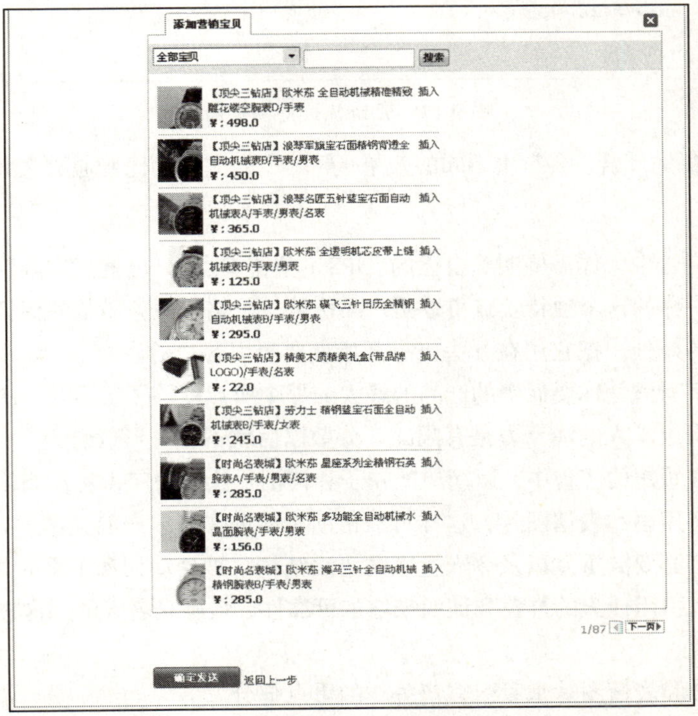

图 9.15　“添加营销宝贝”框

系统转入营销效果页面，页面显示“恭喜，您已经成功向 10 位买家发送了营销信息!”，这表示你已经成功给 10 位买家发送了你的促销广告，如图 9.16 所示。

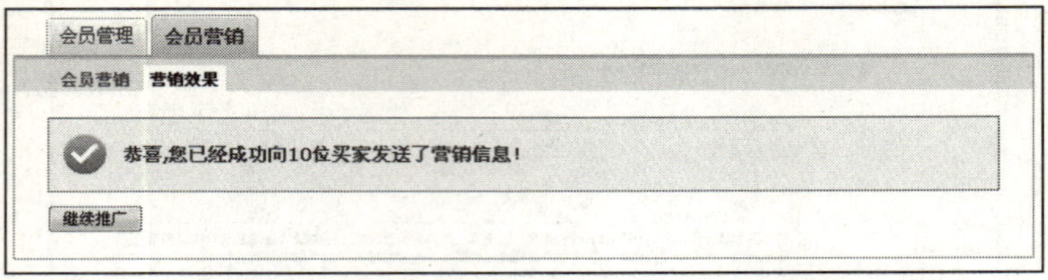

图 9.16　发送完成页面

单击“营销效果”按钮，进入到营销效果查询页面。你可以在这里查看你发出去的消息有多少点击，为你带来了多少成交。你可以选择不同的渠道、不同的时间段来查询。查询效果会有 1—2 天的延时，你可以过几天再来查看这次的发送效果，如图 9.17 所示。

图 9.17　营销效果查询页面

发送不同的促销广告，会产生不同的效果。好的广告文案会比普通的文案给你带来成倍的利润增长。

- 在你的广告中，你需要明确自己的 UPS（独特卖点），也就是你区别于你的竞争对手的优势。你的这个独特卖点可以是产品优势、价格、服务质量的保证，或是其他的一些特殊的好处。把它用在开头，一开始就要吸引客户的注意。
- 集中文字写清楚你要促销的产品的最大的那个卖点就够了。不要一次促销多件商品或者多个卖点。人的注意力是有限的，分散以后就不容易形成合力。
- 你需要在短短的广告中，以简单的句子和词汇，让你的广告容易阅读。也可以适当加一些网络用语和表情图片，这样可以帮助你增进你与客户的关系。
- 去掉没有必要的重复以及令人生厌的语法结构、被动动词和不重要的事实等。
- 你也可以引用他人的推荐和证明来增加可靠性，最好是名人的。这样对改善促销效果非常有效。
- 运用符号和表情图片来吸引客户关注的重点部分。
- 放弃一开始的各种花里胡哨的寒暄和“热身”，你需要在一开始就切入重点和关键。

- 你还可以在广告最后增加赠品、价格优惠等“冲动诱因”。客户们的冲动往往是有诱因的，你可以通过限时、限量、限价或者增加赠品的价值力度等方式来促使客户产生购买的冲动。

最后你还需要测试你的广告，你可以写两三种不同的广告文案，然后分别发送给数量相同的客户，测试哪个广告获得的效果最好。这样做是提高广告效果利用率的最好的方式。

9.5　如何制造口口相传的品牌效应

淘宝卖家的终极阶段是把产品做成自己的品牌，通过品牌的优势完成封疆划地，建立自己的“专属领域”。很多人很单纯地认为，在淘宝做品牌，只要凭借好的商品让消费者购买，然后再刺激他们重复消费，买多了自然就能形成品牌了。这样的想法是非常错误的。

事实上，如果你想要最终使自己的淘宝事业有一个突破，为自己的店铺和产品制造出口口相传的品牌效应。那么除了为消费者提供需要的产品和服务之外，同时还需要制订一定的品牌推广计划，让消费者自动传播公司产品和服务的良好评价，从而让人们通过口碑了解产品、树立品牌、加强市场认知度，最终达到为产品增值，为店铺赢利的目的。

在淘宝中，在完成品牌的逐渐建立和打造这条路上，你应该遵守以下几个原则。

- 你制定的一切政策和制度都需要围绕“一切从客户的角度出发”这一原则。不管是产品的生产、营销或者是售后服务，你都应该以客户的需求作为自己的最大追求目标。
- 你不能为了利润就一味地降低产品的质量，这样做在短期可能你会赚到很多钱，但是长期而言，不仅大大影响信誉度，你的老客户也会逐渐流失掉。这样不但不会形成品牌效应，而且会导致你生意最终走向灭亡，所以，合理地将利润控制在合理的范围内是非常重要的一点。
- 你要确定你产品最大的卖点和优势。比如你产品是业内同类产品价格最低的，质量最好的，功能最特殊的，时间做得最久的等等。一定要有一个记忆点能够让你的客户记住你的店铺。
- 你还需要一个好名字，首先是要容易让人记住，其次还需要有一定的含义。关于取名的问题，之前的章节都有涉及，这里就不详细展开了。
- 通过客户服务的规范来对品牌进行打造，这一步是非常重要的，因为买家对你店铺的感觉大部分都来自于客服人员，这是他们真实接触和体验到的。严格规范客服的言行和话语是比较关键的一步。

- 店铺的装修也是打造品牌非常重要的一环，你需要不断地在装修中突出你的店铺不同的特点和风格。你也可以在宝贝描述中，告诉客户你的产品和店铺曾经取得过的荣誉，比如你的店铺曾经获得过某某荣誉称号，得过某某奖励，产品通过了行业的某某认证，获得过某某推荐等等。
- 你还可以在产品包装上下工夫，不一定要多精美，但是一定要突出你店铺的特色。你也可以做一些精美的小卡片或者小册子来增强你的客户的黏度。在设计的时候你需要注意要有创意，要让客户收到你的小礼物之后能够收藏起来，甚至作为摆在电脑旁的装饰。
- 把你自己塑造成这个领域的专家，你能够为你的客户提供大量的信息，并且指导他们如何去做。这样你就打造出了个人的品牌，这也是一种品牌效应。
- 你需要定期举办一些特殊的促销活动来增强客户的记忆点，同时也能获得更多口耳相传的机会。比如开店 1 周年活动，感恩大回馈活动，换季甩卖等。
- 你还需要有强大的售后服务，你可以安排专人负责为已经购买了的客户们解疑答惑。而如果一旦出现需要换货、退货等情况，你需要及时处理。并且你需要制定无懈可击的退换货服务，让你的客户感觉到在你这里购物是没有任何风险的。比如，“7 日内无理由退换货。对于超出 7 天的产品，客户依然可以申请退换货”，“有质量问题的产品包换货的来回快递费用，非质量问题的产品也可以包单程的快递费用。”

细节决定成败，只有努力和付出才会有收获。按照以上品牌建立的原则，兢兢业业，一步一个脚印地去经营自己的店铺，一定能够获得最终的成功。

后记
——淘宝开店成功的唯一秘密

由于本书所涉及的内容过多，所以造成很多人看了本书以后，还是云里雾里，不知道从何下手。这里写的后记，其实算是本书的一个指南，或者说是贯穿所有内容的一个中心。它是你在淘宝开店是否成功的最关键的部分。所有本书所涉及的内容都应该围绕着这个关键点来进行。你店铺经营的所有规划也都要按照这个关键点来进行布局。

如果你是一个已经在淘宝经营很多年的老卖家的话，其实只要看本书的最后这个后记就已经足够了。当然，这个后记也足够值回本书的票价。

那么，淘宝开店成功的最终，也是唯一的秘密到底是什么呢？本书有讲到开店前定位的问题。我们定位不仅需要定位服务人群、产品类型，而且还需要定位你店铺里的明星产品。简而言之，你需要把你店铺你的这个产品做到所有淘宝类目中的搜索排名前三位。如果竞争力特别大的，需要至少做到前五位。竞争力小的，应该尽量做到搜索排名的第一位。而我的建议是，如果你是新开的店铺，那么选择竞争小但流量不那么小的产品（也就是俗称的蓝海），做到搜索排名的第一位。做到第一位以后，如果没有特殊情况的话，它会始终排名第一，淘宝目前的状况就是强者恒强。然后你再开发第二个明星产品，继续把这个明星产品做到排名第一。

现在也许你会问，如何才能做到搜索排名的第一位呢？答案只有一个，销量。你如果把你的这个产品做到整个淘宝的销量排名第一的话，那么搜索排名绝对也是第一，客户信赖度也是第一。同时，还能产生很多其他你意想不到的好处，比如那些淘宝客的站点是最青睐这些销量最高的产品的。你不用发广告，不用刻意推广，那些淘宝客的站点会自动推广你的产品。还是那句话，强者恒强，一旦你做到了第一名，你就能形成对这个单品的垄断。

所以，不管你用什么方法，就是不断的提高这个明星产品的销量。本书里讲到的所有的推广方法，都不是用来推广店铺的。事实上，这些手段的唯一目的都是用来提高你店铺里的明星产品的销量。

只要你稍微留意一下就会知道，有一些淘宝店铺都是在亏本卖自己的某个单品。他们可不是傻瓜，只要这个单品的销量排名到了全淘宝的第一名形成了垄断之后，他就可以提高售价。之前亏的钱完全可以挣回来。如果你前期亏得起，而且又想要快速的达到目的的话。那么你可以把你的产品价格先降到全网最低价，等销量排名上去后，再把价格慢慢涨上来。

完全不必担心你店铺里其他商品的销量，你是可以通过这个明星产品带来的流量来带动整体的销量的。这其中的关键就是你要做好关联销售，也就是在你这个明星产品里面放上店铺其他产品的链接。

当你产品排名第一的时候，你的任何推广措施都将会是以一当十的。也就是说，你可以以花别人十分之一（甚至百分之一）的推广费用，获得同样的推广效果。所以，在这个时候，千万就不要再吝啬那几块钱的推广费了，该上的活动全部上，该做的收费推广也全部上。这个时候，你针对这个明星产品做的任何推广都绝对会是赢利的。当然你也可以把这些推广当做推高销量的手段同时进行。

所以，大家应该了解淘宝开店成功的终极秘密了。还有问题的朋友请登录本人个人博客：木林吧（http://www.mulin8.com）留言。现在，我帮大家拨开了迷雾，曙光就在眼前，整理好行装，出发吧！

——胡敏　2012.5.19 晚

反侵权盗版声明

举报电话：（010）88254396；（010）88258888

传　　真：（010）88254397

E-mail：　dbqq@phei.com.cn

通信地址：北京市万寿路 173 信箱　电子工业出版社总编办公室

邮　　编：100036

关于本书用纸说明

亲爱的读者朋友：您所拿到的这本书使用的是 **环保轻型纸**！

环保轻型纸在制造过程中添加化学漂白剂较少，颜色更接近于自然状态，具有纸质轻柔、光反射率低、保护读者视力等优点，其成本略高于胶版纸。为给您带来更好的阅读体验并与读者共同支持环保，我们在没有提高图书定价的前提下，使用这种纸张。愿我们共同分享纸质图书的阅读乐趣！

电子工业出版社博文视点